FRITZ REHEIS

DIE KREATIVITÄT
DER LANGSAMKEIT

Neuer Wohlstand durch Entschleunigung

Die Deutsche Nationalbibliothek verzeichnet diese Publikation
in der Deutschen Nationalbibliografie;
detaillierte bibliografische Daten sind im Internet über
http://dnb.d-nb.de abrufbar.

3., gegenüber der 2. um ein Vorwort ergänzte Auflage 2008
© 2008 by WBG (Wissenschaftliche Buchgesellschaft), Darmstadt
1. Auflage 1996
Die Herausgabe des Werkes wurde durch
die Vereinsmitglieder der WBG ermöglicht.
Umschlaggestaltung: Peter Lohse, Büttelborn
Satz: Setzerei Gutowski, Weiterstadt
Gedruckt auf säurefreiem und alterungsbeständigem Papier
Printed in Germany

Besuchen Sie uns im Internet: www.wbg-darmstadt.de

ISBN 978-3-534-22002-1

Für Felice

Inhalt

Dank

Viele haben mit mir in den letzten Jahren über Zeit und Zeitdruck nachgedacht und meine zahlreichen Entwürfe gelesen. Einige haben zudem darunter gelitten, daß ich so wenig Zeit für sie hatte. Ihnen allen ein herzliches Dankeschön – für ihre Ideen, ihre Kritik und ihre Geduld!

Während der über 4jährigen Arbeit am Manuskript trieb mich der Ehrgeiz, von Fachwissenschaftlern und Laien gleichermaßen verstanden zu werden. Deshalb ist die Dankesschuld so groß geworden. Weitergeholfen haben mir v. a. die Anregungen von Peter Braun, Cay Brockdorff, Helmut Creutz, Ines Förster, Franz Garnreiter, Hartwig Gehrlicher, Friedl Geier, Prof. Dr. Karlheinz A. Geißler, Lore und Werner Graf, Stephan Günzel, Dr. Martin Held, Uwe Hiksch, Fuli Hofmann, Peter Kafka, Dr. Wolfgang Kessler, Ernst Knirsch, Dr. Adriane-Bettina Kobusch, Helga Kolbenschlag, Dr. Klaus Kümmerer, Lothar Mayer, Dres. Hilde und Thomas Melcher, Margot Munzert, Dr. Armin Regenbogen, Gerhilde Reheis, Claudia Schugg-Reheis, Bernd Stamm, Walter Uebel, Gundi Wingerter sowie Klaus Zielke. Sehr hilfreich war auch die außerordentlich sorgfältige und konstruktive Lektorierung durch Herrn Harald Vogel von der Wissenschaftlichen Buchgesellschaft.

Vorwort zur 1. Auflage

Das japanische Erziehungsministerium hat Computerprogramme für Kindergartenkinder entwickeln lassen. Sie eignen sich für Kinder ab dem 30. Lebensmonat, verspricht der Prospekt den Eltern (Vogel 1992, S.11). Frühförderung heißt also das Motto. Wer mit 30 Jahren zur Elite gehören soll, muß spätestens mit drei Jahren das Training beginnen. Es geht schließlich um den Wirtschaftsstandort Japan.

In Deutschland hat ein dynamischer Unternehmer ein „Beton-Grabkammer-System" auf den Markt gebracht. Es fördert den Verwesungsprozeß des Leichnams. Spätförderung ist hier die Devise. Mit diesem System, so der Anbieter, läßt sich die derzeitige „Ruhezeit" von 15 bis 20 Jahren auf 10 Jahre verkürzen (DER SPIEGEL 37/93, S.109). Das ist ein weiterer Schritt auf dem Weg zur optimalen Flächennutzung. Es geht schließlich um den Wirtschaftsstandort Deutschland.

Schnell einsteigen, schnell ausrangieren! Dieses Erfolgsrezept hat Zukunft, und zwar in allen Ländern, die sich als „hochentwickelt" bezeichnen. Zwischen Einstieg und Ausstieg liegt ein Leben, das weitgehend vom Diktat der Uhr bestimmt ist. Daß der Roman ›Die Entdeckung der Langsamkeit‹ von Sten Nadolny aus dem Jahr 1983 zum Bestseller geworden ist, ist ein Hinweis darauf, daß dieses Diktat vielen Menschen zu schaffen macht. Bei Umfragen klagen 4 von 5 Bundesbürgern, alles verändere sich viel zu rasch, sie hätten es gern etwas gemächlicher (Fiel 1993, S.38). Wie schnell sich alles ändert, spüren wir v.a. in der Technik, am deutlichsten im Verkehrs- und Informationssektor. Und auch in der Politik überschlagen sich weltweit die Ereignisse, besonders seit 1989. Es scheint einen umfassenden *„Sach"zwang der Beschleunigung* zu geben. Mit ihm geht eine scheinbar ebenso unaufhaltsame Abkoppelung des Lebens von „natürlichen" und „traditionellen"[1] Rhythmen einher. Nachtruhe, Wochenenden und Feiertage fallen nach und nach dem Beschleunigungszwang zum Opfer, Ernährung und

X

Urlaubsgestaltung haben sich längst vom Wechsel der Jahreszeiten unabhängig gemacht. Beschleunigung und daraus folgende Entrhythmisierung – das gehört zu den zentralen Kennzeichen aller „modernen" Gesellschaften.

Diese Entwicklungen faszinieren, gleichzeitig aber entstehen *Fragen*. Die harmloseste lautet: Wo bleibt eigentlich die gewonnene Zeit? Die Beschleunigung müßte doch jede Menge Zeit einbringen, tatsächlich aber vermehrt sich allzuoft der Streß. Ernster noch ist eine andere Gruppe von Fragen: Bis zu welcher Grenze können Körper und Psyche die künstlichen Rhythmen und Geschwindigkeiten verkraften, wann ist der Mensch „ausgebrannt" (Burish 1989)? Und wie bewältigt die außermenschliche Natur die Beschleunigung des menschlichen Lebens? Aus der Physik des Alltags müßten wir eigentlich wissen, daß Beschleunigungsphasen mit besonders hohem Energieaufwand erkauft werden und daß mit der Erhöhung der Geschwindigkeit eines Systems gleichzeitig dessen Steuerung schwieriger wird (Backhaus/Grüner 1994, S. 21f.). Aber tragischerweise brauchen wir anscheinend immer erst Krankheiten, Unfälle, Katastrophen und Kriege, um in der Hetzjagd innezuhalten und solche Fragen zu stellen.

Die *herrschende Wissenschaft* bietet keine überzeugenden Antworten. Da sind zum einen die Spezialisten der hochgradig ausdifferenzierten Fachdisziplinen. Ihnen geht es in aller Regel um die Beihilfe zur Beschleunigung, nicht um die kritische Reflexion ihrer Grenzen. Diese Fachwissenschaften zerreißen ihre Gegenstände in handliche Stücke, ehe sie erkannt werden könnten. Denn so lassen sich die Gegenstände besser in Disziplingrenzen hineinzwängen und für den Beschleunigungszweck gefügig machen. Da sind zum andern die postmodernen Modephilosophen, die den zunehmenden Verlust einer ganzheitlichen Perspektive in eine Tugend umdefinieren. Diese Philosophie will die Welt meist gar nicht mehr erkennen, sondern nur mehr mit ihr spielen. Hinter beiden Varianten von Wissenschaft steht vielleicht jenes nicht unbedingt bewußte Motiv, das der Sozialphilosoph Theodor W. Adorno Anfang der 60er Jahre für den unbefriedigenden Zustand der Soziologie verantwortlich machte: „Man wagt das Ganze nicht mehr zu denken, weil man daran verzweifeln muß, es zu verändern." (Adorno 1961, S. 142)[2]

Im Gegensatz zu solcher Selbstbescheidung wage ich es, das „Ganze" zu denken. Das Buch will zur Neufundierung des „Projekts der Moderne" (Habermas) beitragen, damit es fortgesetzt werden kann. Thema ist die allgemein erfahrbare Beschleunigung des Lebens und die sich ausbreitende Angst, diese Beschleunigung könne in absehbarer Zukunft in einen Kollaps münden. Ich knüpfe dabei erstens an verschiedene aktuelle Diskurse über „Ökologische Medizin" und „Ökopsychologie", über „Soziale Ökologie" und v.a. über die „Ökologie der Zeit" (Held/Geißler 1993, 1995) an. „Ökologie" als gemeinsamer Nenner bedeutet im Kern nichts anderes als „Lehre vom Haushalten". Meine Leitidee besteht in einer frappierend einfachen Vermutung: Das „Ganze" des Menschen, der Gesellschaft und der Natur läßt sich am besten dadurch erfassen, daß man zunächst auf allen drei Ebenen nach jenen Kräften sucht, mit denen jeweils gehaushaltet werden muß, und daß man dann Haushalten als Kunst des klugen Umgangs mit Zeit begreift.

Die Resultate dieser „zeitökologischen" Synthese liefern ein starkes Argument für meinen zweiten Anknüpfungspunkt: die traditionelle Kapitalismuskritik. Ich versuche zu zeigen, daß durch eine solche Verbindung von aktuellen mit angeblich überholten Diskursen die vielfach geforderte Vision eines Neuen Wohlstandsmodells (Weizsäcker 1989) wesentlich weiterentwickelt werden kann.

Das Buch *gliedert sich* in vier Teile. Im ersten Teil geht es um die Alarmzeichen. Im zweiten Teil interpretiere ich diese Alarmzeichen als Folgen eines „Sach"zwangs der Beschleunigung, der aber tatsächlich menschlichen Ursprungs ist. Die Alternative zu ihm, also die Vision einer entschleunigten Gesellschaft, die den drohenden Kollaps abwenden kann, stelle ich im dritten Teil vor. Ich plädiere nicht für das Verzichten, sondern im Gegenteil für das Ende des Verzichts. Es wäre sehr viel mehr Wohlstand möglich als bisher, Wohlstand verstanden als Zeit für eine Art des Genießens, die Eva Hiller in ihrem Film ›Lob der Faulheit‹ als „kluge Lust" bezeichnet hat. Im vierten und letzten Teil mache ich einige Vorschläge für konkrete erste Schritte zum Einstieg in den Ausstieg aus der Hochgeschwindigkeits- und Nonstop-Gesellschaft.

Das Buch *wendet sich* v.a. an solche Leser, die als akademisch ausgebildete Praktiker mit den Opfern der Beschleunigung konfrontiert sind und von denen man Antworten erwartet: an Ärzte, Psychologen, Lehrer, Pfarrer, Gewerkschafter, Journalisten und Politiker.

Und es wendet sich an all jene interdisziplinär interessierten Theoretiker, die es nicht aufgegeben haben zu ergründen, was die Welt im Innersten zusammenhält. Solche Neugierde, v.a. in Hinblick auf die Ordnung des Zusammenlebens im nationalen und globalen Maßstab, erscheint mir heute nötiger denn je. Denn der Triumph des Westens über den Osten beginnt einem zunehmenden Unbehagen über das westliche Ordnungsmodell selbst zu weichen.

- *Gott schuf die Zeit;*
  von Eile hat er nichts gesagt.
  (Über dem Eingang einer Alm in Tirol)[3]

Vorwort zur 2. Auflage

›Die Kreativität der Langsamkeit‹ hat offenbar einen Nerv der Zeit getroffen, das zeigt die große Nachfrage. Die vielen Rezensionen, Zuschriften und Einladungen zu Vorträgen machen zudem deutlich, daß es nicht nur der Titel war, der Aufmerksamkeit erregt hat. Weitgehende Zustimmung fanden die Beschreibung und Analyse der Hochgeschwindigkeits- und Nonstop-Gesellschaft, und auch die Alternativmodelle wurden als ernstzunehmende Visionen gewürdigt. Vermißt jedoch haben viele die praktischen Schritte, die hier und heute jeder einzelne und die Gesellschaft als ganze gehen müssen, wenn wir der Beschleunigungslogik Einhalt gebieten wollen. Diesem Bedürfnis nach einer Brücke zwischen Gegenwartsdiagnose und Zukunftsvision will die zweite Auflage durch ein neu hinzugekommenes Kapitel über „Zeithygiene" und „Zeitpolitik" gerecht werden. Darin werden u. a. zeitökologische und politikwissenschaftliche Diskurse aufgegriffen, die in den letzten beiden Jahren neu entstanden sind. Darüber hinaus habe ich für die zweite Auflage den Text an einigen wenigen Stellen überarbeitet und die wichtigsten Daten aktualisiert.

Vorwort zur 3. Auflage

Das Wort „Entschleunigung" ist nunmehr Bestandteil des Wortschatzes der deutschen Sprache: Fast jeder hat es schon einmal gehört, es findet sich seit einigen Jahren im Duden, die Suchmaschine Google registriert fast 100 000 Einträge im Internet. Und in Talkshows, Sonntagsreden und im Feuilleton hat das Entschleunigungsthema einen festen Platz erobert. Die Idee, dass uns die fortwährende Beschleunigung in unserem Leben nicht gut bekommt, findet also offenbar immer mehr Anhänger.

Bezogen wird die Idee der Entschleunigung in erster Linie auf den alltagspraktischen Umgang mit Zeit, auf die Lebensführung, die Lebensphilosophie. Daneben taucht sie im Kontext von Organisationsberatung und Organisationsentwicklung auf. Aber auch in Bezug auf Verkehr und Raumplanung, Kultur und Ökologie wird zunehmend von der Option oder gar der Notwendigkeit der Entschleunigung gesprochen. Vereinigungen wie die Deutsche Gesellschaft für Zeitpolitik, Netzwerke wie Slow City und kirchlich-gewerkschaftliche Initiativen zur Erhaltung der Sonn- und Feiertage – allesamt in den vergangenen Jahren entstanden – sind konkrete Zeichen dieser neuen Sensibilität für unseren höchst problematischen gesellschaftlichen Umgang mit Zeit und den Wunsch nach einer fundamentalen Neuorientierung. Es dürfte also nicht übertrieben sein, von einem eigenen Entschleunigungsdiskurs, vielleicht sogar von einer sich abzeichnenden Entschleunigungsbewegung zu sprechen, die sich innerhalb der letzten 10 bis 12 Jahre herausgebildet haben.

Vielleicht haben die ersten beiden Auflagen der ›Kreativität der Langsamkeit‹ mit dem Untertitel „Neuer Wohlstand durch Entschleunigung" dazu einen kleinen Beitrag geleistet. Sosehr die Grundbotschaft dieses seit 1996 über 35 000-mal verkauften Buches auf fruchtbaren Boden gefallen ist, so wenig wurde der theoretische Hintergrund von den einschlägigen Wissenschaftsdisziplinen bisher zur Kenntnis genommen. Ob wir in naher Zukunft mit einer breiten Entschleunigungsbewegung rechnen können, die auch politisch ernst genommen werden muss, das dürfte auch davon abhängen, dass dieses theoretische Fundament wirklich trägt. Vor diesem Hintergrund freue ich mich sehr, dass sich der Verlag zur 3. Auflage entschlossen hat.

Rödental, April 2008   Fritz Reheis

I. Alarmsignale

Die Medien bombardieren uns täglich mit Nachrichten darüber, wie sehr sich der Zustand der Welt verschlechtert. Dieser erste Abschnitt geht deshalb der Frage nach, inwiefern solche Horrorszenarien einer wissenschaftlichen Prüfung standhalten, v. a. wie seriös die Quellen sind und ob es sich tatsächlich um generalisierbare Fakten handelt. Grundsätzlich besteht ja immer die Gefahr, daß Ärzte, Soziologen, Ökologen und andere Diagnostiker umso mehr Symptome finden, je mehr sie nach ihnen suchen. Handelt es sich also bei vielen Alarmmeldungen um Konstrukte, die sich womöglich wirtschaftlichen und politischen Interessen verdanken?[1] Die Antwort dieses ersten Teils des Buches lautet: Auch wenn vieles strittig ist, so finden sich doch bei genauerer Prüfung genügend Gründe, hochgradig alarmiert zu sein. Die Alarmsignale betreffen uns selbst, unsere soziale Mitwelt und unsere natürliche Umwelt. Weil letztliche Gewißheit aus methodischen Gründen aber nicht zu gewinnen ist, halte ich es angesichts der Dimensionen der möglichen Gefahren für klug, den „Unheilspropheten" eher als den „Heilspropheten" einen Vertrauensvorschuß zu gewähren (Jonas 1986). Dieses Verfahren hat sich im übrigen in der Medizin bewährt. Und aus der Medizin wissen wir auch, welches die heimtückischsten Krankheiten sind: Krankheiten, die schleichend daherkommen und erst bemerkt werden, wenn es schon zu spät ist. Die Mathematiker sprechen von „exponentiellem" Wachstum nach dem Muster 2–4–8–16 usw. Solchen Entwicklungen gilt daher ein besonderes Augenmerk.

Symptom 1: Kranke Menschen

Krankheit wird von vielen immer noch mit Arbeitsunfähigkeit gleichgesetzt. Wenn das stimmen würde, dann wären all jene gesund, die arbeiten können. Im Gegensatz zu diesem bescheidenen

1

Gesundheitsbegriff steht eine Definition der Weltgesundheitsorganisation (WHO). Sie legte 1949 in ihrer Präambel fest: „Gesundheit ist ... ein Zustand vollständigen physischen, psychischen und sozialen Wohlbefindens" (zit. z. B. in WHO 1992, S. 6). Krankheit ist demnach mangelndes physisches, psychisches und soziales Wohlbefinden. Die nachfolgenden Alarmsignale sind Krankheitssymptome in diesem anspruchsvolleren Sinn.

Sogenannte Zivilisationskrankheiten

Im Zusammenhang mit der Beschleunigung unseres Lebens denkt man meist als erstes an die Erkrankungen des Herzens und des Kreislaufs. In der Tat stirbt jeder zweite Deutsche an einer *Herz-Kreislauf-Erkrankung*. Aber die Zahl der Herzinfarkte ist in allen Industrieländern dank besserer Aufklärung, leistungsfähigerer Rettungssysteme und aufwendigerer Operationstechniken rückläufig. Weniger beachtet werden die sich langsam aufbauenden Überlastungsprozesse. Ende der 80er Jahre hat das Zentralinstitut für die Kassenärztliche Versorgung im Auftrag des Bundesgesundheitsministers erstmalig eine Gesamtübersicht über die „Dringlichen Gesundheitsprobleme der Bevölkerung in der Bundesrepublik Deutschland" erstellt. Die 1990 veröffentlichten Ergebnisse sowie andere einschlägige Untersuchungen verdienen mehr Aufmerksamkeit, als ihnen zukommt (Projektgruppe 1990).[2]

An erster Stelle der Dringlichkeitsskala sind jene Krankheiten zu nennen, die mit dem Versagen des Immunsystems zusammenhängen, und jene, die den Körper auf der Ebene der Zellen schädigen. Das Immunsystem, das uns vor Krankheitserregern aller Art schützen soll, kann nur richtig funktionieren, wenn seine Aktivität genau dosiert ist. Das dramatischste Beispiel für seine Entgleisung ist *Aids*. Als zweites müssen an dieser Stelle die *allergischen Erkrankungen* genannt werden, die ebenfalls mit dem Immunsystem zu tun haben. Sie drangsalieren in unseren Breiten mittlerweile 20 bis 35 Prozent der Bevölkerung (Projektgruppe 1990, S. 153, 348 u. Schata/Jorde/Hartenstein 1988, S. 3). Und sie breiten sich rasch aus: An Asthma und Bronchitis z. B. leiden heute bereits doppelt soviel Menschen wie vor dreißig Jahren (Projektgruppe 1990, S. 152 u. 351), bei Heuschnupfen hat sich die Zahl der Kranken vermutlich fast verdreifacht (Kurve 1, S. 4). Die als Berufskrankheiten anerkannten allergisch bedingten Hauterkrankungen haben in Deutschland seit 1980 sogar exponentiell zugenommen (DER SPIEGEL 22/95, S. 182).

Stark, teilweise sogar alarmierend häufen sich drittens die *Krebserkrankungen.* Auch Krebs hängt nach weitverbreiteter Überzeugung mit Defekten des Immunsystems zusammen, und zwar mit einer zu schwachen Aktivität (z. B. Findeisen/Pickenhain 1990, S. 36 und S. 80 ff.). Aus einer schwedischen Untersuchung ist bekannt, daß 1987 um ein Drittel mehr Frauen und um die Hälfte mehr Männer an Krebs erkrankten als 1958, wobei der durch das gestiegene Durchschnittsalter entstandene Effekt bereits berücksichtigt ist (Adami u. a. 1993, S. 774 f.). Die mittlerweile spektakulärste Krebserkrankung ist der Schwarze Hautkrebs, der schneller als andere Tumoren Tochtergeschwulste bildet. Nach neuesten Untersuchungen der Universität Bochum ist jeder 100. Deutsche an Hautkrebs erkrankt (Pressemitteilung vom 9. 6. 94). Schätzungsweise hat sich in Deutschland zwischen 1955 und 1980 die Zahl der tödlichen Melanom-Erkrankungen bei Männern verdoppelt (Osterlind/Moller 1986, S. 10 und Garbe 1991, S. 2). Die bisherigen Daten aus anderen Ländern, insbesondere aus den Statistiken Nordeuropas und einiger US-Bundesstaaten, weisen darauf hin, daß sich Neuerkrankungsfälle in unseren Breiten nicht konstant häufen, sondern mit zunehmender Steigerungsrate (Swerdlow 1990, S. 235). Hier haben wir es also mit einer Exponentialkurve über einen Zeitraum von mehreren Jahrzehnten zu tun.

Seit einigen Jahren wird schließlich viertens auf die nachlassende Kraft der Fortpflanzungsorgane, die *schwindende Fruchtbarkeit* in nahezu allen Industriegesellschaften aufmerksam gemacht. Schätzungsweise bleibt in Deutschland jedes siebte Paar auf Dauer ungewollt kinderlos. Am alarmierendsten ist jedoch auch hier wieder die Entwicklungstendenz: Die ungewollte Unfruchtbarkeit hat sich, so die Expertenmeinung, im Laufe der letzten 40 Jahre verdoppelt (Döring 1992, S. 7).

Die Industriegesellschaften versuchen, diesen und anderen Krankheiten mit immer raffinierterem technischen Aufwand zu Leibe zu rücken. Dementsprechend hat sich in allen Industriestaaten der Anteil der Gesundheitskosten am Bruttosozialprodukt während der vergangenen 30 Jahre verdoppelt (European Centre 1993, S. 286). Durch diese finanziellen Anstrengungen wurden viele Unfallfolgen und Infektionskrankheiten geheilt, manches Leid gelindert und die allgemeine Lebenserwartung in diesem Jahrhundert enorm angehoben. Aber gleichzeitig ist bei anderen Krank-

3

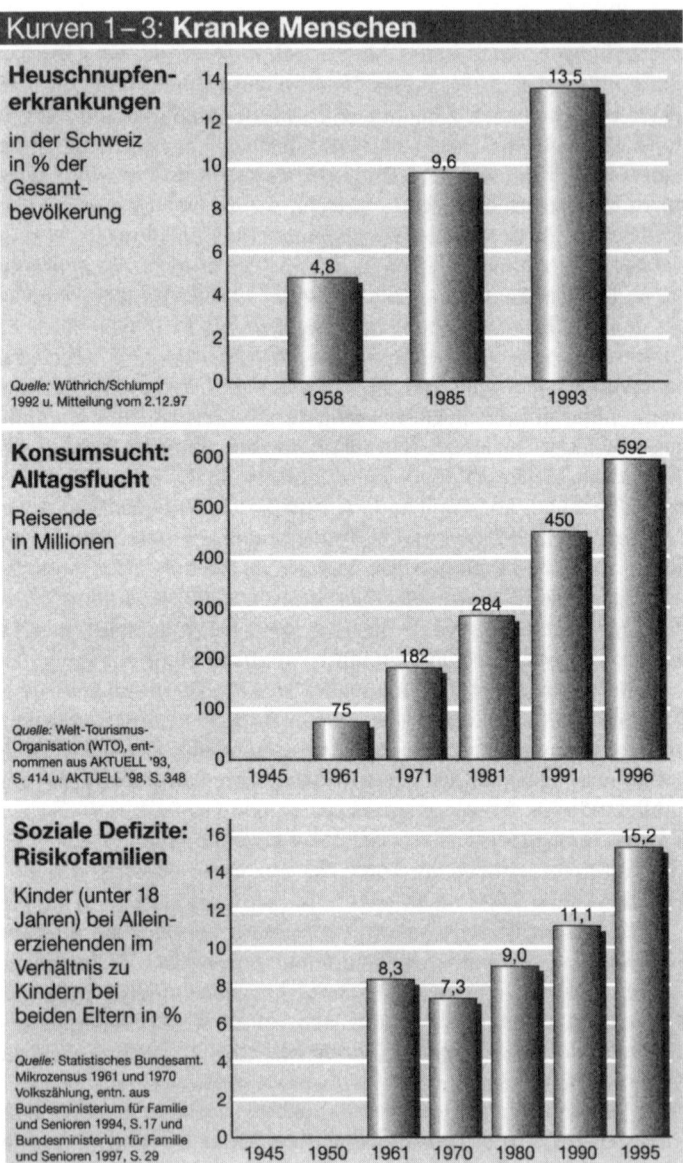

Kurven 1–3: Kranke Menschen

Heuschnupfen-erkrankungen

in der Schweiz
in % der
Gesamt-
bevölkerung

Quelle: Wüthrich/Schlumpf
1992 u. Mitteilung vom 2.12.97

14 — 13,5
12
10 — 9,6
8
6
4 — 4,8
2
0
1958 1985 1993

Konsumsucht: Alltagsflucht

Reisende
in Millionen

Quelle: Welt-Tourismus-
Organisation (WTO), ent-
nommen aus AKTUELL '93,
S. 414 u. AKTUELL '98, S. 348

600 — 592
500 — 450
400
300 — 284
200 — 182
100 — 75
0
1945 1961 1971 1981 1991 1996

Soziale Defizite: Risikofamilien

Kinder (unter 18
Jahren) bei Allein-
erziehenden im
Verhältnis zu
Kindern bei
beiden Eltern in %

Quelle: Statistisches Bundesamt.
Mikrozensus 1961 und 1970
Volkszählung, entn. aus
Bundesministerium für Familie
und Senioren 1994, S.17 und
Bundesministerium für Familie
und Senioren 1997, S. 29

16 — 15,2
14
12 — 11,1
10 — 9,0
8 — 8,3 7,3
6
4
2
0
1945 1950 1961 1970 1980 1990 1995

4

heiten kein Durchbruch in Sicht, wurde durch die Medizin auch manches Leid verlängert und ist die erhöhte Lebenserwartung zum allergrößten Teil nicht auf die hochindustrialisierte Medizin, sondern auf einfache Hygiene- und Vorbeugemaßnahmen zurückzuführen, die eine drastische Senkung der Kindersterblichkeit ermöglicht haben.[3] Besonders die Tatsache, daß nur etwa jeder dritte Beschäftigte das Altersruhegeld erreicht, weil ein Drittel zuvor stirbt und ein weiteres Drittel wegen Frühinvalidität vorzeitig aus dem Erwerbsleben ausscheidet (Oppolzer 1993, S. 46 f.), zeigt die begrenzte Macht der High-Tech-Medizin. Unsere Zivilisation selbst ist es offenbar, die krank macht und die *Medizin überfordert.*

Der Münchner Biologe und Systemforscher Frederic Vester charakterisiert das Gesundheitsproblem der Industriegesellschaft vor dem Hintergrund der Kulturgeschichte des menschlichen Kampfes gegen körperliche Gefahren folgendermaßen: „Die Anfälligkeit des Menschen verlagerte sich sozusagen mit der zunehmenden Stärkung der äußeren Mauern, mit dem Schutz gegen natürliche Feinde, seien es Hitze, Kälte, Unwetter oder Raubtiere, auf die nächstinneren Bastionen. Und als diese mit der erfolgreichen Bekämpfung von Kindersterblichkeit, Seuchen und Organschäden dann ebenfalls unter den Schutz der medizinischen Errungenschaften gerieten, war es schließlich das subtile Terrain der allerinnersten Lebensfunktionen, das als letzte Bastion den Attacken des Daseins auf einmal standhalten mußte. Auf diesem Terrain hat unsere Medizin bisher versagt, weil auch die Feinde gewechselt haben, weil diese Funktionen fast nur noch durch die Art unserer Lebensweise kaputtgehen." (Vester 1978, S. 78).

Psychische Deformation

Ob psychische Erkrankungen in Industriegesellschaften auf längere Sicht zunehmen, ist strittig. Für *Angsterkrankungen* und *Depressionen* wird eine solche Zunahme vermutet (z. B. Bräutigam 1989). Nach einer neuen Untersuchung der Columbia-Universität in New York, die auf Gesundheitsdaten von 43 000 Personen aus Städten in allen Regionen der Welt beruht, verdoppelt sich die Zahl der Neuerkrankungen an Depressionen alle 10 Jahre (NP 3. 12. 92).

Für andere Formen psychischer Störungen gibt es ebenfalls beunruhigende Indikatoren. Sie deuten darauf hin, daß bei einem erheblichen Teil der Bevölkerung in den westlichen Industriegesell-schaften schleichende *Verarmungs-* und *Verödungsprozesse* statt-finden. Sie betreffen alle Dimensionen des Menschseins: das Ver-halten, die Sinne und Gefühle, das Denken.

Verarmung im *Verhalten* bedeutet, daß Menschen von der Vielfalt der Verhaltensmöglichkeiten zwanghaft immer nur einige wenige wählen. Dieses Phänomen begegnet uns meist im Zusammenhang mit Sucht. Sucht ist die Unfähigkeit, von bestimmten Stoffen oder Handlungsweisen abzulassen, selbst wenn dem Betroffenen be-wußt ist, wie sehr sie ihm schaden. Beim Stichwort „Sucht" denken wir meist an die stoffgebundenen Suchtformen (Projektgruppe 1990, S. 302 f., 310 f. u. 319). Alarmierend und zugleich gut er-forscht ist der Alkohol- und Nikotinmißbrauch von Kindern und Ju-gendlichen.[4] Weniger ernst genommen und weniger erforscht sind jene weitverbreiteten Zwangshandlungen, die nicht auf bestimmte Stoffe zielen, sondern auf Tätigkeiten: Essen, Fasten, Spielen, Ar-beiten, Fernsehen, Einkaufen usw. Die letzten drei sind die interes-santesten, weil sie gesellschaftlich z. T. hoch angesehen sind.

Zunächst zur Arbeitssucht: Eine Umfrage unter deutschen Top-Managern hat ergeben, daß 45 Prozent von ihnen wöchentlich zwi-schen 60 und 70 Stunden arbeiten, 15 Prozent sogar noch länger (IG-Metall 1992, S. 193). Viele Menschen mit sozialen Berufen klagen seit Jahren verstärkt über frühzeitiges „Ausgebranntsein" (Burish 1989). Und in Japan ist „Karoshi", der Tod durch Überar-beitung, nach Angaben des Gesundheitsministeriums für zehn Pro-zent der Todesfälle unter arbeitenden Männern verantwortlich (Fassel 1990, S. 65).

■   *Anruf beim amtlichen Schmeichler*
Japaner können per Telephon Bewunderung und Entschuldigung
abrufen. (SZ 3. 12. 85)

Was die Fernsehsucht betrifft, so zeigen Experimente immer wieder, daß nur die wenigsten Menschen, auch wenn sie es wollen, in der Lage sind, für einige Wochen auf das Fernsehen zu verzichten (IG-Metall 1992, S. 165). Viele Grundschulkinder sitzen länger vor dem Fernseher als in der Schule. Und eine Studie der Universität Stuttgart-Hohenheim über die Kaufsucht hat ergeben, daß Kauf-süchtige aus einem unwiderstehlichen inneren Drang anfallsweise im Abstand von mehreren Tagen bis zu zwei Wochen einkaufen, wobei es ihnen nicht auf das erworbene Gut, sondern auf die Gefühle beim Kaufen selbst ankommt. Sobald sie allerdings den Gegenstand gekauft haben, berichten die Befragten von einem unangenehmen Gefühl. Die Forscher unterscheiden zwischen der unkontrollierten, also ausgeprägt krankhaften Variante, die meist mit Überschuldung einhergeht, und einer kontrollierten. Die erste Gruppe wird vorsichtig auf 3 bis 20 Prozent der Erwachsenen geschätzt. Die zweite stellt mehr oder minder die gesellschaftliche Normalität dar (Scherhorn/Reisch/Raab 1991, S. 27 ff. u. 81–84).

Für alle Formen von suchtbedingtem Zwangsverhalten ist typisch, daß der Süchtige eine zunehmende Dosis braucht, um ein und denselben Grad an Befriedigung aufrechterhalten zu können. Daraus folgt logischerweise, daß auch seine Fähigkeit zu genießen, die Empfänglichkeit seiner *Sinne und Gefühle* für positive Reize, verödet. Beim Fernsehen und Video ist der Trend seit Jahren eindeutig: immer mehr Action, immer mehr Horror, immer spektakulärere Darstellungen, und alles am besten Reality. Im Tourismus lautet die Devise der Flucht aus dem Alltag: immer öfter, immer weiter, immer teurer (Kurve 2, S. 4). Wir beschleunigen uns immer mehr, aber nur, um immer schneller dorthin zu gelangen, wo wir uns immer kürzer aufhalten, meint Wolfgang Sachs vom Wuppertaler Institut für Klima, Umwelt und Energie (FREITAG 3/95, S. 9).

In Sport und Freizeitgestaltung schließlich sind Drachenfliegen, Paragliding und Body-Flying, Bungee-Jumping und Eiswasserfallklettern, U-Bahn-Surfen und Auto-Crashen die Hits der 80er und 90er Jahre. „Thrill" könnte zur neuen Maßeinheit für die Freizeit der Zukunft werden, meint der Hamburger Freizeitforscher Horst Opaschowski (Opaschowski 1992, S. 53).

■ *Von Hamburg im Jet an den Eibsee*
Ein äußerst preisgünstiges Angebot – nur 299 Mark für einen ganzen Skitag auf dem Zugspitzplatt – können seit dieser Saison Hamburger Skifans wahrnehmen. Im Preis enthalten sind Hin- und Rückflug, Bustransfer und Tagesskipaß. (SZ 13. 12. 93)

Die Aufrüstung in Sachen Erlebniskonsum geht logischerweise einher mit einem immer größeren Aufwand an Werbung. Allein schon der finanzielle Einsatz für Werbung zeigt, mit welchen massiven Geschützen unsere träge Psyche mobilisiert werden muß, wenn eine Botschaft noch wirklich ankommen soll. Die deutsche Industrie investierte für die Werbung ihrer Produkte bereits Ende der 80er Jahre fast 50 Milliarden DM jährlich, mehr Geld also, als Bund, Ländern und Gemeinden zur selben Zeit für das allgemeinbildende Schulwesen zur Verfügung standen (Eicke 1991, S. 14).

Mit einiger Wahrscheinlichkeit hat die sinnliche und emotionale Verödung auch Folgen für die Art unseres *Denkens*. Nur sind diese Folgen schwer festzustellen. „Das Gehirn sieht im Hirnschaden kein Problem", hat der amerikanische Medienwissenschaftler Neil Postman einmal treffend gesagt (Postman 1988, S. 13). Dennoch darf vermutet werden, daß die Welt des Süchtigen immer kleiner wird, je weiter er in seiner Sucht versinkt. Alles dreht sich um den Alkohol, die Arbeit, den Konsum. Diese Verengung des Denkens zeigt sich besonders in zeitlicher Hinsicht: Der Süchtige ist ein Augenblicksmensch, er kann nicht warten, will alles sofort. Vergangenheit und Zukunft schwinden in seinem Bewußtsein zu bedeutungslosen Restgrößen, alles kreist um die Gegenwart.[5] Die Zukunft schrumpft im Bewußtsein auf einen kleinen Zeitraum zusammen: für den Alkoholkranken bis zur nächsten Flasche, für den „gesunden" Normalbürger bis zum nächsten Urlaub. So muß befürchtet werden, daß mit dem Abbau des Verhaltensrepertoirs und der Möglichkeiten, zu empfinden und zu fühlen, auch die Fähigkeit schwindet, über die gegenwärtige Realität hinauszudenken: die Phantasie. Die meisten Menschen können sich eine andere Art des Lebens und des Wohlstands als die, die sie kennen, nicht vorstellen. Auch wenn psychische Verarmungs- und Verödungsprozesse das Wohlbefinden der Betroffenen nicht notwendig und nicht unmittelbar beeinträchtigen, müssen sie aus der Sicht des kritischen Beobachters dennoch als Gesundheitsstörungen im Sinne der WHO-Definition gewertet werden. Denn massenhafte psychische Verödungsprozesse bergen die Gefahr, daß Menschen die Schäden, die sie sich selbst und anderen zufügen, systematisch zu spät bemerken. Dann aber wird es meist recht schmerzhaft.

Soziale Defizite

Die moderne Gesellschaft wird von Soziologen durch ihre Tendenz zur Individualisierung charakterisiert: Das Leben findet immer weniger in gewachsenen Gemeinschaften wie Familie und

Dorf und kaum mehr in vorgegebenen Bahnen statt, jeder steht für sich allein und bastelt sich seine Biographie nach eigenem Gutdünken zusammen. Da Menschen in allen Phasen ihres Lebens, besonders aber als Kinder und Jugendliche, existenzielle soziale Bedürfnisse etwa nach Geborgenheit und Anerkennung haben, stellt sich die Frage, welchen Ersatz die „moderne" Gesellschaft den Menschen für den Wegfall der alten Sozialstrukturen bietet. Ohne einen solchen Ersatz muß mit ernsten Sozialisationsdefiziten in Hinblick auf das Sozialverhalten, -empfinden und -bewußtsein gerechnet werden. Wenn Gesundheit auch das soziale Wohlbefinden mit einschließt, dann sind solche Fragen nach Indikatoren für soziale Defizite in die Analyse von Krankheitssymptomen mit einzubeziehen.

Als erster Indikator für die erhöhte Wahrscheinlichkeit sozialer Defizite sei die konstante Zunahme sogenannter *Risikofamilien* genannt: Doppelbelastung der Alleinerziehenden durch Beruf und Mutterschaft, schlechte finanzielle Grundlagen, beengte Wohnverhältnisse, oft psychische Unzufriedenheit der Mutter aufgrund der eigenen Einsamkeit, manchmal mit der Folge, daß sie das Kind psychisch umklammert – das sind einige der bekannten Faktoren für solche riskanten Familienstrukturen. Untersuchungen belegen, daß Kinder aus solchen Familien schlechtere schulische Leistungen erbringen, später beruflich weniger erfolgreich sind und oft selbst wieder zu Alleinerziehern werden (Hurrelmann 1990, S. 92 f.; Kurve 3, S. 4). Die Mehrzahl der Familienforscher dürfte darüber hinaus darin übereinstimmen, daß Menschen, die in solchen Risikofamilien aufwachsen, elementare Sozialerfahrungen nicht machen können, daß sie in vielfacher Hinsicht durch Defizite im Sozialverhalten belastet sind.

■   *Bei Einsamkeit ein Kind zu mieten*
Japanische Firma vermittelt Eltern Ersatzkinder. (SZ 19. 5. 92)

Ferner gibt es deutliche Hinweise darauf, daß *soziale Rücksichtslosigkeit* in den letzten Jahrzehnten, insbesondere aber in den 80er Jahren zugenommen hat. Zum Beispiel der Gießen-Test: Zwei mit jeweils über 1500 Personen durchgeführte psychoanalytisch orientierte Erhebungen über das Selbstbild der Deutschen aus den Jahren 1968, 1975 und 1989 haben eine klare Zunahme an „Ehrgeiz und Rivalität", an „aggressiver Selbstbehauptung" und an „narzißtischer Ellenbogenmentalität" ergeben. Schwächer geworden sind Eigenschaften wie „Selbstkritik", „soziale Rücksichtnahme" oder „fürsorgliche Gefühle" (Brähler/Richter 1990).[6]

Zu einem ähnlichen Ergebnis kamen Befragungen von Studenten über die Entwicklung von Werthaltungen im Zusammenhang mit Studien- und Berufswünschen, die im Auftrag des Bundesbildungs-ministers in den 70er und 80er Jahren durchgeführt wurden (Bar-gel/Sandberger/Ramm 1992). Die zunehmende Bedeutung *ego-zentrischer Orientierungen* zeigt sich auch in Meinungsbefragungen zum sozialen Wert der Wahrhaftigkeit im Zusammenhang mit Nütz-lichkeitserwägungen: Während Anfang der 80er Jahre noch 65 Pro-zent der Deutschen das Lügen um des eigenen Vorteils willen ab-lehnten, waren es 1995 nur mehr 44 Prozent (Institut für Demo-skopie Allensbach 1995, S. 1).[7] Und aus den USA wird von Unter-suchungen zu einem ganz besonders bedenklichen „Sport" berich-tet, dem Mogeln. Der amerikanische Soziologe und Jurist Michael Josephson hat ermittelt, daß 75 Prozent der Gymnasiasten spicken, bei Bewerbungen regelmäßig hochgestapelt wird und daß 12 bis 30 Prozent der Bewerbungsunterlagen sogar völlig falsche Angaben enthalten. Das Mogeln entwickelt sich für die amerikanische Ju-gend immer mehr zu einer Art „Lebensphilosophie" (SZ 26. 10. 90). Was passiert, so fragt Josephson, wenn sich solches Verhalten auch in verantwortungsvollen Berufen breit macht, wenn Flugzeugme-chaniker Prüfungsberichte manipulieren oder Mediziner Hinweise auf HIV-verseuchte Blutkonserven?

In dieselbe Richtung weisen auch viele bisher meines Wissens noch nicht systematisierte Einzelbeobachtungen. Z. B. berichten Kindergärtnerinnen über eine neuartige Brutalität ihrer Schütz-linge: Wie „kleine Kampfmaschinen" führen sie sich auf, nach einem Sieg haben sie „strahlende Augen" (DER SPIEGEL 42/93, S. 111 ff.). Der Übergang zum Kampf des Erwachsenenlebens ist fließend. „Vergiß nicht, dein Mitschüler ist dein Feind!" steht auf einem der offiziellen japanischen Prüfungshandblätter (Vogel 1992, S. 11). An deutschen Universitäten verstecken sich Studenten wechselseitig die Bücher, um der Wettbewerbsvorteile willen. Für die Arbeitswelt gibt es mittlerweile einen „No Mobbing"-Leitfaden, Seminare, ja spezielle Kliniken für Mobbing-Geschädigte. Und zu-nehmende Rücksichtslosigkeit wird auch im Straßenverkehr und im Sport beklagt.

10

■ *„Dann haben sie eben Pech gehabt"*
Was Hauptschüler über die Opfer von Ausländerfeindlichkeit sagen.
(SZ 11./12. 9. 93)

Auf der anderen Seite zeigt sich aber oft auch eine überwältigende Hilfsbereitschaft, wenn es um konkrete Hilfe für konkrete Menschen in konkreter Not geht. Als in oberfränkischen Zeitungen z. B. im Herbst 1995 Knochenmarkspender für ein leukämiekrankes Kind gesucht wurden, meldeten sich innerhalb weniger Tage rund 10 000 Menschen, die teils mehrstündige Wartezeiten bereitwillig in Kauf nahmen (NP 9. 10. 95). Offenbar bezieht sich die soziale Gleichgültigkeit hauptsächlich auf das Verhältnis zu anonymen Personen und zu gesellschaftlichen Institutionen.

Signifikante Änderungen im Sozialverhalten in einem weiteren, nämlich *politischen Sinn* zeigen sich auch in neueren Jugendstudien. Nach einer Untersuchung des Instituts für Entwicklungsplanung und Strukturforschung der Universität Hannover unter 3000 Jugendlichen ist z. B. der Anteil derer, die sich für Bundespolitik interessieren, in den vergangenen 10 Jahren von 34 auf 25 Prozent geschrumpft (Borchers 1995, S. 8). Die IBM-Jugendstudie 1992 etwa diagnostizierte eine deutliche Neigung, sich aus der politischen Mitwirkung zurückzuziehen (Institut für Empirische Psychologie 1992, S. 153). Die Wahlbeteiligung junger Wahlberechtigter ist seit 1972 noch stärker zurückgegangen als die der Erwachsenen. Auch wenn einige der Nichtwähler zu anderen Formen politischen Engagements überwechseln, etwa in Bürgerinitiativen mitarbeiten, zieht sich die überwiegende Mehrheit, besonders der Jugendlichen, offenbar ins Privatleben zurück (z. B. Feist 1992) oder begnügt sich mit einem allgemeinen Interesse für politische Themen ohne entsprechende Aktivitäten (Borchers 1995, S. 6).

Die Übergänge zur nichtlegalisierten Form des sozialschädlichen Verhaltens sind fließend. Die angesehensten und einträglichsten Varianten finden sich in den *Konventionen des Wirtschaftslebens*: Mogelpackungen in der Industrie, Lügen in der Werbung, Bücher über „1000 legale Steuertricks", Kapitalflucht und abzugsfähige Bestechungsgelder – das wären die einschlägigen Schlagworte. „Die beste Definition der Gemeinschaft", so Robert B. Reich, der amerikanische Wirtschaftswissenschaftler und Arbeitsminister Bill Clintons, „besteht heute in der gemeinsamen Postleitzahl" (SZ 4.1.94).

Eine letzte Dimension sozialer Defizite zeigt sich in der schleichenden Durchsetzung *autoritärer* und *rechtsextremistischer Ordnungsvorstellungen*, die im Kern das Recht des Stärkeren an die Stelle des gleichen Rechts aller Menschen setzen wollen. Der deutsche Verfassungsschutz registrierte bereits für die 80er Jahre eine Verdoppelung der Mitglieder rechtsextremistischer Gruppierungen (Bundesminister des Inneren 1993, S. 67). Betrachtet man die wichtigsten Wahlergebnisse der letzten Jahre in Europa, so müssen 5 bis 15 Prozent der Europäer als politisch rechtsstehend eingeordnet werden. Daß es sich dabei um keine vorübergehende Modeerscheinung handeln dürfte, wird besonders deutlich, wenn man diesen Befund mit einem der Ergebnisse des oben dargestellten psychoanalytischen Gießen-Tests in Verbindung bringt. „Die Republikaner charakterisieren sich vor allem durch Merkmale, die im Zeittrend liegen. Das heißt, sie bilden so etwas wie eine Vorhut in der Richtung, in der sich auch der Durchschnitt der deutschen Männer seit 1975 allgemein verändert hat ... Noch mehr als die Gesamtheit der deutschen Männer wollen die Republikaner-Anhänger vornean sein, andere beherrschen, ihren Willen ungeachtet dadurch heraufbeschworener Konflikte durchsetzen." (Brähler/Richter 1990, S. 131 f.)

Fazit:

Zwar sind viele Krankheiten, die unsere Vorfahren noch in Angst und Schrecken versetzten, heute unter Kontrolle. Bei Krankheiten des Immunsystems und auf Zellebene jedoch erweist sich die Medizin bisher als relativ ohnmächtig, weil offenbar die Zivilisation selbst der Krankmacher ist. Auffallend sind die exponentiellen Entwicklungen bei Krankheiten der sogenannten Grenzorgane Haut und Atemwege. Was die psychischen Störungen anlangt, so scheinen zwanghaftes Verhalten, also Sucht, und die damit einhergehenden sinnlich-emotionalen und kognitiven Verödungsprozesse schon lange keine gesellschaftlichen Randphänomene mehr zu sein. Insbesondere die Konsumsucht ist heute bereits vergleichbar mit einer Volkskrankheit. Und schließlich deutet sich an, daß die Menschen der sich individualisierenden Gesellschaft auch im Umgang miteinander besorgniserregende Defizite entwickeln.

Zwar gehen psychische und sozialpsychische Deformationen nicht unmittelbar mit einer Minderung des momentanen Wohlbefindens einher, mittelbar und längerfristig aber dürften psychische Verödung und soziale Abstumpfung des Individuums in Entwicklungen münden, die für die Betroffenen oft nicht weniger schmerzhaft als viele körperliche Leiden sind.

Symptom 2: Zerfallende Gesellschaften

Auf welche empirische Daten kann sich die oft beschworene Gefahr des Gesellschaftszerfalls stützen? Während die zuletzt genannten Untersuchungen und Einzelbeobachtungen zur sozialen Abstumpfung die subjektive bzw. individuelle Seite von Gesellschaft betrafen, geht es in diesem Kapitel um objektive Entwicklungstendenzen. Mit „Gesellschaft" ist dabei gemeint, daß sich Menschen in dem, was sie tun, auf andere Menschen beziehen, wodurch ein wie auch immer gearteter Zusammenhang zwischen ihnen entsteht. Ich unterscheide im folgenden zwei Dimensionen von gesellschaftlichen Zusammenhängen: zum einen die Beziehungen zwischen den Angehörigen einer Generation, zum andern die Beziehungen zwischen Generationen.

Soziale Ausgrenzung
Um objektive Indikatoren für den Zerfall zwischenmenschlicher Zusammenhänge zu finden, braucht man nicht unbedingt den Blick in die sich besonders seit 1989 ausbreitenden Krisenregionen der Welt zu richten. Sie zeigen sich auch um uns herum. Da wäre als erstes die Kluft zwischen jenen, die über Macht und Wohlstand verfügen, und jenen, die ausgegrenzt bleiben. Die verfügbaren Daten über die Verteilung von Einkommen und Vermögen *innerhalb der Industriegesellschaften* belegen, daß deren absolutes Niveau zwar allgemein gewachsen ist, die Kluft zwischen den Reichen und den Armen aber ebenso. Nach Angaben des Vizepräsidenten des Deutschen Städtetags, Hannovers Oberbürgermeister Herbert Schmalstieg, lebte bereits Anfang der 90er Jahre jeder fünfte Stadtbewohner an der oder unter der Armutsgrenze (SZ 12.5.93). Rainer Geißler schreibt in seinem von der Bundeszentrale für politische Bildung herausgegebenen Studienbuch: „Der steigende Wohlstand in

13

der Bundesrepublik geht seit zwei Jahrzehnten einher mit einer Ausbreitung von Armut. Immer mehr Menschen werden in die Hinter-
höfe der Wohlstandsgesellschaft abgedrängt, und die Kluft zwischen dem Lebensstandard in den Hinterhöfen und dem allgemeinen Niveau wird immer größer." (Geißler, R. 1992, S.175)
Für Großbritannien wurde errechnet, daß die Arbeitnehmerein-
kommen in den letzten 17 Jahren von einem Viertel auf ein Siebtel
der Arbeitgebereinkommen gesunken sind, für die USA gar in den
letzten 25 Jahren von einem Siebtel auf ein Vierzigstel (Afheldt
1995, S.5). Seit der Weltwirtschaftskrise der 30er Jahre gab es in
beiden Ländern keine derartige soziale Kluft.

■   *Kurs für Arme: Wie kocht man Abfälle?*
Ein Kochkurs für Obdachlose hat in Kalifornien erheblichen Wirbel
ausgelöst. (CT 15./16.8.92)

An der Vorderseite der Gesellschaft finden sich v.a. jene, die es
nicht nötig haben, von ihrer eigenen Hände Arbeit zu leben, weil
sie neben oder statt dem Arbeitseinkommen über andere Einkom-
mensquellen verfügen, wie z.B. über Unternehmensgewinne, Dividenden, Zinsen. So hat sich das private Geldvermögen zwischen
1970 und 1990 in Deutschland verfünffacht (DER SPIEGEL 34/
93, S.91). Der Münchner Wirtschaftswissenschaftler Franz Garnreiter hat die zeitliche Entwicklung der Anteile am Zinseinkommen
zwischen 1972 und 1987 in Deutschland errechnet. Die 5 Prozent
der Bevölkerung, die die höchsten Zinseinkommen beziehen,
konnten demnach ihren Anteil am gesamten Zinseinkommen in
diesem Zeitraum von 18 auf 23 Prozent ausweiten. Alle anderen Bezieher von Zinseinkommen hatten in diesem Zeitraum Einbußen
ihres Anteils am Zinskuchen zu verzeichnen, am meisten die 5 Prozent Ärmsten, die nach diesen 15 Jahren nur noch über 0,6 Prozent
verfügten und damit die Hälfte ihres ursprünglichen Anteils von 1,2
Prozent verloren hatten (Garnreiter 1991, S.15).[8]
Die innere gesellschaftliche Zerklüftung geht offenbar einher mit
einer Verschärfung der *Gegensätze zwischen den Industriegesellschaften.* Vergleicht man die Länder der Europäischen Union in
Hinblick auf ihre wirtschaftliche Stärke, so zeigen sich beträcht-
liche Diskrepanzen in Hinblick auf ihre wirtschaftlichen Erfolge.
Die EG-Kommission kommt z.B. in ihrem „Bericht über die sozio-

ökonomische Lage der Regionen der Europäischen Gemeinschaft" zu dem Ergebnis, daß die regionalen Ungleichheiten trotz der positiven gesamtwirtschaftlichen Entwicklung am Ende der 80er Jahre unverändert groß sind (Hausmann 1992). Ein Vergleich der Währungsrelationen zeigt sogar wachsende Ungleichheiten. Der Wert des Pfund Sterling ist z. B. während der 70er und 80er Jahre auf weniger als ein Drittel des DM-Werts zusammengeschrumpft (DER SPIEGEL, 39/92, S. 146). Und in einer Kolumne des EG-Magazins heißt es: Auch 30 Jahre nach den Römischen Verträgen kann „nicht einmal überspitzt" formuliert werden, „daß die reichen Regionen Europas immer reicher und die armen immer ärmer geworden sind" (Böttcher 1989).[9]

Wenn man Europa verläßt und die Entwicklung der anderen beiden hochindustrialisierten Zentren der Welt, die USA und Japan, miteinbezieht, so zeigt sich ähnliches. Der Niedergang der US-Wirtschaft und der Aufstieg der japanischen Wirtschaft gehen historisch weit zurück. Der langfristige, wenn auch unregelmäßige Verfall des Dollars von über 4 DM um 1950 auf ca. 1,50 DM Anfang der 90er Jahre verweist genauso auf diese Entwicklung wie die langfristig sinkende Leistungsfähigkeit der US-Wirtschaft im Vergleich zur europäischen und japanischen.[10]

Schaut man sich die Wirtschaftsdaten der sogenannten *Zweiten und Dritten Welt* an, so ergibt sich zunächst ein ambivalentes Bild: einerseits südostasiatische Wachstumsregionen, andererseits die bereits hinreichend bekannten Horrorszenarien in vielen Entwicklungsländern. Die Dritte Welt konfrontiert uns mit einer jahrzehntelang fortschreitenden Verelendung immer größerer Teile der Menschheit. Der Anteil der Entwicklungsländer (ohne Schwellen- und Ölexportländer) am Welthandel ist zwischen 1950 und 1990 von 18,7 auf 3,5 Prozent geschrumpft (Braun 1992, S. 74). Der Abstand zwischen dem ärmsten und reichsten Fünftel der Menschheit ist in den letzten 30 Jahren teils mit zunehmender Geschwindigkeit gewachsen (Kurve 4, S. 16). Die UNO hat errechnet, daß den Entwicklungsländern jährlich ein Schaden von 500 Milliarden Dollar zugefügt wird, indem die Industrieländer v. a. einerseits niedrige Preise für Rohstoffe zahlen, andererseits ihre Märkte für Fertigprodukte aus dem Süden abschotten (United Nations Development Programme 1992, p. 5 f.). Eine Trend-Umkehr ist nicht in Sicht (Messner 1997, S. 154).

Kurven 4 – 6: Zerfallende Gesellschaft

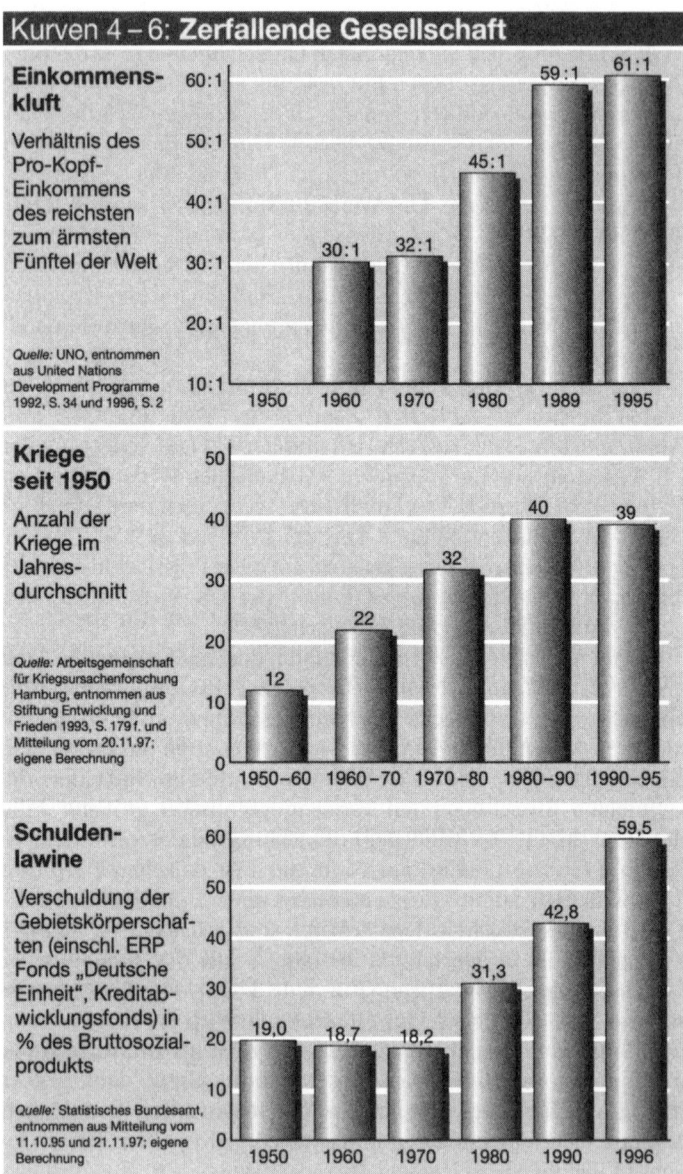

Einkommens-kluft

Verhältnis des Pro-Kopf-Einkommens des reichsten zum ärmsten Fünftel der Welt

Quelle: UNO, entnommen aus United Nations Development Programme 1992, S. 34 und 1996, S. 2

60:1 — 59:1 — 61:1
50:1
45:1
40:1
30:1 — 30:1 — 32:1
20:1
10:1

1950   1960   1970   1980   1989   1995

Kriege seit 1950

Anzahl der Kriege im Jahres-durchschnitt

Quelle: Arbeitsgemeinschaft für Kriegsursachenforschung Hamburg, entnommen aus Stiftung Entwicklung und Frieden 1993, S. 179 f. und Mitteilung vom 20.11.97; eigene Berechnung

50
40 — 40   39
32
30
22
20
12
10
0

1950–60   1960–70   1970–80   1980–90   1990–95

Schulden-lawine

Verschuldung der Gebietskörperschaften (einschl. ERP Fonds „Deutsche Einheit", Kreditab-wicklungsfonds) in % des Bruttosozial-produkts

Quelle: Statistisches Bundesamt, entnommen aus Mitteilung vom 11.10.95 und 21.11.97; eigene Berechnung

60 — 59,5
50
42,8
40
31,3
30
19,0   18,7   18,2
20
10
0

1950   1960   1970   1980   1990   1996

16

■ *Um Organe zu verkaufen: Mutter ersticht Tochter. (SZ 7. 9. 95)*

Der iranische Ökonom Hafez Sabet hat den Zinseszinseffekt dieses ausbeuterischen Nord-Süd-Handels berechnet und ist zu dem Schluß gekommen, daß der Norden dem Süden eigentlich 40 mal soviel schuldet wie der Süden dem Norden tatsächlich: in Zahlen ist das ein Betrag von 50 Billionen Dollar. Sabets Fazit lautet: „Die Ausweglosigkeit der Länder der Dritten Welt zeigt sich vor allem darin, daß sich inzwischen praktisch jeder ihrer Schritte als falsch erweist und die Probleme nur noch vermehrt – ob Autarkieversuche oder Kreditaufnahme, ob landwirtschaftliche oder industrielle Entwicklung, ob kapitalistisches oder sozialistisches Wirtschaftssystem. Man muß hier von struktureller Ausweglosigkeit sprechen … Der Dritte-Welt-Krieg ist längst im Gang, und wir tun alles, ihn in einen Dritten Weltkrieg weiterzuentwickeln. Ein schlimmeres Versagen der Verantwortlichen der Globalpolitik wäre wohl kaum denkbar, als daß man zuerst ein einmaliges Konfliktpotential erzeugt und dieses dann mit modernsten Waffen bestückt." (Sabet 1991, S. 85 f.)

Die Zweite Welt hat diese Waffen schon. Sie sind beinahe das einzige, was ihr nach dem ökonomischen und politischen Zusammenbruch noch geblieben ist. Viele Menschen in den Nachfolgestaaten der ehemaligen Sowjetunion dürften v. a. auch deshalb besonders verbittert sein, weil sie erstens bereits bessere Zeiten kennengelernt haben und zweitens an die Einführung der westlichen Wirtschafts- und Staatsform hohe Erwartungen geknüpft haben, die bisher weitgehend unerfüllt geblieben sind.

Eskalierende Gewalt

Die soziale und wirtschaftliche Ausgrenzung der Armen durch die Reichen, abgesichert durch die bestehende Rechtsordnung, ist bereits Gewalt in einem weiteren Sinn. Die Soziologen sprechen dabei von „struktureller" Gewalt. Zunehmende Gewalt im engeren Sinn hingegen, wie sie Juristen definieren, zeigt sich in Form von Kriminalität, von Terrorismus und von Krieg. In all diesen Fällen zwingt der Täter nicht nur, wie bei der strukturellen Gewalt, dem Opfer seinen Willen auf, sondern er tut dies zudem ohne dessen formelle Einwilligung und verstößt so gegen geltende Rechtsnormen.

■ *Mitternachtmessen wegen Kriminellen vorverlegt. (SZ 27. 12. 93)*

Erstens zur *Kriminalität* am Beispiel Deutschlands: Sie nimmt insgesamt zwar nicht zu, aber Kriminologen warnen vor drei langfristigen Entwicklungstrends. So werden die Täter immer jünger, ihre Bereitschaft zur Brutalität wächst, und immer mehr Straftaten sind organisierter Natur. Beurteilt man Regelverstöße nach dem Tempo ihrer Zunahme und der Höhe des angerichteten Schadens, so muß das organisierte Verbrechen als das am meisten beunruhigende Symptom eingestuft werden. Wenn sich kriminelle Energie organisiert, kann sie leicht zur Gefahr nicht nur für einzelne Bürger, sondern auch für das Gemeinwesen als solches und seine rechtsstaatliche und demokratische Verfassung werden. Fachleute schätzen, daß schon heute in jedes fünfte Verbrechen, das von international operierenden Tätern verübt wird, Beamte und Angestellte des öffentlichen Dienstes verstrickt sind (Schwind 1993, S. 433). Dies veranlaßte Hans Jürgen Fätkinhäuer, Oberstaatsanwalt in Berlin, Leiter der dortigen Abteilung für Organisierte Kriminalität und Sprecher der Vereinigung Berliner Staatsanwälte, bereits 1992 zu folgender Prognose: Was in Italien zur Zeit passiert, diese Art, wie dort die Mafia auftrumpft, ist nur eine Vorstufe dessen, was Deutschland noch bevorsteht (DAS PARLAMENT 50/92, S. 12). Wenn die Organisierte Kriminalität das Gewaltmonopol des Staates untergräbt, führt dies mittel- und langfristig dazu, daß die Barriere zwischen Legalität und Illegalität eingerissen wird. An die Stelle sporadischer Zusammenarbeit zwischen privaten Unternehmern und staatlichen Verantwortungsträgern tritt dann die systematische Kooperation. Dabei geht es nicht mehr nur um die Förderung bestimmter heikler Geschäfte, etwa in der Drogen- oder Rüstungsbranche, und um die Beschaffung von Geld und Wählerstimmen, sondern um die umfassende Abgleichung von privaten und staatlichen Strategien und Taktiken zum Nutzen beider Teile ohne öffentliche Kontrollmöglichkeiten (Uesseler 1991).

Der Übergang von der unblutigen zur blutigen Form personeller Gewalt ist bekanntlich fließend. *Terror* und Krieg sind die massivsten Verletzungen ziviler Regeln. Die Giftgasanschläge auf japanische U-Bahnen oder der Bombenterror gegen US-amerikanische Hochhäuser deuten an, was besonders den Metropolen mit ihrer hochgradig verletzbaren Infrastruktur bevorsteht. Wenn demnächst die Gefahr besteht, daß geldgierige Gangster oder politisch und religiös motivierte Terrorgruppen über biologische, chemische und atomare Massenvernichtungsmittel verfügen, dann können sie allein durch das Aussprechen einer Drohung die Evakuierung von Millionenstädten notwendig machen und den mächtigsten Staaten der Welt möglicherweise ihren Willen aufzwingen.

Was die *Kriege* betrifft, so ist deren Anzahl zwischen 1950 und 1990 beständig gestiegen, und erst durch das Ende des Ost-West-Gegensatzes ist dieser Trend ins Stocken geraten (Kurve 5, S. 16). Der Anteil der zivilen Opfer stieg dabei von Krieg zu Krieg an und erreichte 1990 bereits 90 Prozent (Stiftung Entwicklung und Frieden 1993, S. 184 f.). Nicht vergessen werden dürfen schließlich die Energien, die die Staaten der Welt in die Vorbereitung weiterer Kriege stecken. Zwar sind die weltweiten Militärausgaben in den letzten Jahren etwas gesunken, aber das gibt keinerlei Anlaß zur Beruhigung. Denn wohl in keinem Wirtschaftszweig war man in diesem Jahrhundert bei der Effektivitätssteigerung so erfolgreich wie bei der Waffenproduktion: Amerikanische Militärtechniker haben errechnet, daß sich der sogenannte Tödlichkeitsindex in diesem Jahrhundert vom Magazin-Gewehr des Ersten Weltkriegs bis zur Interkontinentalrakete der 80er Jahre um den Faktor 250 Millionen erhöht hat (Albrecht 1981, S. 62).

Nun könnte jemand entgegenhalten, mit dem Umbruch des Jahres 1989 sei das Ende des atomaren Wettrüstens und des wachsenden Overkills heute trotz der gegenwärtigen Kriege bereits absehbar. Das Gegenteil ist der Fall: Die Zahl der Staaten, die über Atomwaffen und entsprechende weitreichende Trägersysteme verfügen, wächst unzweifelhaft an. Das Auseinanderfallen der Sowjetunion in hochgradig konfliktbeladene und teilweise im Bürgerkrieg befindliche Einzelstaaten hat diesen Prozeß beschleunigt. Die Kriegsgefahr wird in Zukunft zusätzlich dadurch gesteigert, daß die Vorräte an lebenswichtigen Rohstoffen, vor allem an Erdöl, Wasser und fruchtbarem Land, in manchen Gegenden der Erde zur Neige gehen (Bastian 1990).

Auch ein Rückblick in die Militärgeschichte der letzten vier Jahrhunderte zeigt, wie berechtigt die Ängste vor einer Barbarisierung der Welt sind. Addiert man die Opfer der seit 1700 durch Kriege ums Leben Gekommenen, so springt die explosionsartige Zunahme der Gewaltsamkeit unseres Jahrhunderts förmlich ins Auge. Ferner sind moderne Kriege dadurch gekennzeichnet, daß die Gewaltanwendung nicht mehr auf bestimmte Personen oder Institutionen beschränkt ist, weder was ihre Verursachung, noch was ihre Wirkung angeht. Die Vorbereitung und Durchführung des Krieges ist vielmehr eine durch und durch gesellschaftlich organisierte Angelegenheit geworden, an der nahezu die gesamte Industrie genauso wie die kulturellen Einrichtungen von Ländern, Kontinenten und Kulturkreisen beteiligt sind (Gleichmann 1992).

Brüchiger Generationenvertrag
Daß Politiker aller Parteien bei jeder sich bietenden Gelegenheit vor Geburtenrückgang und „Altersüberhang" warnen und den Generationenvertrag beschwören, mag oft taktisches Kalkül sein. Das Problem des intergenerativen Zusammenhalts ist jedenfalls weit vielschichtiger, als dies bisher ins Bewußtsein gedrungen ist. Zunächst geht es in der Tat um das nicht geringe Problem der *finanziellen Lastenverteilung*. Das Statistische Bundesamt hat in einer Modellrechnung in den 80er Jahren herausgefunden, daß unter bestimmten Annahmen der Rentenbeitrag, der etwa 19 Prozent des Bruttoeinkommens beträgt, bis zum Jahr 2030 auf 35 Prozent erhöht werden muß (Bundeszentrale für politische Bildung 1988, S. 23). Und die Diskussion über die Pflegeversicherung z. B. wurde von vielen zu einer nationalen Standortdebatte hochstilisiert.

■ *Kassen erwarten Rennpflege*
Bei einer Expertenanhörung nannte der Bundesgeschäftsführer der Arbeitsgemeinschaft Hauskrankenpflege Peter Baum als Beispiel für die rigorosen Zeitvorgaben der Kassen die Pflegeleistung „Hilfe bei Ausscheidungen", die in zehn Minuten zum Preis von 6,50 Mark erbracht werden soll. (SZ 7.6.95)

Ein anderer Teil der Kosten, die die Alten den Jungen auflasten, sind die öffentlichen Schulden. Das Tempo der Verschuldung ist in praktisch allen Staaten der Welt atemberaubend. Wenn das Sozialprodukt und damit die Steuereinnahmen im selben Tempo gewachsen wären, wäre dies relativ unbedenklich. Tatsächlich aber haben die Schulden viel schneller als das Bruttosozialprodukt zugenommen (Kurve 6, S. 16). Besonders alarmierend ist, daß die öffentlichen Anleihen immer weniger für Investitionen in die Infrastruktur oder zur Förderung zukünftigen Wachstums ausgegeben werden, wie dies die klassische Finanzwirtschaft gefordert hatte. Während zu Beginn der 60er Jahre noch jede vierte Mark des Staates zukunftsweisend investiert wurde, war es 1987 nur mehr jede zehnte (Möller/Schwebler o. J., S. 17). Der Staat leiht sich also allein deshalb immer mehr Geld von seinen Bürgern, damit er die laufenden Kosten decken kann. Dazu gehören zu einem immer größeren Teil die Zinsen für frühere Kredite, dann die Personalkosten und schließlich das soziale Netz. Das Sinken der Investitionsquote ist der alarmierendste Aspekt der Staatsverschuldung.

Wie die Jungen diese Lasten und Risiken, die ihnen die Alten vererbt haben, beurteilen werden, hängt ganz entscheidend davon ab, ob diese Lasten in ihren Augen durch entsprechende Nutzen ausgeglichen werden. Und hier müssen erhebliche Zweifel angemeldet werden, die das Prinzip der intergenerativen Gerechtigkeit womöglich im Kern erschüttern. Denn der Lebensstil ändert sich bekanntlich immer schneller und damit die Vorstellungen davon, wie Menschen wohnen, arbeiten, ihre Freizeit gestalten wollen.

Niemand weiß heute, wie unsere Kinder und Enkel dieses Erbe bewerten werden. Aber es mehren sich bereits die Hinweise, daß die *psychischen Spannungen* zwischen den Generationen heute schon zunehmen. Das Institut für Jugendforschung (IJF) in München hat ermittelt, daß unter 6- bis 14jährigen Zukunftsangst und Vertrauensverlust in den letzten Jahren häufiger geworden sind (SZ 23. 11. 92).

■   *Ich stelle mir meine Zukunft ziemlich blöd vor*
Wenn man es sich richtig überlegt, dann könnte man sagen, daß man am besten keine Kinder in die Welt setzen sollte, denn wie würden sie leben! Vielleicht mit Gasmasken, oder wie?
(Ilona, 13 Jahre, Grefe/Jerger-Bachmann 1992, S. 23)

Erziehungsberater und Jugendpsychiater registrierten im selben Zeitraum, daß familiäre Gewalt heute zum Teil schon unter verändertem Vorzeichen steht (SZ 21./22. 11. 92).[11] „Noch schonen die Kinder ihre Eltern", meint die Berliner Jugendtherapeutin Ute Benz, aber die Gewalt, die sich heute gegen Ausländer richte, gelte eigentlich den Eltern, die anzugreifen aber meist noch tabu sei (SZ 14./15.11.92).

Die geringe Bereitschaft zur Solidarität zwischen den Generationen zeigt sich auch bei vielen jungen Erwachsenen. So z.B., wenn ein Funktionär der Jungliberalen zur Diskussion über die Pflegeversicherung meint, die Jüngeren dürften nicht mit den Pflegekosten für die Älteren „belastet werden", denn „wir leben in einer Zeit, wo jede Generation für sich selber sorgen muß" (Meyer 1993, S.229). Nach einer Ende der 80er Jahre durchgeführten Umfrage der Wickert-Institute unter 18- bis 35jährigen fühlen sich 46 Prozent der Deutschen nicht mehr an den Generationenvertrag gebunden. Für 78 Prozent wäre es „unakzeptabel", wenn ihnen im Jahr 2000 rund 40 Prozent vom Lohn für Sozialabgaben abgezogen würden. Und: Je jünger die Befragten, desto rigoroser wird ihr jugendlicher Egoismus (WIENER 3/89, S.3–6).

Der Gießener Theologe Reimer Gronemeyer sieht in seinem Buch ›Die Entfernung vom Wolfsrudel. Über den drohenden Krieg der Jungen gegen die Alten‹ folgendes *Zukunftsszenario* heraufziehen: Wenn die Bindekraft der Familie nachläßt und eine Ersatzinstitution fehlt, werden die Jungen „nach neuen Aufbewahrungsmethoden für Alte" zu suchen beginnen. Es gibt Tiere, die ihre Eltern auffressen, und es gab Nomadenvölker, die die Eltern töteten, wenn sie sie nicht mehr mitschleppen und ernähren konnten. Beides geschieht bzw. geschah unter Zwang, des Instinkts bzw. der materiellen Not. Die hochindustrialisierte und angeblich hochzivilisierte Gesellschaft ist jedoch dabei, aus freien Stücken, oder genauer: aus ihren selbstgestrickten „Sach"zwängen heraus, zwar nicht denselben, aber einen ähnlich Weg zu wählen: „Die Alten werden nicht aufgefressen. Aber die lebenserhaltenden Apparate werden vielleicht etwas früher abgeschaltet, die Aufwendungen für Krankenhäuser und Altenheime werden gekürzt, die Zahl der Operationen an Alten wird begrenzt, die Renten werden verringert." (Gronemeyer 1991, S.130f.) Natürlich wäre bis zu dieser Entwicklung noch ein politisches Problem zu lösen – die Abschaffung der Demokratie, denn die Alten werden die Mehrheit bilden.

Fazit:
Die verfügbaren Daten über Symptome des Gesellschaftszerfalls lassen kaum Zweifel daran, daß Wohlstand und Verfügungsmacht

sich sowohl national als auch international immer mehr in den Händen einer Minderheit konzentrieren. Parallel zu diesen ökonomischen Spaltungstendenzen steigt offensichtlich auch die Bereitschaft, im Umgang der Individuen, Gruppen und Staaten den Willen des jeweils anderen zu ignorieren und die eigenen Interessen mit Gewalt durchzusetzen. Was schließlich den intergenerativen Zusammenhalt der Gesellschaft betrifft, so zeigen sich materielle und psychische Belastungen, denen der Generationenvertrag zwischen Jung und Alt immer weniger gewachsen sein dürfte.

Symptom 3: Versiegende Natur

Was jeder tagtäglich wahrnehmen kann, das beginnen nun Statistiker zu quantifizieren: Die Zerstörung der natürlichen Umwelt hat Dimensionen angenommen, die immer mehr Zweifel daran aufkommen lassen, ob die Gesamtbilanz unserer Eingriffe in den Naturhaushalt noch positiv ist.[12] Deshalb haben sich einige Wirtschaftswissenschaftler dazu entschlossen, die Wirtschaftsleistung nicht mehr nach dem üblichen Maßstab des Bruttosozialprodukts zu messen. In ihrer alternativen volkswirtschaftlichen Gesamtrechnung verbuchen sie einerseits die ökologischen und sozialen Einbußen tatsächlich als Kosten, setzen also z. B. die Reparatur- und Gesundheitsaufwendungen nach einem Autounfall nicht mehr als positive Größen an. Und sie berücksichtigen andererseits jene Leistungen, die bisher statistisch ignoriert wurden, vor allem die Hausarbeit, als wert- und wohlstandssteigernde Größen.

Ein solcher „Index für ökologisch und sozial verträgliches Wirtschaften" zeigt, daß in Deutschland das seit 1950 einsetzende Wirtschaftswunder längst nicht so beeindruckend war, wie es die bisherigen undifferenzierten Sozialproduktszahlen vorgaukeln. In den USA fand seit 1950 sogar ein realer Abstieg statt. In beiden Ländern hat sich die Schere zwischen der Gesamtheit der Wirtschaftsleistungen und jenen Leistungen, die ökologisch und sozial nützlich sind, in den vergangenen 40 Jahren immer mehr geöffnet (Diefenbacher/Ratsch 1992, S. 130–146). Wir leben in der Illusion, reicher zu sein, als wir es tatsächlich sind, v. a. weil wir das Versiegen der Naturkräfte nicht richtig zur Kenntnis nehmen wollen. Dieses Versiegen zeigt sich an beiden Enden des Wirtschaftsprozesses: bei der Rohstoffgewinnung und bei der Abfallentsorgung, oder in der Sprache der Ökologen: erstens am Zustand der Quellen, zweitens an dem der Senken der natürlichen Umwelt. Und das Versiegen der natürlichen Kräfte zeigt sich drittens am Zustand des Gattungswesens Mensch selbst, am Zustand jener Eigenschaft, die die Evolution nur ihm verliehen hat: Sein Vernunftpotential reicht immer weniger aus, um die Komplexität der anstehenden Aufgaben bewältigen zu können.

Schwindende Vorräte

Beginnen wir mit dem Aufspüren der Indikatoren für den alarmierenden Zustand der Natur bei jenen Geschöpfen, die dem Menschen am nächsten stehen: bei den *Tieren*. Viele Amphibienarten (Frösche, Salamander), die Hälfte der Schildkrötenarten, zwei Drittel der Primatenarten und drei Viertel der Vogelarten der Welt gelten als bedroht (Ryan 1992, S. 24 f.). Der an der Harvard-Universität lehrende Artenexperte Eduard O. Wilson schätzt, daß allein durch die Abholzung des tropischen Regenwalds jährlich 50 000 Arten von Wirbellosen verschwinden. Dies entspricht umgerechnet 140 Arten pro Tag (Ryan 1992, S. 18).

Während die Tierwelt fast unbemerkt reduziert wird, werden wir bei der *Pflanzenwelt* täglich selbst zu Zeugen des Ausrottungskriegs, der vor unserer Haustüre stattfindet. In Deutschland gehen pro Tag 90 Hektar grünes Land verloren – die Fläche eines größeren Dorfes (Umweltbundesamt 1992, S. 141; Kurve 7, S. 25). Nach einer Prognose der Organisation für wirtschaftliche Zusammenarbeit und Entwicklung (OECD) werden, wenn diese Entwicklung anhält, bis zum Jahr 2000 weltweit mehr als ein Drittel des landwirtschaftlich nutzbaren Bodens verlorengegangen sein (SZ 24. 6. 91): durch Asphaltierung und Betonierung, durch Wegschwemmung und Wegwehung, durch Abholzung und Überweidung, durch Müll- und Giftablagerung. Innerhalb der grünen Flächen ist der Wald bekanntlich besonders wichtig. Vor 3000 bis 4000 Jahren gab es auf der Erde ca. 6 Milliarden Hektar Wald, um die Mitte unseres Jahrhunderts noch 5 Milliarden, und allein innerhalb der letzten 40 Jahre wurde eine weitere Milliarde vernichtet. Bei gleichbleibender Geschwindigkeit wird, so hat Daniel Meadows vom Club of Rome Anfang der 90er Jahre errechnet, in knapp 50 Jahren der letzte Ur-

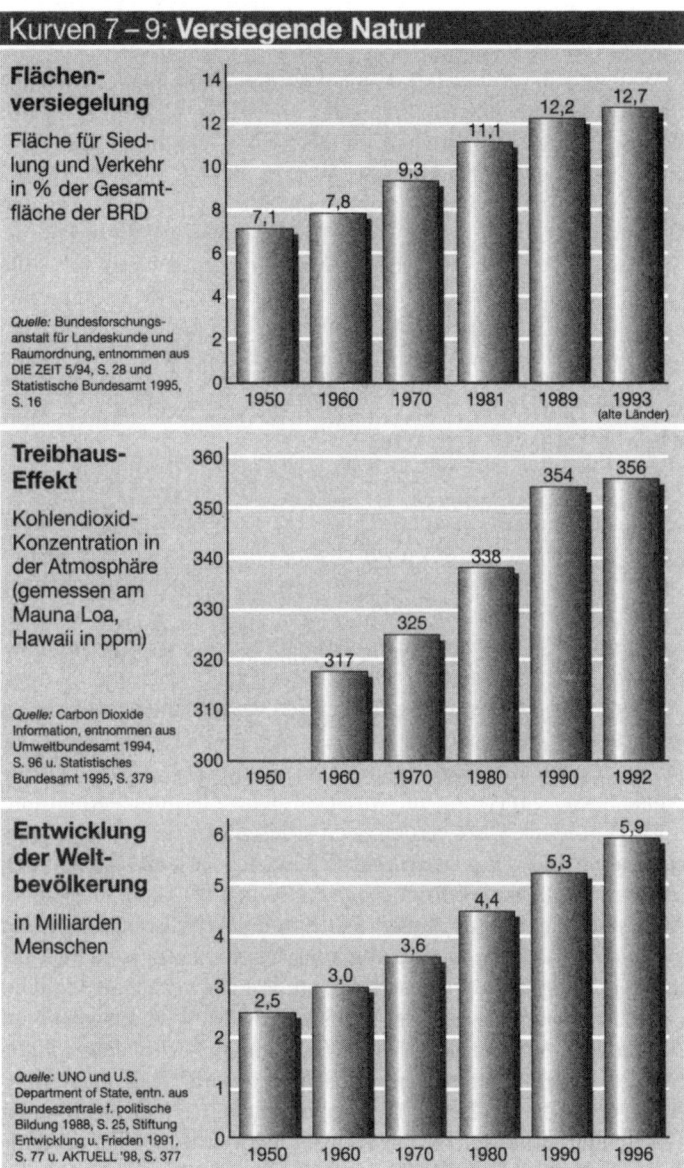

**Flächen-
versiegelung**

Fläche für Siedlung und Verkehr in % der Gesamtfläche der BRD

Quelle: Bundesforschungsanstalt für Landeskunde und Raumordnung, entnommen aus DIE ZEIT 5/94, S. 28 und Statistische Bundesamt 1995, S. 16

**Treibhaus-
Effekt**

Kohlendioxid-Konzentration in der Atmosphäre (gemessen am Mauna Loa, Hawaii in ppm)

Quelle: Carbon Dioxide Information, entnommen aus Umweltbundesamt 1994, S. 96 u. Statistisches Bundesamt 1995, S. 379

**Entwicklung
der Welt-
bevölkerung**

in Milliarden Menschen

Quelle: UNO und U.S. Department of State, entn. aus Bundeszentrale f. politische Bildung 1988, S. 25, Stiftung Entwicklung u. Frieden 1991, S. 77 u. AKTUELL '98, S. 377

25

waldbaum gefällt worden sein (Meadows/Meadows/Randers 1992, S. 83–87).

Während in großen Teilen der Welt den Menschen nur wenige Liter *Wasser* am Tag zur Verfügung stehen, in Nairobi etwa pro Person 5 Liter, verbrauchen die Menschen westlicher Industriestädte pro Tag 300 bis 400 Liter Wasser (SZ 22. 3. 1993). Daniel Meadows schreibt, daß von den ganzjährig greifbaren globalen Wassermengen in Höhe von 7000 Kubikkilometern, die uns die natürlichen Kreisläufe zur Verfügung stellen, gegenwärtig rund die Hälfte verbraucht wird. Da der Verbrauch weltweit exponentiell ansteigt, dürfte in 20 bis 30 Jahren die Obergrenze erreicht sein (Meadows/Meadows/Randers 1992, S. 81 f.). Nach einer neuen US-Studie werden im Jahr 2025 weltweit 2,8 bis 3,3 Milliarden Menschen unter Wassermangel leiden, das sind achtmal mehr Menschen als heute (SZ 9. 11. 93).

Tiere, Pflanzen und Wasser haben den großen ökologischen Vorteil, daß sie sich innerhalb gewisser Grenzen selbst regenerieren. Anders ist es mit jenen Vorräten, die nahezu nicht erneuert werden können. Von ihnen hat der Mensch bisher zwar erst einen Teil erschlossen, aber er weiß nicht, wie groß der gesamte Vorrat ist und wie lange er braucht, um diesen noch nicht entdeckten Rest zu finden und nutzbar zu machen. Bei den *fossilen Brennstoffen* z. B. hat sich zwischen 1860 und 1985 der Verbrauch in etwa versechzigfacht (Meadows/Meadows/Randers 1992, S. 94). Bis 2010 rechnet die Internationale Energieagentur (IEA) mit einer weiteren Erhöhung des weltweiten Energieverbrauchs um 50 Prozent (DIE ZEIT 17/94, S. 21).

Noch größer als bei den fossilen Brennstoffen ist der Verbrauch bei den *Metallen*. Exponentialkurven ergeben sich, wenn man etwa die jährliche weltweite Förderung von Bauxit, Kupfer oder Zink betrachtet (Diefenbacher/Ratsch 1992, S. 186). Zwar zeigt sich, daß in den industrialisierten Regionen der Welt sowohl beim Energie- als auch Materialverbrauch seit einiger Zeit ein Sättigungspunkt erreicht ist. Meadows warnt aber, dies zum Anlaß für eine vorschnelle Beruhigung zu nehmen. Denn: Wenn sich die Weltbevölkerung in wenigen Jahrzehnten, wie prognostiziert, auf 12,5 Milliarden Menschen erhöht und all diese Menschen mit allen in industrialisierten Haushalten üblichen Produkten versorgt werden müßten, würde dies den Verbrauch von Stahl auf das 7fache, von Kupfer auf das

11fache und von Aluminium auf das 12fache erhöhen (Meadows/ Meadows/Randers 1992, S. 110).

Vergifteter Planet

Noch alarmierender als der Raubbau an den Quellen ist nach Auskunft vieler Ökologen das Versiegen der Senken, die den festen, flüssigen und gasförmigen Müll der Industriegesellschaft nicht mehr verkraften können. Ein zentrales Problem des industriellen Mülls besteht darin, daß die von ihm ausgehenden Gefahren mit unseren Sinnen oft nicht oder erst viel zu spät wahrgenommen werden können. Zudem sind sie räumlich und zeitlich schwer eingrenzbar. Das gilt ganz besonders für *radioaktive Stoffe*. Bis zum Jahr 2000 wird z. B. der hochradioaktive Abfall aus deutschen Kernkraftwerken etwa die 5fache Menge von 1992 erreicht haben, und die Kapazitäten der Zwischenlager für mittel- und leichtradioaktiven Müll werden 1997 erschöpft sein (AKTUELL '94, S. 169). Ein Vergleich verdeutlicht die gigantische Altlast, die wir unseren Nachkommen hinterlassen: Hätten die Neandertaler vor 100 000 Jahren z. B. Neptunium 237 gelagert, wäre bis heute noch nicht einmal ein Zwanzigstel der Halbwertszeit abgelaufen (Grimmel 1993, S. 106).

Im Zentrum der gegenwärtigen Diskussion über Müllentsorgung stehen die gasförmigen Abfallprodukte der Industriekultur. Nach Messungen der Weltgesundheitsorganisation (WHO) in Großstädten rund um den Globus atmeten bereits in den 80er Jahren 80 Prozent der Großstädter gesundheitsschädliche Luft ein (SZ 16. 9. 88). Im hochindustrialisierten Norden bereiten die Auswirkungen des *bodennahen Ozons*, dessen Konzentration sich gemäß den Angaben des Umweltbundesamts in Westeuropa seit Ende des 19. Jahrhunderts verdoppelt bis verdreifacht haben dürfte (Umweltbundesamt 1992, S. 201), gegenwärtig erhebliche Sorgen.[13]

Am alarmierendsten aber sind jene Veränderungen, die sich in der Atmosphäre vollziehen. Es handelt sich um Prozesse, die teils mit Beginn der Industrialisierung im 18. Jahrhundert, teils seit der Erfindung der Chlorchemie im 19. Jahrhundert in Gang gekommen sind. Mitte der 70er Jahre entdeckte man den Schwund der *Ozonschicht*, der v. a. durch Fluorchlorkohlenwasserstoffe (FCKW) hervorgerufen wird. Am Südpol hat sich das Ozonloch von Anfang der 80er bis Anfang der 90er Jahre um das 13fache vergrößert (SZ 27./

28. 6. 92), heute ist es so groß wie Europa (SZ 13. 9. 95). Europa selbst ist mittlerweile ebenfalls von der Ozonverdünnung bedroht: Messungen einer Wissenschaftlergruppe im März 1995 mit einer Transall-Maschine ergaben, daß im Kernbereich der Ozonschicht, in 18 Kilometer Höhe, die Konzentration auf die Hälfte gesunken ist, am Nordpol mithin fast dieselben Verhältnisse wie am Südpol erreicht sind. Betroffen sind hauptsächlich Grönland, Skandinavien, Alaska, Sibirien und Kanada, bereits 1993 aber erstreckten sich die Folgen des Ozonschwunds kurzfristig sogar bis nach Südeuropa (SZ 6. 4. 95).

Auch beim *Treibhauseffekt* ist das eigentlich Bedrohliche die rasende Geschwindigkeit, mit der er zunimmt. Von 1800 bis 1990 stieg die Konzentration des Kohlendioxids in der Luft von 280 auf 350 Teile pro Million (ppm) (Enquete-Kommission 1991, Bd. 1, S. 182; Kurve 8, S. 25). Zwei Umstände machen diesen Befund zu einer wirklich dramatischen Angelegenheit. Erstens: In den zurückliegenden 160 000 Jahren schwankte die Konzentration des Kohlendioxids, das ja auch von Tieren und Pflanzen abgegeben wird, immer zwischen 190 und 300 Einheiten (Enquete-Kommission 1991, Bd. 1, S. 180). Insofern kommt ein Wert von 350 ppm einer erdgeschichtlichen Revolution gleich. Und zweitens: Da das Kohlendioxid in der Atmosphäre sehr lange braucht, bis es abgebaut wird, ist die Zunahme der Konzentration bis weit in die Zukunft programmiert. Selbst wenn es ab sofort gelänge, den Ausstoß des industriellen Kohlendioxids auf dem jetzigen Stand einzufrieren, würde nach entsprechenden Klimamodellen im Jahr 2050 ein Konzentrationswert von 450 ppm, im Jahr 2100 gar von 520 ppm erreicht. Wenn die Konzentration in der Atmosphäre auf dem jetzigen Stand gehalten werden soll, müßte sofort der weltweite Ausstoß um 50 bis 80 Prozent reduziert werden (Enquete-Kommission 1991, Bd. 1, S. 183).

Der aus der Kohlendioxidkonzentration resultierende Temperaturanstieg ist bereits jetzt feststellbar. Für die kommenden 100 Jahre haben computergesteuerte Klimamodelle relativ einheitlich einen weiteren Temperaturanstieg um etwa 3 Grad Celsius errechnet, so das Fazit einer internationalen Expertenkonferenz in Hamburg im Herbst 1992. Strittig ist bei solchen Schätzungen im wesentlichen nur noch, wie sich die Temperaturerhöhung auf die Kontinente und Regionen im einzelnen verteilt (DER SPIEGEL 38/92, S. 222).

Panische Gattung

„Panik" ist die durch „eine plötzliche echte oder vermeintliche Gefahr hervorgerufene, übermächtige Angst, die (bei einzelnen oder Ansammlungen von Menschen) zu völlig unüberlegten Reaktionen führt" (Duden 1985). Als gängiges Beispiel für panische Reaktionen gilt das Verhalten von Passagieren auf einem sinkenden Schiff. Das „Raumschiff Erde" als ganzes kann zwar nicht untergehen, wohl aber eine Gattung unter den Passagieren.

Die Art und Weise, wie die Menschen, die sich als Krönung aller Lebewesen sehen, auf die ihnen gestellten Aufgaben reagieren, hat ganz offensichtlich panische Züge angenommen. Sie zeigen sich freilich im Norden des Planeten anders als im Süden. Im Norden ist es die existenzielle Angst der Menschen, im wirtschaftlichen Wettkampf Marktanteile einzubüßen, im Süden die nicht minder existenzielle Angst der Menschen, bei Krankheit und im Alter nicht ausreichend versorgt werden zu können. Beide Ängste treiben die Menschen in ähnlicher Weise immer tiefer in ökologisch selbstzerstörerische Handlungsmuster hinein. Der Norden überschreitet die Tragfähigkeit des Planeten durch die Produktion von Sachen, also von Gütern samt Vertriebs-, Verkehrs- und Produktionseinrichtungen, der Süden durch die Produktion von Menschen. Beide Reaktionsmuster der Gattung sind zwar aus der jeweiligen internen Perspektive, der Perspektive z. B. der Betriebe bzw. Familien, logisch. Von außen betrachtet, also etwa aus der Warte eines Evolutionstheoretikers oder eines Ökologen, erscheinen sie aber als „unüberlegt" weil selbstzerstörerisch.

Das eklatanteste Beispiel für die Panikvariante des Nordens ist die Produktion von *Verkehr.* Einige Fakten seien angeführt: Zwischen 1950 und 1990 hat sich in Deutschland der motorisierte Personenverkehr mehr als verachtfacht, der Güterverkehr mehr als vervierfacht. Der überwiegende Teil des Zuwachses fand dabei auf der Straße statt: Der Güterverkehr auf der Straße z. B. verzwölffachte sich in diesen 40 Jahren, wohingegen der Eisenbahnverkehr nur um knapp die Hälfte zunahm (Enquete-Kommission 1994, S. 40). Der Luftverkehr, der energieaufwendigste Verkehrssektor, hat sich sogar innerhalb von 20 Jahren vervierfacht und wird sich nach Hochrechnungen von Luftverkehrsgesellschaften bis 2010 nochmals verdoppeln bis verdreifachen (DIE ZEIT 10/93, S. 81).

Hinter diesen Zahlen verbergen sich z. T. höchst fragwürdige Verkehrsbewegungen. Belgische Schweine werden nach Südtirol gefahren, um als Südtiroler Speck nach Belgien reimportiert zu werden. Milch aus Bayern wird in Bremen als Delikatesse gepriesen (DIE ZEIT 48/92, S. 32). Dies alles nur, um Menschen täglich mit Nahrungsmitteln u. ä. zu versorgen. Um die Mobilitätsbedürfnisse zu befriedigen, soll dem Verkehr immer konsequenter die Vorfahrt eingeräumt werden. Für München gibt es Pläne, den Hauptbahnhof unter die Erde zu legen, in der Schweiz plant man ein landesweites unterirdisches Bahnnetz. Die Verantwortlichen sind sich der ökologischen Konsequenzen dieser „Sach"zwänge zwar manchmal bewußt und prognostizieren den bevorstehenden „Verkehrsinfarkt", aber keiner kann es sich leisten auszusteigen: Spezialisierung und Handel, vom Norden der Welt vorangetrieben, schreiten erstens im globalen Maßstab voran und mit ihnen der Verkehr, und bei der Gestaltung des Verkehrs wird zweitens unablässig an dessen Beschleunigung statt an seiner ökologischen Anpassung gearbeitet.

■　　*So klein und schon so weit rumgekommen*
Die Wege eines Erdbeerjoghurts sind weit und verschlungen: Erdbeeren aus Polen, Pappe von der Nordseeküste und Folie aus Frankreich. Insgesamt haben die Einzelteile eine Strecke von 7695 Kilometern zurückgelegt. (FAIRKEHR 7/92, S. 15 f.)

Auch an *anderen Bereichen* der Industriekultur könnte die zunehmende Überforderung der herrschenden Art von Vernunft angesichts der zu bewältigenden Aufgaben illustriert werden, etwa am energetischen, chemischen und finanziellen Aufwand der Landwirtschaft oder des Gesundheitswesens (Fornallaz 1989, S. 15 f.). So hat es die Gattung Mensch innerhalb weniger Jahrzehnte geschafft, sich selbst tatsächlich auf einen Schlag auslöschen zu können. Insgesamt vereitelt die Eigenart der herrschenden Vernunft offenbar, daß auf die buchstäblich „naheliegendste" Art und Weise für die Befriedigung unserer Bedürfnisse gesorgt wird: daß sich Menschen von dem ernähren, was in ihrer Nähe gedeiht, und daß Menschen für ihre Gesundheitsbedürfnisse dadurch sorgen, daß sie erst gar nicht krank werden.[14]

Während im Norden immer weniger Menschen immer mehr Sachen benötigen, müssen im Süden immer mehr Menschen mit immer weniger Sachen auskommen. Jeden Tag vermehrt sich die

Gattung Mensch etwa um 250000 Exemplare, jeden Tag siedelt sich also, bildlich gesprochen, eine mittelgroße Stadt auf der Erdoberfläche an (Stiftung Entwicklung und Frieden 1991, S. 77 f. u. 80). Schaut man sich die Geschwindigkeit der *Bevölkerungsvermehrung* an, so stößt man wiederum auf eine beachtliche Beschleunigung (Kurve 9, S. 25). Meadows spricht angesichts solcher Zahlen von einem „superexponentiellen" Wachstum, einem Wachstum also, dessen Zuwachsrate selbst zunehmend wächst (Meadows/Meadows/Randers 1992, S. 45). Für das Jahr 2050 prognostizieren die Optimisten eine Erdbevölkerung von 8,5 Milliarden, die Pessimisten 12,5 Milliarden Menschen (Deutsche Gesellschaft für die Vereinten Nationen 1992, S. 4).

Erschwerend kommt die schier unaufhaltsame Umsiedlung der Menschheit vom Land in die Stadt hinzu. Der Entwicklungsbericht der UNO von 1990 malt ein wahres Horrorszenario für das Jahr 2000. Danach werden sich 8 der 10 größten *Megastädte* auf der Südhalbkugel befinden, allesamt mit furchterregenden Ausmaßen: Mexiko-City und Sao Paulo mit 24 Millionen Einwohnern, Kalkutta mit 16 und Bombay und Shanghai mit je 15 Millionen, Teheran mit 14, Jakarta und Buenos Aires mit je 13 Millionen (Stiftung Entwicklung und Frieden 1991, S. 80).

Eine solche Entwicklung der Siedlungsstruktur ist v. a. aus zwei Gründen bedenklich. Einmal wirtschaftlich und politisch, weil sie Jahr für Jahr die Schaffung von vielen Millionen neuen Arbeitsplätzen in den Ballungsgebieten erfordert und weil solche Megaansiedlungen sich über kurz oder lang als unregierbare und als hochbrisante politische Krisenherde erweisen könnten. Zum andern hat diese Verstädterung auch katastrophale ökologische Folgen, weil mit dieser Umsiedlung immer mehr Menschen einen relativ naturnahen und ressourcenschonenden Lebensstil durch einen naturfernen und ressourcenaufwendigen eintauschen.

Das panische Verhalten der Gattung zeigt sich schließlich in der Zunahme der von ihr selbst verursachten *Katastrophen*, im Norden wie im Süden. In den letzten Jahren geriet z. B. Bangladesch mehrfach in die Schlagzeilen, und zwar immer dann, wenn jene Regionen des Landes, die nur knapp zwei Meter über dem Meeresspiegel liegen, erneut von einer Überschwemmungskatastrophe heimgesucht wurden. Mittlerweile ist klar, daß ausschließlich menschliches Fehlverhalten für diese Entwicklung verantwortlich ist, die z. B. allein 1991 Hunderttausende das Leben gekostet hat. Wer sich diese Zusammenhänge vor Augen hält, wird den Zynismus erkennen, der letztlich im Begriff „Naturkatastrophe" steckt.

Im Gegensatz zu solchen Katastrophen der südlichen Hemisphäre sieht man denen des Nordens meist gleich an, daß sie keinen natürlichen Ursprung haben. Das größte menschengemachte Unglück der industrialisierten Welt war zweifellos der Atomunfall von Tschernobyl 1986, der nach heutigem Kenntnisstand bei 576000 Menschen Strahlenschäden bewirkt hat, die 5 Jahre später bei rund 7000 Menschen zum Tod geführt haben (SZ 19. 4. 91). Daß gerade spätindustrialisierte Länder wie die Sowjetunion, die sich noch dazu zum Ziel gesetzt hatten, die höchstentwickelten Länder nicht nur einholen, sondern auch überholen zu wollen, besonders riskante Technologien installiert haben, kann nicht verwundern.

Man braucht allerdings nicht bis in die Ukraine oder nach Rußland zu fahren, um solche Katastrophen im kleineren Maßstab kennenzulernen: die Atomunfälle von Harrisburg und Brunsbüttel, die Chemieunfälle von Sandoz, Höchst u. a. müßten eigentlich dieselben Zweifel an der herrschenden technischen Vernunft aufkommen lassen.

■   *Nuklearkatastrophe mit Gewehr im Anschlag verhindert*
Russischer Reaktor stand wegen abgeschalteten Stroms vor Überhitzung – Vorfall in Hafen mit stillgelegten Atom-U-Booten / Armeezeitung kritisiert Energiesperren für militärische Einrichtungen.
(SZ 23./24. 9. 95)

Auch bei den Katastrophen scheint die Tendenz steigend zu sein. Die Schweizer Rückversicherung hat eine Übersicht zur Entwicklung der sogenannten Naturkatastrophen erstellt. Danach hat sich zwischen 1984 und 1992 der versicherte Schaden verdreifacht, die Anzahl dieser Katastrophen gar verfünffacht (Brauner 1993, S. 18 f.).[15] Die Wirbelstürme der letzten Jahre, vermutlich eine Folge des anthropogenen Klimawandels, haben einige amerikanische Versicherungen bereits in den Bankrott getrieben.

Bezieht man in die Katastrophenbilanz noch die Gefahren, die der gegenwärtige Stand der militärischen Aufrüstung bereits im Frieden, aber erst recht im Kriegsfall erzeugt, und die Gefahren, die aus der Weitergabe von A-, B- und C-Waffen bzw. waffenfähigem

Material an Staaten, Gruppen oder Einzelpersonen, die an die Macht wollen, mit ein, so kann von einer Eskalation der menschengemachten Gefährdungen auf unserem Planeten, besonders im Laufe der letzten 50 Jahre, gesprochen werden. Der Golf- und der Balkankrieg haben uns gelehrt, daß in Zukunft damit gerechnet werden muß, daß auch die Umwelt oder technische Anlagen in die Strategie und Taktik terroristischer und kriegerischer Aktivitäten eingebaut werden.

Fazit:
Was den Zustand der natürlichen Lebensgrundlagen betrifft, so ist es den Industrieländern zwar gelungen, den spezifischen Ressourcenverbrauch und Giftausstoß zu reduzieren, aber durch den vermehrten Gesamtkonsum und vor allem durch die Ausbreitung der industrialisierten Lebensweise über den ganzen Globus werden diese Fortschritte wieder ins Gegenteil verkehrt. Die Quellen und Senken, die die Natur dem menschlichen Wirtschaftsprozeß zur Verfügung stellt, gehen an einigen Stellen bedrohlich zur Neige, bei etlichen nichterneuerbaren Rohstoffen und beim Treibhauseffekt geschieht dies mit zunehmendem Tempo. Die „Krönung der Schöpfung" scheint zudem nicht in der Lage zu sein, den falschen Fluchtweg aufzugeben: die Produktion von „Wegwerfkindern" (Gore 1992, S.162) wie die Produktion von Wegwerfgütern, beides aus panischer Angst heraus – im Süden aus Angst um das nackte Überleben, im Norden aus Angst um den „Wirtschaftsstandort" und die Arbeitsplätze.

II. Beschleunigung

Der zweite Teil des Buches bringt die Vielfalt der Alarmsignale auf einen gemeinsamen Nenner. Auch ein Arzt muß aus den Einzelsymptomen erst ein Gesamtbild der Krankheit, eine Diagnose erstellen, um eine Therapie vorschlagen zu können. Die Frage lautet: Welche Ursachen stecken hinter den Alarmsignalen? Viele berufen sich angesichts kranker Menschen, zerfallender Gesellschaften und versiegender Naturkräfte auf die „Natur" des Menschen oder auf die „Sach"zwänge der Gesellschaft. Aber welche „natürlichen" Eigenschaften haben Menschen wirklich, und welchen „sachlichen" Zwängen ist die Gesellschaft tatsächlich unterworfen? Mit Hilfe eines ökologischen Ansatzes, der zudem speziell nach der zeitlichen Dimension fragt, wird sich zeigen: Alles Leben ist, seit es Leben auf der Erde gibt, „natürlich" bzw. „sachlich" darauf angewiesen, mit Kräftevorräten richtig zu haushalten. Die gegenwärtige Gesellschaft jedoch hat dieses ökologische Grundgesetz aus den Augen verloren. Sie hat die Produktion des Lebens so organisiert, daß Kräfte systematisch schneller verbraucht werden, als sie sich regenerieren können. Die im ersten Teil des Buches aufgeführten Alarmsignale erklären sich mit Hilfe dieses zeitökologischen Ansatzes als Zeichen eines umfassenden Überforderungssyndroms, das letztlich auf einen Programmierungsfehler der „modernen" Ökonomie zurückgeht. Deren Beschleunigungslogik ist im Begriff, das Leben zu zerstören.

A. Der Fehler im Programm

Als nach der Kapitulation Nazi-Deutschlands das ganze Ausmaß des Holocaust bekannt wurde, fragte die Weltöffentlichkeit, wieviel die Deutschen eigentlich von all dem mitbekommen hätten. Damals hatten vielleicht tatsächlich viele vieles nicht gewußt. Heute jedoch kann sich niemand mehr auf Unwissenheit hinausreden. Im

Herbst 1992 z. B. ging eine Pressemeldung um die Welt: In Washington hatten sich 99 Nobelpreisträger aus aller Welt in einem dramatischen Appell an die Öffentlichkeit gewandt. Die Menschheit habe nur noch wenige Jahrzehnte Zeit für einen radikalen Wandel ihres Lebensstils. Ohne einen solchen Schritt sei innerhalb einer Generation mit einem Weltuntergangsszenario zu rechnen: Massenwanderung, Verteilungskriege, Elend und Verheerung (SZ 21./22.11.92). Hier urteilen keine religiösen oder politischen Fanatiker, sondern Leute, die nach den herrschenden Maßstäben ein Maximum an Urteilskraft verkörpern. Trotz solcher Appelle macht der etablierte Wissenschaftsbetrieb weiter wie bisher – mit einigen wenigen Ausnahmen. Die Spezialisten der Fachdisziplinen vervollkommnen in der Regel ihre jeweiligen Mosaike, können und wollen an das „Ganze" nicht heran. Und die Philosophen, die Spezialisten fürs Generelle, haben die Bodenhaftung allzu oft verloren, zersplittern sich in unzählige Schulen und Gruppen und erklären nicht selten den endgültigen Verzicht auf Wahrheit und Vernunft als große Errungenschaft der „Postmoderne". Wie nun kann dieser Widerspruch zwischen der Dramatik der Situation und der Perspektivlosigkeit des Wissenschaftsbetriebs überwunden werden?

1. Das Prinzip des Haushaltens

Um die Alarmsignale nicht nur beschreiben, sondern auch erklären zu können, brauchen wir eine Theorie, die in der Lage ist, Individuelles, Soziales und Natürliches gemeinsam zu erfassen. Die einschlägigen Fachdisziplinen, Medizin und Psychologie, Ökonomie, Soziologie und Politik sowie Biologie und Physik, arbeiten jedoch meist mit disziplinspezifischen Begriffen und Methoden und verschwenden eine Menge Energien darauf, sich voneinander abzugrenzen. Wie läßt sich diese Abgrenzung also durchbrechen und ein umfassendes Konzept finden?

Materialismus und Ökologie
Wer einen Weg sucht, der muß sich als erstes über seinen *Standort* klar werden. Von der richtigen Wahl dieses Ausgangspunkts hängt alles weitere entscheidend ab. Das gilt für das praktische Handeln wie für das Denken. Wie orientieren wir uns im All-

tagshandeln, wie finden wir dort unsere Ausgangspunkte? Nehmen wir an, wir sind in einem fremden Land in einer unbekannten Stadt und wir können selbst die Schriftzüge an Straßenschildern und Geschäften nicht entziffern. Um uns zu orientieren, werden wir nicht von einzelnen Passanten und nicht von parkenden Fahrzeugen ausgehen. Solche Orientierungspunkte wären untauglich, weil sie einmal relativ schlecht sichtbar sind und leicht verwechselt werden können und weil sie beweglich sind. Wir werden vielmehr Orientierungspunkte suchen, die erstens ohne Mühe von weitem noch unzweifelhaft identifizierbar und zweitens im Raum fixiert sind. Am besten eignen sich bekanntlich hohe Türme.

Was folgt aus diesem Beispiel aus der Praxis des Handelns für die Theorie des Denkens? Als Orientierung beim Nachdenken über Mensch, Gesellschaft und Natur schlage ich vor, den Menschen primär nicht als Geist-, sondern als *materielles Wesen* zu betrachten. D. h. primär sollten wir uns für seine körperlichen Eigenschaften und das Verhältnis, das der Mensch aufgrund dieser Eigenschaften von Anfang an zu der ihn umgebenden außermenschlichen materiellen Welt eingehen muß, interessieren.[1]

■ *Die erste Voraussetzung aller Menschheitsgeschichte ist die Existenz lebendiger Individuen. Der erste zu konstatierende Tatbestand ist also die körperliche Organisation dieser Individuen und ihr dadurch gegebenes Verhältnis zur übrigen Natur.*
(Marx/Engels 1845/46, S. 20f.)

Dieser Ausgangspunkt erfüllt die beiden oben genannten Kriterien: Die prinzipielle Gültigkeit dieses Ausgangspunkts ist erstens über jeden Zweifel erhaben, wovon man sich unschwer überzeugen kann, wenn man z. B. versuchen wollte, für einige Minuten das Atmen einzustellen, um ganz Geistwesen sein zu können. Und dieser Ausgangspunkt ist zweitens fixiert, da der Mensch, seit es ihn gibt, überall auf der Welt grundsätzlich in gleicher Weise Körperwesen ist. Als Geistwesen hingegen hat er sich im Laufe der Zeit in vielerlei Hinsicht verändert, und er präsentiert sich auch heute je nach kultureller Zugehörigkeit recht unterschiedlich.[2] Die Philosophen nennen einen solchen Standpunkt, der von materiellen Gegebenheiten ausgeht, „materialistisch". Die materialistisch fundierte Gesellschaftsdiagnose entspricht im übrigen dem in der Medizin bewährten Diagnoseverfahren, denn die meisten Ärzte werden angesichts unklarer Symptome zunächst die körperlichen, dann erst die psychischen Ursachen abzuklären versuchen.

Aus materialistischer Perspektive ist neben den körperlichen Eigenschaften des Menschen und dem Verhältnis, das der Mensch dadurch zu seiner materiellen Umwelt eingehen muß, für die Gesellschaftsanalyse noch ein dritter Begriff von zentraler Bedeutung: der Begriff der Arbeit. Da der Mensch nicht im Schlaraffenland lebt, ist er darauf angewiesen, die ihn umgebende Natur aktiv nach Maßgabe seiner Bedürfnisse umzugestalten. Ich betrachte im folgenden das Arbeiten als Fundament aller menschlichen Praxis, wobei freilich die Entwicklung dieser Praxis von Anfang an mit der Entwicklung von Bewußtsein und Sprache einhergegangen ist und auch in Zukunft weiterhin einhergehen wird.

Als theoretischer Rahmen für die weitere Beschreibung und Analyse des Zusammenhangs zwischen der körperlichen Organisation des Menschen und der ihn umgebenden Natur bietet sich die „Ökologie" an. Ihr Gegenstand ist das *Haushalten* von Organismen, also von Pflanzen, Tieren und Menschen, in ihren jeweiligen Umwelten. Ich möchte zeigen, daß mit Hilfe dieser alle Lebewesen umfassenden Perspektive Individuelles, Gesellschaftliches und Natürliches gleichermaßen beschrieben und erklärt werden kann.

Auch aus der Perspektive der herrschenden Erkenntnis- und Wissenschaftstheorie, dem sogenannten Kritischen Rationalismus, erscheint mir im übrigen eine materialistisch-ökologische Vorgehensweise geboten. Der Gegenstand materialistischer und ökologischer Theorien ist nämlich umfassender als der von geisteswissenschaftlichen oder psychologischen Theorien, und nach kritisch-rationaler Auffassung besteht der Erkenntnisfortschritt genau darin, daß fortwährend weniger umfassende Theorien durch umfassendere abgelöst werden (z. B. Giesen/Schmid 1977, S. 103–113).[3] Insofern verspricht ein materialistisch-ökologischer Ansatz ein weiteres Anwendungsfeld und damit einen besseren Erkenntisfortschritt als idealistische und psychologische Ansätze.

Ökologisches Denken finden wir *in allen Kulturen* von Anfang an. Allerdings bilden in traditionellen Kulturen ökologisches und ökonomisches Denken noch eine Einheit. Das zeigt schon die Geschichte des Wortes „Ökologie". „Ökologie" kommt vom griechischen „Oikos" für Wohnung, Haus, Haushalt. Die Griechen meinten damit nicht nur den Ort, sondern auch die Tätigkeit, die mit diesem Ort verbunden ist: das Wirtschaften, Verwalten, Haushalten in einem ganzheitlichen Sinn, der Menschen, Tiere und Felder umfaßt. Das richtige Haushalten war nach Auffassung vieler griechischer Denker nicht nur Aufgabe des Haushaltsvorstands. Auch die staatlich verfaßte Gemeinschaft, die Polis, ist auf das richtige Haushalten angewiesen. Und letztlich folgen Oikos und Polis dabei dem Vorbild des Kosmos. Beim Haushalten muß sich das Subjekt an einer allumfassenden „ontologischen Gerechtigkeit" orientieren, die Stabilität, Leben und Wohlbefinden garantiert (Koslowski 1993, S. 64). Kluges Haushalten nach dem Vorbild der Natur ist das A und O der Praktischen Philosophie bei Aristoteles.[4]

System und Umwelt

Von einer materialistisch-ökologischen Basis ausgehend gilt es, als erstes danach zu fragen, wer eigentlich die *Subjekte* des Haushaltens sind. Ökologen sprechen von „Organismen" als den Subjekten des Haushaltens. Zu ihrer Beschreibung verwenden sie in der Regel die Begriffe „System" und „Umwelt". Auch das vielgebrauchte Wort „System" kommt aus dem Griechischen und bedeutet „Zusammenstellung", d. h., daß irgend etwas zu einer mehr oder minder festen Ordnung zusammengefügt ist. Dieses Irgendetwas besteht letztlich aus Energie bzw. Materie und/oder Informationen.

Systeme sind grundsätzlich nach innen klar gegliedert und nach außen abgegrenzt. Die Umwelt unterscheidet sich vom System letztlich nur dadurch, daß ihre Elemente mit denen des Systems weniger eng verbunden sind als die Elemente des Systems selbst. Dennoch tauschen System und Umwelt in der Regel Energie/Materie und Informationen aus, man bezeichnet sie deshalb als „offene Systeme". Aus systemtheoretischer Sicht sind auch die einzelnen Bestandteile des Systems wieder als Systeme begreifbar, nämlich als „Teilsysteme", und die Umgebung des Systems gilt dementsprechend als „Umgebungssystem".

Bis hierher klingt alles nicht nur recht abstrakt, sondern auch banal. Bis hierher würden vermutlich noch alle ökologischen Systemtheoretiker zustimmen. Soll nun aber das System „Mensch" in diese Begriffswelt gebannt werden, beginnen sich die Geister zu scheiden. Dabei geht es um die Frage, worin denn nun die Umwelt des Menschen besteht. Rein naturwissenschaftlich arbeitende Ökologen lassen, ausgehend von ihrem strengen Wissenschaftsideal, nur natürliche Nachbarsysteme als Umwelten gelten. Das System „Mensch" erscheint dann direkt in die natürliche Umwelt eingebettet. Diese *Vorstellung von den zwei Welten „Mensch" und „Natur"* findet sich in weiten Bereichen der etablierten Wissenschaft, selbst der nicht systemtheoretisch verfahrenden, bis hin zum Alltagsbewußtsein. So z. B., wenn ohne weitere Reflexion von der Verantwortung „des Menschen" für „die Natur" gesprochen wird und dann die Menschen im nächsten Satz obendrein undifferenziert zum „Wir" kollektiviert werden.

Die Vorstellung einer solchen Trennlinie zwischen Mensch und Natur ist jedoch nicht haltbar. Sie ignoriert, daß dem Forscher Mensch und Natur immer schon als kulturell geformte Objekte gegenübertreten. Das läßt sich durch einfache Rückfragen zum Naturbegriff schnell belegen: Welche Natur wäre denn mit dem Begriff „Natur" gemeint? Vulkanausbrüche oder Wildbachrauschen, Cholerabakterien oder Ananas? Die Natur vor 10, 100 oder 1000 Jahren? Sind nur Urwälder natürlich, oder können es auch gerodete Flächen sein? Je nachdem, an welches Teilsystem wir gerade denken, bewerten wir die Natur nämlich nicht nur sehr unterschiedlich, sie ist v. a. auch objektiv zu jedem Zeitpunkt eine andere, denn sie war und ist, seit es Menschen gibt, immer schon Gegenstand menschlicher Eingriffe.

Analoge Rückfragen sind auch beim Begriff „Individuum" im Sinne von „Mensch" nötig: Welche Eigenschaften zeichnen einen „menschlichen" Menschen heute aus, welche waren es gestern und welche werden es morgen sein? Ist Egoismus menschlich, in welcher Situation und wem gegenüber? Ist es wissenschaftlich legitim, den Produzenten des Holzschutzmittels und dessen Opfer in ein kollektives „Wir" zu integrieren? Unterscheiden sich Menschen nicht grundlegend in Hinblick auf den Grad ihres Einflusses auf und ihre Betroffenheit durch die Gestaltung des Mensch-Natur-Verhältnisses (Heid 1992, S.124)? Kurzum: Ohne auf kulturelle und gesellschaftliche Zusammenhänge einzugehen, läßt sich über Natur und Mensch nicht angemessen reden.

Natur, Kultur/Gesellschaft, Individuum
Aus einer nicht naturwissenschaftlich beschränkten, also umfassenderen Perspektive erscheint es demnach notwendig, zum Zweck

einer fundierten Analyse von der *Existenz eines dritten Systems* auszugehen, das zwischen Natur und Mensch vermittelt: von der
Kultur bzw. der Gesellschaft (Schema 1).[5] Die Begriffe „Kultur" und
„Gesellschaft" verwende ich im folgenden grundsätzlich synonym,
möchte aber bei „Kultur" eher den Außenbezug zur Natur, bei „Gesellschaft" den Innenbezug zum Menschen betonen. „Kultur" rückt
also das Mensch-Natur-Verhältnis ins Blickfeld, „Gesellschaft" das
Mensch-Mensch-Verhältnis (z. B. Hartfiel 1972, S. 227 u. 362 f.).

Daß zu Analysezwecken zwischen Natur und Individuum eine
dritte Ebene „eingezogen" werden muß, läßt sich außer durch Rückfragen zu den Begriffen „Natur" und „Mensch" auch systematisch
durch Verweis auf die *Dimensionen Raum und Zeit* begründen.
Räumlich führt die Kultur gegenüber der Natur ein ähnliches rela-
tives Eigenleben wie das Individuum gegenüber der Kultur. Industrielle Stadtkulturen haben sich z. B. in vielfacher Weise von natürlichen Bedingungen entfernt: Die Nacht wird zum Tag gemacht, die
Nahrung aus Tiefkühltruhen bezogen, die Raumtemperatur maschinell hergestellt. Dennoch gelten die Naturgesetze grundsätzlich selbstverständlich auch in der Stadt. Und ähnlich können sich
Individuen aus ihrer gesellschaftlichen Umgebung entfernen, also
Aussteiger und Einsiedler werden. Ihr Wissen, ihre Sprache etc.
nehmen sie dennoch mit.

In zeitlicher Hinsicht sind die unterschiedlichen Altersdimen-
sionen bedeutsam. Das Alter der drei Systeme nimmt bekanntlich
von unten nach oben in riesigen Schritten ab. Der Urknall, durch
den unser Sonnensystem und auch die Erde aller Wahrscheinlichkeit nach entstanden ist, fand vermutlich vor 10 – 20 Milliarden
Jahren statt, die Erde gibt es seit rund 5 Milliarden Jahren, die
menschliche Kultur/Gesellschaft im oben definierten Sinn ist
einige zigtausend Jahre alt, und das Individuum bringt es besten-
falls auf gut 100 Jahre.

Die relative räumliche und zeitliche Nähe der Natur zur Kultur
und der Kultur zum Einzelmenschen bei gleichzeitiger relativer
Selbständigkeit legen es also nahe, von drei Systemen auszugehen.
Diese Unterscheidung ist nötig, um das „Ganze" zu erfassen. Aber
es muß zugleich immer bewußt bleiben, daß die Realität in mindestens zweierlei Hinsicht komplexer ist: Erstens bestehen Natur,
Kultur/Gesellschaft und Individuum ihrerseits aus vielen Teilsystemen. Und zweitens ist zwar die Natur ohne die Kultur/Gesell-

Die drei Systeme

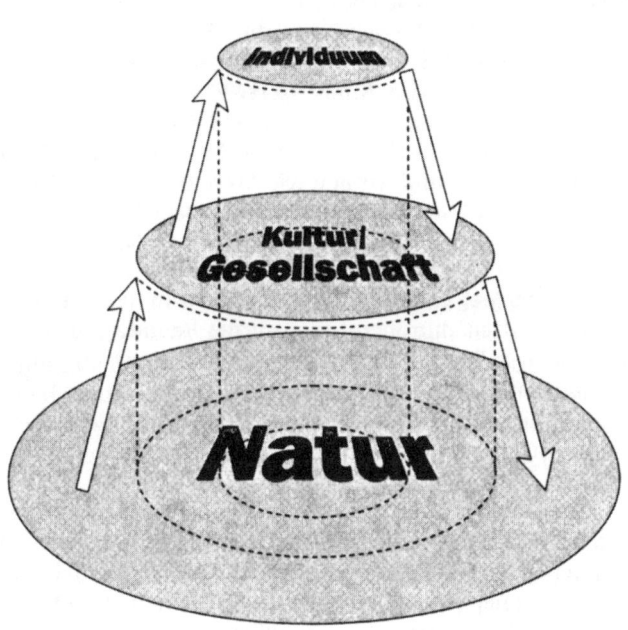

Erklärungen

 System

 Austausch-
prozesse
(Energie/
Materie,
Information)

Individuum:
Körper, Psyche
Kultur/Gesellschaft:
Wirtschaft, Politik, Kunst,
Wissenschaft, Religion,
Erziehung...
Natur:
Luft, Wasser, Steine, Lebewesen

schaft, die Kultur/Gesellschaft aber nicht ohne das Individuum denkbar. Wenn ich im folgenden also vereinfachend von „Natur", „Kultur/Gesellschaft" und „Individuum" spreche, abstrahiere ich von diesen Differenzierungen, damit die elementaren Beziehungen herausgearbeitet werden können, die zwischen den drei Großsystemen bzw. Analyseebenen bestehen.

Um sich die Zuordnung dieser drei Systeme vorstellen zu können, schlage ich vor, sie in der *Form eines Baumes* anzuordnen: Das Individuum ist aus der Kultur/Gesellschaft, die Kultur/Gesellschaft aus der Natur herausgewachsen, und dennoch bleiben Individuum und Kultur/Gesellschaft mit der Natur in engster Verbindung, so wie Blätter und Ast und wie Ast und Stamm. Oder technisch gesprochen: Das Individuum ist Teilsystem der Gesellschaft, die Gesellschaft ist Teilystem der Natur.[6] Wenn der Naturphilosoph Michael Meyer-Abich davon spricht, daß die Kultur letztlich nur der menschliche Beitrag zur Natur ist (Meyer-Abich 1990, S. 51), so thematisiert er genau diesen Zusammenhang zwischen Natur und Kultur/Gesellschaft. Aber er vergißt jenen anderen Zusammenhang, der zwischen Kultur/Gesellschaft und Individuum besteht. Der Satz muß also ergänzt werden: Auch der einzelne Mensch ist letztlich nur der menschliche Beitrag zur Gesellschaft und insofern auch zur Kultur.

Die starke *Betonung der kulturellen/gesellschaftlichen Geprägtheit* des Individuums mag auf den ersten Blick irritieren. Das kommt daher, daß wir in einer von Liberalismus und Individualismus geprägten Umgebung aufgewachsen sind. Der Vorrang der individuellen Leistung, der individuellen Bedürfnisse und der individuellen Freiheitsrechte gegenüber den kollektiven Leistungen, Bedürfnissen und Rechten gilt in unserer Kultur/Gesellschaft als selbstverständlich. Versucht man aber, sich menschliches Leben für einen Augenblick ohne die Existenz kultureller/gesellschaftlicher Zusammenhänge, ohne die Vor- und Parallelleistungen anderer Menschen vorzustellen, also z. B. ohne Arbeitsteilung, ohne überlieferte Werkzeuge, ohne Sprache, ohne überliefertes Wissen etc., so wird nochmals deutlich, warum eine umfassende Analyse den Menschen von Anfang an nicht nur als natürliches, sondern auch als kulturelles/gesellschaftliches Wesen sehen muß.

Austausch

Worin bestehen nun die Beziehungen zwischen Natur, Kultur/ Gesellschaft und Individuum im einzelnen (Schema 2)? Oder anders gefragt: Womit haushalten die Subjekte, welche Objekte stehen ihnen gegenüber und zur Verfügung? Gehen wir also die drei Systeme der Reihe nach durch.

Für den Zweck meiner Analyse setze ich „Natur" und „Erde" gleich.[7] Das System *Natur* besteht demnach aus den Teilsystemen Luft einschließlich der den Globus umhüllenden Atmosphäre, Gestein, Wasser, Boden und Lebewesen. Die so verstandene Natur grenzt sich gegen zwei Arten von Umwelten ab: nach außen vom Weltall, nach innen von der Kultur/Gesellschaft. Zur äußeren Umwelt findet im wesentlichen nur ein energetischer Austausch statt, bestehend aus einstrahlendem energiereichem Sonnenlicht und abstrahlender Restenergie. Zur inneren Umwelt ist der Austausch wesentlich vielfältiger. Auf einen Nenner gebracht, stellt die Natur der Kultur/Gesellschaft im Prinzip, also wenn keine größeren Störungen auftreten, Lebens- und Deponieraum zur Verfügung. Zum Lebensraum gehören ein menschengerechtes Klima, fruchtbarer Boden, Wasservorräte u. v. a. m. In diesem Zusammenhang ist bekanntlich die Photosynthese, der Ausgangspunkt der Nahrungskette, einer der elementarsten Austauschprozesse. Als Deponieraum dient die Natur, indem sie die festen, flüssigen und gasförmigen Reststoffe und Restenergien des menschlichen Wirtschaftens wieder zurücknimmt und, solange die Austauschprozesse einigermaßen im Gleichgewicht sind, entgiftet. Wichtig ist: All diese Leistungen kann die Natur nur erbringen, weil und solange sie durch Sonnenenergie gespeist wird.

Das System *Kultur/Gesellschaft* umfaßt im Prinzip all jene menschlichen Hervorbringungen, die der Daseinsbewältigung des Individuums dienen, also Werkzeuge und Technologien, Institutionen, Werte und Normen, die Sprache u. a.[8] Über die inhaltliche Bestimmung dieses Daseins, über technische und moralische Qualitäten, ist damit auf dieser Abstraktionsebene noch nichts ausgesagt. Aus materialistisch-ökologischer Sicht ist die Hauptaufgabe der Gesellschaft die Arbeitsteilung bei der Versorgung und Entsorgung der Menschen. Die äußere Grenze der Kultur/Gesellschaft ist durchlässig für die natürlichen Lebens- und Deponieraumangebote. Die grenzüberschreitenden Bewegungen nach innen sind wie-

Schema 2

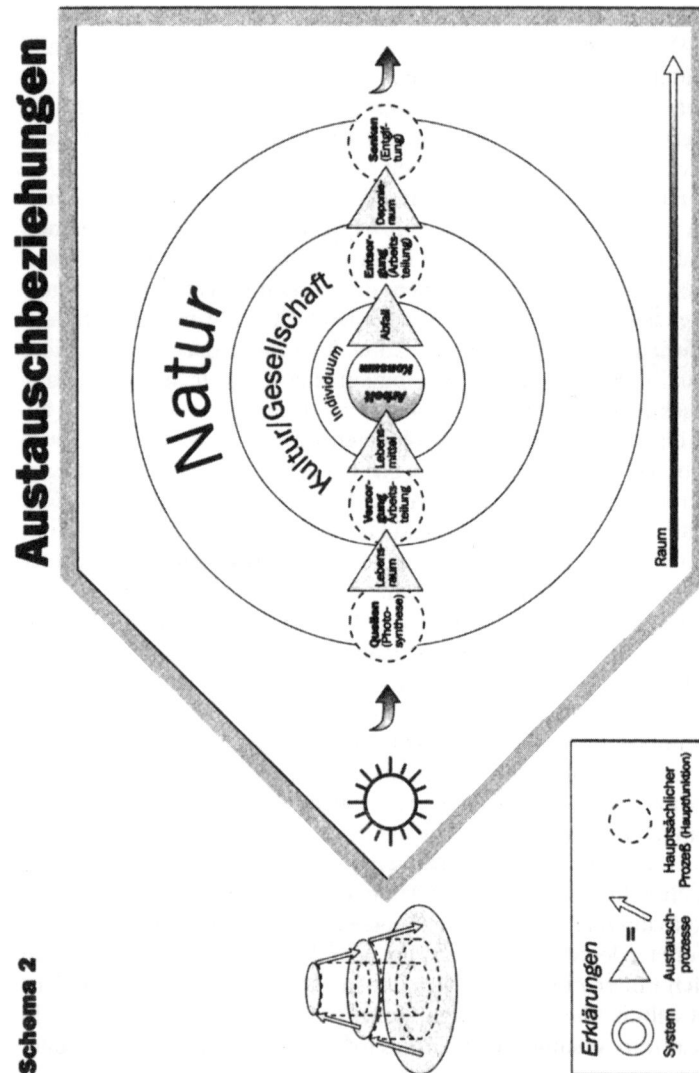

44

derum etwas komplexer: Da sind zum einen die Nahrungsmittel, die die Kultur/Gesellschaft den Individuen zur Verfügung stellt, und die Ausscheidungsprodukte, die die Individuen der Kultur/Gesellschaft wieder zurücklassen. Ferner gehören all jene Mittel hierher, die für das Leben sonst noch nötig sind, also Luft, Wasser, Verkehr, Bildung, Geborgenheit, soziale Anerkennung u. v. a. m. Andererseits ist die Gesellschaft auf entsprechende materielle Rückflüsse angewiesen, wirtschaftliche Leistung muß durch Gegenleistung irgendwie vergolten werden. Und psychische Anstrengungen können nicht einseitig bleiben, denn wenn psychische Geborgenheit gebraucht wird, muß sie irgendwie zur Verfügung gestellt werden. Auch aus materialistischer Perspektive darf der Blick nicht auf die ökologische „Basis" reduziert, darf die Bedeutung des ökologischen „Überbaus" nicht übersehen werden.

Das System *Individuum* schließlich, das in die Kultur/Gesellschaft eingelassen ist, besteht aus Körper und Psyche, die bekanntlich engstens miteinander verflochten sind. Zu allen Zeiten und an allen Orten kamen und kommen Menschen im wesentlichen mit einer relativ wenig veränderlichen körperlichen und einer relativ stark veränderlichen psychischen Grundausstattung auf die Welt, auf deren Basis sich dann im Laufe der Anpassung an die Kultur/ Gesellschaft in je unterschiedlicher Art und Weise die Fülle der kulturell geprägten Eigenschaften entwickelten und entwickeln (Dux 1989, S. 24 ff.). Wie bei der individualgeschichtlichen Prägung so kommen auch bei der gattungsgeschichtlichen Prägung zu den psychischen immer auch körperliche Aspekte. So entwickelten sich im Laufe der Menschwerdung wahrscheinlich aufrechte Körperhaltung, Handfertigkeit und Denkvermögen parallel und förderten sich wechselseitig (Vogel/Angermann 1984, S. 541). Zwar ist die Mehrzahl der körperlichen Funktionen, wie z. B. die Atmung, im Kern unveränderlich, aber andere Funktionen, wie z. B. die Ausprägungen der Muskeln, der Sinne oder des Immunsystems, wandeln sich innerhalb großer Zeiträume in Abhängigkeit von kulturellen/ gesellschaftlichen Faktoren. Auf diese kommt es hier an, deshalb wurde in Schema 1 der Pfeil durch die mittlere Ebene unterbrochen.

Fazit:

Um das „Ganze" zu denken, das für die alarmierenden Symptome verantwortlich ist, empfiehlt sich ein materialistisch-ökologischer Ausgangspunkt. Von ihm aus muß untersucht werden, wie Natur, Kultur/Gesellschaft und Individuum haushalten. Natur, Kultur/Gesellschaft und Individuum können als Systeme beschrieben werden, die mit ihren Umwelten ganz bestimmte materielle und immaterielle Austauschprozesse vollziehen müssen, um ihren Bestand zu erhalten. Diese Austauschprozesse definieren den Rahmen für die Entwicklung von Natur, Kultur/Gesellschaft und Individuum.

2. Eigenzeiten und Ressourcen

Wir wissen jetzt also, wer die Subjekte des Haushaltens sind, wer bzw. was den Subjekten dabei gegenübersteht und daß das Haushalten mit wechselseitigen Austauschprozessen einhergeht. Noch weitgehend offen geblieben ist aber, wie der Austausch angetrieben und gesteuert wird. Schauen wir uns die Austauschprozesse genauer an, so ist unschwer erkennbar, daß sie ganz und gar unsymmetrisch sind. Fragt man nach den Dominanzverhältnissen und sieht dabei von allen Besonderheiten und v. a. von Störungen ab, so kann die folgende Hypothese aufgestellt werden:

Die drei Systeme werden im Prinzip jeweils von außen angetrieben und gesteuert: die Natur durch die Energie der Sonne, die Kultur/Gesellschaft durch die vielfältigen Formen der Energie/Materie der Natur, das Individuum durch die noch weit komplexeren energetischen/materiellen Faktoren der Kultur/Gesellschaft – und all diese Antriebe und Steuerungen gehen mit entsprechenden Informationsprozessen einher. So wie sich die Systeme in der Vergangenheit von außen nach innen produziert und entwickelt haben, so treiben und dominieren sie sich grundsätzlich auch in der Gegenwart noch. Die in der Lebensgeschichte des Individuums älteren, z. B. die biologischen Bedürfnisse, haben dementsprechend während des gesamten Lebens Vorrang vor den jüngeren, den intellektuellen. Und die in der Kultur-/Gesellschaftsgeschichte älteren Strukturen, z. B. die Bodenfruchtbarkeit, dominieren andere Strukturen, wie z. B. politische, wirtschaftliche oder sozialpsychische. Deshalb führt der Entzug von Nahrung etwa in Bürgerkriegssituationen beim Individuum genauso zwingend zu einschneidenden Änderungen im Verhalten, wie die Versteppung fruchtbarer Landstriche einschneidende Änderungen des Wirtschaftens und der Politik zur

Konsequenz hat. Ich gehe im folgenden davon aus, daß diese Hypothese über die grundsätzlichen Abhängigkeitsbeziehungen zwischen den drei Systemen bzw. Analyseebenen faktisch belegt ist.

Eigenzeiten

Wie geht die Anpassung von außen nach innen im einzelnen vor sich (Schema 3)? Zur Beantwortung dieser Frage greife ich auf eine überaus spannende Diskussion zurück, die seit einigen Jahren im Rahmen des von der Evangelischen Akademie in Tutzing initiierten Projekts „Ökologie der Zeit" (Held/Geißler 1993, 1995 und Adam/Geißler/Held 1998) geführt wird. Wenn man die Austauschprozesse genau genug, und d. h. v. a. lange genug, beobachtet, stellt man bei vielen von ihnen etwas Interessantes fest: Die Bewegungen haben erstens eine bestimmte *Geschwindigkeit* und zweitens einen *zyklischen bzw. rhythmischen Verlauf.* Immer wieder kehren die betroffenen Systeme zu ähnlichen Zuständen zurück, immer wieder zeigt sich ein Wechselspiel von Ruhe und Aktivität (Geißler/Held 1995, S. 193). Man denke z. B. an die Jahreszeiten, die Mondphasen, den Tag-Nacht-Rhythmus, den Wechsel von Schlafen und Wachsein, von Hunger und Sättigung, von Ein- und Ausatmen, des Herz- und des Lidschlags.

Für den naturwissenschaftlichen Bereich hat sich v. a. der Freiburger Chemiker Klaus Kümmerer mit diesen Zyklen bzw. Rhythmen näher beschäftigt. Kümmerer nennt die Zeiträume, die ein System braucht, bis es nach einer Störung von außen wieder zu seinem ungefähren Ausgangszustand zurückgefunden hat, „inhärente Systemzeit" (Kümmerer 1993, S. 88 f.). Mit anderen Worten: Die innere Systemzeit gibt an, in welchem Zeitraum sich das System ungefähr reproduziert bzw. in welchem Zeitraum es eine Störung abpuffert und wieder zur Ruhe kommt. Die Größe dieses Zeitraums nimmt nach Kümmerer grundsätzlich mit der Größe und Komplexität des Systems zu: Sie beträgt auf molekularer Ebene winzige Sekundenbruchteile, auf der Ebene des gesamten Ökosystems riesige Zeiträume, die wir uns nicht nur nicht vorstellen können, sondern über die wir auch noch kaum etwas wissen (Kümmerer 1993, S. 89).[9]

Wodurch kommen diese *Zeiten zustande?* Für die Systemzeiten der Natur haben Zeitforscher herausgefunden, daß eine Großzahl der Rhythmen durch astrophysikalische Bewegungen, letztlich durch das Licht der Sonne, programmiert ist (Fraser 1991, S. 158).

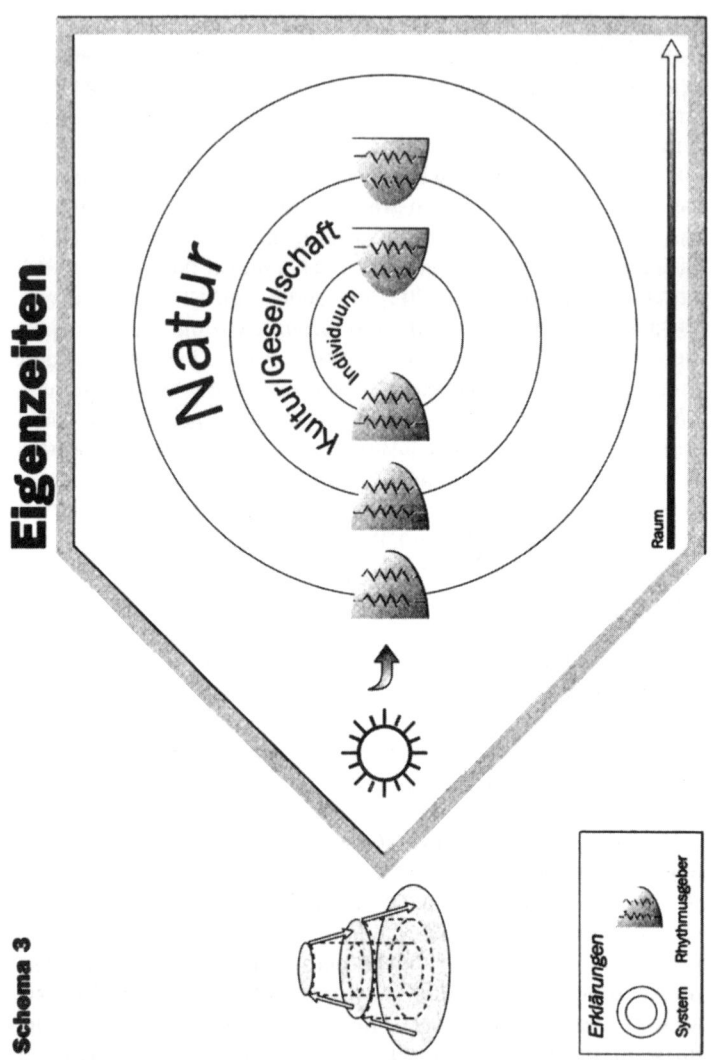

Eigenzeiten

Schema 3

Natur

Kultur/Gesellschaft

Individuum

Raum

Erklärungen

System

Rhythmusgeber

Beim Menschen z. B. sind mehr als 150 Rhythmen festgestellt worden, die alle an den Wechsel zwischen Tag und Nacht angekoppelt sind, wie Körpertemperatur, Blutdruck oder Harnausscheidung (Ewers 1988, S. 62). Aufgrund der dargestellten Dominanzverhältnisse zwischen den Systemen Natur, Kultur/Gesellschaft und Individuum darf vermutlich verallgemeinernd festgestellt werden, daß auch die Zeiten grundsätzlich jeweils vom älteren auf das jüngere System übertragen worden sind: Die Sonne ist demnach letztlich Rhythmusgeber für die Natur, die Natur ist letztlich Rhythmusgeber für die Kultur, und die Kultur ist letztlich Rhythmusgeber für das Individuum. Grundsätzlich programmieren also die älteren, größeren und längerrhythmischen Systeme die jüngeren, kleineren und kürzerrhythmischen. Diese Generalisierung gilt allerdings, wie oben bereits einschränkend festgestellt, nur unter der rein theoretischen Annahme, daß keine nennenswerten Störungen existieren, die drei Systeme also praktisch in ihren „Normalzuständen" sind. Daß langfristige Zielsetzungen und Planungen die kurzfristigen im Normalfall dominieren und nur unter Streßbedingungen das kurzfristige Kalkül überwiegt, das kennen wir im übrigen auch aus eigenen Alltagserfahrungen.

■ *Das Verhältnis zwischen den schnellsten und den langsamsten biologischen Zyklen ist 10^{24}, ein Bereich, den ein Musiker als 78 Oktaven beschreiben würde. Es ist eine vom Leben selbst zusammengestellte Musik, die sich nicht abstellen läßt, ohne ihm zu schaden. (Fraser 1991, S. 161 f.)*

Wie aber erklärt sich der andere Teil der Eigenzeiten, die unübersehbare Vielfalt der Zeiten der einzelnen Systeme, Untersysteme und „Unteruntersysteme", in der Natur, in der Kultur/Gesellschaft, beim Individuum? Kümmerer betont, daß Systeme nach Durchlauf der Kreisbewegung immer nur ungefähr zum Ausgangspunkt zurückkommen. Jedes System ist nämlich mit einer Vielzahl anderer Systeme verschränkt, und diese Systeme stören einander fortwährend, so daß aufgrund dieser Störungen von einem Durchlauf zum nächsten ständig Abweichungen entstehen. Geht man z. B. vom System Natur auf das Teilsystem Wald und noch weiter auf das „Teilteilsystem" Baum herunter, so findet man in den Jahresringen des Stammes den gesamten Lebenszyklus von Jahrhunderten oder Jahrzehnten, an den Blättern den Zyklus von Jahren, im Inneren des Baumes, z. B. beim Wassertransport, einen wiederum entsprechend kürzeren Zyklus und auf molekularer Ebene schließlich Zyklen von Sekundenbruchteilen (Kümmerer 1995, S. 111). All diese langen und kurzen Zyklen beeinflussen sich ständig gegenseitig. Im Bereich des Natürlichen schwanken demnach alle Zyklen innerhalb einer gewissen Bandbreite. Die Kraft, die ein System hat, um nach Störungen wieder in das Innere dieser Bandbreite zurückzufinden, nennt Kümmerer „Elastizität".[10] Daß der Mensch z. B. den Tag-Nacht-Rhythmus überspielen und Zeitzonen überfliegen kann, zeigt, wie weit diese Elastizität beim System Mensch geht.

Entscheidend für die Schwankungsbreite und Elastizität in der Natur ist, daß aufgrund der wechselseitigen Beeinflussung der Systeme und ihrer Zyklen zwischen *inhärenter Systemzeit* und *„Eigenzeit"* unterschieden werden muß. Die inhärente Systemzeit gibt den Rahmen vor, quasi den theoretischen Erwartungswert für ein bestimmtes System, aber die Vielfalt von Nebeneinflüssen führt stets zu faktischen Abweichungen. Die Eigenzeit ist die individuelle Konkretisierung der Systemzeit, sie spiegelt die individuelle Gesamtsituation, vor allem auch die gesamte Vorgeschichte des betrachteten Systems. „Von dem Unterschied zwischen Eigenzeit und inhärenter Systemzeit leben die Versicherungen." (Geißler, zit. nach Kümmerer 1995, S. 114) Aufgrund seines intellektuellen Potentials ist es dem Menschen der Industriegesellschaft möglich, technologische Systeme als Rhythmusgeber gegen die natürlichen ins Feld zu führen und so für seine Gattung eine beachtliche Elastizität gegenüber dem Erwartungswert, der aufgrund des Verhaltens der verwandten Arten gewonnen wird, zu erlangen.

An zwei einfachen Beispielen möchte ich den Zusammenhang von Systemzeit, Elastizität und Eigenzeit erläutern. Das erste Beispiel betrifft den Zyklus des *menschlichen Atems*. Ein- und Ausatmen wechseln sich bekanntlich regelmäßig ab, können also zunächst kreisförmig dargestellt werden. Am Atmen erkennt man aber noch vier weitere Momente dieses Zyklus. Die Atemzyklen sind erstens bei einem bestimmten Menschen auch während eines kurzen Zeitraums nie alle gleich lang, sondern variieren innerhalb einer Bandbreite. Wie groß diese Bandbreite ist, das hängt zweitens von äußeren Bedingungen der kurz- und mittelfristigen Situation ab.

Bei sportlicher Aktivität oder Aufregung wird der Atemrhythmus bekanntlich schneller. Die Dauer verändert sich drittens auch langfristig, denn je älter der Mensch wird, desto mehr nimmt die Fähigkeit zur Aufrechterhaltung der Eigenrhythmen gegenüber der Umwelt ab (Ewers 1988, S. 62), und dies zeigt sich auch am flacher und kürzer werdenden Atmen. Und viertens schließlich altern die Menschen unterschiedlich schnell und haben so einen individualtypischen Atemzyklus, der vermutlich durch Veranlagung und Lebensstil geprägt ist. Es wird eine reizvolle Forschungsaufgabe sein, zu versuchen, für alle Arten von Systemen diese vier Momente der Eigenzeiten, die Unregelmäßigkeit, die Situationsabhängigkeit, die Altersabhängigkeit und die Personenbezogenheit, nachzuweisen.

Daß die Eigenzeit der Niederschlag der jeweiligen Systemgeschichte ist, läßt sich auch an einem zweiten Beispiel, nämlich am Austauschprozeß zwischen menschlicher *Haut und UV-Licht*, deutlich machen. Es ist allgemein bekannt, daß Haut nicht gleich Haut ist, daß es also verschiedene Hauttypen gibt. Je nach Typ verträgt der Mensch die UV-Strahlen der Sonne besser oder schlechter. Dermatologen sprechen folglich auch von der unterschiedlichen „Eigenschutzzeit". Bekannt ist aber auch, daß sich jeder einzelne in bestimmten Grenzen an die Sonne gewöhnen kann und dieser Gewöhnungseffekt um so wirksamer ist, je behutsamer und gleichmäßiger der Gewöhnungsprozeß verläuft. Epidemiologische Untersuchungen in Australien haben zudem ergeben, daß die weißen Einwanderer sehr viel empfindlicher auf die UV-Belastung reagieren als die Einheimischen, insbesondere wenn sie als Kinder eingewandert sind (Jung 1992, S. 3 f.), weil deren Organismus Belastungen noch nicht so gut abpuffern kann. Die Eigenschutzzeit der Haut hängt also insgesamt von der ethnischen Zugehörigkeit des Individuums, seiner bisherigen Sonnenbestrahlung und der Dosierung der Sonne innerhalb des Lebenszyklus', des Jahres und des Tages ab. Die Eigenschutzzeit der Haut ist folglich genetisch weitergegeben worden und somit für den einzelnen veranlagungsbedingt. Sie ist aber ebenso ein Resultat der individuellen Biographie, also auch verhaltensbedingt.

Die These, daß es für Systeme *generelle System-* und *eine konkrete Eigenzeit* gibt, wurde bereits vor 50 Jahren durch den Biologen Gaston Backmann für lebende Organismen aufgestellt. Vor wenigen Jahren zeigte nun der belgische Physiker und Chemiker Ilya Prigogine, daß es auch außerhalb der belebten Welt eine unendliche Vielfalt von Eigenzeiten gibt. Diese Rhythmen haben sich, so Prigogine, im Laufe der Jahrtausende und Jahrmillionen der Evolution durch die Auseinandersetzung der Systeme mit ihren Umwelten, durch Lernen also, herausgebildet und spiegeln das „individuelle Schicksal" des jeweiligen Systems (Ewers 1988, S. 66).

Lernen und Ressourcen

Daß Systeme grundsätzlich von ihren jeweils äußeren Umgebungssystemen angetrieben und gesteuert, also dominiert werden und gleichzeitig aufgrund des vielfältigen Eingebundenseins einen elastischen Eigenrhythmus entwickeln, erklärt die Wiederkehr des Ähnlichen. Offen bleibt aber bisher, weshalb sich hier und da aus dem Austauschprozeß auch etwas ganz Neues bildet. Wenn neue Himmelskörper, neue Kontinente, neue Arten, neue Technologien und neue Institutionen entstehen, oder wenn ein Mensch plötzlich eine Idee hat, die ganz aus ihm selbst entsprungen ist, die also originell ist, dann reicht der Rückgriff auf die Sonnenenergie und auf die situativen Umstände der Austauschprozesse als Erklärungen nicht aus. Die Sonne scheint ja für alle gleich und die Umstände sind oft recht ähnliche, aber nur an wenigen Orten und zu wenigen Zeitpunkten entsteht wirklich Neues. Was ist das Geheimnis der *Kreativität*? Auf diese Frage wurde meines Erachtens auch in den Tutzinger Beiträgen bisher keine überzeugende Antwort gegeben.

Der Münchner Astrophysiker Peter Kafka hat aus seinem Wissen über das Verhalten der räumlich und zeitlich größten aller Systeme eine interessante Antwort gegeben, mit deren Hilfe sich die zeitökologische Systemtheorie an dieser entscheidenden Stelle ergänzen läßt. Vor Qualitätssprüngen tasten Systeme, so Kafka, zunächst alternative Möglichkeiten der Anpassung an die Umwelt ab, verlassen dabei den alten Gleichgewichtszustand, um sich dann für die „intelligenteste" Alternative zu entscheiden und ein neues Gleichgewicht einzugehen. Diesen seit dem Urknall ablaufenden *Abtast- und Auswahlvorgang* nennt Kafka „Schöpfungsprinzip". Es läßt aus den unendlich vielen Möglichkeiten immer wieder einige wenige Wirklichkeit werden. „Das zufällige Zappeln im Raum der Möglichkeiten erreicht selbstverständlich vor allem ständig viele 'schlechtere' Möglichkeiten, von denen durch das weitere Zappeln wahrscheinlich rasch zu den bewährten zurückgefunden wird. Aber 'wenn es sie gibt' und wenn sie nicht 'zu fern liegen', müssen eben gelegentlich auch 'bessere' erreicht werden. Und das sind Gestalten, wo zerstörerische Schwankungen und Begegnungen unwahrscheinlicher sind, weil in ihnen 'die Dinge besser zusammenpassen'." (Kafka 1994, S. 90)

Was Darwin für die Entwicklung der lebendigen Arten beschrieben hat, gilt nach Kafka also für alle anderen Formen von „Schöpfung" auch. Je nachdem, ob man bei diesem Suchprozeß mehr die passive oder mehr die aktive Seite betonen will, ob man also mehr an das Reagieren oder an das Agieren denkt, wird er „Evolution" oder „Selbstorganisation" genannt. Damit Evolution/Selbstorganisation stattfinden kann, müssen, und das ist Kafkas Pointe, zwei elementare objektive Bedingungen gewährleistet sein: Es muß erstens Alternativen geben, die nicht zu fern liegen, und das System muß zweitens genügend Zeit haben, diese Alternativen auszuprobieren. Mit anderen Worten: Kreative Systeme brauchen ein sowohl räumlich als auch zeitlich wohldefiniertes Milieu für Experimente – für das „Spiel" mit den Möglichkeiten.

Neben dieser doppelten objektiven Voraussetzung für Kreativität gibt es vermutlich auch eine subjektive. Wenn nämlich, wie Prigogine behauptet, Systeme individuelle Eigenzeiten als Resultat ihres je individuellen Schicksals haben, dann muß angenommen werden, daß die Systeme während des Tastens und Testens auch ständig Erfahrung im Umgang mit ihren Umwelten sammeln und anhäufen. Für Systeme, die über Bewußtsein verfügen, also Individuum und Kultur/Gesellschaft, ist dies naheliegend, weil sie ihr Verhältnis zur Umwelt reflektieren und ggf. korrigieren können (Eder 1991, S. 24–29).[11] Für Systeme ohne Bewußtsein kann dies nur aus den allgemeinen Systemeigenschaften gefolgert werden.

Diesen evolutionär-selbstorganisatorischen Prozeß des Erfahrungssammelns bezeichne ich als *„Lernprozeß"*. Während des Lernens speichert das System seine Erfahrungen in materiell-energetischer wie in nichtmaterieller Form. Die Natur speichert ihre Natur-„Vernunft" in physikalischen und biologischen Naturgesetzen. Die Kultur/Gesellschaft speichert ihre Kultur/Gesellschafts-„Vernunft" in Technologien und Institutionen, die zwar unmittelbar aus dem Bewußtsein und Sprachvermögen des Menschen hervorgehen, aus materialistisch-ökologischer Perspektive aber letztlich aus dem Zwang zur Naturaneignung durch Arbeit resultieren. Und das Individuum speichert seine Individual-„Vernunft" in genetischen und sozialen Verhaltensdispositionen. Diese Speicher für Gelerntes bezeichne ich als „*Ressourcen*". Das beschleunigte Wachstum dieser Ressourcen ist dafür verantwortlich, daß systematisch immer komplexere Strukturen entstehen, die als Zufallsprodukte nicht erklärbar wären. Bereits ein einfaches Virus ist nämlich eine von etwa 10 hoch 5000 möglichen Strukturen, für deren zufällige Erzeugung mehr Zeit nötig wäre, als seit dem Urknall vergangen ist (Eigen 1995, S. 25).

Wie hat man sich die Entstehung und Funktion von Ressourcen nun konkret vorzustellen? Evolution und Selbstorganisation sind grundsätzlich nur möglich, wenn das System vorher gestört, wenn es von seiner Umwelt aus mit bestimmten Anforderungen konfrontiert worden ist, die es aus seinem Gleichgewicht gebracht haben. Kanadische Forscher haben z. B. festgestellt, daß eine bestimmte Libellenart, die ursprünglich an Waldbächen lebte, nun auch solche Bäche besiedelt, die als Folge von Rodungen nur von Wiesen umgeben sind. In dieser Umgebung wurden die Libellen größer und kräftiger als ihre Artgenossen im Wald, weil sie für die Nahrungssuche oft Strecken von bis zu 500 Metern zurücklegen mußten. Vermutlich, so folgerten die Forscher, verfügt diese Libellenart über einen genetischen „Spielraum", der je nach den Lebensbedingungen unterschiedlich ausgeschöpft werden kann (SZ 5. 10. 95). Die äußere Störung war in diesem Fall noch gut verkraftbar, so daß die inneren Ressourcen sich durch ihre Hilfe entfalten konnten. Wäre der Wald zu weit entfernt gewesen oder die Flügelmuskulatur nicht entwicklungsfähig genug, wären die Libellen an solchen Wiesenbächen ausgestorben.

Am Menschen läßt sich das *Zusammenspiel* des Wachsens von Ressourcen und des Wachsens der Anforderungen durch Gleichgewichtsstörungen besonders anschaulich nachvollziehen. Jeder kennt dieses Wechselspiel aus eigener Erfahrung, z. B. im Umgang mit Hitze und Kälte, Sonne und Schatten, Nährstoffen und Schadstoffen, Anstrengung und Ruhe, Freude und Trauer. „Die gleichen Reize", so der Systemforscher Frederic Vester, „seien es Temperaturunterschiede, Geräusche, Aufregung, Freude, Spannung oder Angst, deren völliges Fehlen lebensuntüchtig und anfällig macht und frühzeitig vergreisen läßt, sie werden zu tödlichen Faktoren, wenn sie in großer Stärke und ohne längere Erholungsphase so auf den Organismus eintrommeln, daß die vegetative und hormonelle Regulation, die diese Reize im Normalfall wie einen Treibstoff benötigt, vor Überlastung zusammenbricht" (Vester 1989, S. 264). Die individuellen Ressourcen sind also Ergebnis einer optimalen Anpassung von Umwelt und System, die im Laufe des individuellen Lebens erst durch Lernen erworben wird. Anpassung geschieht dabei zunächst durch die überlegene Kraft der Umwelt. Für Menschen wird diese Umwelt in der frühen Entwicklungsphase in „kompetenten anderen" (Dux 1989, S. 47) bestehen, die ihnen die Orientierung und den ersten Rhythmus vorgeben. Anpassung ist ein schrittweiser Prozeß zu immer mehr Autonomie. Sie zielt keinesfalls auf einen Zustand, in dem dem Individuum keine Widerstände mehr entgegentreten, sondern genau im Gegenteil darauf, daß es die Widerstände der Umwelt als überwindbar erfährt und dabei die Möglichkeit erhält, die eigenen Kräfte besser als im vorausgehenden Zustand entfalten zu können. Insofern ist Anpassung für den Menschen ein zugleich kreativer und lustvoller Prozeß.

Wenn sich diese am Menschen gut vorstellbare Theorie über das Zusammenspiel von Anforderungen und Ressourcen auf alle Arten von Systemen übertragen läßt, wie Prigogine behauptet, dann könnte Kreativität generell als Konsequenz des Zusammenpassens eines optimalen objektiven Milieus mit optimalen subjektiven Ressourcen erklärt werden. Diese hier nur angedeuteten Überlegungen müßten anhand der einschlägigen wissenschaftlichen Diskurse genauer überprüft werden.[12]

Eigenzeiten und Ressourcen von Natur, Kultur und Individuum
Für die Bereitstellung des Milieus und für die Bildung der Ressourcen ist die Dimension der Zeit von ausschlaggebender Bedeutung, Evolution/Selbstorganisation benötigt bekanntlich viel Zeit (Schema 4). Faszinierend ist es immer wieder, sich die *Größenverhältnisse dieser Zeiträume* zu vergegenwärtigen. Es vergehen oft Tausende oder Millionen von Jahren, ehe die Natur etwas Neues hervorbringt, das Individuum schafft es manchmal in Jahren, Stunden oder Sekunden. Nicht nur die Wiedererlangung der alten Stabilität und Elastizität, sondern auch das Herausfinden einer neuen Form dieser Stabilität und Elastizität erfordert einen je eigenen Zeitraum. Die ungefähre Wiederherstellung des alten Systemzustands nenne ich im folgenden „einfache Reproduktion" des Sy-

Schema 4

Lernen und Ressourcen

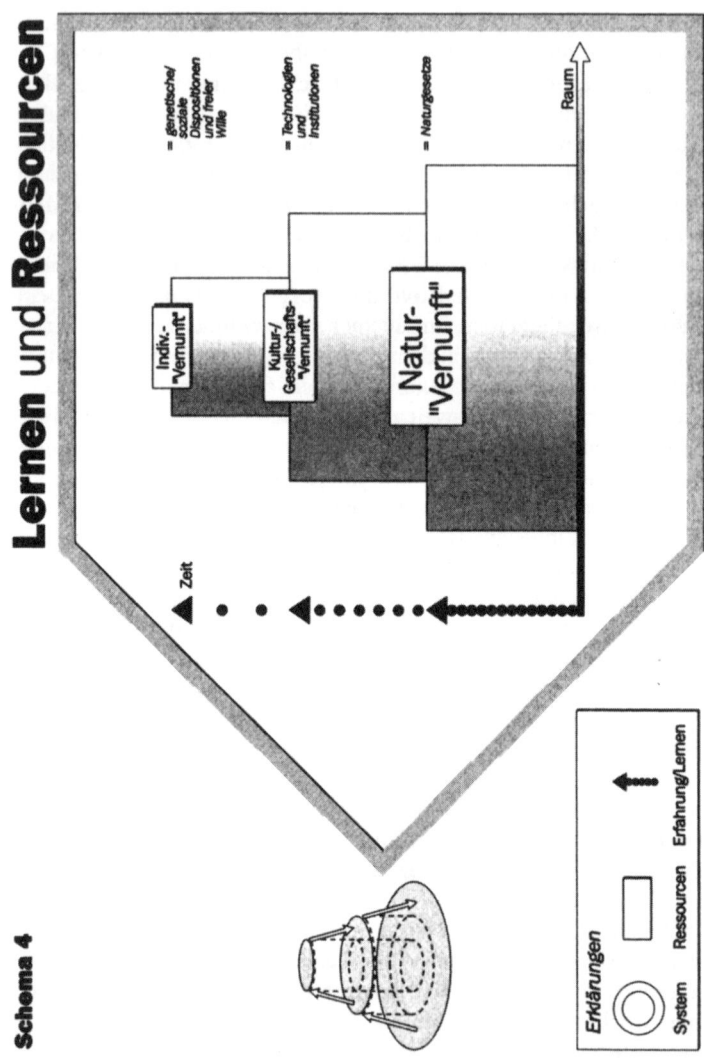

Indiv.-"Vernunft" = genetische/soziale Dispositionen und freier Wille

Kultur-/Gesellschafts-"Vernunft" = Technologien und Institutionen

Natur-"Vernunft" = Naturgesetze

Zeit

Raum

Erklärungen

System   Ressourcen   Erfahrung/Lernen

stems, die Herstellung eines neuen, höherwertigen Zustands „erweiterte Reproduktion".[13]

Wie lassen sich diese Überlegungen zu Eigenzeiten und Ressourcen, die diese zweifache Reproduktion erst erklären, auf die eingangs skizzierten Austauschprozesse anwenden? Was heißt Wiederkehr des Ähnlichen und Auftauchen des Neuen im Zusammenhang mit den zentralen Prozessen der Ökologie der drei Systeme nun konkret? Zur *Natur*: Die vielgestaltigen Eigenzeiten der Natur, vom Öffnen und Schließen der Blüten bis zur Entstehung und Vernutzung der fossilen Kohlenstofflager, von der Geburt bis zum Tod eines Lebewesens, vom Auftauchen einer neuen Art bis zu deren Aussterben, sind relativ gut erforscht. Je mehr sich Rhythmen allerdings dem Erfahrungsbereich des Menschen entziehen und aufgrund ihrer extremen Kürze oder Länge nur mehr mit aufwendigen technischen Apparaturen erfaßt werden können, desto weniger kann über sie bekannt sein. Der Lebenszyklus der Eintagsfliege ist leichter zu erfassen als der von tausendjährigen Eichen. Schwer zugänglich sind logischerweise die sehr langen Zyklen. Im Bereich der Biologie ist die Entwicklung und das Verschwinden von Arten am schwersten zu fassen. Für die ökologische Praxis ist v. a. die enorme Elastizität wichtig, die Fähigkeit der Natur also, sich auf äußere Veränderungen einzustellen, nach Störungen wieder zum Gleichgewicht zu finden, Schäden wieder zu reparieren. Letzteres zeigt sich z. B. an der Fähigkeit von Pflanzen, nach bodenversiegelnden Eingriffen selbst durch kleinste Ritzen wieder nachzuwachsen, an der Fähigkeit des Meeres, nach Ölkatastrophen sein Ökosystem selbst wieder in Ordnung zu bringen, oder an der Fähigkeit von Lebewesen aller Art, sich in großen Zeiträumen sogar an Klimaschwankungen durch einfache Verhaltensänderung, Wanderung oder Mutation anzupassen.[14]

Während also viele Naturrhythmen und ihre Geschichten bereits einigermaßen bekannt sind, sofern sie nämlich mit den derzeit verfügbaren Meßgeräten registriert werden können, wissen wir über die Rhythmen des *Individuums* noch relativ wenig. Neben den kurzen Rhythmen der Anspannung und Entspannung, des Wachseins und Ruhens, des Arbeitens und Konsumierens gibt es die langen des Lebensalters und die Regenerationszyklen. Der Soziologe Günter Dux hat darauf aufmerksam gemacht, daß auch die Handlungen von Menschen als „Anschlußorganisationen" zum biologischen Organismus zyklischen Charakter besitzen, an deren Anfangspunkt die Zwecksetzung und an deren Endpunkt die Begutachtung des Ergebnisses liegt. Interaktionen und Institutionen sind aus dieser historisch-genetischen[15] Sicht wiederum im Kern Anschlüsse an individuelles Handeln und müssen deshalb ähnliche Zeitstrukturen aufweisen (Dux 1989, S. 44–49).

Prinzipiell sind auch diese individuellen Rhythmen durch materielle und immaterielle Prozesse gekennzeichnet: Das System Individuum nimmt Stoffe und Informationen aus seiner gesellschaftlichen Umwelt auf, wird dadurch aus seinem Gleichgewicht gebracht und findet irgendwann wieder zu einem ähnlichen Zustand zurück oder, aufgrund seiner Fähigkeit zur Selbstorganisation/Evolution, auch zu einem ganz neuen. In körperlicher Hinsicht führen schwache Störungen auf Dauer z. B. zur Entstehung neuer Organe, mittelstarke zu deren Kräftigung, überstarke zur Zerstörung (Kükelhaus 1993, S. 76). In psychischer Hinsicht produzieren störende Reize je nach Stärke neue Formen von Sensibilität und Kompetenz, oder sie zerstören diese Eigenschaften wieder und schlimmstenfalls den ganzen Menschen, zu dem sie gehören (Ciompi 1988, S. 179 ff.). Wichtig ist wiederum, daß die körperlichen und psychischen Zyklen des Menschen durch eine gemeinsame Bandbreite definiert sind, jedes einzelne Individuum jedoch aufgrund seiner physisch-psychischen Geschichte seine Eigenzeit ausgeprägt hat.

■ *Dr. Orme schlug vor, die Geschwindigkeit aller Individuen mit Geräten zu messen und dann zu entscheiden, wofür jedes sich besonders eigne. Es gebe „Überblicksberufe" und „Einzelheitsberufe". Man lasse die Schnellen schnell und die Langsamen langsam sein, jeden nach seinem aparten Zeitmaß. (Aus dem Roman ›Die Entdeckung der Langsamkeit‹ von Sten Nadolny, S. 208)*

Die Ressourcen des Individuums, also seine Fähigkeit zur Störungsbeseitigung/Selbstreparatur und Weiterentwicklung, erleben wir am Körper wie an der Psyche: Die Belastungsfähigkeit unserer Muskeln läßt sich genauso steigern wie das Konzentrationsvermögen unseres Gehirns, beides allerdings nur innerhalb gewisser Grenzen. Körperliche und psychische Wunden heilen mit der Zeit, und gegen viele Krankheiten können sich Körper und Psyche selber helfen. Wichtig ist, daß sich solche Genesungsprozesse um so schneller vollziehen, je besser der Zustand der individuellen Gesundheitsressourcen ist, also des körperlichen, psychischen und sozialen Wohlbefindens. Dieses umfassende Wohlbefinden ist demnach sowohl Resultat als auch Voraussetzung dafür, daß Individuen Anforderungen aller Art bewältigen können.

Vor diesem zeitökologischen Hintergrund sei eine Bemerkung zur vieldiskutierten Frage nach Freiheit und Unfreiheit des Individuums gewagt: Frei, d. h. sich selbst bestimmend, kann der Mensch nur sein, wenn er seine Ressourcen optimal entfaltet hat und optimale Anpassung zu den Umweltanforderungen hergestellt ist. Unfreiheit hingegen ist die Konsequenz der Überforderung des Individuums durch seine Umwelt. Freiheit und Unfreiheit erklären sich so aus der Passung bzw. Nichtpassung zwischen System und Umwelt. Als körperliches Wesen ist das Individuum unfrei, weil es eine unüberwindbare Differenz zwischen den naturgegebenen Bedürfnissen des Menschen und den Eigenschaften der ihn umgebenden Natur gibt, die nur durch gesellschaftliche Arbeit überwunden werden kann und insofern für die Gattung einen unausweichlichen Zwang darstellt. Nur als geistiges Wesen kann das Individuum Freiheit erlangen, aber eben nur dann, wenn die individuellen Ressourcen den kulturellen/gesellschaftlichen Anforderungen angemessen sind. Der freie Wille ist aus materialistisch-ökologischer Perspektive somit eine echte analytische Restgröße.

Für den Bereich der *Kultur/Gesellschaft* steht die Suche nach den Rhythmen noch ganz am Anfang. Wo überall begegnen wir gegenwärtig im Mensch-Natur- und Mensch-Mensch-Verhältnis einer solchen Wiederkehr des Ähnlichen? Die Tutzinger Autoren bringen einige Beispiele, ohne diese weiter raum-zeitlich zu systematisieren. Sie verweisen darauf, daß man im Bereich der Technik z. B. die Entdeckung eines neuen Verfahrens, die Serienreife einer Maschine oder ihre physische Lebensdauer als Kriterium für solche zyklischen Bewegungen nehmen kann. Bei der Entdeckung eines neuen technischen Verfahrens sind z. B. vielfältige, immer wieder unerwartete und zunächst irritierende Einzelbeobachtungen und -versuche in ein schlüssiges Gesamtkonzept integriert worden, ehe das Versuchsstadium abgeschlossen werden konnte. In der Wirtschaft ist die Tageskasse, der Monats-, Quartals- und Jahresabschluß bekannt. Innerhalb dieser Zeiträume müssen z. B. kurzfristige Ausleihungen zurückbezahlt worden sein. Weitere Zyklen sind die Amortisationsrate einer Investition in eine Ausbildung oder eine Maschine oder auch die Schaffung oder Abschaffung von Arbeitsplätzen. In der Politik gibt es einen mehr oder minder rhythmischen Wechsel zwischen den Entscheidungen einer Behörde, dem Urteil eines Gerichts, dem Erlaß von Verordnungen, der Verabschiedung von Gesetzen, der Neubesetzung von Ämtern, der Änderung von Verfassungen und schließlich u.U. der völligen Umgestaltung der Grundordnung. Verfassungsänderungen etwa schließen jahrelange Rechtsunsicherheiten ab.

Kennzeichen all dieser kulturellen/gesellschaftlichen Zyklen ist, daß an deren Ende die ursprünglichen Störungen beseitigt sind, daß sich das System reproduziert hat und für neue Anforderungen wieder elastisch ist. Und immer dann, wenn das nach der Bearbeitung der Störung eintretende Gleichgewicht eine neue Qualität hat, wenn sich das System also auf erweiterter Stufenleiter reproduziert, wenn z. B. ein völlig neues System der Energieversorgung, der wirtschaftlichen oder politischen Ordnung entwickelt ist – dann hat ein selbstorganisatorisch-evolutionärer Prozeß stattgefunden. Daß das Zusammenleben der Menschen selbst nach Bürgerkriegen innerhalb eines längeren Zeitraums wieder zur Normalität zurückfinden kann, zeigt die enorme Selbstreparaturfähigkeit auch des kulturellen/gesellschaftlichen Systems.

Im Hinblick auf eine materialistische Ökologie der Zeit sind nun v. a. jene Rhythmen von Interesse, die mit der Arbeitsteilung zu tun haben. Arbeitsteilung ist nur vorstellbar, wenn die daran Beteiligten, also die Individuen, Unternehmen, Staaten, Regionen, Kontinente und auch die Generationen, in die mit ihr einhergehenden materiellen und immateriellen Austauschprozesse dauerhaft eingebunden sind. Nur dann kann auf die Aktivität regelmäßig die Ruhe, auf das Geben das Nehmen, auf das Produzieren das Konsumieren und auf die Leistung die Gegenleistung folgen.

Wenn man nun die Zyklen der Kultur/Gesellschaft im Zusammenhang mit den beiden Nachbarsystemen Natur und Individuum betrachtet, drängt sich folgende Hypothese über den *Zusammenhang* zwischen der *Länge der Zyklen* und ihrem *Bezug zu den Nachbarsystemen* auf: Die kurzzyklischen Veränderungen bzw. Austauschbewegungen, die innerhalb einer Generation stattfinden, betreffen primär das Verhältnis zwischen Kultur/Gesellschaft und Individuum, die langzyklischen dagegen das Verhältnis zwischen

Kultur/Gesellschaft und Natur. Die Störungen, die eine ganze Generation hinterläßt, wenn sie z. B. Naturschäden anrichtet, sind in der Regel nachhaltiger als z. B. ausbeuterische Verträge zwischen wirtschaftlichen oder politischen Akteuren innerhalb einer Generation. Die kurzen Zyklen des Individuums und die langen Zyklen der Natur schlagen quasi auch auf die jeweilige Zyklusdauer in der Kultur/Gesellschaft durch. Bezieht man diese Unterscheidung auf die Raum-Zeit-Dimension, so kann ergänzt werden: Intragenerative Zyklen prägen primär die räumliche Struktur von Kultur/Gesellschaft (z. B. Nord-Süd- und West-Ost-Gefälle), intergenerative Zyklen primär die zeitliche Struktur von Kultur/Gesellschaft (z. B. Verschuldungsproblematik). Auf diese generelle Unterscheidung zwischen kurzzyklisch-intragenerativen-räumlichen und langzyklisch-intergenerativen-zeitlichen Rhythmen der Kultur/Gesellschaft werde ich in Kapitel IIB2 ausführlich eingehen.

Fazit:

Die Austauschprozesse, denen Natur, Kultur/Gesellschaft und Individuum ihre Existenz verdanken und die grundsätzlich von außen nach innen angetrieben und gesteuert werden, sind durch ihre Dauer bzw. Geschwindigkeit und ihren Rhythmus gekennzeichnet. Die Systeme sind um so robuster und kreativer, je besser die räumlichen und zeitlichen Bedingungen ihres Milieus sind und je mehr Lernerfahrung sie gespeichert haben. Die „Vernunft" der Natur findet sich in den Naturgesetzen, die „Vernunft" der Kultur/Gesellschaft in Technologien/Institutionen und die „Vernunft" des Individuums in seinen genetischen/sozialen Dispositionen, letztlich auch in seinem freien Willen.[16]

3. Produktion und Beschleunigung

Die in Teil I aufgeführten Alarmsymptome sollen nun vor dem Hintergrund dieses zeitökologischen Ansatzes als Folgen ungenügender Ressourcen von Individuum, Gesellschaft und Natur erklärt werden. Die Diskrepanz zwischen Systemressourcen und Umweltanforderungen könnte rein theoretisch bei jedem der drei Systeme unabhängig voneinander entstanden sein. In diesem Fall wären Natur, Kultur/Gesellschaft und Individuum gleichermaßen Entstehungsort der bedrohlichen Lage. Solche Erklärungen begegnen uns z. B. immer dann, wenn die „schlechte Natur des Menschen", das „Nachhinken der moralischen Evolution hinter der technischen" oder gar das „Werk des Teufels" als letztlich „verantwortlich" für den Zustand der Welt behauptet werden.[17]

Ohne diese Möglichkeit der gleichzeitigen Diskrepanz auf allen drei Ebenen weiter zu diskutieren, möchte ich in diesem Kapitel zeigen, daß es gute Gründe für eine andere Interpretation gibt. Diese läßt sich in folgender These zusammenfassen: Es ist das zentrale System Kultur/Gesellschaft, das für die alarmierende Gesamtsituation „verantwortlich" ist. Es konfrontiert erstens seine äußere und innere Umgebung mit derart kurzen System- und Eigenzeiten, daß diese Umgebungssysteme nicht in der Lage sind, adäquat zu reagieren. In energetisch-materieller Hinsicht sind die beiden Umgebungssysteme der Kultur/Gesellschaft objektiv und systematisch damit überfordert, die von der Kultur/Gesellschaft verbrauchten Energien und Materialien rechtzeitig zu ersetzen. Und in informationeller Hinsicht fehlt ihnen die Zeit, die anfallenden Informationen rechtzeitig zu verarbeiten. Kaum beginnen Natur und Individuum nämlich, sich auf eine energetische/materielle oder informationelle Veränderung der Kultur/Gesellschaft einzustellen, schafft diese schon wieder eine neue Situation. So werden Ressourcen systematisch abgebaut, wird Lernen systematisch vereitelt. Und das System Kultur/Gesellschaft versäumt es zweitens, für den Aufbau seiner eigenen Ressourcen zu sorgen. Um diese beiden Teile meiner These, die Fremdüberforderung und die Selbstüberforderung der Kultur/Gesellschaft, zu belegen, muß ich die innere Systemlogik der Kultur/Gesellschaft, wie sie sich in den letzten Jahrhunderten entwickelt hat und v. a. seit 1989 die gesamte Welt zu prägen beginnt, genauer analysieren.

Produktion

Aus einer materialistisch-ökologischen Perspektive kommt es bei jeder Gesellschaftsanalyse als erstes darauf an, wie die Kultur/Gesellschaft die Arbeit bzw. die Produktion organisiert hat. Bezogen auf die Ökologie der Zeit gilt es zu prüfen, wie die *Zeithorizonte bei der Produktion* festgelegt werden. Da die Produktion zwischen der Bedürftigkeit des Individuums und den Gegebenheiten der Natur vermittelt, muß die Frage nach den Zeithorizonten sowohl den natürlichen als auch den individuellen Zusammenhang des Produzierens einbeziehen. Konkret muß also gefragt werden: Nach welchen Kriterien entscheidet die Kultur/Gesellschaft, wann die Individuen Produkte benötigen? Und nach welchen Kriterien entscheidet sie, wann die Quellen und Senken der Natur den durch die Produktion stattfindenden Eingriff wieder verkraftet haben sollen? Bei beiden Fragen geht es um die Festlegung von Zeiträumen, einmal des Wiederbedürftigwerdens des Individuums im Anschluß an die Befriedigung eines Bedürfnisses, zum andern des Wiederbelastbarwerdens der Natur im Anschluß an die Belastung durch einen Produktionsprozeß. Dabei interessiert letztlich die Frage, ob und ggf. wie die Kultur/Gesellschaft bei der Festlegung dieser beiden Zeiträume auf die Elastizitäten der Nachbarsysteme Individuum und Natur Rücksicht nimmt und nehmen kann.

Die *herrschende neoklassische Theorie* eignet sich für die Beantwortung dieser Fragen aus zwei Gründen nicht: Sie ist erstens im Kern eine idealistische Theorie, da sie das Wirtschaftsgeschehen außer durch die natürlichen Knappheitsverhältnisse durch die Wertschätzungen erklärt, die jedes Individuum für sich den existierenden Gütern zumißt, die Herkunft dieser Präferenzen jedoch nicht mehr thematisiert (Reheis 1986). Und die Neoklassik hat zweitens kein Organ für die Dimension der Zeit. Das zeigt sich zum einen daran, daß sie bei all ihren zentralen Begriffen das Werden und Vergehen der ökonomischen Verhältnisse ausklammert. Dies gilt nicht nur für die individuellen Präferenzen, sondern auch für die Ausstattung der Marktteilnehmer (Kaufkraft, Kapital) und die Naturressourcen. Und die Ausklammerung zeitlicher Verhältnisse zeigt sich zum andern daran, daß sie, um Marktprozesse überhaupt beschreiben und erklären zu können, eine völlig unrealistische Annahme bezüglich der Zeit machen muß: die Annahme von der unendlich schnellen Anpassung der Preise an die Mengen. Die neoklassische Wirtschaftstheorie bildet zwar das verbreitete Bewußtsein hervorragend ab und übersetzt qualitative Sachverhalte in quantitative Größen, um sie letztlich mathematisch elegant verarbeiten zu können. Hinter die Kulissen der uns selbstverständlich gewordenen Wirtschaftsphänomene läßt sie uns aber nicht blicken.

Ein solcher Blick hinter die Kulissen ist immer mit der Schwierigkeit konfrontiert, daß der Betrachter selbst Bestandteil des Systems ist, das er betrachtet. Er erfährt dessen Logik tagtäglich als etwas

Selbstverständliches, ja als etwas Quasi-Natürliches. Wer die innere Logik der gegenwärtigen Wirtschaftsweise erkennen will, der braucht vor allem eine gewisse Distanz. Ihm geht es wie Menschen, die Stunden in einem ungelüfteten Raum verbracht haben, den kontinuierlich zunehmenden „Mief" gar nicht mehr wahrnehmen und erst durch einen von außen Eintretenden darauf aufmerksam gemacht werden müssen, daß man schnellstens die Fenster öffnen sollte.

■ *Wo ist der Grund für die Destabilisierung in den gesellschaftlichen Beziehungen? Nachdem ich die ganzen Gebiete abgeklappert habe, angefangen von der Energie über die Abrüstung bis zur Ökologie, bin ich jetzt bei der Ökonomie gelandet. Hier treffe ich auf einen ungeheuer großen Widerstand. Das ist das sicherste Zeichen, daß man in die Nähe der eigentlichen Ursache gelangt ist. (Hans-Peter Dürr, Träger des Alternativen Nobelpreises, FREITAG 47/91, S. 19 f.)*

Wie können wir aber in unsere Wirtschaftsordnung „von außen eintreten"? Ich schlage vor, eine kleine Zeitreise zu unternehmen und dabei die sogenannte moderne Wirtschaftsweise zu besuchen. Um zu belegen, daß die Kultur/Gesellschaft sowohl das Individuum wie die Natur in immer kürzeren Zeiträumen mit energetischen/materiellen und informationellen Anforderungen konfrontiert, weil die Zeithorizonte der Produktion immer kürzer werden, beziehe ich mich im folgenden auf die Erkenntnisse materialistisch und ökologisch orientierter Autoren der *Kulturanthropologie*, der *Entwicklungssoziologie* und der *Politischen Ökonomie*.[18] Indem ich so die gesellschaftliche Beschleunigung auf die Logik der Produktion des materiellen Lebens zurückführe, vertrete ich die Antithese zu all jenen Theorien, die die Beschleunigung der „Moderne" aus geistigen Prozessen, aus Rationalisierung und Transzendenzverlust, abzuleiten versuchen.[19]

Produktion für den Bedarf

99 Prozent aller Generationen, die diesen Planeten bisher bewohnt haben, produzierten ihre Lebensmittel nach einem anderen Prinzip, als wir dies heute tun. Unsere „Vorvorfahren", die *Jäger* und *Sammler*, die die Welt einige Jahrhunderttausende lang bevölkert hatten, machten sich im Prinzip immer erst dann auf die Suche

nach Nahrung, Kleidung, Behausung, wenn Bedarf dafür entstanden war. Natürlich schufen sie auch Nahrungsvorräte, aber eben nur soviel, wie erfahrungsgemäß nötig war, um den Winter und die Wechselfälle des Lebens überstehen zu können. Produziert wurde also für den Konsum, für die Erhaltung, die Immer-wieder-Neuherstellung des Lebens.

Erst vor etwa 10 000 Jahren waren unsere Vorfahren in der Lage und kamen auf die Idee, ein sogenanntes Mehrprodukt zu erwirtschaften, d. h. mehr Produkte, als zum bloßen Überleben notwendig waren. Der erste *Viehzüchter* und *Ackerbauer* wurde von seinen Zeitgenossen freilich zunächst als Spinner angesehen. Die jagenden und sammelnden Zeitgenossen waren nämlich noch nicht fähig, so vorausschauend zu denken wie er. Sie begriffen zunächst nicht, daß der einsame Viehzüchter und Ackerbauer, der das erbeutete Tier und die gefundenen Pflanzen nicht sogleich verspeiste, sondern hegte und pflegte, hinterher um so bequemer konsumieren können würde. Ihr Zeithorizont war zu kurz, um sich diese in der Zukunft liegende Möglichkeit bereits in der Gegenwart vorstellen zu können. Es dürfte viele Generationen gedauert haben, bis sich der Zeithorizont bei immer mehr Menschen erweiterte, so daß sich diese neue Produktionsmethode durchzusetzen begann. Gleichzeitig machte man die Erfahrung, daß es aufgrund der Produktion eines Überschusses auch möglich wird, einen wachsenden Teil der Bevölkerung von der unmittelbaren Lebensmittelproduktion freizustellen und mit handwerklichen, kaufmännischen, verwaltungstechnischen, medizinischen und religiösen Aufgaben zu betrauen.

Jetzt kam eine neuartige Dynamik in die Geschichte: Seßhaftigkeit und Mehrprodukt begannen, die Welt zu revolutionieren. Es entstanden nicht nur intelligente Handwerkstechniken und Handelsstrukturen, sondern auch dauerhafte Herrschaftsverhältnisse, Klassen und Staaten. Auch diese sogenannten Hochkulturen betrieben Produktion für den Konsum. Dies aber bedeutet nun, nicht nur Menschen samt ihren Haustieren, Gärten und Feldern mit allem Notwendigen zu versorgen, sondern zudem auch die Herrschaftsstrukturen zu erhalten. Aber immer noch war die Erhaltung des Bestehenden, die Wiederherstellung der verbrauchten Kräfte das Ziel des Produzierens.

Bereits in der Kultur der Jäger und Sammler, ausgeprägter aber

erst bei den Viehzüchtern und Ackerbauern, gab es *Arbeitsteilung*.
Sie war freilich ganz und gar anders organisiert, als dies heute der
Fall ist. Die Jäger und Sammler „tauschten" nach dem sogenannten
Reziprozitätsprinzip, d. h. es wurde so getauscht, daß die Beteiligten auf lange Sicht das Gefühl einer wechselseitigen, ausgegli-
chenen, partnerschaftlichen Beziehung haben konnten. Wohlge-
merkt: Es ging um menschliche Beziehungen und deren langfristige
Stabilität. Reste dieses Denkens begegnen uns heute noch in man-
chem orientalischen Basar und auch im Innern der Familie. In Vieh-
zucht- und Ackerbaukulturen organisierte man die Arbeitsteilung
nach einem anderen Grundsatz, nämlich nach dem sogenannten
Redistributionsprinzip. Die Überschüsse wurden diesem Prinzip
zufolge zunächst bei den Eigentümern und Herrschern abgeliefert
und dann teilweise wieder verteilt, wenn Mittel z. B. für Notzeiten,
für Infrastrukturmaßnahmen oder für Kriege erforderlich waren.
Gemeinsam war aber beiden ökonomischen Kulturstufen, daß im
Mittelpunkt der Produktionstätigkeit der Konsum stand.

Produktion für die Produktion
Erst an der Schwelle zur Neuzeit entdeckt der Zeitreisende die
entscheidende Umpolung. Das Mehrprodukt hatte aufgrund der
über viele Jahrhunderte zunehmenden Arbeitsteilung, die die Produktivität immer weiter ansteigen ließ, enorm zugenommen. Lange
Zeit bestand es aus Naturalien, die leicht verderblich und zudem
nur begrenzt tauschbar waren. Mit zunehmenden Überschüssen
entstand nun ein zunehmendes Interesse an der *Geldwirtschaft*. Mit
der Ausbreitung des Geldes konnten die Großgrundbesitzer und
Großhändler immer größere Teile der Produktion in unverderbli-
cher und allgemein tauschbarer Form anhäufen. Diese Neuerung
war die Voraussetzung für die wahrhaft revolutionäre Idee, den
Geldüberschuß nicht mehr zu verkonsumieren, sondern wieder in
die Produktion zurückfließen zu lassen. Damit war der Kapitalismus „erfunden".
Die faszinierende Leistung des *Kapitalismus* bestand darin, erstmals einen sich selbst vorantreibenden permanenten Wachstumsprozeß in Gang gesetzt zu haben. Denn ab jetzt hieß es: Wo immer
ein Produktionsprozeß gestartet wird, muß am Beginn schon gesichert sein, daß am Ende nicht nur fertige Produkte, sondern ein
Überschuß herauskommt, der sofort wieder in die Produktion inve-

66

stiert werden kann. Ab jetzt wurde nicht mehr produziert, um das Bestehende zu erhalten, nicht mehr, um Menschen, Haustiere, Gärten und Felder zu versorgen, nicht mehr, um Herrscher, Staaten und Kriege zu finanzieren, sondern um alles Bestehende umzuwälzen, um die Produktion selbst zu steigern, letztlich, um aus Geld mehr Geld werden zu lassen. „Wie mache ich aus einer Mark zwei?" – das ist die Kardinalfrage der „modernen" Wirtschaft. Von da an explodierte die Welt förmlich, Produkte und Produktionstechniken entwickelten sich in rasendem Tempo. Mit dieser neuen wirtschaftlichen Rationalität zog an der Basis der Gesellschaft ein positiver Rückkoppelungsprozeß in die Kulturgeschichte ein, der zunächst ungeheure technologische, institutionelle und geistig-moralische Kräfte in allen Bereichen der Kultur/Gesellschaft freisetzen sollte.

Diese Entwicklung war allerdings von Anfang an mit einem *blinden Fleck* verbunden, der sich erst nach und nach bemerkbar machte: Daß das Bestehende immer auch erhalten werden muß, daß Gesundheit, gesellschaftlicher Zusammenhalt und die Kräfte der Natur immer auch der Pflege bedürfen, daß verbrauchte Kräfte also ihre Zeit benötigen, um sich zu regenerieren – dies alles rückte aufgrund dieser neuen Logik notwendigerweise immer mehr aus dem Blickfeld. All dies würde sich, so hofften die Pioniere des Kapitalismus, irgendwie von alleine ergeben. An der Wiege des Kapitalismus konnte man denn auch noch mit gutem Grund auf die Selbstregenerationsfähigkeit von Individuum, Gesellschaft und Natur vertrauen: In der gesellschaftlichen Alltagspraxis waren es v. a. die Frauen, die für das leibliche und seelische Wohl der Individuen, für die Hygiene und die Kindererziehung sorgen mußten. Und um Gesellschaft und Natur, davon waren die frühen Geldvermehrer stillschweigend überzeugt, bräuchte man sich ebenfalls nicht extra zu kümmern, wie der schottische Moralphilosoph und Wirtschaftstheoretiker Adam Smith nachzuweisen versuchte. Er stellte nämlich die Theorie auf, daß die „unsichtbare Hand" des Marktes in Zusammenarbeit mit dem menschlichen Gewissen automatisch dafür sorge, daß es allen immer besser gehe, so daß man sich quasi naturnotwendig dem Paradies auf Erden nähern würde.[20] Und in der Praxis waren für diese Aufgabe, also die Stabilisierung von Kultur/Gesellschaft, v. a. die Kirchen da. Sie sorgten dafür, daß die Marktsubjekte neben ihrem angeblich natürlichen Egoismus auch ein soziales Gewissen anerzogen bekamen. Und sie hielten Einrichtungen für jene Menschen bereit, die in der aufkommenden kapitalistischen Marktwirtschaft aus irgend einem Grund gestrandet waren.

An dieser Stelle kann eine vorläufige Antwort auf die Frage nach den Zeithorizonten der Produktion gegeben werden. Zentrales Kriterium aller zeitlichen Planungen im Zusammenhang mit der kapitalistisch organisierten Produktionstätigkeit ist die Vermehrung von Geld. Ziel ist es demnach, dafür zu sorgen, daß sich der Geldvermehrung *möglichst wenig Hindernisse* in den Weg stellen, deren Beseitigung Zeit erfordern würde. Da die Ökonomie als Teil der Kultur/Gesellschaft zwischen Individuum und Natur eingebettet ist, können solche Hindernisse theoretisch sowohl von der Seite der Individuen als auch von der Seite der Natur aufgerichtet werden.

Daß die „moderne" Wirtschaft in dem Bemühen, solche Hindernisse erst gar nicht entstehen zu lassen, erfolgreich war, zeigen die Fakten. Was die möglichen Hindernisse auf der individuellen Seite betrifft, erhöhte sich mit der Etablierung des Kapitalismus nämlich nicht nur schlagartig die durchschnittliche gesellschaftliche Arbeitszeit, sondern auch die Zeit, in der Menschen kapitalistisch produzierte Güter konsumierten. Mit dem Kapitalismus wurde erstmals die Kunst der Absatzförderung wichtig. Ziel dieser Kunst ist es seitdem, den Käufer dazu zu „erziehen", daß er einen möglichst großen Teil seiner Bedürfnisse durch kapitalistisch produzierte Güter und Dienste befriedigen will und daß er in möglichst kurzen Zeitabständen nach immer neuen Gütern und Diensten verlangt. Systematische Werbung, Verkürzung der physischen Haltbarkeit und der Modezyklen sind die wichtigsten Mittel hierbei.[21] All diese Maßnahmen sorgen in doppelter Hinsicht für eine Verkürzung der Zeithorizonte bei der Produktion: Damit Geld verdient werden kann, müssen immer mehr Bedürfnisse über Geld befriedigt werden, und die Befriedigung muß in immer kürzeren Zeiten zu neuen Bedürfnissen führen. Wie die Menschen als Arbeitnehmer und Konsumenten diese Veränderungen physisch und psychisch verkraften würden, dafür interessierten sich die kapitalistischen Pioniere nur am Rande.

Was die Hindernisse betrifft, die auf der anderen Seite die Natur der Produktionssteigerung entgegenstellen könnte, so wurden diese von Praktikern wie Theoretikern des Kapitalismus lange Zeit überhaupt nicht zur Kenntnis genommen. Die Natur galt als Steinbruch, aus dem man sich einfach herausbrach, was man brauchte, und wenn an einer Stelle die guten Steine zur Neige gingen, fing man an einer anderen neu zu graben an. Die Reproduktionszeiten der Natur tauchten im Kalkül der Produzenten kaum auf, man tat bei vielen Ressourcen so, als würden sie sich unendlich schnell regenerieren.

■ *Amerikaner wollen Reklametafel im All.*
Aber Proteste wegen Verschandelung des Sternenhimmels
San Francisco – In den USA wächst der Protest gegen Pläne, von
1996 an Reklame aus dem All „auszustrahlen". Nach Angaben des
Firmensprechers der Gesellschaft Space Marketing haben schon
mehrere große Unternehmen die Bereitschaft bekundet, für die Re-
klame im All 30 bis 40 Millionen Dollar zu bezahlen. Die ungefähr
1,6 Kilometer lange Anzeigentafel werde die Erde 14 bis 20 Tage lang
in einer Entfernung von rund 225 Kilometer umkreisen und dann in
der Erdatmosphäre verglühen. (SZ 19./20. 5. 93)

Insgesamt belasteten sich die frühen Kapitalisten also kaum mit Elastizitätsfragen. Erst wenn durch gravierende Störungen bei den Produktionsfaktoren Mensch oder Natur der Prozeß der Geldvermehrung insgesamt ins Stocken zu geraten drohte, erinnerte man sich daran, daß Mensch und Natur ja außer ihrer Eigenschaft, ökonomische Werte schaffen zu können, auch noch andere Eigenschaften haben, die ernst genommen werden müssen. Zu diesen anderen Eigenschaften gehört aus zeitökologischer Sicht v. a. die Zeit, die Mensch und Natur brauchen, um nach Veränderungen aller Art wieder in ihr annäherndes Gleichgewicht zurückzufinden. Auf den gängigen Einwand, daß die privaten und staatlichen Akteure durch ein entsprechendes Marktverhalten für den Schutz dieser Eigenschaften sorgen könnten, werde ich in Kapitel IIB1b und IIB2 eingehen.

Die Kehrseite der Medaille
Wie sehr sich die Hoffnung auf die Selbstregulierungsfähigkeit der kapitalistischen Produktionsweise auf die Dauer als trügerisch herausstellte, zeigt eine *groteske Situation* der Gegenwart: Es gibt jede Menge Arbeit, z. B. im Pflegebereich, im Umweltschutz, im Bildungswesen, in der Forschung und Entwicklung, aber sie bleibt in

vielen Bereichen ungetan, weil sie „nur" Bedürfnisse befriedigen würde und zudem als „nicht bezahlbar" gilt. Besonders brutal zeigt sich dieser Widersinn v. a. in Teilen Osteuropas und in den Industrieregionen der ehemaligen Sowjetunion. Dort, wo unendlich viele Bedürfnisse unbefriedigt sind, wo also Arbeit am dringlichsten wäre, werden viele Millionen Menschen am Arbeiten gehindert. Aber nicht deshalb, weil die Betroffenen mit ihrer Situation etwa zufrieden wären, weil sie nicht arbeiten wollten oder weil sie für die Arbeit nicht ausreichend qualifiziert wären. Das wahre Hindernis ist vielmehr das Produktionsprogramm, dem sich nach dem Süden nun auch der Osten der Welt verschrieben hat – die Produktion für die Produktion statt für die Befriedigung des Bedarfs. In der gegenwärtigen Weltwirtschaft werden die produktiven Potentiale insgesamt nur zum geringsten Teil dort eingesetzt, wo die Produkte am dringendsten benötigt werden, sondern fast nur dort, wo sie am überflüssigsten sind.

Nur sehr zögerlich und meist nur nach entsprechender staatlicher Absicherung bauen zwar westliche Konzerne auch im Süden und Osten der Welt Produktionsstätten auf und tragen so indirekt zur Erhöhung der dortigen Kaufkraft bei. Aber auch dies geschieht wiederum nur zum geringsten Teil in jenen Wirtschaftsbereichen und Regionen, in denen die Not am größten ist, sondern vornehmlich dort, wo am ehesten Gewinn zu erwarten und wo die Infrastruktur am besten entwickelt ist, also z. B. statt in Zentralasien in der Tschechischen Republik. Investiert wird dabei verständlicherweise auch nicht in Altersheime und Kinderkrankenhäuser, sondern in die Automobilproduktion. Erst wenn von der maroden Infrastruktur dieser Vorhöfe der Weltwirtschaft eine Gefahr für die Wohlstandsinseln selbst auszugehen droht, wie z. B. bei den Atomkraftwerken in Osteuropa, besteht die Chance, daß Investoren aus dem Westen in größerem Umfang Geld für die Befriedigung konkreter Bedürfnisse nach Sicherheit locker machen – primär ihrer eigenen freilich. Insgesamt also stockt im Süden und Osten der Welt die Produktion, weil eine Produktion, die nur dem Erhalt von Leben, Gesellschaft und Natur dient, nicht in eine Zeit paßt, die sich der Produktion für die Produktion verschrieben hat.

All dies hat eine noch *weiterreichende Konsequenz*, nämlich in bezug auf die Technologie. Technologien, mit denen sich nicht genug Geld verdienen läßt, werden aufgrund dieser Programmlogik erst gar nicht entwickelt. Genau deshalb werden z. B. jedes Jahr mit Milliardenbeträgen in allen namhaften Automobilkonzernen der westlichen Welt High-Tech-Autos konzipiert und gebaut, intelligente öffentliche Verkehrs- und erst recht Verkehrsvermeidungssysteme dagegen stecken noch im Anfangsstadium. Und genau deshalb wird relativ viel Geld für die Erforschung von Medikamenten gegen AIDS, nur wenig jedoch für Mittel gegen Malaria ausgegeben, obwohl weltweit 40mal mehr Menschen an Malaria erkranken als an AIDS und obwohl es um ein Vielfaches mehr Malaria- als AIDS-Tote gibt. Malariakranke haben einfach zu wenig Kaufkraft, deshalb rentieren sich entsprechende Forschungsinvestitionen nicht (SZ 26./27. 6. 93).

Als *besonders „leistungsfähig"* erweist sich das kapitalistische Produktionsprogramm bei Gütern, die nur kurzfristig Bedürfnisse befriedigen, dann aber schnell neue Bedürfnisse erzeugen. Das ist z. B. bei Hosen der Fall, die schon in der Fabrik maschinell verschlissen werden. Entsprechendes gilt für alle Modeartikel, die schon nach einer Saison ausgedient haben, besonders für Autos, deren Lackierung und Styling sie schon nach einem oder zwei Jahren wieder alt aussehen lassen. Als recht leistungsfähig erweist sich das kapitalistische Produktionsprogramm neuerdings auch bei Computerviren, die anschließend wieder herausgefiltert werden müssen, bei Datenträgern, für die es schon nach wenigen Jahren keine Lesegeräte mehr gibt oder die die Daten am allerbesten mit der Zeit selbst zerstören. Äußerst erfolgreich ist das Prinzip des Produzierens um der Produktion willen schließlich in der Rüstungswirtschaft: bei Angriffswaffen, die das Bedürfnis nach entsprechenden Abwehrwaffen erzeugen, und bei Abwehrwaffen, die neue Angriffswaffen notwendig werden lassen.

Am allerdeutlichsten wird der Zweck, der in das Produktionsprogramm der „modernen" Wirtschaft einprogrammiert ist, an jener Form der Produktion, die ganz ohne reale Waren auskommt. Gegenwärtig werden pro Tag bis zu zwei Billionen US-Dollar auf den weltweiten Geld- und Kapitalmärkten umgesetzt, obwohl zur Abwicklung des Welthandels täglich nur etwa 10 Milliarden US-Dollar nötig wären (Altvater 1995, S. 193 f. u. AKTUELL '96, S. 446). Diese gigantische Geldmenge dient zum allergrößten Teil neben der Absicherung gegen auch der Ausnutzung von Kursschwankungen, also der spekulativen Geldvermehrung. Das Nominalvolumen sogenannter „derivater Finanzinstrumente" hat sich z. B. zwischen 1987 und 1993 verzehnfacht. Nach Berechnungen der Organisation für wirtschaftliche Zusammmenarbeit und Entwicklung (OECD) hat sich der Anteil der unsichtbaren Transaktionen am weltweiten Austausch von Gütern und Diensten von einem Viertel im Jahr 1975 auf ein Drittel im Jahr 1993 erhöht (Altvater 1995, S. 193 f.). Hier werden gigantische produktive Potentiale zwischen einigen wenigen Weltregionen allein zum Zweck der Werterhaltung und -vermehrung hin- und herbewegt, ohne daß irgendwo konkret-sinnliche Bedürfnisse befriedigt werden würden – abgesehen von den Bedürfnissen der Geldhändler selbst.

Empirisch greifbar wird der Vorrang der Produktion vor der Reproduktion besonders in jenen Weltregionen, in denen der Kapitalismus jeweils gerade Einzug hält. Einerseits fällt dort meist der plötzliche Glanz städtischer Kolonialbauten und die Verbreitung von High-Tech-Konsumgütern in privaten Händen auf, andererseits die Verelendung auf dem Land und der Verfall öffentlicher Einrichtungen in den Städten. V. a. am Gesundheitszustand und am Zustand jener Einrichtungen, die für ihn zuständig sind, kann z. B. in Osteuropa und in den GUS-Staaten derzeit studiert werden, wie die Umpolung des Wirtschaftens von der Reproduktion zur Produktion als Zweck den Alltag verändert.

Betriebswirtschaft, Kapital und Beschleunigung

Weshalb führt die Logik der Produktionssteigerung nicht nur zur Vermehrung der Produktionsresultate, sondern auch zur Beschleunigung der Prozesse der Produktion? Wäre nicht ein gemächlicher Kapitalismus möglich? Welches sind die antreibenden Momente im einzelnen, die man vielleicht nach und nach eliminieren könnte? Um diese Fragen zu beantworten, muß die Analyse noch etwas vertieft werden.

Der zugrundeliegende „Sach"zwang ist allgemein bekannt: Würde ein Produzent z. B. darauf verzichten, die Masse seines Überschusses zu reinvestieren und ihn statt dessen konsumtiven Zwecken zuführen, würde er sehr schnell gegenüber seinen Konkurrenten zurückfallen. Die betriebswirtschaftlichen *Vorteile der Massenproduktion* und einer soliden Eigenfinanzierungsquote sind unbestritten. Mit der Größe des Betriebs sinken die Stückkosten, weil z. B. die Arbeit besser aufgeteilt und damit professioneller getan werden kann, weil Räumlichkeiten kostengünstiger bereitgestellt werden können und weil mehr Reserven für Investitionen und absatzfördernde Maßnahmen zur Verfügung stehen.

Hat ein Produzent obendrein in seinen Betrieb *fremdes Geld* investiert, wird er im Falle mangelnder Reinvestition über kurz oder lang mit jenen in Konflikt kommen, die ihm dieses Geld zur Verfügung gestellt haben, also mit Banken und Aktionären, die ja erwarten, daß dieses Geld sich entsprechend vermehrt. Investoren prüfen gründlich, ob das Geld, das sie angelegt haben, auch optimal „arbeitet", optimal im Vergleich zu allen möglichen anderen Projekten, in die sie investieren könnten. Da Geldströme in einer weltweit vernetzten Wirtschaft keine nationalen Grenzen kennen, fließen sie immer dorthin, wo das sicherste und schnellste Wachstum garantiert ist. Bestehen Zweifel an der Optimalität der Kapitalanlage, wird das Geld für den Geldnehmer im günstigsten Fall nur verteuert, im ungünstigeren aber zurückgezogen und in gewinnbringendere Unternehmungen gesteckt. All dies kann dank weltweiter Computer-Vernetzung heute blitzschnell geschehen. Dem Produzenten bleibt deshalb keine andere Wahl, als sich dieser Logik zu fügen. Er muß die Produktion so ausrichten, daß sich das Geld, das ihm zur Verfügung steht, in möglichst kurzer Zeit vermehrt. Je schneller sich das vorgestreckte Kapital amortisiert hat, desto geringer sind die Kapitalkosten und desto größer ist auch das Vertrauen der Geldgeber. Die Beschleunigung der Produktion wird zum „Gebot des Überlebens"[22].

Auch der Geldgeber selbst wird sich im übrigen kaum anders verhalten als derjenige, der mit diesem Geld wirtschaftet, denn sonst würde er die Entwertung seines Geldes in Kauf nehmen müssen. Das aber hieße, all jene Leistungen wären umsonst gewesen, die er oder seine Vorfahren, denen er das Geldvermögen verdankt, erbracht haben. Wer sein Geld nach ethischen Kriterien investieren will, der muß damit rechnen, daß die ethisch völlig unsensiblen Spielregeln der Ökonomie ihn letztlich enteignen, wenn die ethische Investition nicht zufälligerweise mit der ökonomischen identisch ist. Und wer gar Geld verschenkt, dessen Kreditwürdigkeit sinkt schnell gegen Null.

Die Konkurrenz der Produzenten um günstiges Geld, die also zur schnellen Verwertung und damit zur Beschleunigung der Produktion zwingt, erhält um so mehr Gewicht, je höher der Industrialisierungsgrad in einer Gesellschaft ist. Die *Technisierung* der Produktion hat nämlich zwei ebenso naheliegende wie gravierende Konsequenzen: Erstens sind technische Anlagen bekanntlich nicht nur teuer, wodurch allein schon der Verwertungs- und Beschleunigungsdruck auf ihren Eigentümer steigt. Zweitens, und darauf kommt es hier an, veralten diese Anlagen auch schnell. Denn moderne Maschinen werden immer schneller durch noch modernere Maschinen überholt, d. h. sie verschleißen letztendlich allein schon durch das Fortschreiten der Technik selbst, während sie physisch oft noch lange ihren Dienst tun könnten.

■ *Niemand kann zwei Herren dienen; denn entweder wird er den einen hassen und den anderen lieben; oder wird sich dem einen zuneigen und den anderen verachten. Ihr könnt nicht Gott dienen und dem Mammon. (Die Bibel, Neues Testament, Matthäus 6, 24)*

Die Entwertung von Produktionsanlagen aufgrund des technischen Fortschritts ist wiederum ein Resultat des Fortschritts der Wissenschaft. Wissenschaftliche Erkenntnisse erweisen sich oft, kaum sind sie gewonnen worden, schon wieder als überholt. Man spricht deshalb heute, in Anlehung an den Zerfall radioaktiver Stoffe, von der „Halbwertszeit des Wissens". Gemeint sind damit jene Zeiträume, die es dauert, bis die Hälfte des Wissens überholt bzw. widerlegt ist. In der Molekularbiologie beträgt dieser Zeitraum heute etwa drei Jahre und damit nur noch ein Drittel der Halbwertszeit, die noch vor zehn Jahren zu beobachten war.[23]

Es liegt auf der Hand, welche gewaltigen „Sach"zwänge auf den Eigentümer hochtechnisierter Produktionsanlagen durch die beschleunigte Wissensentwicklung im technischen Bereich zukommen: Wenn seine Produkte immer weniger durch Menschen und immer mehr durch Maschinen hergestellt werden, dann machen die Kosten dieser Maschinen einen immer größeren Teil der Herstellungskosten aus. Wenn diese Maschinen nun zudem immer schneller wertlos werden, dann kann die Konsequenz nur lauten: Alle Maschinen müssen vom ersten Tag an so intensiv wie irgend möglich ausgelastet werden, müssen möglichst rund um die Uhr im Einsatz sein. Jede Sekunde wird kostbar, der Wettlauf ist programmiert. Deshalb haben die deutschen Arbeitgeber aus ihrer Sicht recht, wenn sie mit Sorge darauf verweisen, daß die Maschinen in

Deutschland pro Woche um etliche Stunden weniger in Betrieb sind als im Durchschnitt der Europäischen Union.

Neben den ganz gewöhnlichen betriebswirtschaftlichen Spielregeln und neben der Konkurrenz um Kapital, v. a. in einer hochtechnisierten Wirtschaft, treibt noch ein weiterer Umstand die Produktion an: die *Herrschaftsverhältnisse* im Inneren kapitalistischer Betriebe. Die Beschleunigung der Arbeit ist ja zunächst nur im Interesse des Arbeitgebers bzw. des Investors. Die Arbeitnehmer würden das Arbeitstempo vermutlich nach ganz anderen Gesichtspunkten ausrichten, z. B. nach ihrem eigenen Wohlbefinden während der Arbeit, v. a. nach ihren je individuellen Rhythmen. Aufgrund des Umstands jedoch, daß sie nicht Eigentümer ihres Arbeitsplatzes sind und sich im Arbeitsvertrag dem Eigentümer gegenüber verpflichtet haben, sich der vorgegebenen Arbeitsordnung und den fremden Kommandos unterzuordnen, können sie das Arbeitstempo nicht selbst festlegen.[24] Weil Arbeitnehmer auf ihr Arbeitseinkommen angewiesen sind, nehmen sie diesen „Sach"zwang weitgehend hin und betrachten die möglichst sichere, also schnelle Verwertung des in „ihr" Unternehmen investierten Geldes als ihr eigenes Interesse. So treiben Arbeitnehmer, zumal in Krisenzeiten, aus Angst um ihren Arbeitsplatz die Produktion zusätzlich an.

Die ganze Tragweite dieser Beschleunigungsfaktoren wird klar, wenn man sie im Zusammenhang mit der oben dargestellten *zwangsläufigen positiven Rückkoppelung* von Gewinn und Investition sieht, die den Kern des Kapitalismus ausmacht. Ein einmal errungener Vorsprung kann nämlich in aller Regel im Fortgang noch weiter ausgebaut werden, die Nachzügler fallen entsprechend weiter zurück. Die schnellsten Produzenten mit den modernsten Maschinen häufen ihre Vorsprünge, die Langsamsten ihre Rückstände an. Mit jedem neuen Vorsprung wächst die Möglichkeit, mit noch billigeren Krediten, noch qualifizierteren Arbeitnehmern und noch intelligenteren Maschinen die Konkurrenz noch weiter zurückzudrängen.

Zwar gestalten sich die empirischen Verhältnisse meist etwas differenzierter, da im Laufe der Geschichte der „modernen" Wirtschaft die Rangfolge der Sieger, bedingt durch vielfältige geographische, technische, kulturelle, politische und andere Umstände immer wieder gewechselt hat (z. B. Wallerstein 1979). Aber trotz dieser Differenzierungen kann festgestellt werden, daß die großen Konzerne und die wirtschaftlich leistungsfähigsten Regionen und Nationen seit mindestens 100 Jahren dieselben sind. Und die Wirksamkeit der positiven Rückkoppelung von Gewinn und Investition zeigt sich auch an der vermutlich ebenso gut empirisch belegbaren Tatsache, daß umfassende Überholversuche in der Weltwirtschaft des 20. Jahrhunderts immer aussichtsloser werden. In Kapitel IIB2 werde ich auf den naheliegenden Einwand eingehen, daß die südostasiatischen „Tigerstaaten" doch gerade dabei seien, das Gegenteil zu beweisen.

■ *Siemens nimmt sich Quantensprung vor*
Die Siemens AG will mit einem konzernweiten Programm die Pro-Kopf-Produktivität um bis zu 30 Prozent steigern. Die Zeit von der Innovation und Entwicklung bis zum Vertrieb von Produkten soll halbiert werden. (NP 29. 1. 94)

Um sich bewußt zu machen, wie wenig die dargestellten Beschleunigungsfaktoren tatsächlich sachnotwendig sind, wie es der beliebte Ausdruck „Sachzwang" im Zusammenhang mit Beschleunigung nahelegt, stelle man sich in einem kurzen Exkurs eine *andere Rechtsordnung* als die herrschende vor. Was würde es bedeuten, wenn ein Kredit nur ganz niedrig oder überhaupt nicht verzinst werden müßte, so daß ein Unternehmer praktisch nur das zurückzuzahlen bräuchte, was er ursprünglich geliehen bekommen hat? Was würde sich alles ändern, wenn dem Geldgeber per Gesetz erst dann erlaubt werden würde, sein Geld wieder zurückzuziehen, wenn die Maschine, in die es investiert worden ist, nicht nur „geistig", sondern auch physisch verschlissen ist?[25] Und welche Auswirkungen hätte eine Unternehmensverfassung, in der die Arbeitnehmer selbst bestimmen könnten, wie schnell sie arbeiten wollen? Meine Hypothese ist, daß in solchen Betrieben sehr viel geruhsamer und insgesamt nicht weniger erfolgreich produziert werden könnte. Solange aber für das Borgen von Geld umso mehr bezahlt werden muß, je unsicherer die schnelle Vermehrung des Geldes ist, solange die vom Kredit beschaffte Maschine allein durch den wissenschaftlich-technischen Fortschritt entwertet werden kann und solange die Arbeitnehmer keine realen Chancen haben, sich dem durch den kapitalistischen Verwertungszwang bedingten Arbeitstempo zu widersetzen – solange zwingt der Kapitalismus notwendigerweise zur fortwährenden Beschleunigung von Produktion und Arbeit.

Ware, Wert und Beschleunigung

Bisher war ausschließlich von den „Sach"zwängen des Kapitals die Rede. Nun könnte man auf die Idee kommen, durch Abschaffung des Kapitals, also des privaten Eigentums an den Produktionsmitteln, den Beschleunigungszwang aufzuheben. Im folgenden möchte ich zeigen, daß auch diese traditionelle Strategie der sozialistischen Arbeiterbewegung problematisch ist. Die sozialistische Wirtschaftstheorie konzentrierte sich bisher auf den Prozeß der Kapitalakkumulation, hob den Zwang zur Steigerung der Umschlagsgeschwindigkeit des Kapitals hervor und machte primär die Eigentumsordnung für die unmenschlichen Auswirkungen dieser Produktionsweise verantwortlich. Meine Analyse setzt im Gegensatz dazu tiefer an: bei den Gesetzen der einfachen Warenproduktion, aus denen die kapitalistische Warenproduktion erst logisch hervorgeht bzw. auch historisch hervorgegangen ist und die an der Basis der gegenwärtigen Ökonomie weiterwirken.

Um die Analyse zu vertiefen, muß man sich vor allem bewußt machen, daß Arbeitnehmer und Maschinen nicht einfach Produkte herstellen, sondern *Waren*. Waren sind Güter, die zunächst zum Verkauf auf einem anonymen Markt, nicht zum Gebrauch bestimmt sind. Das aber hat eine einschneidende Konsequenz: Wer für einen anonymen Markt produziert, der leidet unter systematischer Planungsunsicherheit. Er weiß während des Planens nicht, ob sich seine Anstrengungen im nachhinein als sinnvoll erweisen werden. Möglicherweise wird sich ein großer Teil seiner Arbeit am Ende als vergebliche Mühe herausstellen.

Wie sehr solche Unsicherheiten eine Konsequenz des Marktmechanismus sind, kann man sich am besten durch den Vergleich zwischen dem freien Markt und der Zunftordnung vergegenwärtigen. Aufgabe der Zünfte war die Versorgung der Stadt mit Handwerksprodukten und gleichzeitig die Ernährung der Handwerksfamilien. Ihre Regeln gewährleisteten, daß Art, Menge und Preise der Güter für alle von vornherein kalkulierbar waren. Für den einzelnen Handwerksbetrieb war klar, wieviel er zu produzieren hatte, und er konnte sicher sein, daß seine Mühen nicht vergeblich waren. Es gab keinen Verdrängungswettbewerb, keine Bankrotte – aber auch keine Wachstumsdynamik. Damit soll die Zunftordnung keineswegs idealisiert, wohl aber das größere Maß an Sicherheit und Vorausschaubarkeit für alle Beteiligten in einer zunftmäßig organisierten Wirtschaft betont werden.[26]

Hinter der *systematischen Unsicherheit*, die der freie Markt den Menschen aufbürdet, steckt ein vierfacher Grund (Marx 1867, S. 121 f.): Erstens kann jemand, der für den Markt produziert, am Beginn seiner Arbeit noch nicht genau wissen, wieviel von der jeweiligen Ware überhaupt benötigt wird, denn er kennt die Bedürfnisse der Menschen in der Regel nur recht ungefähr. Es bleibt die Unsicherheit, inwieweit sich die Bedürfnisse der Käufer zwischen der Planung der Produktion und dem Verkauf des Produkts ändern werden. Im ungünstigsten Fall bleibt der Produzent und Verkäufer auf seiner Ware sitzen. Zweitens weiß der Produzent und Verkäufer nicht, welche Menge seiner Ware, falls sie tatsächlich restlos benötigt werden sollte, vom Käufer aufgrund seines Geldbudgets auch wirklich bezahlt werden kann. So besteht die Möglichkeit, daß die produzierte Ware zwar genau die Bedürfnisse potentieller Interessenten trifft, daß diesen jedoch, bedingt durch Kurzarbeit, Arbeitslosigkeit oder sonstige Einkommensverluste, die Kaufkraft fehlt. Drittens kann der Anbieter nicht wissen, wieviel Waren die Konkurrenten, die zur selben Zeit produzieren, auf den Markt bringen werden, welchen Anteil der insgesamt vorhandenen Kaufkraft sie also abdecken werden. Möglicherweise kann z. B. ein Konkurrent durch die Einführung einer modernen Maschine seinen Ausstoß vervielfachen, was für die anderen Anbieter aber nicht vorhersehbar war. Und viertens ist dem Produzenten und Verkäufer während des Herstellungsprozesses noch nicht bekannt, zu welchem Preis die Konkurrenten ihre Waren anbieten werden. Dieser Preis hängt von den jeweiligen Produktionsbedingungen ab, die meist als Betriebsgeheimnis gelten und von Außenstehenden lediglich ungefähr erahnt werden können.

Was also tun in dieser vierfach riskanten Situation, die übrigens gemäß der herrschenden neoklassischen Wirtschaftswissenschaft durch völlig unrealistische Annahmen wie „vollständige Information" und „unendlich schnelle Preisanpassung" (z. B. Fritsch/Wein/ Ewers 1993, S. 15) aus dem Marktmodell per definitionem ausgeschlossen ist? Es gibt nur eine Strategie, die einigermaßen Sicherheit bietet: der Versuch, die betreffende Ware möglichst billig zu produzieren. Denn dadurch erhöht sich die Wahrscheinlichkeit, einen Konkurrenzvorteil aufbauen zu können.

Wie aber kann billiger als die Konkurrenz produziert werden? Je weiter wir in der Geschichte der Warenwirtschaft zurückgehen, desto offensichtlicher wird, daß der *Wert einer Ware von der Zeit bestimmt* wird, die zu ihrer Herstellung durchschnittlich nötig ist. Die Orientierung des Werts an der Herstellungszeit lag in den Anfängen der Warenproduktion, als die Produktion noch erheblich arbeitsintensiver war und die Maschinenabnutzung bei der Preisbildung noch kaum ins Gewicht fiel, geradezu auf der Hand. Wenn z. B. der Bauer, der noch vor kurzem seine Schuhe selbst hergestellt hatte, sich zum erstenmal seine Schuhe auf dem Markt vom Fachmann besorgte, gingen Bauer und Schuster bei der Suche nach einem für beide akzeptablen Preis logischerweise von ihren Arbeitszeiten aus. Der Bauer wußte aus eigener Erfahrung, wieviel Zeit für das Bereitstellen des Leders und der Fäden, das Zurechtschneiden und Vernähen des Werkstücks nötig war. Auch hatte er dem Schuster früher oft genug zusehen können, als dieser noch von Hof zu Hof zog und unter den Augen des betreffenden Bauern gearbeitet hatte. Ähnlich ging es dem Schuster, der aus eigener Anschauung eine relativ klare Vorstellung von den Arbeitsbedingungen in der Landwirtschaft besaß. Es lag nahe, daß sie drei Stunden Schusterarbeit gegen drei Stunden Bauernarbeit tauschten. Welchen Sinn hätte es für sie haben sollen, die Arbeit des einen geringer zu achten als die des anderen?

Diese Orientierung an der Arbeitszeit erfolgte natürlich unter einer entscheidenden Einschränkung: Es zählte nur die Zeit, die für die Produktion wirklich nötig war. Wer z. B. länger brauchte, weil er etwa ungeschickter war oder veraltete Geräte hatte, konnte nur die Zeit in Rechnung stellen, die bei durchschnittlichem Geschick und durchschnittlicher Technik erforderlich gewesen wäre. In der Konsequenz wurde dadurch jeder, ob jung oder alt, ob groß oder klein, ob kurz-, weit- oder normalsichtig, am selben Durchschnittsmaß gemessen. Diese formale Gleichbehandlung ist die spezifische Gerechtigkeit der Marktwirtschaft. Als sie sich vor rund 200 Jahren in Europa in allen Bereichen durchzusetzen begann, formulierten Theoretiker wie Adam Smith, David Ricardo oder Karl Marx das Grundgesetz dieses Warentausches, das sogenannte Wertgesetz: Der Wert einer Ware wird von der Arbeitszeit bestimmt, die zu ihrer Produktion im Durchschnitt notwendig ist.

■ *„Aber, mein Bester, antwortete der Agent dem Friseur Fusi und zog die Augenbrauen hoch, „Sie werden doch wissen, wie man Zeit spart! Sie müssen zum Beispiel einfach schneller arbeiten und alles Überflüssige weglassen. Statt einer halben Stunde widmen Sie sich einem Kunden nur noch eine Viertelstunde. Sie vermeiden zeitraubende Unterhaltungen. Sie verkürzen die Stunde bei Ihrer alten Mutter auf eine halbe. Schaffen Sie den unnützen Wellensittich ab! Besuchen Sie Fräulein Daria nur noch alle vierzehn Tage einmal, wenn es überhaupt sein muß. Und vor allem vertun Sie Ihre kostbare Zeit nicht mehr so oft mit Singen, Lesen oder gar mit Ihren sogenannten Freunden. Ich empfehle Ihnen übrigens ganz nebenbei, eine große, gutgehende Uhr in Ihren Laden zu hängen, damit Sie die Arbeit Ihres Lehrjungen genau kontrollieren können." (Aus dem Roman ›Momo‹ von Michael Ende, S. 67)*

Unter den Bedingungen einer hochentwickelten Industriegesellschaft ist dieser Vergleich der Arbeitszeiten nun freilich vielfach *komplizierter geworden*. Aber die Arbeitszeit wird immer noch als Vergleichsmaßstab verwendet, besonders dann, wenn gleichartige Produktionsprozesse, etwa die Herstellung von Autos oder Chips, in ungefähr gleichermaßen entwickelten Regionen, etwa Nordamerika, Europa oder Japan, miteinander verglichen werden. Eine Autoindustrie, die deutlich mehr Zeit für die Produktion eines Autos benötigt, muß, bei sonst gleichbleibenden Bedingungen, hinsichtlich der Produktionskosten über kurz oder lang in Schwierigkeiten geraten. Heute allerdings ist nicht mehr in erster Linie das individuelle Geschick einzelner Arbeiter, Ingenieure oder Manager ausschlaggebend für die Frage nach der Produktionsdauer, sondern es wirkt eine Vielzahl von wichtigeren Faktoren: einerseits natürliche Gegebenheiten wie z. B. Bodenschätze, andererseits historisch geschaffene Faktoren wie Stand der Technik und der Wissenschaft sowie v. a. die Ausstattung mit Kapital.

Nachdem Arbeitsteilung und Warentausch mittlerweile weltweit betrieben werden, konkurrieren Arbeiten unterschiedlichster Natur- und Kulturräume gegeneinander, die höchst unterschiedlich lange historische Erfahrung mit technisch-wissenschaftlicher Produktion und kapitalistisch-marktwirtschaftlichem Management haben. Die weltweite wirtschaftliche Konkurrenz wird vielfach allerdings durch politische Barrieren durchbrochen, die weniger gegen das Kapital als gegen Waren (z. B. durch Mengenquoten, technische Normen) und vor allem gegen Arbeitskräfte (z. B. durch das Ausländerrecht) errichtet sind. Insofern reicht das Wertgesetz zur Erklärung des Welthandels heute nicht mehr aus. Die Analyse der gegenwärtigen Weltwirtschaft muß auf der Basis des ökonomischen Wertgesetzes auch die Gesetze des politischen Handelns einbeziehen, in denen sich freilich die wirtschaftlichen Konkurrenzverhältnisse als staatliche Konkurrenzverhältnisse reproduzieren. Auf Macht und Ohnmacht der Politik gegenüber der Ökonomie gehe ich in Kapitel IIB2 näher ein.

Ökonomische Wert- und politische Machtlogik zusammen bewirken, daß die von ihrer ökonomischen und politischen Startposition her extrem unterschiedlichen Betriebe, Regionen und Kontinente auch recht unterschiedliche Mengen von Kapital anhäufen können, das es ihnen ermöglicht oder auch verwehrt, „produktiv" im Sinne des Weltmarkts zu wirtschaften. Wer die durchschnittliche Produktionsgeschwindigkeit nicht erreicht, also jenes Produktionstempo, mit dem die große Masse der Produkte auf dem Markt hergestellt wurde, wer also „unter Wert" produziert, dessen Produktion erweist sich beim Leistungsvergleich sehr schnell als nicht konkurrenzfähig und damit als teilweise oder ganz wertlos. Mit dieser Erfahrung wurden nach dem Zusammenbruch der Ostblockwirtschaft z. B. viele Betriebe im Osten konfrontiert, die sich plötzlich mit überlegenen westlichen Konkurrenten messen lassen mußten.[27]

Fazit:

In der kapitalistischen Marktwirtschaft, der Basisinstitution der „modernen" Kultur/Gesellschaft, sind die Lernerfahrungen, die die Kultur/Gesellschaft im Umgang einerseits mit der Natur, andererseits mit dem Individuum im Laufe der Jahrtausende gemacht hat, verkörpert. Aufgrund dieser Erfahrungen hat die „Moderne" die Produktion so organisiert, daß nicht mehr die Befriedigung des Bedarfs, sondern die Produktion von Geldüberschüssen der unmittelbare Zweck des Wirtschaftens ist. Dadurch wird die systematische Rückkoppelung von Gewinn und Investition, das Markenzeichen des Kapitalismus, in Gang gesetzt. Die Spielregeln, die in Kapital und Ware einprogrammiert sind und deren Einhaltung von den Konkurrenten überwacht wird, treiben alle Akteure (Arbeitnehmer,

Arbeitgeber, Geldgeber und auch politisch Verantwortliche) zur permanenten Beschleunigung des Produktionsprozesses bzw. zur Bereitstellung der Rahmenbedingungen für die Beschleunigung der Produktion. Denn sie alle müssen ständig Angst haben, daß die Programmlogik ihre jeweiligen Anstrengungen im nachhinein wieder entwerten könnte. Schlimmer noch: Weil sich durch die Rückkoppelung von Gewinn und Investition mit jeder Niederlage die Startposition des Verlierers für die nächste Runde noch einmal verschlechtert, muß jeder Akteur, sobald er einmal aus dem Tritt gekommen ist, befürchten, von einem Mißerfolgsstrudel völlig in den Abgrund gezogen zu werden. Hier ist das Zentrum des Programmierungsfehlers. Wenn das Geld die Welt regiert und wenn Geld Zeit ist, dann ist das unerbittliche Zeitdiktat im Begriff, eine totalitäre Herrschaft über die Welt zu errichten.

■ *Die Zeit ist alles, der Mensch ist nichts mehr, er ist höchstens noch die Verkörperung der Zeit. (Karl Marx 1847, S. 85)*

B. Das Überforderungssyndrom

Nachdem der Programmierungsfehler der „modernen" Ökonomie analysiert ist, kann der Kreis geschlossen werden. Wenn die Ökonomie auf die Steigerung und Beschleunigung der Produktion und nicht auf den Erhalt der Voraussetzungen der Produktion hin programmiert ist, stellen sich aus ökologischer Sicht zwei entscheidende Fragen. Erstens: Wie wirkt sich diese an der Basis der „modernen" Kultur/Gesellschaft wirksame Produktionslogik auf die Ressourcen der beiden Umgebungssysteme der Kultur/Gesellschaft, also auf Natur und Individuum, aus, die ja die energetischen/materiellen und informationellen Voraussetzungen für die Produktion bereitstellen müssen? Und zweitens: Wie wirkt dieses Produktionsprogramm auf die Kultur/Gesellschaft, die das Zusammenwirken dieser Voraussetzungen steuern muß, wieder zurück?

1. Die Überforderung von Natur und Individuum

Fragen wir zunächst nach den Auswirkungen in bezug auf die Quellen und Senken der Natur und dann auf die körperlichen und psychischen Dispositionen der Individuen. Solange die Veränderungen, die durch die Logik der Produktionssteigerung ständig hervorgerufen werden, im Rahmen dessen bleiben, was Natur und Individuum verkraften können, entwickeln sich alle drei Systeme miteinander und fördern wechselseitig ihre Ressourcen. Was aber geschieht, wenn Natur und Individuum in immer kürzeren Zeiträumen neue materielle oder immaterielle Anforderungen bewältigen müssen? Was geschieht, wenn die Pufferkapazität von Natur und Individuum erschöpft ist? Die im ersten Teil des Buches behandelten individuellen und ökologischen Alarmsymptome („Kranke Menschen", „Versiegende Natur") können vor dem Hintergrund des zeitökologischen Ansatzes nun nicht nur als Konsequenzen der Erschöpfung von Ressourcen, sondern letztlich als Folge von Desynchronisationsprozessen interpretiert werden.

a) Überforderte Natur

Seit Beginn der 70er Jahre, als das erste Buch des Club of Rome die Öffentlichkeit aufschreckte, ist das Wissen und das Bewußtsein über die Belastung der natürlichen Umwelt rasant gewachsen. Ich möchte es deshalb in diesem Abschnitt bei wenigen Anmerkungen belassen.

In dem Bemühen, die Produktion zu beschleunigen, behandelt die herrschende Wirtschaftsweise den *Produktionsfaktor Natur* solange wie möglich als freies oder zumindest sehr wohlfeiles Gut. Sowohl die unmittelbaren Akteure des Marktes, Unternehmer und Investoren, wie auch die mittelbaren Akteure des Marktes, also die politischen Entscheidungsträger, sind aufgrund der im vorausgehenden Kapitel geschilderten politökonomischen „Sach"zwänge nicht in der Lage, die Zeitskalen der von der Produktion betroffenen Naturressourcen zu ermitteln und sich an ihnen bei der Bestimmung des Produktionstempos und -umfangs zu orientieren. Insofern sind sie systematisch zur ökologischen Blindheit verdammt. Dementsprechend ist auch die neoklassische Wirtschaftstheorie, an der sich die Praktiker orientieren, mit Blindheit geschlagen (Binswanger 1979 u. Reheis 1995). Die etablierte Wirtschaftstheorie wehrt alle Versuche, den Gegebenheiten der Natur durch die Einschränkung der Produktion mehr Autorität zu verschaffen, als Angriff auf die nationale Wettbewerbsfähigkeit ab.

■ *Diese Wirtschaftswissenschaft sagt: Wir haben festgestellt, daß man ein viel einfacheres Leben als Bankräuber führen kann, indem man die Werte nicht schafft, sondern das ganze Geld in Schweißgeräte investiert, mit denen ein Tresor nach dem andern aufgeknackt wird. (Hans-Peter Dürr, Träger des Alternativen Nobelpreises, FREITAG 47/91, S. 20)*

Würden sich einzelne wirtschaftlich und politisch Verantwortliche anders verhalten, würde sie die Konkurrenz dafür umgehend bestrafen. Unternehmer würden ihren Ruf als zuverlässige Kreditnehmer und Staaten ihren Ruf als attraktive „Wirtschaftsstandorte" sehr schnell verlieren. Gegen solche Sanktionen sind einzelne Unternehmensführungen genauso machtlos wie eine nationalstaatliche und womöglich sogar eine kontinentale Politik. Die seit Jahren geführte Diskussion um die Einführung einer Energiesteuer in den USA und in Europa mag als Stichwort genügen.

Die Steigerung der Produktionsgeschwindigkeit kann sich im Prinzip auf alle Eigenzeiten in der Natur auswirken. Ganz besonders offensichtlich ist die Störung der natürlichen Eigenzeiten gegenwärtig bei der Basisressource der Industriekultur, bei *Kohle und Erdöl*, deren Verbrauch sich dem grenzenlosen Interesse an der Beschleunigung von Produktion und Transport in den letzten 200 Jahren verdankt. Heute wird in einem Jahr auf der Erde die gleiche Menge Erdöl verfeuert, die die Natur in nahezu 6 Millionen Jahren produziert hat (Grimmel 1993, S. 63). Ein wachsender Anteil der fossilen Brennstoffe dient dem Verkehr, der sich aus der fortwährenden Globalisierung zwangsläufig ergibt und die Tendenz hat, keine Mühen zu scheuen, letztlich alle topographischen Unebenheiten der Erde bedeutungslos werden zu lassen (Virilio 1994). Diese Entwicklung wird in absehbarer Zeit das Ökosystem des Kohlenstoffs und in der Folge viele weitere natürliche Systeme stark destabilisieren, deren Elastizitäten zerstören und damit eine nicht nur für die Energieversorgung zentrale Ressource drastisch abbauen.

Die momentane Hauptsorge gilt dabei den Senken des Kohlenstoffkreislaufs, sprich der *Konzentration des Kohlendioxids* in der Atmosphäre. Hier zeigt sich besonders eindrucksvoll, daß die Gefahr nicht von der Menge, sondern vom Tempo der Veränderung der Produktionsgeschwindigkeit, also von der Beschleunigung ausgeht: Im Vergleich zu der von der Natur selbst erzeugten Menge an Kohlendioxid und dem damit einhergehenden natürlichen Treibhauseffekt ist die gesellschaftlich erzeugte Menge nämlich mit nur drei Prozent der Gesamtmenge (Gaber/Natsch 1989, S. 59) verschwindend gering. Der natürliche Treibhauseffekt schwankte zudem im Laufe der Erdgeschichte beträchtlich. Während sich diese Schwankungen aber bis vor 200 Jahren nur ganz langsam vollzogen, so daß Pflanzen und Tiere viele Jahrhunderte oder gar Jahrtausende Zeit hatten, sich darauf einzustellen, haben die biotischen Systeme heute für die Anpassung an die Temperaturänderungen nur mehr einige Jahrzehnte zur Verfügung. Die gegenwärtige und zu erwartende zukünftige Entwicklung des Kohlenstoffkreislaufs illustriert die allgemeine Gesetzmäßigkeit, daß kleine Veränderungen, die schnell aufeinander folgen, große Wirkungen erzeugen können.

Fazit:

Die Alarmsignale über das Versiegen der Naturkräfte können vor dem Hintergrund des Zwangs zur Beschleunigung der Produktion nicht verwundern. Denn in dieser Programmlogik ist die systematische Berücksichtigung der Erfordernisse der Reproduktion, aus zeitökologischer Perspektive also der Eigenzeiten von Quellen und Senken, nicht vorgesehen. Gegenwärtig macht sich die Überforderung der Natur an der Desynchronisation des Kohlenstoffkreislaufs besonders bemerkbar.

b) Überfordertes Individuum

Wie beeinflußt die „moderne" Produktionslogik nun die Ressourcen des Individuums? Welche energetischen/materiellen und informationellen Auswirkungen hat die Beschleunigung des Produzierens und die damit notwendig werdende Beschleunigung des Konsumierens in bezug auf unsere Gesundheit, und zwar in jenem anspruchsvollen Sinn der zu Beginn zitierten Definition der WHO (vgl. Kapitel I1)? Wie erklären sich körperliche Zivilisationskrankheiten und psychische Deformationsprozesse aus der Programmlogik der kapitalistischen Marktwirtschaft?

Schadstoffe

Der Zwang zur Beschleunigung der Produktion bringt es mit sich, daß beständig neue Techniken und Stoffe gesucht werden müssen, mit deren Hilfe Herstellungs-, Transport- und Verbrauchsprozesse verkürzt werden können. Weltweit gibt es etwa 8 Millionen *chemische Stoffe*, täglich kommen ca. 1000 neue Substanzen hinzu (Bundesminister für Umwelt 1990, S. 13). Diese Stoffe gibt es allesamt in der Natur nicht, so daß die Evolution den menschlichen Körper nicht auf sie vorbereiten konnte. Umso wichtiger ist es, daß ihre Wechselwirkungen vor ihrem massenhaften Einsatz auf ihre gesundheitliche Unbedenklichkeit hin getestet werden. Dies läßt jedoch der Konkurrenzdruck in der Regel nicht zu.

An vier Beispielen sei der Zusammenhang zwischen dem Interesse an Beschleunigung, an der Entwicklung neuer Substanzen und den Gesundheitsgefahren kurz erläutert. Erstens die *Bauwirtschaft*: Holz, in vielen Regionen vorrangiges Baumaterial, wurde früher bekanntlich nach dem Schlagen mehrere Jahre abgelagert, bis es trocken und somit für Schädlinge unattraktiv war. Heute gilt, daß solch eine Lagerphase aus Sicht der Bauunternehmer vermeidbare Kosten mit sich bringt. Statt der natürlichen Konservierung erhält so die chemische den Vorzug, mit den bekannten Konsequenzen. Grundsätzlich erwarten wir heute von Baumaterialien, daß sie sich zu jeder Jahreszeit und bei jedem Wetter verarbeiten lassen, daß das Bauen also nicht nur schneller, sondern auch von den Naturrhythmen unabhängig sein soll. Geld muß schließlich „arbeiten", auch bei Regen und Schnee.

Zweitens die *Müllwirtschaft*: Um die bedrohliche Müllflut möglichst kostengünstig zu bewältigen, erscheint die Müllverbrennung unvermeidbar. Durch sie kann auf die zeitaufwendigen Prozeduren des Vermeidens, Sortierens und Recycelns verzichtet werden. Die Müllverbrennung aber erzeugt permanent eine völlig unabschätzbare Zahl neuer Stoffe und setzt sie größtenteils frei.

Drittens die meist hochgradig krebserzeugenden Produkte der *Farbstoffchemie*: Sie wurden erfunden, als die Textilindustrie Mitte

86

des 19. Jahrhunderts in einer schweren Absatzkrise steckte, so daß sie sich gezwungen sah, neue Moden zu entwickeln und abzusetzen (Krätz 1990, S. 82 ff.). In diesem Fall ging es darum, nicht die Produktion oder den Verkehr, sondern durch Steigerung der Konsumbereitschaft den Absatz zu beschleunigen.

Und viertens die *Biotechnologie*: Ihr Ziel besteht in vielen Fällen darin, biologische Wachstumsprozesse zu beschleunigen bzw. biologische Alterungsprozesse zu verzögern. An diesem aktuellen Beispiel kann gegenwärtig anschaulich verfolgt werden, wie sehr die betreffenden Unternehmer im Verein mit den Belegschaften jeden Versuch, den gentechnischen „Fortschritt" z. B. durch Ethik-Konventionen zu behindern, als Angriff auf den „Wirtschaftsstandort" werten und vehement zurückweisen.

Wenn man die *Geschichte neuer Techniken und Stoffe* genauer untersucht, stellt man fest, daß das Davoneilen der Zeitskalen der Produktion gegenüber den Zeitskalen des Körpers des Menschen nicht primär ein Problem des mangelnden Wissens, sondern vornehmlich der Interessen von Kapital und Staat ist. Es gibt nämlich viele Beispiele dafür, daß man frühzeitig über die Gefährlichkeit von Stoffen Bescheid wußte, aber erst mit einer Verzögerung oft von mehreren Jahrzehnten daraus entsprechende praktische Konsequenzen zog. Die polychlorierten Biphenyle (PCB) z. B., die den Dioxinen ähnlich sind, wurden seit 1935 produziert und vielfach z. B. als Dichtungsmassen oder in Kosmetika angewendet. 1965 wiesen erstmals Toxikologen in der Umwelt PCB-Rückstände nach, und erst dann begann man, nach und nach diese Rückstände auf ihre Giftigkeit in bezug auf den Menschen zu untersuchen. Bis dahin war PCB jedoch schon weltweit verbreitet. Verboten aber wurde es z. B. in der BRD erst Mitte der 80er Jahre (Kümmerer 1995, S. 111).

Es wäre dringend nötig, auch die Geschichte anderer Stoffe entsprechend zu rekonstruieren. Insgesamt dürfte unstrittig sein, daß die explosive Vermehrung neuartiger Stoffe für die Überforderung unserer Abwehrkräfte, für Unfruchtbarkeit, Allergien und Krebs zumindest mitverantwortlich ist. Die Eigenzeit des Systems Mensch reicht nicht aus, um jene kulturell/gesellschaftlich produzierten stofflichen Störungen durch Aufbau der entsprechenden Ressourcen zu verarbeiten.

Arbeitstakt

Die Eigenzeit des Menschen, die sich im Laufe der Entwicklung der Gattung, der Generationen und der Biographien der einzelnen Menschen herausgebildet hat, ist u. a. durch Tages-, Monats- und Jahresrhythmen gekennzeichnet. Die Tagesrhytmen wurden z. B. in vielfach wiederholten Isolationsexperimenten nachgewiesen, bei denen man Menschen monatelang in Höhlen und Bunkern einsperrte und durch allerlei Täuschungsmanöver von dem Tag-Nacht-Wechsel der Außenwelt abzulenken versuchte. Ergebnis war, daß die *„innere Uhr"* der Versuchspersonen offenbar auf einen stabilen 25-Stunden-Rhythmus programmiert ist, der den Wechsel zwischen Wachsein und Schlafen oder zwischen Essen und Körperausscheidung, die Leistungskurve und viele andere Zyklen reguliert.

Da auch unser Handeln von Anfang an durch die regelmäßige Wiederkehr von Vorsätzen, Aktionen und Rückblicken auf diese Aktionen rhythmisch strukturiert ist, ergeben sich aus einer umfassenden zeitökologischen Perspektive zudem Handlungsrhythmen, die sich ebenfalls im Laufe der Gattungs-, Generationen- und Individualgeschichte herausgebildet haben. Diese Aktions-Reaktions-Muster decken sich vermutlich z. T. mit dem, was in der Psychologie „Temperament" genannt wird (z. B. Meyer 1992). Auch diese Rhythmen gehören zur „inneren Uhr" im weiteren Sinn. Das Bedürfnis nach geschlossenen Handlungsabläufen, der Wunsch, das Begonnene auch zu Ende zu führen, wird uns immer dann besonders bewußt, wenn wir bei Handlungen, die uns wichtig sind, gewaltsam unterbrochen werden. Die fortwährende Störung von Handlungsabläufen ist wahrscheinlich nicht weniger gesundheitsschädlich als die fortwährende Störung der Nachtruhe.

Einen schroffen Gegensatz zu diesen biologisch-handlungspsychologischen Rhythmen bildet die *„moderne" Produktionslogik*, die aufgrund der fortwährenden Rückkoppelung von Gewinn und Investition *prinzipiell rhythmuslos* ist und höchstens durch konjunkturelle Zyklen geprägt ist. Dieser Gegensatz zwischen der Zeit des Individuums und der Zeit der Ökonomie zeigt sich erstens daran, daß Produktionsanlagen unabhängig von Jahres-, Wochen- oder Tageszeiten möglichst immer maximal ausgelastet werden müssen. Der marktwirtschaftlich-kapitalistische Auslastungszwang erfordert es, daß Maschinen auch in der Nacht und an Wochenenden laufen, daß Läden möglichst lange geöffnet sind, daß die Anzahl der Feiertage immer stärker durch wirtschaftliche Kriterien bestimmt wird, daß Arbeitsphasen nicht von der Jahreszeit und Urlaubsphasen nicht vom Wetter oder von kulturellen Traditionen, sondern von der Auftragslage abhängig gemacht werden. Diese „Errungenschaften" gelten bekanntlich als wesentliche Elemente der Flexibilisierung der Arbeit. Zwar können in Ländern mit hoher Produktivität und starken Gewerkschaften solche Zwänge gemildert werden, aber solche Erfolge bleiben insbesondere in Zeiten rückläufiger Konjunktur oder bei verschlechterter Konkurrenzsituation stets gefährdet. Und dieser Gegensatz von biologisch-handlungspsychologischen Gegebenheiten und der „modernen" Arbeitswelt zeigt sich zweitens in der Tatsache, daß Arbeitnehmer in aller Regel nicht nach ihren eigenen Bedingungen und Bedürfnissen das Arbeitstempo fest- und Arbeitspausen einlegen können, daß sie also Arbeitsprozesse nicht entsprechend ihrer „inneren Uhr" gestalten können. Das Tempo und der Takt der Arbeitswelt vergewaltigen insgesamt die Eigenzeiten und -rhythmen der Individuen.

■ *Ich hab ja nicht nur die Lastwagen zu entladen oder zu beladen, sondern auch die ganze Lagerhaltung, die die Fabrik braucht. Da sollte man drei Hände haben. Das Schlimmste ist ja: Die Arbeit ist eingeteilt, jetzt kommt ein anderer und sagt, diese Ware da, dann muß ich wieder alles ändern. Abschalten kann man da nicht. (Der Lagerverwalter D. ein Jahr nach seinem Herzinfarkt im Rückblick auf seine damalige Arbeitssituation, entnommen aus Friczewski 1988, S. 79)*

Die *gesundheitlichen Folgen* der Orientierung des Lebensrhythmus am Arbeitstakt sind hinreichend bekannt (z. B. Oppolzer 1993, S. 113–154): Herz-Kreislauf-Krankheiten, Nikotin-, Alkohol- und Tablettenabhängigkeit, Schlafstörungen und Magen-Darm-Erkrankungen besonders durch Schichtarbeit, Konzentrationsstörungen und Leistungsdefizite zu bestimmten Tageszeiten, vermehrte Schadstoffanfälligkeit während der Nachtarbeit und Beeinträchtigungen des Familienlebens durch unterschiedliche Arbeits- und Urlaubszeiten. Charakteristisch für viele dieser Belastungen ist, daß sie zu Teufelskreisen führen, indem die äußere Belastung die inneren Ressourcen schwächt. So wird chronische Ermüdung z. B. mit einem vorzeitigen Kräfte- und Gesundheitsverschleiß bezahlt.

Dementsprechend ist ein großer Teil der Unfälle in Betrieben oder im Straßenverkehr ermüdungsbedingt, geht also auf die Mißachtung von Eigenzeiten zurück. Nach einer Untersuchung der HUK-Coburg aus dem Jahr 1991 sind z. B. 24 Prozent der tödlichen Autobahnunfälle in Bayern auf das Einschlafen am Steuer und weitere 30 Prozent auf mangelnde Aufmerksamkeit des Fahrers zurückzuführen.[28] Der amerikanische Psychologe Martin Moore-Ede hat in seinem Buch ›Die Nonstop-Gesellschaft‹ nachgewiesen, daß die Mißachtung des Biorhythmus in der Technologieentwicklung und in der Arbeitswelt insgesamt auch für viele der spektakulären industriellen Großunfälle verantwortlich ist. Die Atomreaktorkatastrophen von Harrisburg und Tschernobyl, die Giftgaskatastrophe von Bhopal und die Kollision des Öltankers Exxon Valdez – all diese Unfälle geschahen z. B. mitten in der Nacht und waren die Konsequenz aus der Übermüdung der Verantwortlichen, die jeweils bereits viele Stunden ohne Pause im Dienst waren (Moore-Ede 1993, S. 20). Auf der anderen Seite gibt es praktische Beispiele dafür, daß die Orientierung des Arbeitstakts an der „inneren Uhr" die Leistungsfähigkeit und die Freude am Arbeiten beträchtlich heben könnte.

Die Überforderung des Menschen durch den Takt der Arbeitswelt hat noch einen weiteren wesentlichen Aspekt: Die durch den Beschleunigungszwang erzeugte immer schnellere Ablösung von Technologien führt zur beschleunigten *Entwertung von Qualifikationen*. Ein zeitweiliger Rückzug aus dem Beruf wird zu einem immer schwerer kalkulierbaren Risiko für die berufliche Laufbahn und für das gesamte weitere Leben. Auch Arbeitnehmer im karriereträchtigen Alter zwischen 25 und 45 Jahren bekommen das Zeitdiktat der herrschenden Ökonomie zu spüren, wenn sie für sich in Anspruch nehmen wollen, einige Jahre aus dem Berufsleben teilweise oder ganz auszusteigen, etwa um Kinder großzuziehen, Eltern zu pflegen, eine Weltreise zu machen oder ein Haus zu bauen. Nicht nur das Arbeits- und Familienleben, sondern auch die Biographie der Familienmitglieder, ihre Lebensplanung, wird also vom Arbeitstakt bestimmt. Nicht körperliche, psychische, soziale oder ethische Maßstäbe beherrschen die zeitliche Gliederung des Lebens, sondern „Sach"zwänge aus der Welt der Produktion. So gründlich arbeitet also die Beschleunigungslogik, daß auch für die großen Zyklen des Individuums, die einzelnen Lebensphasen, nicht mehr die ihnen gemäße Zeit zur Verfügung gestellt werden kann: Die Zeit erscheint immer häufiger als zu kostbar, um sie für Kinder und Alte, also „unproduktive" Individuen, zu „vergeuden" (vgl. dazu auch Kapitel IIB2).

Am deutlichsten zeigt sich die Überforderung des Individuums durch die zunehmende Flexibilisierung der Arbeit heute schon bei Beschäftigten, die als „Zeitarbeitnehmer" stets auf Abruf für Einsätze an wechselnden Orten, zu wechselnden Zeiten und in einem wechselnden technischen und sozialen Umfeld bereitstehen müssen. In welchem Ausmaß die Zeitarbeit das Familien- und Intimleben sowie das Selbstbild und Weltverständnis der Betroffenen verändert, kann aus ersten empirischen Untersuchungen bereits gut ermessen werden (Brose/Wohlrab-Sahr/Carsten 1993). Je mehr die Arbeit flexibilisiert wird, desto mehr werden sich die Lebensbedingungen fest Beschäftigter denen zeitlich begrenzt Beschäftigter angleichen. Die immer umfassendere Anpassung des individuellen Lebens an die Zeitmuster der Verwertungslogik wird die Konsequenz sein und damit die Gefahr weiterer Dimensionen der Überforderung von Körper und Psyche.

Ängste

Bei der gegenwärtigen Gestaltung der *Arbeitswelt* spielt die Elastizität des Menschen für psychische Belastungen nur eine marginale Rolle. Nur in dem ausgesprochen seltenen Fall, daß auf dem Arbeitsmarkt ein großer Mangel an Arbeitskräften herrscht, haben Arbeitnehmerbedürfnisse Chancen, systematisch berücksichtigt zu werden. Psychische Überforderung, die sich in Ängsten äußert, entsteht heute nicht nur zwangsläufig als betriebswirtschaftliche Nebenfolge, sondern Überforderung und Ängste werden bekanntlich zielgerichtet als „Motivationsmittel" eingesetzt, um Arbeitnehmer zu maximalem Einsatz für ihren Arbeitgeber anzutreiben. Die gesundheitlichen Konsequenzen zeigen sich v. a. bei Herz-Kreislauf-Krankheiten, Alkohol- und Nikotinmißbrauch und psychischen Störungen.

Nach Auskunft der Sozialmedizin trifft ein erhöhtes Risiko für Herzinfarkte v. a. diejenigen, die in sogenannten Zwischenpositionen tätig sind, die als Vorarbeiter, Meister, Abteilungs- und Filialleiter ständig die gegensätzlichen Erwartungen der Geschäftsführung und der Mitarbeiter koordinieren müssen. Ihre Gesundheit wird förmlich zwischen den Fronten aufgerieben, zumal dann, wenn auch noch ihr Einkommen und damit meist ihr Selbstwertgefühl vom Erfolg dieser Vermittlungsaufgabe abhängt (Damm/Frey 1990, S. 384 f.). Ebenfalls besonders gefährdet sind Arbeitnehmer, die ständig unter Zeitdruck stehen, also quantitativ überfordert werden, dabei aber zu wenig Entscheidungsspielräume haben, also qualitativ eher unterfordert sind. Am gefährlichsten, so der Präsident der Europäischen Gesellschaft für Medizinische Soziologie, Johannes Siegrist, leben aber jene Arbeitnehmer, die einerseits sehr ehrgeizig sind, andererseits aber ihren Ehrgeiz nicht entsprechend finanziell und sozial honoriert sehen, ja vielleicht sogar von Rückstufung und Arbeitslosigkeit bedroht sind. Solche Arbeitserfahrungen, die besonders dort gemacht werden, wo der Rationalisierungsdruck am höchsten ist, gehen mit einem vierfach erhöhten Risiko einer Herz-Kreislauf-Erkrankung einher (Siegrist 1991, S. 54 f.).[29] Auch die Arbeitslosigkeit selbst führt zu eindeutig erhöhten gesundheitlichen Risiken (Oppolzer 1993, S. 155–162). All diese Gefährdungen werden z. T. auch über Suchtmittel erzeugt, auf die überforderte Menschen bekanntlich besonders häufig zurückgreifen. Die durch soziale und psychische Faktoren verursachte Selbstvergiftung des Menschen wirkt im Endeffekt im Körper ähnlich wie die oben festgestellte physische Fremdvergiftung durch Umweltschadstoffe.

■   *Keine Zeit für Gefühle*
Viele Führungskräfte verdrängen ihre emotionalen Probleme. Eine Untersuchung der Unternehmensberatung Kienbaum in 116 Chefetagen gelangte zu dem Ergebnis, daß über 60 Prozent der deutschen Führungskräfte neurotisch gestört seien. (Roland Kirbach in DIE ZEIT 11/95, S. 35)

Die psychisch-soziale Variante der systematischen Überforderung des Individuums läßt sich bereits im Zusammenhang mit jener Institution nachweisen, die auf die Arbeitswelt vorbereitet. Als gesundheitliche Konsequenzen der *schulischen Hetze* hat eine Arbeitsgruppe um den Bielefelder Pädagogen Klaus Hurrelmann ermittelt, daß 44 Prozent der 12- bis 16jährigen Schülerinnen und Schüler innerhalb eines Jahres „häufig" Kopfweh, Schwindelgefühle, Schlaflosigkeit und Magenbeschwerden haben, daß diesen Symptomen meist eine Überforderung in Familie und Schule vorausgegangen war und daß die Schülerinnen und Schüler ihrer Überforderung meist mit verstärktem Konsum von Medikamenten, Nikotin, Alkohol und Drogen begegnet sind (Hurrelmann/Engel 1992, S. 139). Das sind die „Kosten jugendlicher Problembewältigung", resümieren die Forscher (Nordlohne 1992). Diese Probleme sind jedenfalls zum Teil durch eine Institution geschaffen worden, die primär als Ausleseeinrichtung für eine stark geschichtete Gesellschaft fungiert und deren Nebenfunktionen z. B. auch in der Geschwindigkeitsdressur als Vorbereitung auf das Erwerbsleben besteht. Bildung im eigentlichen Sinn, also die zeitaufwendige Heranbildung der individuellen Ressourcen, würde den ökonomischen Wachstumsautomatismus nur bremsen und die produktive Verwendung des Menschen hinauszögern.

■ *Akkordlesen – „Experiment der Marktwirtschaft"*
Immer mehr Schulen in den USA zahlen ihren Schülern zwei Dollar für die Lektüre eines Buches. (SZ 31. 5. 95)

Ähnliches gilt für die zweite der unproduktiven lebensgeschichtlichen Phasen, die Phase des *Krankseins*. V. a. in ökonomischen Krisenzeiten wird deutlich, wie sehr Krankenkassen und Arbeitgeber alle Hebel in Bewegung setzen, um den Erkrankten schnell wieder funktionsfähig zu machen, in der Regel ist dies auch das Ziel der Erkrankten selbst. Es werden Mittel verordnet, die Herz und Kreislauf stabilisieren sollen, die Entzündungen eindämmen, die das Fieber senken sollen – obwohl der Körper zur Genesung auch Selbstheilungskräfte hätte, die allerdings mehr Zeit in Anspruch nehmen würden. Ein so geartetes Bildungs- und Gesundheitswesen läßt dem Menschen meist nur wenig Zeit, die eigenen Kräfte zu nutzen, und überfordert ihn systematisch. Es muß gefragt werden, wie lange die dritte unproduktive Phase, das Alter, von diesem Beschleunigungsdruck noch verschont bleibt (vgl. dazu auch Kapitel IIB2).[30]

Reize
Wie nun sorgt eine Kultur/Gesellschaft, die auf maximale Produktion hin programmiert ist, auch für den zuverlässigen *Konsum des Produzierten*? Wie gelingt es ihr, das Individuum so zu beeinflussen, daß es die beständige Vermehrung seines materiellen Kon-

sums zu einem unverzichtbaren Lebensziel erhebt? Aus zeitökologischer Sicht braucht das System Individuum seine eigene Zeit, um die Vielfalt der Umgebungsreize kognitiv, emotional und praktisch zu verarbeiten. Mit der erfolgreichen Verarbeitung wachsen die Ressourcen, wodurch schließlich die Fähigkeit zur freien Willensbildung entsteht. Erst diese Autonomie macht den Menschen zu einer moralisch reifen Persönlichkeit im aufklärerischen Sinn. Die Programmierung des Menschen auf materiellen Konsum kann dann als systematische Zerstörung dieser für die Willensbildung notwendigen Eigenzeit verstanden werden. Das Raffinierte an dieser „Überrumpelung" des Willens ist, daß man sie nicht bemerkt.

An dieser Zerstörung der Autonomie wirken bereits die geschilderten *Erfahrungen* am Arbeitsplatz und in der Schule mit, weil Menschen verständlicherweise das Bedürfnis haben, sich für die Vergewaltigung ihrer „inneren Uhr", für ihre Ängste und Frustrationen, die eine fremdbestimmte Arbeits- und Lernwelt mit sich bringt, zu entschädigen. Jeder kennt von sich und aus seiner näheren Umgebung dieses Phänomen des kompensatorischen Konsums: Wer dagegen das Glück hat, daß ihm die Arbeit selbst Spaß macht, daß er sich in ihr körperlich und psychisch entfalten kann, der ist auf einen aufwendigen Konsumstil weniger angewiesen als andere. Nach besonders frustrierenden Arbeitsphasen steigt das Bedürfnis nach dem sogenannten Frust-Kauf.

Neben diesen unbefriedigenden Erfahrungen aus der Welt des Arbeitens und Lernens sind es drei Einrichtungen der herrschenden Kultur/Gesellschaft, die für die systematische Überrumpelung der Eigenzeiten der Willensbildung im Interesse eines maximalen Konsumverhaltens sorgen: die Reize, die im Geld als zentralem Element der herrschenden Wirtschaftsweise stecken, die Reize, die von der Größe des Angebots an Waren ausgehen, und die Reize, mit denen uns die modernen Medien konfrontieren. So kommt zur „Peitsche" der Ängste, die uns in der Arbeits- und Lernwelt antreibt, das „Zuckerbrot" dieses dreifachen Konsumanreizes, dem wir in der Freizeit ausgesetzt sind.

Das *Geld* ist bekanntlich zunächst nichts weiter als eine zeitsparende Erfindung. Es hilft uns einmal bei der Messung der Werte, die in den Waren stecken, und damit beim Tausch. Aber, so die folgende These, es macht gleichzeitig gierig. Mit dem Geld entsteht nämlich zum erstenmal in der Geschichte des menschlichen Wirtschaftens die Möglichkeit, nach der Arbeit den hergestellten Wert nicht gleich wieder zu konsumieren, sondern ihn aufzuheben, weil Geld nicht verdirbt. Gleichzeitig entsteht der Reiz, diese Möglichkeit auch zu nutzen und das Geld anzuhäufen, weil sich mit Geld im Prinzip alles kaufen läßt, wenn man nur genug davon hat. „Dieser Widerspruch zwischen der quantitativen Schranke und der qualitativen Schrankenlosigkeit des Geldes treibt den Schatzbildner stets zurück zur Sisyphusarbeit der Akkumulation. Es geht ihm wie dem Welteroberer, der mit jedem neuen Land nur eine neue Grenze erobert." (Marx 1867, S. 147) Als Überschüsse dagegen noch die Gestalt von verderblichen und nur beschränkt eintauschbaren Naturalien hatten, fiel die Entscheidung leicht, das Überflüssige zu verschenken, wie es ja in traditionellen Gesellschaften teilweise auch üblich war. Die Logik des Geldes macht also prinzipiell süchtig. Wenn ein Trieb übermäßig stark ausgeprägt ist, werden andere leicht verschüttet. Die Gier des Haben-Wollens, so Marx, läßt den Reichtum unserer Sinne veröden (Marx 1844, S. 540). Erich Fromm hat auf dieser Erkenntnis seine Studie über die herrschende Kultur des „Habens" aufgebaut, die im Gegensatz zu einer möglichen Kultur des „Seins" steht (Fromm 1976).[31]

Der Reiz des Geldes wird verstärkt durch den Reiz der *Warenberge.* Man könnte naiverweise vermuten, daß Menschen umso zufriedener sind, je mehr sie konsumieren können. Dies ist bereits rein empirisch ein gewaltiger Irrtum (Scitovsky 1989, S. 116–126). Dieser Irrtum ist auch erklärbar, denn wie jede Sucht so ist auch die ganz normale Konsumsucht durch den Zwang zur Dosissteigerung charakterisiert, also dadurch, daß das erwartete Glücksgefühl regelmäßig ausbleibt. Dazu kommt: Je mehr Angebote zur Auswahl stehen, desto größer ist diese Gefahr der Selbsttäuschung. Der Gedanke, ein anderes Fernsehprogramm, ein anderes Urlaubsziel, ein anderer Autotyp wäre vielleicht doch besser gewesen, beeinträchtigt den Genuß von Anfang an. Zusätzlich wird das Konsumglück noch dadurch beeinträchtigt, daß in immer kürzeren Zeiten neue Modelle und Moden auf den Markt geworfen werden. Der Bamberger Soziologe Gerhard Schulze schreibt in seinem Buch über die „Erlebnisgesellschaft", daß in ihr „die explosionsartige Zunahme des Brauchbaren" zu einem „Verfall der Freude an Brauchbarkeit" führt (Schulze 1992, S. 63 f.).

Was geht im Inneren des Konsumenten vor, wenn er mit diesen

unübersehbaren Warenangeboten konfrontiert wird? Es läßt sich empirisch nachweisen, daß der Mensch bei vielen Kaufentscheidungen in Wahrheit nicht nach technischer Perfektion der Waren, sondern nach Aufwertung seiner Person strebt. Das Aufwertungsbedürfnis bezieht sich entweder auf den Vergleich zu anderen Personen, dann sucht der Konsument ein Statussymbol.

■ *Camping im Keller aus Scham vor den Nachbarn*
Eine Luxemburger Familie hat sich für zwei Wochen in ihrem Keller eingeschlossen, weil sie vor den Nachbarn nicht zugeben wollte, daß sie sich keinen Urlaub leisten konnte. (SZ 22./23.8.92)

Oder das Individuum orientiert sich an der eigenen Person, dann geht es ihm um Kompensation. Systematische Befragungen des Stuttgarter Konsumforschers Gerhard Scherhorn zeigen, daß es den Konsumenten in Wirklichkeit meist um die Verbesserung ihrer Möglichkeiten geht, selbstbestimmt und kreativ tätig und dabei sozial eingebunden und anerkannt zu sein. Je perfekter aber der von außen angepriesene „Ausstattungsnutzen" von Gütern ist, desto geringer ist in aller Regel dieser eigentlich gewünschte „Handlungsnutzen" (Scherhorn 1992, S. 25).
Auch Scherhorn betont, wie wichtig die Dimension der Zeit bei der Frage ist, ob wir uns in erster Linie um einen optimalen Ausstattungs- oder Handlungsnutzen bemühen: Aus sich selbst heraus kann ein Mensch nur handeln, „wenn die inneren Kräfte des Menschen Zeit haben, aufzusteigen und in die Tätigkeit einzugehen ... Genau das findet nicht statt, wenn Menschen daran gewöhnt sind, Belebung und Erregung von externer Stimulierung – nicht nur, aber vor allem durch Güter – zu erwarten." Dann „überrunden und übertönen" die „äußeren Reize" die „inneren Kräfte", „weil sie schneller und lauter sind" (Scherhorn 1992, S. 28). Die Wirksamkeit der äußeren Stimulierung wird zusätzlich durch die Tatsache erhöht, daß Konsumentenkredite leicht verfügbar sind und damit auch aufwendigere Konsumwünsche oft ohne zeitlichen Aufschub verwirklicht werden können. Diesen Zusammenhang brachte vor einiger Zeit ein Jugendlicher in einer Diskussion folgendermaßen auf den Punkt: „Viele kaufen Sachen, die sie nicht brauchen, mit Geld, das sie nicht haben, um Leuten zu imponieren, die sie nicht mögen."
Die dritte Reizquelle sind die *Massenmedien*. Dabei handelt es

sich um Konsumgüter und Dienstleistungen auf einem der größten und expansivsten aller Märkte. Die Besonderheit der Massenmedien gegenüber anderen Konsumgütern besteht darin, daß sie für den direkten Zugriff der Produktions- und Konsummaschinerie auf die menschliche Psyche sorgen. Die Aufgabe der Medienmacher, deren materielle Existenz von maximalen Einschaltquoten abhängt, besteht zunächst darin, den Konsumenten möglichst an ihr Medium zu fesseln, seine Zeit und Aufmerksamkeit möglichst umfassend zu absorbieren (Franck 1991). So entsteht ein „mediales Wettrüsten". Durch immer spektakulärere Themen und Techniken, vor allem durch das Mittel der Beschleunigung von Handlung und Schnitt, wird die Freizeitkommunikation des Medienkonsumenten kolonialisiert, und er selbst trägt durch „Wellenreiten" mittels Fernbedienung dazu bei, daß alles noch schneller und intensiver wird (Neverla 1992). Die Medienproduzenten nutzen die Zeit und Aufmerksamkeit des Konsumenten dabei immer auch inhaltlich, und zwar nicht nur über Werbe-, sondern auch über Unterhaltungs- und Informationssendungen. Sie alle dienen der leitbildhaften Vorführung des konsumorientierten Lebensmodells. In naher Zukunft werden die Konsumenten von Multi-Media mit allen Sinnen in künstliche Welten eintauchen können, werden virtuellen Sex mit Superstars genießen und virtuelle Kriege gegen das Böse führen können.

Auf welche Weise die Reize der Massenmedien die Psyche des Individuums überfordern, das hat der bekannte amerikanische Medienwissenschaftler Neil Postman in mehreren Büchern v. a. in bezug auf Informationssendungen überzeugend dargelegt. Seit der telegraphischen Datenübermittlung Mitte des 19. Jahrhunderts werden in immer kürzeren Zeiten immer mehr Informationen über immer weitere Strecken transportiert, die in Form von Zeitungstexten, Radiosendungen und Fernsehfilmen bei uns landen. Die Information ist zu einer Art „Abfall" geworden. Sie trifft uns wahllos, richtet sich an niemanden Bestimmten und hat sich von jeglicher Nützlichkeit gelöst. Heute berichtet der Nachrichtensprecher vom Krieg in Jugoslawien, vom Hunger in Somalia, von der Zerstörung der Ozonschicht, aber niemand erwartet von uns, daß wir persönlich etwas dagegen unternehmen. „Unsere Abwehrmechanismen gegen die Informationsschwemme sind zusammengebrochen; unser Immunsystem gegen Informationen funktioniert nicht mehr.

Wir leiden unter einer Art von kulturellem Aids." (Postman 1992, S. 62)

Wie sich all diese Reize des Geldes, der Waren und der Medien auf die *Gesundheit* im Sinn von körperlichem, psychischem und sozialem Wohlbefinden, im einzelnen auswirken, darüber gibt es noch wenige unstrittige Erkenntnisse. Es spricht aber einiges dafür, daß viele Menschen diese Reize nicht verkraften werden, d. h. daß sie diese Reizfülle in ihr Denken, Fühlen und Handeln nicht wirklich integrieren werden können. Für eine solche psychische Integration sind nämlich komplizierte individuelle Gleichgewichtsprozesse nötig, die ihre Zeit brauchen (z. B. Pribram 1988).

Steht diese Zeit aufgrund der Schnelligkeit der Reizfolge nicht zur Verfügung, liegt es nahe, daß es zu umfassenden psychischen und sozialen Deformationsprozessen kommt. Wenn nämlich die mit der Ausbreitung der Geldwirtschaft einhergehende Gier des Haben-Wollens alle anderen Sinne dominiert und wenn wir immer mehr haben müssen, um wenigstens ein und dasselbe Wohlbefinden aufrechterhalten zu können, dann muß damit gerechnet werden, daß unsere Fähigkeiten zu sehen, zu hören, zu riechen und zu tasten nicht unbeschädigt bleiben und damit auch Quellen des Genießens verschüttet werden. Wenn sich die „Wohlstandsillusion", daß nämlich mit jedem zusätzlichen materiellen Konsumgut auch tatsächlich das Wohlbefinden steigt (Scherhorn 1994), immer mehr verfestigt, ohne daß die inneren Kräfte eine Chance bekommen, diese Illusion zu entlarven, werden wahrscheinlich viele Menschen auf Dauer immer frustrierter werden und immer unfähiger, eine andere Form von Glück für möglich zu halten. Damit würde nichts geringeres als die Fähigkeit verloren gehen, sich alternative Zukünfte vorzustellen. Zum süchtigen Verhalten und zu den verschütteten Sinnen würde sich so die Blockade des Denkens gesellen. Und wenn die Individuen einer Gesellschaft in unendlich viele Konsummilieus zerfallen, in ihren jeweiligen virtuellen Welten versinken, sich in ihre „elektronischen Höhlen einigeln" (DER SPIEGEL 52/93, S. 166) und die Fähigkeit verlieren, sich in andere Lebenswelten hineinzuversetzen (z. B. Schulze 1992, S. 364 ff. u. 406 ff.), stellt sich die Frage, ob diese Individuen am Ende noch wissen, wer sie sind, was sie wollen und v. a., welche Bedeutung die Gesellschaft als ganze für sie hat.

■ *Wer schützt uns vor den Umweltschützern?*
(Autoplakette, gesehen an einem Alfa Romeo)

Die Überforderung des Individuums durch Reize mündet so in eine Parzellierung der Gesellschaft, die zunächst im Bewußtsein stattfindet, ab einem bestimmten Punkt jedoch den faktischen Zerfall von Gesellschaftlichkeit zur Folge haben wird (vgl. Kapitel IIB2).[32]

Insgesamt führt also die Schwäche der individuellen Ressourcen in Verbindung mit der Stärke der Verlockungen von Geld, Warenwelt und Medien zu jenem Streß, der in Analogie zum Arbeitsstreß meist verharmlosend Freizeit- und Konsumstreß genannt wird. Wenn Suchtforscher das Suchtverhalten im engeren Sinn als mißlungenen Selbstheilungsversuch des Menschen verstehen, so kann diese Definition problemlos auf die Konsumsucht im weiteren Sinn übertragen werden: Der auf materiellen Konsum hin orientierte herrschende Lebensstil resultiert aus dem massenhaften und gesellschaftlich organisierten Versuch der Individuen, sich von den Schädigungen, die ihnen unbefriedigende und krankmachende Lebensverhältnisse antun, selbst zu heilen. Die Folgen der gescheiterten Selbstheilung, die z.B. bei der Alkoholsucht primär das Individuum betreffen, bedrohen bei der Konsumsucht des industrialisierten Nordens mittlerweile die gesamte Menschheit.

Fazit:

Die Produktions- und Konsumlogik verschmutzt die Innenwelt des Menschen (Scheidt 1988) nicht weniger als die Außenwelt der Natur. Die Beschleunigung von Produktion und Konsum macht den Körper geradezu zum Endlager für fremde Stoffe, die Psyche zum Endlager für fremde Motive. Die Rücksichtslosigkeit der Arbeitswelt gegenüber der „inneren Uhr" des Menschen und gegenüber der Vielfalt seiner Bedürfnisse bedroht die kürzeren körperlichen und psychischen Zyklen und greift in die längeren Zyklen, also in die Gestaltung des gesamten Lebens und seiner Abschnitte, massiv ein. Die Reize des Geldes und der Warenwelt, insbesondere der Medien, bergen die Gefahr der Verödung der Sinne und der sozialen Abstumpfung. Wenn die herrschende Wirtschaftstheorie den Marktmechanismus so hochschätzt und behauptet, er würde die

Wünsche der Menschen bestmöglich zur Geltung bringen, verkennt sie v. a. diese eklatante psychische Überforderung des Individuums. Und sie kann diese Überforderung auch nicht zur Kenntnis nehmen, weil sie sonst ihr Fundament, die Annahme der „Souveränität der Konsumenten", aufgeben müßte. Im Gegensatz zum neoklassischen Modell lassen der real herrschende Arbeitstakt, die real erfahrenen Ängste und die dreifach produzierten realen Konsumanreize die Individuen in erster Linie nicht zu Herrschern, sondern zu Opfern des Marktgeschehens werden.

c) Aggression oder Regression

Wie reagieren Natur und Mensch, wenn die dargestellte Überbeanspruchung ihrer Ressourcen über einen längeren Zeitraum andauert? Schauen wir uns die Muster der Streßreaktion bei den Systemen Natur und Individuum genauer an.

Natur im Streß
Ich beginne mit den *unbelebten Teilsystemen* in der Natur. Die fossilen Brennstoffe, die Hauptressourcen der Industriekultur, verschwinden einfach in dem Maße, in dem sie gebraucht werden. Auch andere Bodenschätze, etwa Metalle oder fruchtbares Erdreich, haben nur wenig Elastizität, um dem Raubbau entgegenzuwirken. Wie sensibel der Boden ist, zeigt sich z. B. an der Tatsache, daß ein Liter gesunder Boden mehr Lebewesen enthält, als auf der Erde Menschen wohnen (Grimmel 1993, S. 151). Erst in riesigen Zeiträumen, in denen weder einzelne Individuen noch ganze Gesellschaften denken und planen, können solche Ressourcen sich erneut bilden. Andere Ressourcen, z. B. Luft oder Wasser, verlieren mit dem Gebrauchtwerden ihre ursprüngliche Qualität als Lebens- oder Deponieraum und büßen damit nach und nach ihre weitere Nützlichkeit ein.

Wie aber reagieren belebte Systeme, wenn sie unter existentiellen Streß geraten? *Pflanzen und Tiere* versuchen, sich zunächst an die veränderten Bedingungen anzupassen. Dies geschieht in erster Linie dadurch, daß sie ihre ökologische Nische durch einfache Verhaltensänderung, durch die Veränderung des Standorts oder notfalls durch Mutationen ausweiten und dabei oft schwächere Arten zurückdrängen. Dann, wenn der Streß zu groß geworden ist, schalten manche Arten auf ein Notfallprogramm um: So produzieren z. B. an Nahrungsmangel oder Schadstoffüberfluß leidende Nadelbäume ein Überangebot an Zapfen, um ihr Überleben als Art zu sichern. Diese Überproduktion hat wahrscheinlich den Sinn, daß durch Mutation der Erbmasse neue Eigenschaften entstehen, die vielleicht eine bessere Umweltanpassung ermöglichen: „Je mehr 'Lose', desto größer die 'Gewinnchancen'." (Grimmel 1993, S. 143) Ähnlich reagieren Körperzellen, die, durch Giftstoffe oder Sauerstoffmangel gestreßt, entarten und sich ungebremst vermehren. Inwieweit solche Notfallprogramme bei Organismen generell verbreitet sind, müßte von den Biowissenschaften näher geklärt werden. Unabhängig davon, ob im konkreten Fall ein solches Programm existiert, kann jedoch festgestellt werden: In dem Moment, in dem die Expansionsstrategie an absolute Umweltgrenzen stößt, muß diese Strategie scheitern. Dann werden alle Organismen, ganz gleich wie „intelligent" sie sein mögen, vom großen Strom der Entropie erfaßt und unaufhaltsam in den Tod geschwemmt. Wenn die Aggressionsstrategie also gescheitert ist, bleibt offenbar nur noch die Regression in einen früheren Zustand: Biologische Systeme verwandeln sich zurück in physikalische.

Vor diesem Hintergrund wird auch die in Kapitel I3 diagnostizierte Panikreaktion des *Menschen als Gattungswesen* verständlich. Die „Sachenexplosion" im Norden und die „Menschenexplosion" im Süden führen beide in ähnlicher Weise, wenn auch in unterschiedlichem Ausmaß, zur rücksichtslosen Ausdehnung der ökologischen Nische der menschlichen Gattung auf Kosten anderer Arten. Der Homo sapiens „wählte" also bis jetzt die aggressive Variante.[33] Aggression bis hin zur Explosion und Regression bis hin zur Implosion, das scheinen die beiden grundlegenden Muster der Streßverarbeitung in der Natur zu sein. Je nachdem, welche Ressourcen die einzelnen Teilsysteme im Laufe der Zeit erworben haben, steht ihnen der aggressive Weg noch offen, oder sie regredieren sofort. Das Vernunftwesen Mensch hat aufgrund seiner überragenden geistigen Fähigkeiten den aggressiven Weg bisher besonders erfolgreich beschritten. Es fragt sich nur, wie lange dieser Weg noch offensteht.

Individuum im Streß

Daß das Individuum in starken Streßsituationen entweder aggressiv oder regressiv reagiert, und zwar sowohl in körperlicher wie in psychischer Hinsicht, und daß es je nach *Konstitutionstyp* mehr zum einen oder zum andern Muster neigt, dafür gibt es etliche Hinweise. Frederic Vester verdeutlicht die unterschiedlichen Verhaltensweisen an einem aufschlußreichen Experiment: Wenn in unmittelbarer Nähe einer Menschenansammlung plötzlich der Knall einer Explosion zu hören ist, dann reagieren die Menschen unterschiedlich. Die einen ergreifen schreiend die Flucht, andere bleiben unbeeindruckt, und wieder andere stürzen vor Schreck zusammen und erleiden einen Kollaps (Vester 1989, S. 253 f.). Wenn man die Versuchspersonen im Anschluß an das Experiment medizinisch untersucht, stellt man fest, daß die „Schreier" und „Läufer" im Alltag meist leicht erregbar, nervös und temperamentvoll sind, daß sie zu Herzklopfen, Kopfschmerzen und Blutdruckerhöhungen neigen und besonders oft an Herz-Kreislauf-Erkrankungen leiden. Die „Geschockten" und „Kollabierenden" hingegen wirken im Alltag ruhig und ausgeglichen, haben häufig einen zu niedrigen Blutdruck und neigen zu Magen- und Darmgeschwüren, Dickdarmentzündung und Bronchialasthma. Bei der ersten Gruppe überwiegt im vegetativen Nervensystem der Sympathikus, bei der zweiten Gruppe der Parasympathikus. Die erste Gruppe wird in der Medizin als Konstitutionstyp A, die zweite als Konstitutionstyp B zusammengefaßt. Nichtabgebaute, chronische Streßreaktionen münden je nach konstitutioneller Veranlagung in bestimmte typische Krankheiten, wobei auch das Risiko einer Krebserkrankung vermutlich konstitutiv beeinflußt wird (Vester 1978, S. 46).

Auch wenn man die *Immunabwehr* betrachtet, drängt sich eine solche Unterscheidung zwischen einem aggressiven und einem regressiven Muster auf. Das Immunsystem kann Viren, Bakterien, Parasiten und artfremde Zellen auf direktem Wege abwehren. Indirekt schützt es uns auch vor Schwermetallen und Chemikalien, aber gegen diese Gefahren kann es erst einschreiten, wenn bereits Zellwände aufgerissen, Zellkerne und Erbinformationen verändert und ganze Zellverbände vergiftet, erstickt und entartet sind (Lange-Ernst 1993, S. 40 ff.). Ist die Immunabwehr zu stark, richtet sie sich auch gegen das gesunde Gewebe und produziert Allergien. Ist sie zu schwach, greift die Entartung ungehindert um sich, und es entsteht Krebs (Findeisen/Pickenhain 1990, S. 36 u. 80 ff.). Es wäre zu prüfen, inwieweit diese beiden Muster mit den A- und B-Typen bzw. den Sympathotonikern und den Vagotonikern vergleichbar sind und inwieweit sie dem allgemeinen Muster belebter Systeme entsprechen.

Vermutlich sind auch die *psychischen Reaktionsmuster* analog. Der A-Typ reagiert sich nach außen ab, lenkt seine mit der Frustration ansteigenden Energien auf immer andere Objekte, wälzt den Streß auf Schwächere ab. Er verkörpert geradezu den Geist des Kapitalismus (Speidel 1993, S. 137), oder besser: den Geist der Sieger. Der A-Typ leidet an der „Zeitkrankheit": Er hat ständig das Gefühl, unter Zeitdruck zu stehen, und hört nie auf, immer mehr Dinge in seine schrumpfenden Zeitreserven „hineinzustopfen" (Friedman/Rosenman 1975, zit. nach Geißler 1985, S. 93). Aus Angst vor Langeweile möchte er sich möglichst viele Erlebnisse in einem möglichst kurzen Zeitraum verschaffen, um Zeit zu gewinnen. Der A-Typ macht immer wieder die Erfahrung, daß genau dann die Zeit davonrinnt und er das einzelne Erlebnis gar nicht wirklich auskosten kann. Die Zeit, die er gewinnen will, verliert er wieder.

■ *Herr Fusi wurde immer nervöser und ruheloser, denn eines war seltsam: Von all der Zeit, die er einsparte, blieb ihm tatsächlich niemals etwas übrig. Sie verschwand einfach auf rätselhafte Weise. Seine Tage wurden erst unmerklich, dann aber deutlich spürbar kürzer und kürzer. Wie Herrn Fusi, so ging es schon vielen Menschen in der großen Stadt. Niemand schien zu bemerken, daß er, indem er Zeit sparte, in Wirklichkeit etwas ganz anderes sparte. Zeit ist Leben. Und das Leben wohnt im Herzen. Und je mehr die Menschen daran sparten, desto weniger hatten sie. (Aus dem Roman ›Momo‹ von Michael Ende, S. 69–72)*

Nach dem Schweizer Psychotherapeuten und Zeitforscher Luc Ciompi begehen die Zeitkranken mit ihrer aggressiven Grundgestimmtheit einen doppelten Fehler: Sie bilanzieren falsch, weil sie den Zeitaufwand, der für das Arrangement der Erlebnisflut notwendig ist (individuelle Arbeit für das schnelle Auto und die weite Ferienreise, gesellschaftliche Kosten für die Energiebeschaffung und Abfallentsorgung), nicht wirklich einkalkulieren. Und sie verwechseln die objektive mit der subjektiven Zeit, denn ihr Handeln gilt der Verdichtung der objektiven, ihr Wunsch aber der Gewinnung von subjektiver Zeit (Ciompi 1993).

Der eher defensiv gestimmte B-Typ ist im Gegensatz dazu davon überzeugt, daß er genug Zeit für alles hat, was er schaffen muß. Er richtet in Streßsituationen seine Energien eher gegen sich selbst, neigt zu Depressions- und Angsterkrankungen oder zu selbstzerstörerischen Formen der Sucht bis hin zum Selbstmord. Zwischen Sucht, Depression und Selbstmord besteht vermutlich ein recht enger Zusammenhang (z. B. Müller 1985). Der B-Typ kann so als Verlierer-Typ im marktwirtschaftlich-kapitalistischen Konkurrenzkampf interpretiert werden.

Eine etwas andere Zweiteilung der psychischen Muster hat in den 50er Jahren der amerikanische Psychologe Kurt Lewin in seiner „Feldtheorie" aufgestellt. Er unterschiedet zwei grundlegende Verhaltensmuster, nämlich das der „Entwicklung" und das der „Regression" (Lewin 1951). Er belegt empirisch, daß Entwicklung durch die Ausweitung der *Zeitperspektive*, Regression durch ihre Einengung gekennzeichnet ist. Diese Theorie läßt sich gut mit neueren Befunden zu psychischen Krankheiten verknüpfen. Sie zeigen, daß viele psychischen Krankheiten als Folge von Reizüberflutung charakterisiert werden können. Die Betroffenen sind nicht mehr in der Lage, all die Wahrnehmungen ihrer Sinne geistig und gefühlsmäßig zu verarbeiten. Für die Ökologie der Zeit ist interessant, daß diesen Menschen das Zeiterleben verloren geht, daß sich für sie alles drastisch verlangsamt, daß vieles gar stillzustehen scheint. Diese Entwicklung ist oft verbunden mit einem inneren Rückzug in die einfachere Welt der scheinbar unbewegten, anschaulichen Dinge, die der Mensch aus seinen ersten Lebensjahren kennt (Heimann 1989, S. 68f. u. 78).[34] Der Kranke verfügt also nicht mehr in ausreichendem Maß über psychische Ressourcen, mit deren Hilfe er die Reize der Außenwelt entsprechend filtern, bearbeiten und schließlich in die Person kognitiv, emotional und pragmatisch integrieren könnte.

Fazit:
Vieles deutet darauf hin, daß Pflanzen, Tieren und Menschen zwei grundlegende Reaktionsmuster gemeinsam sind: die Aggression, also die Flucht nach vorn, und die Regression, der Rückzug

nach hinten. Beide Reaktionen sind Varianten von Endkampf bzw. Selbstzerstörung und werden in existenziellen Streßsituationen aktiviert.

2. Die Selbstüberforderung der Kultur/Gesellschaft

Das Überforderungssyndrom ist erst dann vollständig nachgezeichnet, wenn der Blick noch einmal auf die Kultur/Gesellschaft gelenkt wird. Es stellt sich die Frage, wie der Beschleunigungszwang, der von ihr ausgeht, auf sie zurückwirkt. Wie entwickelt sich die Kultur/Gesellschaft unter dem Einfluß des selbsterzeugten Beschleunigungsdrucks? Wir erinnern uns: Der Begriff „Kultur/Gesellschaft" faßt all das zusammen, was Menschen hervorgebracht haben, um gemeinsam mit ihresgleichen und mit der Natur zurechtzukommen. Aus zeitökologischer Sicht muß v. a. untersucht werden, welche Ressourcen erforderlich sind, damit die Kultur/Gesellschaft ihre inneren Zyklen, v. a. die der Arbeitsteilung, synchronisieren kann, so daß die Wiederkehr des Ähnlichen gesichert ist.

Die Gerechtigkeitsidee

Durchforstet man die Geschichte des menschlichen Geistes nach einer Antwort auf diese Grundsatzfrage, so taucht, seit Menschen über das Wesen von Kultur und Gesellschaft nachdenken, immer wieder der zentrale Begriff der „Gerechtigkeit" auf. „Ge" bedeutete früher soviel wie „zusammen", „gemeinsam", und mit „Recht" meinte man einen Zustand, in dem alles „gerichtet", „gerade gemacht", „geordnet" ist. Gerechtigkeit in diesem elementaren Wortsinn herrscht also dann, wenn alles zusammenpaßt, das Verhältnis zur Natur und das Verhältnis der Menschen untereinander.

Diese noch hochgradig unbestimmte Definition wurde im Laufe der Geschichte mit höchst unterschiedlichen Inhalten gefüllt. In archaischen Gesellschaften sorgten zunächst unhinterfragbare Traditionen für diesen Zusammenhalt, also gemeinsame Glaubensüberzeugungen und aus ihnen folgende gemeinsame Rituale. Wenn z. B. Feste gefeiert wurden, so dienten diese sowohl dem materiellen Ausgleich wie der Stiftung ideeller Gemeinschaftlichkeit. In der Antike bemühte man sich erstmals um eine systematische Begründung des kulturellen/gesellschaftlichen Zusammenhalts und behauptete z. B., die Edelsten und Weisesten der Gesellschaft müßten festlegen, was unter Gerechtigkeit konkret zu verstehen sei, und sie könnten sich dabei ggf. an den Gesetzmäßigkeiten des Kosmos orientieren (Koslowski 1993, S. 64). Im Mittelalter berief man sich auf die Eingebung der Päpste und Priester, letztlich aber auf Gottes Willen. Für die Neuzeit ist die Frage nach dem Wesen von Gesellschaft bzw. Gerechtigkeit nicht so leicht zu beantworten. Gemeinsam ist allen Antworten seit der Aufklärung, daß sie unhinterfragte Traditionen und personale Autoritäten ablehnen und die Menschen selbst, und zwar prinzipiell alle in der gleichen Weise, für zuständig erklären, wenn es um die Gestaltung von Gesellschaft bzw. die Definition von Gerechtigkeit geht.

Unter den heutigen Kultur/Gesellschafts-Theorien scheint mir die sogenannte *Kritische Theorie* die Leitidee der Aufklärung am konsequentesten weiterzudenken und wegen ihrer materialistischen Fundierung auch für den Anschluß an die zeitökologische Fragestellung am besten geeignet zu sein.[35] Die Kritische Theorie will, auf Marx aufbauend, das Wesen neuzeitlicher Gerechtigkeit präzisieren. Sie sieht in der fortschreitenden Befreiung des Menschen von Natur- und Sozialzwängen die Grundrichtung geschichtlicher Entwicklung. Nach Marx kann es gesellschaftliche Stabilität und menschliche Emanzipation nur geben, wenn das Verhältnis der Menschen zur Natur, also ihre „Produktivkräfte", und das Verhältnis der Menschen untereinander, also ihre „Produktionsverhältnisse", zueinander passen (Marx 1859, S. 8 f.). Jürgen Habermas, ein zeitgenössischer Hauptvertreter der Kritischen Theorie, greift diese Zweiteilung auf, lenkt aber den Blick auf die Sprache als Gattungskennzeichen des Menschen (Habermas 1968, S. 58 f. u. 71 ff.). Auf dieser Basis begründet er, warum das „Projekt der Moderne", das bisher zur weitgehenden Kolonialisierung der Lebenswelt durch die Geldlogik geführt hat, fortgeführt werden muß. Die Mitglieder einer wahrhaft aufgeklärten Gesellschaft, so der Kern seiner geschichts- und sprachtheoretisch begründeten Vision, sollen in einem möglichst „herrschaftsfreien Diskurs" das Gerechte selbst herausfinden und festlegen. Das „kommunikative Handeln" ist für Habermas das Fundament aller Aspekte von Gesellschaft und damit von Gerechtigkeit (v. a. Habermas 1981).

Warum aber sollten Menschen zu solchen Formen des Miteinander-Umgehens motiviert sein? Auf diese Frage hat Habermas nach Auffassung des Berliner Soziologen Axel Honneth, eines der jüngsten Vertreter der Kritischen Theorie, keine überzeugende Antwort gegeben (Honneth 1995, S. 237). Honneths eigene Überlegungen stellen eine Ergänzung der Diskurstheorie dar. Er geht davon aus, daß für die Menschen die *Selbstanerkennung* ein zentrales Handlungsmotiv ist, daß diese Selbstanerkennung stark abhängig ist von der Anerkennung durch andere und daß Anerkennung durch andere unter neuzeitlichen Bedingungen erst durch Leistung zustande kommt. Entscheidend für Gerechtigkeit bzw. Solidarität[36] ist damit die „symmetrische Wertschätzung" der Leistungen der Menschen. Jeder muß die Fähigkeiten des anderen als wertvoll für die gemeinsame gesellschaftliche Praxis erfahren können. Dazu müssen die Institutionen und Werte einer Gesellschaft so beschaffen sein, „daß jedes Subjekt ohne kollektive Abstufung die Chance erhält, sich in seinen eigenen Leistungen und Fähigkeiten als wertvoll für die Gesellschaft zu erfahren" (Honneth 1993, S. 269).

Gerechtigkeit herrscht demnach nur dann, wenn die *Chancen* in bezug auf die Erbringung von Leistung und damit auf die als Folge dieser Leistung zu erwartende soziale Anerkennung und letztlich auf Selbstanerkennung gleich verteilt sind. Da niemals die Leistungen selbst identisch sein können, kann man sich die gleiche Anerkennung nur auf der Basis je unterschiedlicher Leistungen als Folge entsprechender individueller Bewertungen dieser unterschiedlichen Leistungen vorstellen. Über diesen individuellen Bewertungen unterschiedlicher Leistungen muß auch in einer neuzeitlichen Gesellschaft ein allgemeiner Werthorizont existieren, der so „offen und plural" ist, daß im Prinzip jedes Gesellschaftsmitglied die Chance erhält, sich in seinen Fähigkeiten sozial wertgeschätzt zu wissen" (Honneth 1992, S. 284). Dieses Gefühl der Wertschätzung ist es, das die Menschen einer Kultur/Gesellschaft erst dazu bewegt, in „herrschaftsfreie Diskurse" über die Gestaltung von Technologien und Institutionen einzutreten. Während Honneth offen läßt, auf welchen Aspekt der kulturellen/gesellschaftlichen Praxis sich die Leistungen und die dazugehörige soziale Anerkennung bzw. der Werthorizont beziehen (Honneth 1992, S. 287), können aus einer materialistisch-ökologischen Sicht nur Arbeit und Arbeitsteilung als letztliche Basis der gesellschaftlichen Praxis angenommen werden.

Meine These von der Selbstüberforderung der marktwirtschaftlich-
kapitalistisch organisierten Gesellschaft läßt sich nun folgendermaßen formulieren: Weil der gesellschaftliche Zwang zur Beschleunigung der Produktion auf die Vielgestaltigkeit der individuellen
Leistungen und auf die Vielgestaltigkeit der individuellen Bewertungen keine Rücksicht nimmt und Schnelligkeit zum totalitären
Maßstab erhebt, erzeugt er permanent ungleiche Anerkennungs-
chancen und zerstört damit die Basis von Solidarität, Gerechtigkeit
und damit von Gesellschaftlichkeit.

Intragenerative Gerechtigkeit und kurze Zyklen
Diese These soll zunächst im Hinblick auf die Gerechtigkeit innerhalb einer Generation erläutert werden. Hier geht es um die
räumliche Dimension des Zusammenpassens oder, in der Sprache
der Ökologie der Zeit, um die relativ kurzzyklischen Prozesse zwischen den Mitgliedern einer Generation. Sieht man von allen historischen Besonderheiten ab, so kann die Selbstüberforderungsthese
folgendermaßen präzisiert werden: Die „moderne" Wirtschaft erzeugt Verteilungsmuster, die dank der automatisierten Rückkoppelung zwischen Gewinn und Investition durch das nationale und
globale Auseinanderfallen in Untergruppen mit immer unterschied-
licherem Tempo charakterisiert sind. Die auf der permanenten
Rückkoppelung von Gewinn und Investition beruhende Beschleunigung von Produktion und Konsum führt dazu, daß die chancen-
reichen Individuen, Firmen, Regionen, Staaten und Kontinente
grundsätzlich immer chancenreicher werden, die chancenärmeren
immer chancenärmer.[37]
Noch um 1600, ehe die marktwirtschaftlich-kapitalistische Produktionslogik gestartet wurde, war die Produktivität und damit das
Produktionstempo im damals dominierenden Wirtschaftssektor,
also der Landwirtschaft, weltweit etwa gleich (Hesse 1982). Heute,
also nur 400 Jahre später, klaffen in Landwirtschaft, Industrie und
Dienstleistungen Welten zwischen den ökonomisch Fortgeschrittenen und den weniger Fortgeschrittenen. Die *Kulturen/Gesell-
schaften der Langsamen, der Mittelschnellen und der Schnellen*
grenzen sich immer schärfer voneinander ab. Schnell sind nur jene,
die in den High-Tech-Branchen ihr Geld verdienen, die Spezialisten
der Elektronik-, Computer-, Biotechnologie. Zu den Mittelschnellen gehören jene, die in traditionellen, aussterbenden Branchen

arbeiten. Akteure, die aufgrund natürlicher, historischer und/oder biographischer Bedingungen auch bei den Mittelschnellen nicht mithalten können, gehören zum „Ausschuß" und werden zum „Sozialfall". So reißen die räumlichen Netze der Arbeitsteilung auf. Den Opfern wird die Möglichkeit entzogen, Leistung zu erbringen, und damit geht ihnen neben der materiellen Versorgung auch die soziale Anerkennung in der Gesellschaft verloren. Im Norden der Welt entstehen auf insgesamt hohem Niveau sogenannte Zweidrittel-Gesellschaften, die sich bei weiterer Steigerung der Arbeitslosenrate irgendwann zur Eindrittel-Gesellschaft entwickeln. Und weltweit gibt es bereits eine Einfünftel-Gesellschaft mit exponentiell zunehmenden Einkommensungleichheiten.

■   *„Ein Deutscher kostet soviel wie 70 Russen"*
Für die Kosten eines deutschen Arbeitnehmers kann man nach Darstellung des Bundesverbandes des Deutschen Groß- und Außenhandels „70 Russen, 38 Bulgaren, 18 Polen, 17 Tschechen oder zehn Ungarn beschäftigen". (SZ 8./9. 4. 93)

An dieser Stelle ist nun eine Bemerkung zu den wenigen Beispielen angeblich erfolgreicher nachholender Entwicklung v. a. der *südostasiatischen „Tigerstaaten"* angebracht. Wer sie als Gegenbeweis zur hier vertretenen These ansieht, dem sei folgendes erwidert: Erstens profitiert von dem tatsächlich rasanten Wachstum des Sozialprodukts in jenen Ländern bisher nur eine kleine Minderheit städtischer Schichten, und es ist durchaus fraglich, ob sich dieses Wirtschaftswachstum der Schwellenländer dort tatsächlich flächendeckend und gleichmäßig ausbreiten wird. Zweitens ist dieses Wachstum oft nur die Folge von weltweiten Produktionsverlagerungen und wird mit entsprechenden Schrumpfungsprozessen anderswo, mit dem Abbau von Arbeitsplätzen und einer entsprechenden Verschärfung der sozialen Gegensätze, z. B. in Japan oder Europa, erkauft. Drittens ist kein einziges Unternehmen in diesen Schwellenländern in der Lage, in den „strategischen Industriezweigen" über die nationalen Grenzen hinweg eine auch weltwirtschaftlich führende Rolle einzunehmen (Narr/Schubert 1995, S. 143). Viertens geht diese rasante Industrialisierung mit einem enormen sozialen und ökologischen Raubbau einher: Ein erheblicher Teil der dort produzierten Exportgüter wird bekanntlich durch

Kinder- und Zwangsarbeit unter verheerenden sozialen Kosten hergestellt, und in all diesen Schwellenländern nehmen die Gegensätze zwischen Stadt und Land bzw. Reich und Arm dramatisch zu. In bezug auf die ökologischen Kosten dieses sogenannten Wirtschaftswunders, das Ostasien in den letzten zehn Jahren eine Verdoppelung des Bruttosozialprodukts beschert hat, stellt die Weltbank fest, daß sich im selben Zeitraum die Belastung von Luft, Böden und Gewässern verfünf- bis verzehnfacht hat (SZ 8. 12. 93). Und fünftens schließlich zeigt das Beispiel Ostdeutschland, welche ungeheueren Kapitalmassen erforderlich sind, um nur wenige Jahrzehnte Produktivkraftentwicklung nachholen zu können. Kaum eine andere Ökonomie der Welt kann es sich leisten, Jahr für Jahr 150–200 Milliarden DM Transferzahlungen in eine unterentwickelte Region zu leisten, und dies über mehrere Jahrzehnte hinweg. Kurzum: Die Weltmarktgewinner haben ganz offensichtlich einen Produktivitätsstandard erreicht, bei dem es völlig ungewiß ist, ob er von den Verlierern noch einzuholen sein wird. Und wo solche Einholversuche dennoch stattfinden, geschieht dies auf Kosten v. a. anderer kultureller/gesellschaftlicher Teilsysteme sowie auf Kosten der Umgebungssysteme Natur und Individuum. Insgesamt bietet also die marktwirtschaftlich-kapitalistische Produktionslogik nicht nur keinerlei Gewähr dafür, daß unterschiedlich weit entwickelte Weltregionen miteinander im Laufe der Zeit synchronisiert werden könnten, vielmehr muß mit dem Gegenteil gerechnet werden.

Was bedeutet dies nun grundsätzlich in Hinblick auf die intragenerativen Austauschprozesse? Was den *energetischen/materiellen Aspekt des Austausches* betrifft, so eignen sich die Schnellen immer größere Teile der weltweit zur Verfügung stehenden physischen Ressourcen bzw. der ihnen entsprechenden ökonomischen Werte an.[38] Besonders offensichtlich wird dies am extrem unterschiedlichen Ressourcenverbrauch der Reichen und der Armen, sowohl in der nationalen Gesellschaft wie in der Weltgesellschaft. Natürlich zeigt sich die energetische/materielle Ausbeutung auch in den ökonomischen Wertbeziehungen zwischen den Schnellen und Langsamen. Die Schnellen eignen sich aufgrund ihrer ökonomischen und politischen Überlegenheit mühelos die Verfügungsrechte über die Quellen (Rohstoffe) und zunehmend auch über die Senken (Verschmutzungsrechte) der Langsamen an. Zudem verkaufen die Schnellen die Güter, die sie aufgrund dieser Verfügungsrechte herstellen bzw. herstellen lassen, wiederum an die Langsamen. Dies hat eine ungleichgewichtige Wertbilanz zur Folge, da durch die Industrieprodukte der Schnellen die Handwerksprodukte der Langsamen fortwährend entwertet werden. Die Langsamen verlieren so immer mehr die Fähigkeit, selbst Werte zu erzeugen, und geraten immer mehr in die Schuldknechtschaft der Schnellen. Indem die Schnellen aufgrund ihrer überlegenen Produktivität ständig Überschüsse erzeugen und diese wieder verkaufen, befreien sie sich selbst von jener Arbeitslosigkeit, die ihnen ohne diese Möglichkeit logischerweise drohen würde, und wälzen diese Arbeitslosigkeit auf die Langsamen ab. Die Schnellen rauben den Langsamen damit die Möglichkeit, selbst erwerbstätig zu werden, selbst also Leistungen zu erbringen und sich damit dauerhaft und gleichberechtigt am Marktgeschehen zu beteiligen.

Auch im Hinblick auf den *informationellen Aspekt des Austausches* zeigt sich eine zunehmende Kluft. Wenn nämlich das traditionelle Wissen der Langsamen permanent mit dem Wissen der Schnellen konfrontiert wird, wird es unweigerlich verdrängt und gerät irgendwann in Vergessenheit. Die Chemisierung der Landwirtschaft führte und führt z. B. in aller Welt dazu, daß jahrtausendealte Erfahrungen im Umgang mit Boden und Tieren, mit Jahreszeiten und Mondphasen usw. nicht mehr gebraucht werden. Als Folge davon schrumpfte nicht nur das produktive Potential der Natur, sondern auch das der Menschen, die dieses Wissen gespeichert und immer wieder weitergegeben hatten. Die Schnellen zerstören dank ihrer überlegenen Informations- und Kommunikationstechniken bei den Langsamen systematisch einen über lange Zeit entstandenen und gehüteten Erfahrungsschatz und damit nicht nur deren Wettbewerbsfähigkeit, sondern sie gefährden auch das Selbstwertgefühl dieser Menschen.

Durch den materiellen und immateriellen „Fortschritt" wird den Opfern des Fortschritts also der Boden für die Erbringung jener Leistung entzogen, die nötig ist, um soziale Anerkennung und dadurch letztlich die unentbehrliche Selbstanerkennung zu erlangen. Damit erklärt sich zunächst die zunehmende objektive, also die materielle Kluft, und zwar nationaler Gesellschaften wie auch der Weltgesellschaft. Die relativ kurzen Zyklen der Leistung und Gegenleistung bzw. der Anerkennung von Leistung und Gegenleistung, aus denen das räumliche Netz arbeitsteiliger Gesellschaften besteht, sind hochgradig gestört. Wie sich parallel zu diesen faktischen Ungleichheiten die Pluralität der Wertungen auf der Basis eines gemeinsamen Werthorizontes entwickelt, müßte näher untersucht werden. Aus materialistischer Sicht scheint es jedoch unwahrscheinlich, daß eine wachsende objektive Kluft mit wachsender subjektiver Offenheit für das Andersartige einhergeht und daß der gemeinsame Wertehorizont, etwa die Menschenwürde, dabei auf Dauer als universelles Leitbild akzeptiert wird.

Gleichgewichtsverlust, Ordnungsverlust, Zivilisationsverlust
Solche *ökonomischen Ungleichgewichte* zwischen den Schnellen und den Langsamen hätten nach der Erwartung der liberalen Theorie eigentlich durch die „unsichtbare Hand" des Marktes immer sofort wieder beseitigt werden müssen. Aber es kam bekanntlich anders. Der Staat mußte von Anfang an, in Deutschland spätestens seit den 70er Jahren des 19. Jahrhunderts, immer stärker in das Marktgeschehen eingreifen, um Ungerechtigkeiten und Auflösungserscheinungen zu mildern. So sah sich der Staat in allen marktwirtschaftlich-kapitalistischen Ländern nach und nach zu Eingriffen gezwungen. Zur Sozial-, Schutzzoll-, Struktur-, Konjunktur-, Forschungs-, Entwicklungspolitik und anderen Politiken kam als letztes noch die Umweltpolitik hinzu. Heute funktioniert nichts mehr ohne die ordnende Hand des Staates, nicht einmal das Klima. Nur: Das Problem der Hetze und Beschleunigung ist damit nicht gelöst, sondern nur auf eine höhere Ebene verlagert. Denn der Zeitdruck der Ökonomie pflanzt sich fort im *Zeitdruck der Politik*.

Dies läßt sich empirisch gut nachweisen. Zunächst könnte man vermutlich ohne Schwierigkeiten belegen, daß ein Großteil der politischen Interventionen in die Gesellschaft der Beschleunigung, v. a. des Wirtschaftswachstums, dient. Man denke nur an den Beginn des Staatsinterventionismus im 19. Jahrhundert, an die Sicherung billiger Rohstoffe und Absatzmärkte in aller Welt, an die Förderung der Verkehrsinfrastruktur, an die Bereitstellung leistungsfähiger Kommunikationsnetze – alles in den meisten Ländern der Welt durch die staatliche Hand initiiert oder sogar realisiert. So diente z. B. in Deutschland nach dem Anschluß der ehemaligen DDR an die BRD v. a. der Bau von zigtausend Kilometern Autostraße und eines Hochgeschwindigkeitszugsystems dazu, den „verschlafenen"

Osten unverzüglich an die Dynamik des Westens anzukoppeln, um dort die Wirtschaft in Fahrt zu bringen. Zu diesem Zweck wurde im Deutschen Bundestag ein „Verkehrswegebeschleunigungsgesetz" verabschiedet, das die üblichen rechtsstaatlichen Einspruchsmöglichkeiten bei Verkehrsprojekten auf ein Minimum reduziert.

Wie sehr die staatliche Beschleunigungspolitik im Interesse der Industrie ist, zeigt sich immer dann besonders deutlich, wenn sich Industrielle gegen eine weitere Demokratisierung der politischen Willensbildung aussprechen. Hans-Olaf Henkel z.B., der Präsident des Bundes der Deutschen Industrie (BDI), beklagt in einer Diskussion mit Joschka Fischer, dem Vorsitzenden der Fraktion von Bündnis 90/Die Grünen, daß „uns" die „Konsens-Gesellschaft" schon viele Arbeitsplätze gekostet habe (DER SPIEGEL 39/95, S. 27). Daß solche und ähnliche Klagen andererseits von der Politik sehr ernstgenommen werden, zeigt die Tatsache, daß ebenfalls im Sommer 1995 eine 14köpfige Arbeitsgruppe der Bonner Koalitionsparteien und Fachministerien Vorschläge zur generellen Verkürzung von Planungs- und Genehmigungsverfahren vorgelegt hat. Begründet wurde darin die Notwendigkeit von administrativen Beschleunigungsmaßnahmen damit, daß Deutschland sonst angesichts der zunehmend schneller werdenden Marktprozesse und der um das 4- bis 10fache kürzeren Genehmigungsprozeduren etwa in Frankreich oder in Belgien im Standortwettbewerb zurückfallen würde (SZ 3.–5. 6. 95).

■ *Die vor 150 Jahren von Karl Marx aufgestellte berühmte 11. Feuerbach-These („Die Philosophen haben die Welt nur verschieden interpretiert; es kommt aber darauf an, sie zu verändern.") muß heute ins Gegenteil verkehrt werden: „Wir verändern heute viel zuviel, so daß wir mit der Interpretation nicht mehr hinterherkommen." (Der Philosoph Herbert Schnädelbach in einem Referat an der Humboldt-Universität Berlin, SZ 4./5. 3. 95)*

Welchen Zeithorizont hat die Politik in ihrem Bemühen um Beschleunigung im Auge? Untersuchungen zum Umgang mit Zeit in der Ministerialbürokratie zeigen z.B., daß man sich dort meist kaum um die mittlere oder gar fernere Zukunft kümmert. Der Grund dafür ist nach Aussagen der befragten Spitzenbeamten v.a. die Angst, Fehler zu machen und bei einem längeren Zeithorizont nicht mehr flexibel genug auf die vielen Außenimpulse und Interessen reagieren zu können (Hofmann 1995, S. 298 u. 303). Dies ist ein Hinweis darauf, wie sehr die staatliche Beschleunigungspolitik reaktiven Charakter hat.

So kann es nicht verwundern, daß auch der Staat, wie schon die „unsichtbare Hand" des Marktes, bei der Ausübung seiner *Ordnungsfunktion systematisch überfordert* ist. Demokratische Politik ist zum einen schon allein dadurch gehandikapt, daß ihre Entscheidungen in der Regel vielschichtige Willensbildungsprozesse durchlaufen müssen, während in der Wirtschaft das Kommandoprinzip herrscht. Je weniger Mitsprache, desto schneller und effektiver kann verhandelt und gemanagt werden. Noch mehr herausgefordert wird der Nationalstaat aber durch die Dynamik der multinationalen Konzerne und Finanzjongleure, die je nach Rentabilitätsaussichten durch einsame Entscheidungen ganze Volkswirtschaften und Nationalstaaten ins Elend stürzen können – oder auch nicht. Wie schon erwähnt (vgl. Kap. IIA3), wandern täglich ein bis zwei Billionen Dollar rund um die Erde, riesige Summen können auf Knopfdruck von einem Land in das andere transferiert werden. Das alles geschieht weitgehend unkontrollierbar für jene Instanzen, die von den Wählern den Auftrag haben, für das Gemeinwohl zu sorgen. Die Zentralbanken der großen Industriestaaten fühlen sich diesen Kapitalbewegungen gegenüber relativ hilflos ausgeliefert, was z. B. daran ersichtlich ist, daß sie insgesamt lediglich 670 Milliarden Dollar an Währungsreserven besitzen (AKTUELL '96, S. 446), mit denen sie in die Weltwirtschaft nur recht begrenzt regulierend eingreifen können. Daß übrigens die Devisenhändler in den internationalen Börsen Höchstleistungen in punkto Tempo vollbringen und daß ihre Geschäfte auch von den Mitgliedern der Aufsichtsgremien der großen Banken, für die sie arbeiten, oft nicht mehr nachvollzogen werden können, das hat der Fall des 28jährigen Nick Leeson Anfang 1995 bewiesen, der eines der ältesten britischen Bankhäuser in den Ruin getrieben hat (SZ 28. 2. 95).

Zur wirtschaftlichen Eigendynamik gehört auch die wachsende weltwirtschaftliche Komplexität. Die zunehmende Globalisierung der Wirtschaft produziert immer mehr politischen Zentralismus und mindert damit die Chancen für überschaubare und gestaltbare demokratische Entscheidungsprozesse. Wenn Arbeitnehmervertreter etwa mit Staatsmännern über Arbeitsplätze diskutieren, haben sie „häufig den Eindruck, nur mit Strohmännern zu reden, die weder glaubwürdig noch gewillt sind, bindende Zusagen zu machen, weil sie so sehr abhängig sind vom internationalen wirtschaftlichen Umfeld, das sie selber immer weniger im Griff haben". So urteilt der Generaldirektor der Internationalen Arbeitsorganisation in Genf (ILO), Michel Hansenne (SZ 1. 2. 94).

■ *Nach sieben Jahren Verhandlungen:*
Neues Abkommen über den Welthandel unterzeichnet
Das 26000 Seiten starke Abkommen sieht eine in der Geschichte bisher einmalige Liberalisierung des Welthandels vor.
(SZ 16./17. 4. 94)

Der eigentliche Grund aber, warum die Nationalstaaten zu souveränen Ordnungsleistungen immer weniger in der Lage sind, liegt darin, daß sie sich keinen wirklich weiten Blick in die Zukunft, kein sorgfältiges Abwägen der heutigen mit den morgigen und übermorgigen Konsequenzen ihrer Entscheidungen leisten können. Die Nationalstaaten wissen, daß zu große Weitsichtigkeit v. a. in der Sozial- und Umweltpolitik sie unweigerlich ins Hintertreffen gegenüber jenen konkurrierenden Staaten bringen würde, die nur kurz- und mittelfristig kalkulieren. Den Staaten geht es nicht anders als den Unternehmungen: Halten sie sich nicht an den durchschnittlich üblichen Zeitmaßstab, und das ist, zumindest für die Industrieländer, der der Schnellsten, die gleichzeitig den Großteil der Weltproduktion und des Welthandels bestreiten, fallen sie im Wettlauf zurück. Hier kehrt der ökonomische Durchschnittsmaßstab, der dem Wertgesetz entspringt, als politischer Durchschnittsmaßstab für einen durchschnittlich weiten Zeithorizont wieder.

Je weniger die Nationalstaaten für die mittel- und langfristige Ordnung der Wirtschaft als Basis der Kultur/Gesellschaft sorgen können, desto größer wird die Gefahr der *Verletzung von rechtlichen und zivilisatorischen Normen*. Der fließende Übergang von ökonomischem Gleichgewichtsverlust, politischem Ordnungsverlust und zivilisatorischem Normenverlust kann auf allen Ebenen beobachtet werden. Die Gefahr geht, oberflächlich betrachtet, zunächst meist von den Verlierern aus. Ein Blick auf die Biographien von Kriminellen, die oft aufgrund rationaler Kosten-Nutzen-Kalküle straffällig werden, kann dies illustrieren.[39] Ähnliches zeigt der

Blick in das Innere vieler mittelständischer Unternehmen, die einem zunehmenden Konkurrenzdruck durch Großkonzerne ausgesetzt sind, oder der Blick in das Innere ganzer Volkswirtschaften und Nationalstaaten. Dort gilt Arbeitnehmermitbestimmung meist genauso als Luxusartikel wie Umweltschutz, Rechtsstaatlichkeit und Demokratie. Individuen, Firmen und Staaten, denen das wirtschaftliche Gleichgewicht abhanden gekommen ist, schrecken in aller Regel in ihrem Bemühen, sich ökonomisch und politisch über Wasser zu halten, auch vor der Verletzung von rechtlichen und zivilisatorischen Normen nicht zurück.

Was die Staaten betrifft, so läßt sich am Beispiel der Entwicklung von Verfassungsinstitutionen die regelmäßige Bereitschaft belegen, in Krisenzeiten rechtsstaatliche, demokratische und schließlich zivilisatorische Grundsätze aufzugeben. Die Verfassung eines Staates kann ja grundsätzlich als schriftlicher Zeitplan interpretiert werden, der festlegt, für welche gesellschaftlichen Fragen genügend Zeit für Diskussionen in Parlamenten erübrigt werden kann und welche Fragen durch Regierungsakte, womöglich sogar ohne richterliche Überprüfungsmöglichkeit, entschieden werden können (Häberle 1989). Autoritäre Regime managen das politische Geschäft in Krisenzeiten schneller als die Vielzahl der Verbände, Parteien, parlamentarischen Gremien und Kabinette. Die Geschichte kennt genügend Beispiele dafür, daß die Bürger einer gestreßten Gesellschaft, die im Rennen zurückzufallen droht, ohne große Skrupel auf ihre Freiheits- und Mitwirkungsrechte verzichten und einem Diktator die alleinige Macht einräumen.

Daß dieser Verzicht auf elementare politische Rechte der Beschleunigung des politischen Prozesses dienen soll, wird z. T. offen zugegeben. So haben die *Faschisten* das Parlament konsequenterweise „Schwatzbude" genannt und politisch ausgeschaltet.[40] An die Stelle des zeitraubenden Streits um das bessere Argument wollen Rechtsradikale die schnelle Entscheidung treten lassen, die der Bessere und Stärkere herbeizuführen hat.[41] Wie sehr auch heute die westliche Welt trotz aller demokratischen Schwüre bereit ist, autoritäre Problemlösungen als die im Vergleich zu demokratischen Lösungen effektiveren vorzuziehen, zeigte sich z. B., als die demokratische Welt 1993 alle Hoffnung darauf setzte, daß dem russischen Präsidenten Boris Jelzin der Staatsstreich gegen Verfassung und Parlament gelang. Der Westen wußte und weiß, daß ein nichtrechtsstaatliches und nichtdemokratisches Regime in einem derart labilen Land, wie es Rußland seit 1989 war und heute noch ist, angesichts der ungeheueren Menge von zivilem und militärischem Vernichtungspotential allemal besser ist als ein Bürgerkrieg.[42]

Der Krieg schließlich ist die schnellste Form der Ordnungspolitik, und er bringt gleichzeitig den völligen Verlust der zivilisatorischen Basis des Zusammenlebens mit sich. Der französische Philosoph Paul Virilio hat auf diese Zuspitzung der kulturellen/gesellschaftlichen Beschleunigung vielfach hingewiesen (Virilio 1980, 1987 u. 1993). Technischer Fortschritt war immer schon von politisch-militärischen Interessen vorangetrieben worden, und höchste Priorität hatte dabei die Beschleunigung der militärischen Schlagkraft. Epochale Erfindungen, vom Schwarzpulver über den Telegraphen bis zur Miniaturisierung der Elektronik, dienten immer wieder einem Hauptzweck: den Feind zu treffen, ehe er zurückschlagen kann. Die Vorwarnzeiten für den Einsatz schweren Kriegsmaterials in den höchstgerüsteten Weltregionen reduzieren sich heute auf wenige Minuten. Es kann nur der gewinnen, der alles schon tausendmal durchgespielt hat, der das gesamte Szenario im Computer abrufbereit gespeichert hat, dessen Jugend am Monitor großgeworden ist. Daß der Krieg die Antithese zum Diskurs ist, zeigt nicht zuletzt die rigorose Beschneidung des öffentlichen Diskurses, v. a. der Pressefreiheit, in allen bisherigen Kriegen, unabhängig davon, wie demokratisch der Staat verfaßt ist, der den Krieg führt. Krieg ist im Wesen nichts anderes als die blitzschnelle Konfrontation des Kontrahenten mit fertigen Tatsachen – das absolute Gegenteil des Diskurses um Gerechtigkeit.

Intergenerative Gerechtigkeit und lange Zyklen

Die These von der Selbstüberforderung der Kultur/Gesellschaft aufgrund der Beschleunigungslogik der Produktion bezieht sich außer auf den gerechten Austausch von Leistung und Gegenleistung und die wechselseitige Anerkennung von Leistung und Gegenleistung innerhalb einer Generation auch auf das Verhältnis zwischen den Generationen. Hier handelt es sich quasi um die zeitliche Dimension von Gesellschaft, um die langen Zyklen. Wie wirkt sich die Beschleunigung von Produktion und Konsum nun auf die zeitliche Kohärenz von Gesellschaft aus? Welches Schicksal erleiden die langen Eigenrhythmen, also die Generationenfolge und alles, was mit dem generativen Wechsel einhergeht, unter dem ökonomischen Druck?

Am offensichtlichsten zeigen sich die Probleme des intergenerativen Zusammenhalts an der *biologischen Reproduktion* der Bevölkerung. In traditionellen Kulturen sorgten meist religiöse Vorschriften für eine den ökologischen Bedingungen angemessene Geburtenrate und damit für die biologische Reproduktion über lange Zeiträume hinweg (z.B. Goetze 1983, S.126–159 u. Schmid 1992, S.72–88). Je mehr nun in den marktwirtschaftlich-kapitalistischen Kulturen/Gesellschaften die Logik der Beschleunigung von Produktion und Konsum das Leben bestimmt, desto höher wird die Wahrscheinlichkeit, daß auch Fragen der Fortpflanzung dem Kosten-Nutzen-Kalkül unterworfen werden müssen. Dann erscheinen z.B. im Norden der Welt auf der individuellen Ebene immer häufiger Kinder als Ballast beim Erklimmen der Karriereleiter, und auf der gesellschaftlich-politischen Ebene gelten Ausgaben für Kindergärten oder Bildung als Sozialkosten, die den ökonomischen Wachstumsprozeß bremsen. Hier zeigt übrigens ein Vergleich mit der ehemaligen DDR, daß dort aufgrund ganz anderer ökonomischer Rahmenbedingungen die Geburtenrate wesentlich höher war. Wenn alle Zeiträume durch die Produktionslogik kolonialisiert werden, werden also selbst die Generationszyklen gefährdet.

Das Problem der intergenerativen Gerechtigkeit ist jedoch noch weit diffiziler. Wenn ich im folgenden grob vereinfachend von den „Alten" spreche, meine ich etwa das dritte Lebensdrittel, mit den „Jungen" das erste. Das im Zusammenhang mit den intragenerativen Spannungen angesprochene Problem der *energetischen/materiellen und informationellen Übervorteilung* der Langsamen durch die Schnellen taucht auch im intergenerativen Zusammenhang auf. Allerdings liegen die Dinge hier etwas komplizierter. Je schneller auf die herrschende Art und Weise produziert und konsumiert wird, desto massiver nehmen die Alten den Jungen auf einer endlichen Erde einerseits Energie/Materie weg und desto mehr Müll hinterlassen sie ihnen zudem. Andererseits wird mit der systematischen Beschleunigung von Produktion, Technik und Wissenschaft gleichzeitig permanent neues Wissen hervorgebracht und altes Wissen entwertet. Die Konsumgesellschaft produziert quasi auch einen ideellen „Müll". Er aber belastet nicht wie der materielle Müll die

Jungen, sondern die Alten, denn ihr Wissen ist es, das mit steigendem Innovationstempo ständig entwertet wird.[43] Hier weisen also der energetische/materielle und der informationelle Aspekt der Spannungen zwischen Jung und Alt in unterschiedliche Richtungen, ohne daß dadurch freilich irgendeine Art von Ausgleich zu erwarten wäre. Denn der Tausch von Energie/Materie gegen Informationen zwischen den Generationen vollzieht sich nach weitgehend ungeklärten Regeln.

Unabhängig von dieser Frage nach den Konsequenzen der Nutzenverteilung zwischen verschiedenen Generationen ist ferner zu befürchten, daß sich die *Lebenswelten und Zeitperspektiven* der Jungen und Schnellen von denen der Alten und Langsamen bereits heute schon ziemlich weit auseinanderentwickelt haben und daß sie dies auch in Zukunft mit wachsendem Tempo tun werden. Je mehr die Kultur/Gesellschaft all ihre Teilbereiche dem Produktivitätsvergleich unterwirft, desto mehr wird auch das Verhältnis zwischen den Generationen durch das Produktivitätsargument beherrscht sein. Da die Jungen und die Alten im Sinn der Weltmarktproduktivität meist unproduktiv sind, weil sie ihre produktiven Phasen entweder noch vor sich oder bereits hinter sich haben, liegt es in der Konsequenz der Produktivitätslogik, daß mit steigendem äußeren Konkurrenzdruck die Jungen und Alten von den Mittleren als Ballast empfunden werden. So stellt sich eine doppelte Frage: Wann wird die produktive mittlere Generation die Jugendzeit gänzlich abschaffen und Kinder und Jugendliche mit aller Konsequenz nur noch in Hinblick auf die Optimierung des „Wirtschaftsstandorts" konditionieren? Und wann wird die produktive mittlere Generation auch den Alten gegenüber das Programm der Verschlankung des Wirtschaftens und Lebens ohne Wenn und Aber in die Tat umsetzen, um ohne Ballast noch schneller sein zu können?

■ *Nach und nach bekamen die Kinder Gesichter wie kleine Zeit-Sparer. Verdrossen, gelangweilt und feindselig taten sie, was man von ihnen verlangte. Und wenn sie doch einmal sich selbst überlassen blieben, dann fiel ihnen nichts mehr ein, was sie hätten tun können. (Aus dem Roman ›Momo‹ von Michael Ende, S. 187)*

Neben dem praktischen Umgang der Generationen miteinander gehört zum intergenerativen Gesellschaftszerfall noch ein letzter

Aspekt, der vielleicht der gravierendste von allen ist: Die beschleunigte Innovation hat tiefgreifende Konsequenzen für das generelle *Bewußtsein über Vergangenheit, Gegenwart und Zukunft.* Die Wiener Wissenschaftstheoretikerin Helga Nowotny beschreibt dies in ihrem Buch ›Eigenzeit‹ sehr treffend: „Die Vergangenheit kann den Abfall nicht schnell genug aufnehmen. Durch die Schaffung von immer mehr Neuem nimmt zwangsläufig das zu, was beseitigt werden muß. Beide Prozesse bedürfen einer veränderten Balance – in einer erstreckten Gegenwart." (Nowotny 1993, S. 12) Erinnerung wird als Fortschrittsbremse empfunden, sie hindert am Aufsaugen des Neuen. Und Zukunft erscheint als bereits durch die Gegenwart programmiert, so daß es sich nicht lohnt, über sie zu phantasieren und sie bewußt entwerfen zu wollen. Zukunft kann höchstens aus der Gegenwart extrapoliert werden. Kurzum: Die nach hinten und vorne ausgedehnte Gegenwart läßt Vergangenheit und Zukunft tendenziell bedeutungslos werden.

■ *30 Sekunden lang Drive-in-Trauer*
„Sie kommen hereingefahren, unterschreiben eine Kondolenzkarte, fahren ein Stück weiter, werfen durch die Seitenscheibe einen letzten Blick auf den Verblichenen und fahren wieder hinaus." So schildert Frank Givens, Inhaber eines Beerdigungsinstituts in der US-amerikanischen Autostadt Detroit, wie in seinem Unternehmen die letzte Ehre für Tote durch Drive-in-Trauer ohne auszusteigen radikal auf 30 Sekunden verkürzt werden kann. Givens zufolge können zwei Leichen zur gleichen Zeit betrachtet werden. (FR 2. 8. 86)

Wie eine Gesellschaft *ohne Vergangenheit und Zukunft* leben kann, das weiß heute niemand. Der Berliner Politikwissenschaftler Bernd Guggenberger sieht dramatische Konsequenzen: Wer die Alten nicht mehr braucht, wer sie als Ballast begreift, in einer Welt, die in die Zukunft fliegt, der wird aufhören, die Toten in dem Tempo verwesen zu lassen, das die Natur für solche Prozesse vorsieht (vgl. das Vorwort), und er wird keine Zeit mehr verschwenden, um für die Toten Kunstwerke zu errichten, wie dies frühere Kulturen getan haben. Noch weit folgenreicher könnte sein, daß eine solche gegenwartsfixierte Gesellschaft einen kollektiven Gedächtnisverlust erleiden und auch ihre Zukunftsperspektive verlieren wird. Mit den Worten des russischen Dichters Tschingis Aitmatov: „Die Men-

schen werden schlecht, wenn sie nicht an ihre Väter denken ...
Denn niemand wird sich seiner Taten schämen, wenn sich seine
Kinder und Kindeskinder doch nicht an ihn erinnern. Und niemand wird gute Taten vollbringen, weil die Kinder ja doch nichts
davon wissen werden." (zit. nach Guggenberger 1991, S. 71)

Wenn eine Kultur/Gesellschaft nur in den Tag hineinlebt, sich
ihrer zeitlichen Vernetztheit nicht mehr bewußt ist, ist sie nicht
mehr Subjekt ihrer Geschichte. Einer solchen Kultur/Gesellschaft
ergeht es wie einzelnen Menschen, die sich nicht mehr erinnern
können und keine Zukunft mehr sehen, wie Menschen, die nicht
mehr wissen, wer sie sind. Oder, um an einen Vergleich des Sozialphilosophen Max Horkheimer zu erinnern: Wenn eine Kultur/Ge-
sellschaft ihrer Vergangenheit und Zukunft verlustig gegangen ist,
dann ergeht es ihr wie den Insassen eines Flugzeugs, das seinen
Piloten verloren hat und blind in den Raum hineinrast (Horkheimer 1947, zit. nach Ziegler/da Costa 1991, S. 21 f.).

Fazit:

Die vom System Kultur/Gesellschaft ausgehende Beschleunigung der Produktion bewirkt neben der Überforderung der beiden
Nachbarsysteme Natur und Individuum auch die eigene Überforderung. Die schnellen Akteure setzen sich von den langsamen immer
mehr ab und erzeugen dadurch eine zunehmende räumliche und
zeitliche Kluft.[44] Diese Kluft verhindert, daß die Chancen zur Leistungserbringung und damit zur sozialen Anerkennung und letztlich zur Selbstanerkennung innerhalb einer Generation und zwischen den Generationen gerecht verteilt werden. Wenn aber das
Grundgefühl bzw. die Grundüberzeugung, daß es gerecht zugeht,
nicht mehr vorhanden ist, gewinnen jene Kräfte die Oberhand, die
die Kultur/Gesellschaft sprengen.

Exkurs: Wenn einer zu spät kommt

Oft wird so getan, als ob wirtschaftliche und politische Konkurrenz eine sportliche Veranstaltung der Gesellschaft sei. Wer den Ge-
waltcharakter der „Sach"zwänge der „Moderne" nicht durchschaut,
ist dann plötzlich entsetzt, wenn das friedliche Gesicht des Wettbewerbs schlagartig in eine gewalttätige Fratze umschlägt. Vor dem

Hintergrund eines zeitökologischen Paradigmas ist ein solches Umschlagen aber vorhersehbar. Wenn in einer Gesellschaft, sei sie national oder global, die Kluft zwischen den Schnellen und den Langsamen immer unüberbrückbarer wird, wenn die Langsamen jegliche Aufholhoffnung verlieren, wird dies die beiden Reaktionsmuster Aggression und Regression auch im System Kultur/Gesellschaft in vollster Schärfe hervortreten lassen.

Haben oder hassen?

Die *Sieger* werden ihren Blick noch mehr als üblich verengen und ihre Identität voll und ganz aus dem schöpfen, was sie alles „haben", und ihr Eigentum als Folge der sich verschärfenden Kluft zunehmend bedroht sehen. Und diese Identitätsstiftung wird immer mehr über das Vergleichen stattfinden: Was habe ich, was hat mein Nachbar? Wenn alle materiellen Bedürfnisse befriedigt sind, wird an den Konsumgütern zunehmend deren Symbolgehalt wichtig. Das Motto der Kultur des Habens lautet: „Hast Du was, dann bist Du was!"

Was aber, wenn diese Lebensstrategie nicht aufgeht, wenn Sieger sich z. B. in der nächsten Runde plötzlich auf der Verliererseite wiederfinden, weil ihre Einkommen stagnieren oder gar sinken, Arbeits- und Ausbildungsplätze verwehrt sind, der Anschluß an den Weltmarkt aussichtslos wird? Wie kommen die *Verlierer*, die Nicht-Habenden, in einer Kultur des Habens mit ihrer Situation zurecht? Und was geschieht, wenn jemand merkt, daß ihm trotz seines Wohlstands etwas Wichtiges fehlt, daß sich die Glücksversprechen nicht erfüllt haben, daß also all sein Abrackern letztlich vergebens war? Auch der Wohlstandschauvinismus kann insofern also als Variante dieses Reaktionsmusters angesehen werden, weil die Rechnung des Wohlstandschauvinisten in der Regel nicht aufgeht.

Wenn die Chancen auf materielle Glücksstrategien schwinden oder wenn trotz materiellen Erfolgs Leere zurückbleibt, steigen die Chancen für ideell-moralische Wertorientierungen. Aber diese Moral stellt meist *„vormoderne" Werte* in das Zentrum der Selbstfindung: die Familie, den Stamm, die Nation, die Rasse, die Religion. Menschen, die mit den Spielregeln der „Moderne" nicht klarkommen, die die Erfahrung machen, daß ihre körperlichen und psychischen Grundbedürfnisse unbefriedigt bleiben, ziehen sich oft zurück auf eine sicherere Grundlage, auf Vertrautes, auf solches, das ihnen nicht mehr genommen werden kann. Während das Haben materieller Güter von den Zufälligkeiten des Lebens abhängig ist, ist die Zugehörigkeit z. B. zur Nation eine unwiderrufliche, quasi natürliche Eigenschaft. In der „Vormoderne" solcher natürlicher Bindungen suchen die Enttäuschten jene Geborgenheit, die ihnen die „Moderne" verweigert. Damit zeigen sie genau jenes Reaktionsmuster, das oben im Zusammenhang mit psychischem Streß als „Regression" bezeichnet worden ist.

Je schlechter Menschen, Gruppen und Völker mit der friedlichen Version des Beschleunigungswettbewerbs zurechtkommen, desto radikaler werden solche Rückzüge in frühere Formen der Sinnstiftung ausfallen. Je mehr die Sieger durch materielles Besser-Sein auftrumpfen, desto näher liegt es, daß die Verlierer mit ideellem Besser-Sein kontern.

■ *Diese Gesellschaft baut fast ausschließlich auf materiellen Dingen auf. Jeder ist bestrebt, sich Geld und damit dicke Autos, Designerklamotten oder teure Wohnungen zu beschaffen. Das kann nicht so weitergehen und nicht der Sinn des Lebens sein. Kameradschaft und Zusammengehörigkeit sind uns dagegen wichtiger. (Ein 17jähriger Gymnasiast aus Dresden, der sich einer rechten Jugendgruppe angeschlossen hat, aus DER SPIEGEL 50/1992, S. 26)*

Das Bewußtsein des Besser-Seins gelingt um so leichter, je mehr es über ein Vergleichsobjekt hergestellt wird. So kann es nicht verwundern, daß eine Studie über Rechtsextremismus unter Jugendlichen feststellt, bei einem beachtlichen Teil der Bevölkerung sei es nur ein kleiner Schritt vom „Hast du was, dann bist du was" zum „Haßt du was, dann bist du was" (Grill 1992). Das Bewußtsein der moralischen Überlegenheit stabilisiert das Selbstwertgefühl mindestens so sehr wie das Bewußtsein, sich materiell mehr als andere leisten zu können.

Der deutsche „Sonderweg"
In die Frustrationen sind in der Regel sowohl materielle als auch ideelle Komponenten miteinander verflochten, und sie können ganze Völker bzw. deren Eliten erfassen. Ein kurzer Rückblick auf die deutsche Geschichte illustriert, wie risikobereit und skrupellos historische Nachzüglergesellschaften beim Aufholen und schließ-

lich beim Überholen der Konkurrenz sein können. Daß die deutsche Geschichte in den letzten zwei Jahrhunderten in Europa einen „Sonderweg" genommen hat, zeigen bereits *Ausgangs- und Endpunkt der Entwicklung*: Vor 200 Jahren war Deutschland wirtschaftlich und politisch hoffnungslos im Rückstand, heute, besonders nach erfolgter Wiedervereinigung, ist es die unbestrittene Nummer eins in Europa. Dazwischen hat dieses Deutschland bzw. sein Vorläufer und Gründer Preußen zwei Weltkriege und drei europäische Kriege angezettelt, in denen über 60 Millionen Menschen geopfert wurden. Die im folgenden skizzierte These lautet: Die vielen Kriegstoten waren letztlich die Kosten des Versuchs im wesentlichen großbürgerlicher Kreise, die deutsche Geschichte zu beschleunigen.

Das Bemühen um eine *Reichsgründung* von unten war 1848/49 vor allem daran gescheitert, daß eine starke und einheitlich agierende bürgerliche Kraft als Gegengewicht zu den Feudalmächten noch nicht herangereift war. In dieser Situation sorgte die preußische Regierung für eine Reichsgründung von oben. Sie würgte den Gärungs- und Klärungsprozeß der bürgerlichen Kräfte brutal ab. Bismarcks bekannte Maxime lautete: „Nicht durch Reden und Majoritätsbeschlüsse werden die Fragen der Zeit entschieden – das ist der Fehler von 1848 und 1849 gewesen, sondern durch Eisen und Blut." (Bismarck 1862, zit. nach Böhme 1967 S. 129) Nach dieser preußischen Reichsgründung konnte sich auch im zurückgebliebenen Deutschland der Kapitalismus voll entwickeln. Und prompt gaben die meisten Liberalen, die Bismarck jahrelang aufs heftigste bekämpft hatten, ihren Widerstand auf und unterstützten den Junker durch ihre „Realpolitik". Nur die Sozialisten blieben stur. Beharrlich verkündeten sie, diesem System „keinen Mann und keinen Groschen" geben zu wollen. Sie waren die einzigen, die sehr klar voraussahen, daß Kapitalismus in Imperialismus und Imperialismus in Krieg münden müsse. Der Blitzkrieg von 1870 gegen Frankreich hatte jedenfalls den Einigungsprozeß, der auf demokratischem und friedlichem Weg wohl noch einige Jahrzehnte gedauert hätte, schlagartig herbeigeführt.

Der *Erste Weltkrieg* war dann die nächste Beschleunigungsoffensive. Die Kriegstreiber wollten für das aufgrund der Reichsgründung wirtschaftlich förmlich explodierende Deutschland neue Grenzen, neue Rohstoffe und Absatzmärkte. Der Nachzügler

Deutschland, der wirtschaftlich längst aufgeholt hatte, sollte nach dem Willen dieser Kreise auch politisch aufholen und insgesamt einen unanfechtbaren Vorsprung erringen. Eine ganze Nation zog jubelnd in den Krieg. Nach dem Desaster schienen jene Kräfte, die auf die militärische Beschleunigungsstrategie gesetzt hatten, zunächst abgeschlagen. Die Sozialdemokraten sorgten dafür, daß in der Weimarer Verfassung der radikale Umbau weiter Teile der deutschen Wirtschaft in Anlehnung an das Rätesystem verankert wurde. Aber aus all den Mit- und Selbstbestimmungsplänen, aus all den Sozialisierungskonzepten wurde nichts. Man fürchtete bereits wenige Jahre nach dem Krieg, durch solche politischen „Experimente" Zeit beim wirtschaftlichen Wiederaufbau zu vergeuden. Deshalb übernahm man auch nahezu die gesamte Machtelite des Kaiserreichs in die Republik. Oberste Priorität hatte offenbar, die gestoppte Entwicklung möglichst schnell fortzusetzen. Nicht auf den Schlachtfeldern, sondern auf dem Weltmarkt errangen die Deutschen bald ihre alte Stellung.

Die Weltwirtschaftskrise aber bremste diesen Siegeszug abrupt, und von da an bekam die offen gewalttätige Variante von Beschleunigungspolitik in Gestalt des *deutschen Faschismus* wieder eine Chance. Allein schon die NS-Wirtschaftspolitik macht dies deutlich. Bekanntlich gelang es Deutschland schneller als allen anderen westlichen Industrieländern, die Krise zu überwinden und die Unternehmer, die jahrelang die Produktion gedrosselt und Personal abgebaut hatten, wieder zum Investieren zu bewegen. Dies war nur möglich, weil die NS-Regierung gleichzeitig die beiden Haupthindernisse für Investitionen wegräumte, an denen alle vorausgehenden Regierungen gescheitert waren: die hohen Kosten und die fehlenden Aufträge. Ersteres geschah v. a. durch die Zerschlagung der Gewerkschaftsbewegung, letzteres v. a. durch die gigantische Staatsverschuldung, die nach wenigen Jahren bereits aus rein wirtschaftlichen Gründen einen Krieg unausweichlich werden ließ. Entscheidend in Hinblick auf die Ökologie der Zeit ist: Die Kombination dieser beiden Maßnahmen war u. a. nur deshalb möglich, weil die Nazis an die Stelle des zeitraubenden pluralistischen Kräftespiels die Gleichschaltung der Kräfte, an die Stelle des Diskurses das Diktat setzten (vgl. Kapitel IIB2).

Bereits während und kurz nach der erneuten Katastrophe drang die Einsicht in die Zusammenhänge zwischen Wirtschaftsordnung,

Diktatur und Krieg wieder ins Bewußtsein, diesmal sogar bis in die Mitte des bürgerlichen Lagers. So plädierte der Kreisauer Kreis, eine der bekanntesten christlich-bürgerlichen Widerstandsgruppen, in seinen „Grundsätzen für die Neuordnung Deutschlands" im Sommer 1943 für eine fundamentale Wirtschaftsreform (zit. z. B. bei Berg/Selbmann 1988, Bd. 2, S. 233). Und das Ahlener Wirtschaftsprogramm der CDU von Februar 1947 forderte die Ablösung des Kapitalismus, der den Interessen des deutschen Volkes nicht gerecht geworden sei, und die Schaffung einer gemeinwirtschaftlichen Ordnung (zit. z. B. bei Weber 1982, Bd. 2, S. 253 ff.).

Aber auch diesmal wurde eine historische Erfahrung schnell wieder vergessen. „Keine Experimente" war bekanntlich das neue Motto der Adenauer-Regierung. Man hatte offenbar wieder keine Zeit für eine ernsthafte Rückbesinnung und Kurskorrektur, denn Dollar und DM mußten möglichst schnell wieder rollen. Und auch der Zusammenbruch der DDR und die *Wiedervereinigung* Deutschlands gut 50 Jahre danach wurden nicht dazu verwendet innezuhalten.

Die Ausbreitung des Verzweiflungs-Syndroms
Deutschland ist beileibe kein singuläres Beispiel für das blutige Schicksal der Zu-spät-Gekommenen und ihrer Opfer. Was die Vergangenheit angeht, so fallen die Parallelen zwischen der deutschen Aufholjagd und der des gegenwärtigen Hauptkonkurrenten *Japan* auf. Auch die Japaner haben die Segnungen der Markt-, Geld- und Kapitalwirtschaft erst sehr spät erfahren, haben sich dann bewußt am westlichen Vorbild orientiert und, u. a. durch preußische Berater unterstützt, etwa ab 1875 mit rasendem Tempo ihre Wirtschaft „modernisiert". Die japanische Flotte war in ganz Ostasien bald so gefürchtet wie das preußisch-deutsche Heer in Europa. Erklärtes Ziel war seit den 20er Jahren die Schaffung eines ostasiatischen Großwirtschaftsraumes, wiederum recht analog zum deutschen Plan der Errichtung und Beherrschung eines mitteleuropäischen Großwirtschaftsverbands. Die äußere Expansion Japans war begleitet von einer autoritären Formierung im Inneren.

Während die Aufholjagd des Nachzüglers Japan hauptsächlich für seine Nachbarn gefährlich wurde, war dies beim nächsten Beispiel, nämlich *Rußland* bzw. der Sowjetunion, anders. Betrachtet man den Zeitraum zwischen 1870 und 1965, so wird deutlich, daß

nach Japan tatsächlich Rußland bzw. die Sowjetunion die zweit-
größte Steigerungsrate der Industrieproduktion aufwies (Bundeszentrale für politische Bildung 1971, S. 16). Auch dieses Wirtschaftswunder wurde ermöglicht durch ein betont autoritäres politisches System, das für die Zeit nach 1917 zutreffenderweise als
„Kasernensozialismus" bezeichnet werden kann. Sein aggressives
Potential bekam hauptsächlich die eigene Bevölkerung zu spüren.

■ *Das Tempo verlangsamen, das bedeutet zurückbleiben. Und Rück-
ständige werden geschlagen. Wir sind hinter den fortgeschrittenen
Ländern um 50 bis 100 Jahre zurückgeblieben. Wir müssen diese Distanz in 10 Jahren durchlaufen. Entweder bringen wir das zustande,
oder wir werden zermalmt. (Josef Stalin 1947, zit. nach Deppe/
Meyer 1984, S. 16)*

Aus Versatzstücken der Marxschen Theorie wurde im sogenannten Marxismus-Leninismus-Stalinismus eine Ideologie gezimmert,
deren zentrale Aufgabe darin bestand, die Bevölkerung des Viel-
völker-Großreiches zu außerordentlichen Arbeitsleistungen zu mo-
tivieren. Teilweise glich dies einer Sisyphus-Arbeit, wenn man bedenkt, welchen Rückschlag dieser Beschleunigungsversuch durch
den deutschen Vernichtungsfeldzug 1941 bis 1943 erlitten hatte.
Erst in jüngster Zeit wird bewußt, daß das Experiment von 1917 weniger als Versuch der Überwindung des Kapitalismus verstanden
werden muß. Vielmehr war es der Versuch einer „nachholenden Modernisierung", der sich der sozialistischen Idee in erster Linie als
Mobilisationsfaktor bedient hatte und der von vornherein wenig
Chancen besaß, fortschrittliche Produktionstechniken und Selbstbestimmung der Menschen gleichermaßen zu verwirklichen.[45]
    Mustert man die Welt, wie sie sich uns *gegenwärtig* präsentiert,
so erhärtet sich der Eindruck, daß jene Staaten, die machtpolitisch
am offensivsten auftreten und ganz auf die militärische Karte
setzen, in der Regel perspektivlose Nachzügler sind. Der Funda-
mentalismus in seiner rassischen oder religiösen Variante, als groß-
serbische, großrussische, armenische, als islamische, hinduistische
oder christliche Bewegung, ist im Kern eine verzweifelte Reaktion
auf die Perspektivlosigkeit, die die westliche „Modernisierungsge-
schichte" für große Teile der Menschheit mit sich gebracht hat. Der
Bremer Entwicklungssoziologe und Friedensforscher Dieter Seng-

haas hat in einem Aufsatz über den „Nutzen und das Elend des Nationalismus im Leben der Völker" den Begriff des „tertiären Nationalismus" (Senghaas 1992, S. 30 ff.) für jene Völker verwendet, die für sich nach den geltenden Spielregeln des formal friedlichen Wettbewerbs keine Chancen mehr sehen. Sie sind zu spät dran für einen ursprünglichen Nationalismus, wie er in Europa im 17. und 18. Jahrhundert für die Entwicklung moderner Wirtschaften und Staaten hilfreich war, und sie haben auch keine Chance mehr, alle Kräfte zu sammeln und, wie etwa Japan, doch noch auf den Zug des Fortschritts aufzuspringen. Der tertiäre Nationalismus ist im Kern nichts anderes als ein *„Verzweiflungsnationalismus"* (Robert Kurz).

Kurzum: Je länger das System der Produktion um der Produktion willen den Kulturen/Gesellschaften weltweit seinen Stempel aufprägt, je größer der Vorsprung der Sieger ist, desto höher wird die Hürde für die Nachzügler, desto aussichtsloser ihr Rückstand. Wer sich über Saddam Hussein oder Wladimir Schirinowski aufregt, dem sei aus einer zeitökologischen Perspektive entgegengehalten, daß deren politische Bestrebungen auch als verzweifelte Versuche gedeutet werden können, im allgemeinen Gehetze der Völker auf einer zunehmend enger werdenden Welt nicht endgültig niedergetrampelt zu werden. Diese Deutung rechtfertigt das Verhalten solcher Politiker auf keine Weise, dennoch erscheint sie mir als Erklärung notwendig.[46]

3. Zwischenbilanz I

Die Gattung Homo sapiens, die einige 100 000 Jahre Erfahrung im Umgang mit der Natur und mit sich selbst gespeichert hat, hat vor rund 200 bis 300 Jahren in Europa in bezug auf das Wirtschaften einen neuen Weg eingeschlagen. Der Mensch geht seitdem immer konsequenter dazu über, das Wirtschaften vom Reproduktions- auf den Produktionszweck umzupolen. Die Programmlogik dieser „modernen" Wirtschaftsweise erzwingt nicht nur unablässig die Vermehrung der Produktionsergebnisse, sondern auch die Steigerung der Produktionsgeschwindigkeit. Durch die systematische Rückkoppelung von Gewinn und Investition ist so ein atemberaubendes Tempo entstanden.

Dies hat *erstens* zur Folge, daß alle Hindernisse, die der an der Basis der „modernen" Kultur/Gesellschaft entstandenen Beschleunigung entgegenstehen, überwunden werden müssen. Hindernisse ergeben sich einerseits aus dem Umgebungssystem Natur, z. B. aus der den Warenverkehr hemmenden Unebenheit der Erdoberfläche. Und sie ergeben sich aus dem Umgebungssystem Individuum, z. B. aus seinem Eigensinn in bezug auf Arbeit und Konsum. Das marktwirtschaftlich-kapitalistische Produktionsprogramm, das alles, was ihm unter die Finger kommt, in Geld verwandelt, versucht in letzter Konsequenz, alle Räume und Zeiten, der Natur wie des Individuums, unter seine Herrschaft zu bringen.

Dieser Kolonialisierungsprozeß bewirkt *zweitens*, daß alles, was mit der Reproduktion des in der Produktion Verbrauchten zu tun hat, hinter den Zweck der Produktion von Neuem zurücktritt. Erst in diesem Jahrhundert wird nach und nach klar, wie zerstörerisch sich die reine Produktionsorientierung in bezug auf Natur, Kultur/ Gesellschaft und Individuum auszuwirken beginnt. In Hinblick auf die Dimension der Zeit offenbart sich die „Eigenzeit" der Produktion gegenüber allen anderen Eigenzeiten als „imperialistisch" (Adam 1995, S. 27): Sie überlagert und zerstört die Eigenzeiten der Natur und des Individuums gleichermaßen (Schema 5). Die Eile des Produzierens verhindert, daß sich Natur und Individuum nach ihrer Vernutzung rechtzeitig erholen können, ehe sie mit neuen Störungen konfrontiert werden. Natur und Individuum werden systematisch überfordert, Umweltverschmutzung und Innenweltverschmutzung gehen Hand in Hand. Schließlich schlägt die Überforderung auch auf jenes System durch, von dem sie ausgegangen ist: Der Beschleunigungszwang läßt die Gesellschaft immer mehr in die Langsamen und Schnellen auseinanderbrechen.

Drittens: Je weniger Zeit Systemen für den Aufbau ausreichender Ressourcen gelassen wird, desto eher reagieren sie entweder durch Übergriffe auf andere Systeme oder sie fallen in sich zusammen. Das aggressive wie das regressive Reaktionsmuster zielt auf Befreiung von Streß durch Abwälzung. Abgewälzt wird der Streß auf jene Systeme, die ihm jeweils am wenigsten Hindernisse bieten. Wird z. B. einem Menschen die Belastung in der Arbeitswelt zu groß, dann neigt er dazu, den Druck nach innen (physische und psychische Gesundheit) oder nach außen (Schwächere, z. B. Kinder) weiterzugeben. Wird einem ganzen Volk der Druck des Weltmarkts zu groß, dann neigt es dazu, im Innern soziale Netze abzubauen, außen verstärkt neue Opfer in weniger „entwickelten"

Schema 5

Programm- *kontra* **Eigenzeiten**

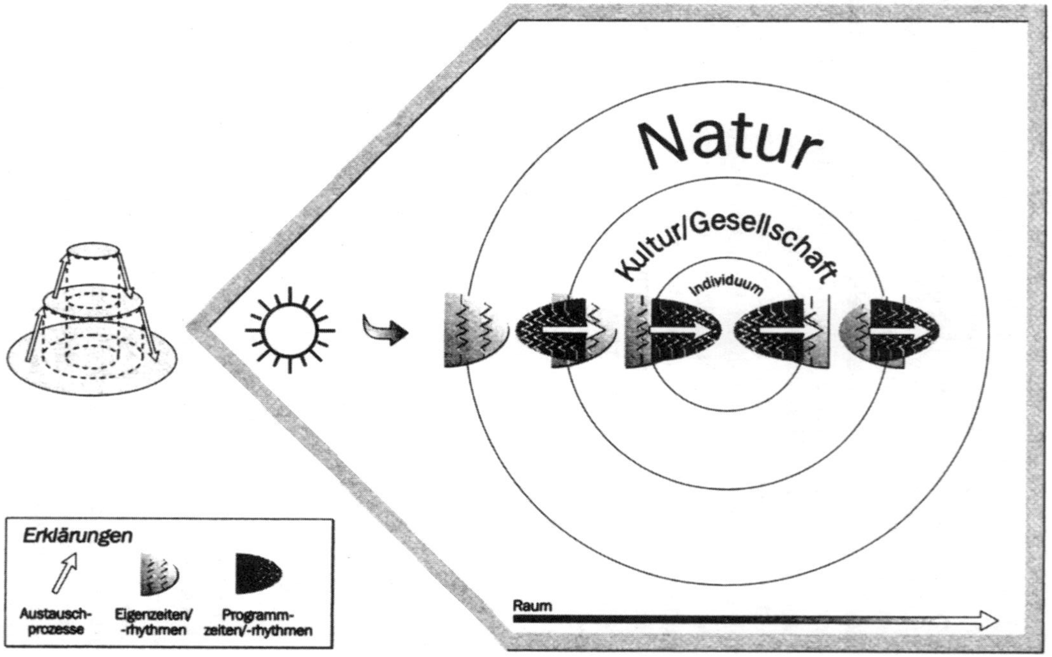

130

Weltregionen zu suchen oder noch leichtfertiger als sonst mit riskanten Techniken und den natürlichen Lebensgrundlagen umzugehen. In den USA und in Südostasien können gegenwärtig die Folgen gut studiert werden.

Indem schließlich *viertens* die gestreßten Systeme den Weg des geringsten Widerstands wählen, steigt ihre Neigung, sich bei abnehmenden Ressourcen und wachsender Überforderung krampfhaft am Bekannten festzuhalten und es immer weniger zu wagen, neue Möglichkeiten abzutasten. So verschwindet das kreative Potential. Charakteristisch ist, daß Überforderte systematisch ihren Zeithorizont immer mehr verkürzen, sklavisch der „Vordringlichkeit des Befristeten" (Luhmann 1968) gehorchen und nach und nach jene Konsequenzen aus ihrem Kalkül ausblenden, die in der mittleren oder gar ferneren Zukunft liegen: die chronische Krankheit, die Eskalation von Konflikten, die „Rache" der Natur. Je mehr Streß, desto mehr Kurzsichtigkeit also. Und je mehr Kurzsichtigkeit, desto größer die Gefahr der Panik. Der in etablierten und alternativen Kreisen anerkannte Münchner Physiker Hans-Peter Dürr formuliert diesen Zusammenhang zwischen Eile und Zerstörung von Kreativität sehr treffend: „Anstatt, wie die Natur, phantasievoll durch 'Versuch und Irrtum' immer weitere Optionen spielerisch zu erschließen, ziehen wir vor, auf gegebenen eng begrenzten Trassen mit immer höherer Geschwindigkeit dahinzurasen." (Dürr 1995, S. 201)

C. Programmzeit – Beschleunigung – Tod

Bei Krankheiten, die teilweise oder ausschließlich die Folge falscher Verhaltensweisen sind, kann der Arzt erst dann eine Therapie vorschlagen, wenn er auch weiß, wie der Patient seine Krankheit wahrnimmt und wie er diese Wahrnehmungen interpretiert. Ähnlich ist es bei der Gesellschaft. Ehe ich Vorschläge für die Entschleunigung mache, soll in diesem Kapitel danach gefragt werden, wie sich der Mensch der „modernen" Gesellschaft dessen, was Zeit ist, überhaupt bewußt wird. Können wir von „der Zeit" genauso reden wie z. B. von „dem Haus"?

Für Immanuel Kant z. B. war die Zeit nur ein Ordnungsmittel in unserem Bewußtsein, das uns angeboren ist und das als Voraussetzung dafür dient, die Welt zu erkennen und zu gestalten. Auch wenn man Kant nicht folgen will, muß man einräumen, daß die objektive Zeit mit der subjektiven Erfahrung so eng verwoben ist, daß sich beide analytisch kaum trennen lassen. „Was immer wir erfahren, Zeit wird 'miterfahren', und selbst die Erfahrung von Zeit kann nur eine 'Erfahrung von der Zeit dieser Erfahrung'sein." (Bieri 1972, zitiert nach Zoll 1988, S.72). Um die Eigenart der „modernen" Produktionsweise zu erschließen, habe ich oben das Mittel der Zeitreise verwendet. In diesem Kapitel soll die Eigenart des „modernen" Bewußtseins über Zeit dadurch deutlich gemacht werden, daß es mit dem traditionellen Zeitbewußtsein konfrontiert wird. Aus einer materialistisch-ökologischen Perspektive soll also danach gefragt werden, wie sich das Zeitbewußtsein mit der Zeitpraxis verändert hat.

■ *Was also ist die Zeit? Wenn niemand mich danach fragt, weiß ich's, will ich's aber einem Fragenden erklären, weiß ich's nicht. (Aurelius Augustinus im 11. Buch seiner Bekenntnisse, ca. 400 n. Chr., Augustinus 1982, S.312)*

Von der „traditionellen" zur „modernen" Zeit
99 Prozent der Generationen, die bisher gelebt haben, stellten sich Zeit ganz anders vor, als wir dies heute tun. In der *„traditionellen" Gesellschaft* war der Umgang mit Zeit durch ihre enge Koppelung an Naturprozesse gekennzeichnet. Die Bewohner der Trobriand-Inseln in der Südsee z.B., so erzählen Ethnologen, ordnen heute noch Ereignisse in die Zyklen ihrer Gartenbauwirtschaft ein: Das Kind kam auf die Welt, „als das Gestrüpp geschnitten wurde", es konnte laufen „zur Zeit des Pflanzens", es konnte reden, „als man die überschüssigen Knollen verzog" (Zoll 1988, S.74). Nicht ein abstrakter Zeitmaßstab, sondern konkrete Ereignisse dienten der zeitlichen Koordination des Lebens. Aus dieser Entwicklungsphase hat sich in Südtirol bis zum Ende des vergangenen Jahrhunderts noch der Brauch gehalten, daß am Sonntag die Glocken zum Gottesdienst erst dann geläutet wurden, wenn der am weitesten entfernt wohnende Bauer auf dem Hügel vor der Kirche gesehen werden konnte (Geißler 1985, S.25). Neben den natürlichen Rhythmusgebern gab es in der traditionellen Gesellschaft die kulturellen, definiert vor allem durch religiöse Inhalte. Im Mittelalter be-

stimmte z. B. der Kreislauf des Kirchenjahres den Rhythmus. Es ist übrigens wenig bekannt, daß die Menschen damals eine beneidenswerte Anzahl von kirchlichen Feiertagen hatten: einschließlich der Sonntage etwa 120 bis 190 Tage pro Jahr (Zoll 1988, S. 76). So war das Leben eingespannt in einen Kreislauf zwischen Zeiten des Arbeitens und des Nichtarbeitens, der sich offenbar über viele Jahrhunderte bewährt hatte.

■ *Ein jegliches hat seine Zeit: Geboren werden, Sterben, Pflanzen, Ausrotten, das gepflanzt ist, Würgen, Heilen, Brechen, Bauen, Weinen, Lachen, Klagen, Tanzen, Steine zerstreuen, Steine sammeln, Verlieren, Behalten, Wegwerfen, Zerreißen, Zunähen, Schweigen, Reden, Lieben, Hassen, Streit, Friede. (Die Bibel, Altes Testament, Prediger 2, 3)*

Welche weiteren Vorstellungsinhalte verbergen sich hinter einer solchen an natürlichen und kulturellen Ereignissen orientierten Praxis? Zeit war in diesem Verständnis erstens etwas, das dem Leben selbst innewohnt. Zeit war demnach etwas Objektives. Zum zweiten stellte man sich Zeit nicht in der Form einer geraden Linie vor, sondern als eine Linie, die immer wieder zu ein und demselben Punkt zurückkehrt, also als Kreis: Geburt und Tod, Liebe und Haß sind jeweils die Ausgangs- und Endpunkte einer Bewegung, die immer wieder von vorne beginnt. Und drittens: Daß diesen objektiven Kreisläufen des Lebens ein Beschleunigungsprozeß eigen sein könnte, daß sich das Leben praktisch immer schneller selbst verbraucht, war für das „traditionelle" Zeitbewußtsein völlig abwegig.

Wie verändert sich nun mit der Entstehung der „modernen" Wirtschaftsweise, mit dem Auftauchen von Waren, Geld und Kapital, die Zeitvorstellung? Wie kam es, daß die Vorstellung von einer ereignisgebundenen, objektiven und zyklischen Zeit einer abstrakten, subjektiven und linearen weichen mußte, daß man Zeit als eine prinzipiell beliebig verfügbare Ressource zu betrachten begann? Dieser Bewußtseinswandel setzte im *hohen Mittelalter* ein, als weltliche und geistliche Grundherren Geschmack an den Gütern des sich damals entfaltenden Fernhandels fanden und dafür Geld benötigten. Die Herren ließen die Bauern, die bis dahin im wesentlichen für ihren eigenen Bedarf und den ihrer Herren gearbeitet hatten, nun systematisch länger arbeiten, als für den Bedarf nötig war, um den Überschuß auf Märkten zu verkaufen.

Dies war die Geburtsstunde der „modernen" Produktionslogik, der Konkurrenzwirtschaft und des Wertgesetzes (vgl. Kapitel IIA3). An dieser Geburt wirkte die Kirche als Geburtshelfer mehr mit, als gemeinhin bewußt ist. Damit z. B. die Arbeitszeit nach und nach hinaufgesetzt werden konnte, wurden Feiertage reihum gestrichen. Der Kirchenkalender begann nun zum Herrschaftsinstrument zu werden. Im ›Sachsenspiegel‹ von 1220 heißt es z. B.: „Am St. Bartholomäus ist allerlei Zins und Abgabe fällig. Zur Wurzmesse der Gänsezehnt, am St. Johannistag alle Arten Fleischzehnt." (zit. nach Zoll 1988, S. 77) Zum erstenmal waren die Bauern einer der Natur und ihrer religiösen Tradition fremden Zeitordnung unterworfen. Jetzt wurde sogar die religiöse Tradition erstmals „modernisiert". Die Kirche sorgte dafür, daß statt des Kirchenjahres die Heilsgeschichte zum primären Orientierungspunkt der christlichen Untertanen wurde. Damit setzte sich statt der endlos kreisenden eine lineare und gerichtete Zeit durch. Ihr Ziel war ein klarer Endpunkt, nämlich der Jüngste Tag. Diese heilsgeschichtlich ausgerichtete Zeit sollte als etwas begriffen werden, das dazu da ist, von den Subjekten auch entsprechend genutzt zu werden. Deshalb wird diese Zeit als „subjektive" Zeit bezeichnet.

Die Möglichkeit und Notwendigkeit der Nutzung von Zeit wird besonders im *Kalvinismus* deutlich. Diese radikale Form der protestantischen Ethik lehrt die Gläubigen, ihre Zeit so einzusetzen, daß sie den größtmöglichen beruflichen Erfolg erzielen. Wer Erfolg hat, der kann gewiß sein, daß Gott ihn auserwählt hat. Das war die ideale religiöse Botschaft für Kaufleute, die sich naturgemäß mit den guten Werken der Katholiken schwertun mußten und durch diese Wendung der Heilslehre mit einem reinen Gewissen ausgestattet wurden.

■ *6. Fleiß: Verliere keine Zeit; sei immer mit etwas Nützlichem beschäftigt; entsage aller unnützen Tätigkeit. (Der amerikanische Politiker und Naturwissenschaftler Benjamin Franklin in seiner Tugendsammlung, geschrieben 1784, Franklin 1983, S. 116)*

Wer Zeit rationell nutzen will, muß sie auch messen. So entstand ein dringender Bedarf an einer Erfindung, die die Zeitmessung end-

gültig unabhängig von allen möglichen natürlichen Unregelmäßig-
keiten, die etwa der Sonnenuhr noch anhafteten, macht: Die Zeit
wurde reif für die mechanische Uhr, die „Schlüssel-Maschine des
modernen Industriezeitalters", wie sie der amerikanische Medienwissenschaftler Lewis Mumford nennt (Zoll 1988, S. 78).

Der letzte Akt der Durchsetzung der abstrakten, subjektiven und
linearen Zeitvorstellung wurde mit der *Industrialisierung* notwendig. Auch die Arbeiterklasse sollte auf die neue Zeit einge-
stimmt werden, man wollte ihr z. B. den aus der Handwerkertradi-
tion stammenden „blauen Montag" und andere Laster abgewöh-
nen. Die Kaufleute und Manufakturbesitzer griffen zu recht un-
sanften Mitteln, um die neue Zeitdisziplin durchzusetzen. Man
arbeitete mit Anwesenheitskontrollen und Arbeitsüberwachung,
mit Glocken und Uhrenzeichen, mit Prämien und Geldstrafen, die
den Menschen bisher nur aus Arbeitshäusern bekannt waren. Die
Arbeiter konterten: Sie blieben kurz nach dem Zahltag einfach der
Arbeit fern, bis ihnen das Geld ausging. Und sie verstellten heim-
lich die Uhren in den Werkshallen und schafften sich selbst Taschen-
uhren an, die ihnen die Fabrikherren prompt wieder abnahmen.
Die neue Zeit setzte sich durch. Der britische Sozialhistoriker E. P.
Thompson resümiert: „Der ersten Generation von Fabrikarbeitern
wurde die Bedeutung der Zeit von ihren Vorgesetzten eingebleut,
die zweite Generation kämpfte in den Komitees der Zehn-Stunden-
Bewegung für eine kürzere Arbeitszeit, die dritte schließlich für
einen Überstundenzuschlag. Sie hatten die Kategorien ihrer Arbeitgeber akzeptiert und gelernt, sie als eigene Waffen zu gebrauchen.
Sie hatten ihre Lektion – Zeit ist Geld – nur zu gut begriffen."
(Thompson 1980, zit. nach Zoll 1988, S. 83)

Wenn Arbeitgeber und Arbeitnehmer *heute* gemeinsam an der
weiteren Flexibilisierung der Arbeit basteln, Samstags- und Sonn-
tagsarbeit, immer raffiniertere Schichtmodelle und Arbeitszeit-
konten mit vollvariablen Urlaubszeiten einführen, so sind dies die
allerletzten Etappen im Kampf um eine lineare Zeitordnung. Parallel dazu vollzieht sich vor unseren Augen die immer perfektere
Überwindung von Raum- und Zeithindernissen beim Verkehr von
Menschen, Gütern und Informationen.

Was also ist Zeit im heutigen Alltagsbewußtsein? Während sie in
der „traditionellen" Gesellschaft etwas Objektives war, dem sich
das Leben einzufügen hatte, ist sie für den „modernen" Menschen

etwas Subjektives, das manipuliert und programmiert werden muß. Ziel der Programmierung der Zeit ist ihre Beschleunigung: In immer weniger Zeit soll immer mehr geschehen.

Die Zeit des Lebens und des Todes
Die Philosophie der Zeit geht heute davon aus, daß es in der Welt *zwei Zeitformen* gibt: die zyklische und die lineare, die Zeit des Lebens, der lebendigen Dinge, und die Zeit der Sachen, der toten Dinge.[47] Erstere ist ihrem Wesen nach je individuell unterschiedlich (vgl. Kapitel IIA2), letztere einheitlich. Die zentrale Frage lautet nun: Was geschieht mit der unendlichen Vielfalt der individuellen Eigenzeiten in einer Welt, die sich der Logik der Produktion für die Produktion und damit der unablässigen Beschleunigung und Vereinheitlichung alles Seienden verschrieben hat? Die Antwort des hier vertretenen zeitökologischen Paradigmas lautet: Die kapitalistische Programmlogik zwingt dem Leben ein ihm fremdes Zeitmuster auf: das Zeitmuster der „Sach"zwänge. Die Zeit der Sachen aber ist, so Isaac Newton, die „absolute, wahre und mathematische Zeit". Sie verläuft „an sich und vermöge ihrer Natur gleichförmig und ohne Beziehung auf irgendeinen äußeren Gegenstand" (Newton 1687, zit. nach Ewers 1988, S. 60). Paradebeispiel für dieses Zeitmuster ist der radioaktive Zerfall. Sie ist eine strukturlose Zeit, die fast unendlich lang dahinfließt, bis zum Wärmetod des Universums. Die lineare Zeit ist somit die Zeit des Todes.

Wie vollzieht sich der *Wandel vom biologischen zum physikalischen Zeitmaß* auf den einzelnen Ebenen? Wenn in der Natur Weideland versteppt und Flüsse versiegen oder wenn Natur kultiviert wird, indem man z. B. Flächen versiegelt, verwandelt sich ein biologisch-rhythmisches Bewegungsmuster in ein physikalisch-lineares. Wenn in der Gesellschaft die Netze zwischen Menschen, Generationen, Regionen und Kontinenten reißen, kollabieren sozial-rhythmische Prozesse der Arbeitsteilung, der Kommunikation, der Konfliktregelung, und am Ende kann nicht nur massenhaftes Sterben, sondern auch das Ende des Gattungslebens selbst stehen. Und wenn im Individuum sich gravierende Störungen vollziehen, muß mit Entrhythmisierungsprozessen gerechnet werden, von denen viele den Tod ankündigen.

Auf der individuellen Ebene kann der Wechsel von der biologischen zur physikalischen Zeit besonders eindrucksvoll durch neuere

Erkenntnisse der Biorhtyhmik illustriert werden (z. B. Mletzko/ Mletzko 1991, S. 76–81). Da ist z. B. die Tatsache, daß mit zunehmendem Alter die Rhythmen schwächer werden und durcheinander kommen: der Wechsel von Wachsein und Schlafen, von Anspannung und Entspannung, von Gesundheit und Krankheit. Der Umschlag vom biologischen zum physikalischen Zeitmaß ist auch kurz vor dem Herztod zu beobachten: Die Herzzellen verlieren immer mehr ihren zyklischen Rhythmus und beginnen den Rhythmus der physikalischen Zeit anzunehmen (Deppert 1993, p. 76). Und Krebszellen unterscheiden sich von gesunden Zellen dadurch, daß sie ihre Fähigkeit zur rhythmischen Teilung verloren haben, aus der Zeitordnung der gesunden Zellen ausgebrochen sind und sich, losgelöst von ihrer jeweiligen Umgebung im Körper, mit einer vielfach höheren Geschwindigkeit zu teilen beginnen. Krebszellen fallen in jenes Stadium zurück, das den Anfang des Menschen markiert, jenes Embryonalstadium, in dem die einzelnen Zellen noch kaum auf bestimmte Funktionen und noch nicht auf einen spezifischen Teilungsrhythmus programmiert waren (Mletzko/Mletzko 1991, S. 76).

Rolf Kreibich, Professor für Technologieentwicklung in Berlin, hat auf die verblüffend weitgehende Analogie zwischen dem *Wachstum eines bösartigen Tumors* und dem Wachstum der Industriekultur aufmerksam gemacht: Beide gehen auf eine irgendwann stattgefundene einzelne Mutation zurück, beide Prozesse sind hochgradig exponentiell mit explosiven Tendenzen, beide resultieren aus fehlgesteuertem Wachstum, aus falschen Rückkoppelungsprozessen. In beiden Fällen haben die wachsenden „Subjekte" das Ziel des Wachsens aus den Augen verloren. Beide wuchern auf Kosten ihrer Umwelt. Ihr einziger Zweck ist der maximale Energieumsatz, die Völlerei. Und beide Entwicklungen führen zu einer umfassenden Destrukturierung, die – wenn nichts dagegen unternommen wird – mit hoher Wahrscheinlichkeit zum Tod führt (Kreibich 1991, S. 23 f.).

Vielleicht läßt sich diese Analogie für das Schicksal der menschlichen Spezies noch fortsetzen: Das Menschenwachstum des Südens und das Sachenwachstum des Nordens wird nicht mehr gesteuert durch einen kulturell bewährten Rhythmus, sondern vollzieht sich autonom und panikartig. Es ist aus der Zeitordnung der jeweiligen natürlichen und kulturellen Umwelt ausgebrochen. Dies zeigt sich an unserer Siedlungsweise und an unserem Verkehr besonders drastisch. Schauen wir uns nur einmal eine gewachsene Ortschaft aus der Vogelperspektive an: Im Zentrum und im mittleren Bereich organisch verbundene Häuser und Straßen, an den Rändern, in den sogenannten Gewerbegebieten, wuchernde Fremdkörper, allesamt aus den letzten Jahrzehnten stammend, so als würden sie darauf warten, wieder weggeschnitten zu werden. Oder schauen wir uns den Globus aus dem Weltraum an: die gigantische Mobilität, die Entwurzelung und Bindungslosigkeit, im Norden als Massenverkehr, im Süden als Massenmigration.

Die „Spitze" der menschlichen Kulturentwicklung im Norden beweist eindrucksvoll, daß der Mensch heute je nach Zwecksetzung fast beliebig Raum und Zeit überwinden kann. Menschen, Sachen und Informationen legen in immer kürzeren Zeiten immer weitere Strecken zurück, entfernen sich aus jenem Milieu, mit dem Natur und Kultur sie umgeben haben.

Dasselbe tun Krebszellen, die den Körper mit Metastasen überschwemmen. Je ausgeprägter die Beschleunigung, desto eher ist es mit dem Leben zu Ende. Für den französischen Zeitphilosophen Paul Virillio läuft die Beschleunigung auf nichts anderes hinaus als auf die „Liquidierung der Welt" (Virilio 1984, zit. nach Breuer 1992, S. 132). Das alles geschieht freilich nur, wenn es nicht gelingt, den Programmierungsfehler zu beheben.

■ *Und wieder werden sich Menschen von Raum und Zeit befreien.*
(Werbeanzeige einer großen Bank für Telebanking)

Fazit:
An der Veränderung des Zeitbewußtseins im Laufe der Geschichte kann abgelesen werden, wie sehr in der Vergangenheit die Durchsetzung einer neuen Logik der Produktion mit einer neuen Zeitvorstellung einherging. Die „traditionelle" Vorstellung vom objektiven, zyklischen und konstanten Wesen der Zeit wurde durch die Vorstellung von einer subjektiven, linearen und beschleunigbaren Zeit abgelöst. Diese Vorstellung entspricht den faktischen Eigenheiten des Produktionsprogramms der „Moderne", seinem Drang nach konsequenter Ausnutzung, Entrhythmisierung und Verdichtung der Zeit. Dieser „moderne" Begriff vom Wesen der Zeit

orientiert sich nicht an den Zeitmustern der lebendigen, sondern der toten Welt. Damit setzte sich mit der „Modernisierung" die Zeit der Sachen auch im Bereich des Lebendigen durch, „Sach"zwänge begannen, das Leben umfassend zu vergewaltigen.

III. Entschleunigung

Der dritte Abschnitt soll Mut machen. Denn viele Leser werden der Diagnose zustimmen und die Krankheit für unheilbar halten. Da hinter dem „Sach"zwang der Beschleunigung aber gesellschaftliche Spielregeln stehen, die von Menschen programmiert worden sind, kann die Beschleunigung grundsätzlich durch Menschen auch wieder rückgängig gemacht werden. Es geht um die Frage, wie ein solches Gegenmodell aussehen könnte. Der Vorschlag der Zeitökologie lautet: Es kommt auf das kluge Haushalten mit Ressourcen an. Wir müssen der Natur, der Kultur/Gesellschaft und dem Individuum nur ihre jeweiligen Eigenzeiten lassen. Wieviel Zeit dies ist, das muß zum einen in groben Zügen wissenschaftlich ermittelt, zum andern im Detail von den jeweils Betroffenen gesellschaftlich und individuell festgelegt werden. Es stehen drei ökonomische Grundmodelle zur Auswahl, die alle – im Gegensatz zur kapitalistischen Marktwirtschaft – auf die Eigenzeiten von Natur, Kultur/Gesellschaft und Individuum hin programmiert werden können. Ich möchte zeigen, daß die Entschleunigung des Lebens nicht nur den Erschöpfungsprozeß stoppen, sondern auch völlig neue Formen des Genießens ermöglichen würde. Für ein solches Neues Wohlstandsmodell müßte die bisher blockierte soziale Phantasie nur ähnlich beflügelt werden, wie dies mit der technischen Phantasie seit 200 Jahren bereits geschieht.

A. Klug Haushalten

Wer die ruinöse Beschleunigung des Lebens beenden will, der muß nicht in die Steinzeit zurückfallen. Denn wir sind heute klüger als unsere Jäger- und Sammler-Vorfahren. Wir können auf eine jahrtausendelange Erfahrung zurückgreifen, die uns ganz andere Mittel an die Hand gegeben hat: Erfahrungen und Mittel in bezug auf den

Umgang mit der Natur, mit unseren Mitmenschen, mit uns selbst. Wir müssen lediglich bereit sein, diesen gigantischen Schatz zu heben und zu nutzen. Aber der größte Erfahrungsschatz hilft nichts, solange wir uns nicht klar darüber geworden sind, was wir mit ihm eigentlich anfangen wollen. Die Ziele des Lebens müssen wir selbst setzen. Es gilt also zunächst zu klären, wie wir eigentlich leben wollen, was uns wirklich gut tut und was nicht. „Leben statt gelebt zu werden" – das muß unser Motto sein (Roeck/Abeele 1988).

1. Das Ziel: Gut leben

Wenn die Analyse des Programmierungsfehlers der herrschenden Wirtschaftsweise richtig ist, wenn die Beschleunigung also eine unausweichliche Konsequenz der Produktion für die Produktion ist, dann muß diese fatale Logik durchbrochen werden. Unser primäres Ziel muß in Zukunft die Reproduktion dessen sein, was existiert. Das klingt wie ein Aufruf zur konservativen Revolution. Um den Gegensatz zu einer konservativen Zukunftsvision deutlich werden zu lassen, muß genau nachgefragt werden, was eigentlich erhalten werden soll.

Gehen wir die Systeme nacheinander durch: Ist das Erhalten der außermenschlichen Natur das höchste Ziel? Nein, denn „die Natur" als solche gibt es nicht. Alle Ressourcen und Kreisläufe werden, seit es Menschen gibt, von diesen zur Existenzsicherung permanent verändert. Wer es zum höchsten Lebensziel erheben wollte, „die Natur" zu erhalten, der müßte festlegen, welchen Naturzustand er genau meint (vgl. Kapitel IIA1). Soll unser Ziel sein, „die Gesellschaft" zu reproduzieren? Nein: Auch sie gibt es nicht. Das Zusammenleben der Menschen, die Art und Weise, wie sie Reichtum und Macht unter sich aufgeteilt haben, hat sich im Laufe der Jahrtausende noch viel fundamentaler verändert als das Verhältnis des Menschen zur Natur. Auch hier wäre eine Festlegung nötig, für die ein geeignetes Kriterium erst gefunden werden müßte. Ich plädiere im folgenden dafür, die Erhaltung des menschlichen Lebens, und zwar eines möglichst „guten Lebens", zum Ziel all unserer Bemühungen zu machen. Erst von diesem Ziel aus soll gefragt werden, wie die Gesellschaft und wie unser Verhältnis zur außermenschlichen Natur einzurichten sind.[1]

Was ist ein „gutes Leben"? Allein diese Frage ist für manche Zeitgenossen schon eine Provokation. Und zwar für jene, die der Meinung sind, uns gehe es bereits jetzt schon viel zu gut und wir müßten wieder bescheidener und leistungsbereiter werden. Sie haben nicht begriffen, daß es genau diese Bescheidenheit und dieser Fleiß waren, die uns die gegenwärtigen Krisen und die sich abzeichnenden Katastrophen beschert haben. Ich möchte im folgenden zeigen, wie wir gerade durch das Gegenteil von Bescheidenheit und Fleiß, nämlich durch höhere Ansprüche und kreative Faulheit besser leben könnten.[2]

Menschenwürde

„Gut" zu leben, das war es, was auch viele griechische Philosophen den Menschen nahelegten. Allerdings mit einer nicht unerheblichen Einschränkung: Vor über 2000 Jahren durfte nur ein kleiner Teil der Menschen, nämlich die freien, männlichen Vollbürger der griechischen Stadtstaaten, diesen Anspruch anmelden. Sklaven, Frauen und Ausländer waren nach Auffassung der damals herrschenden Lehre von Natur aus zum Dienen geboren und dazu da, ersteren ein „gutes Leben" zu ermöglichen. 2000 Jahre Kulturgeschichte haben jedoch zu der Erkenntnis geführt, daß die Aufrechterhaltung der Ungleichheit unter den Menschen des Menschen unwürdig ist. Die fundamentale *Botschaft der Aufklärungsphilosophen* lautet: Von Natur aus sind alle Menschen dazu bestimmt, für sich selbst zu leben und nach eigenen Vorstellungen glücklich zu werden. Nichts anderes bedeutet der Grundsatz der Würde des Menschen.[3] Diese Leitidee findet sich folglich in der neuzeitlichen Ethik genauso wieder wie in den neuzeitlichen Staatsrechtslehren: Nicht Götter oder Fürsten legen fest, was wir tun sollen, sondern wir selbst, und der Staat soll mit Hilfe seines Gewaltmonopols jedem dabei die gleichen Möglichkeiten sichern.[4]

An dieser Stelle muß aber vor einem möglichen Mißverständnis gewarnt werden. Zwar gilt die Idee der unteilbaren Menschenwürde weithin als moralisches und politisches Ideal. Aber ob sich jemand tatsächlich an diese Leitidee gebunden fühlt oder nicht, das ist letztlich eine Frage seiner *freien Entscheidung*. Man kann diese Idee auch ablehnen. Ein kurzer Blick zurück auf die „moderne" Wirtschaft zeigt, daß ihr Bekenntnis zur Menschenwürde ein reines Lippenbekenntnis ist, bei Bedarf jederzeit rückholbar. Man denke an die Zeit der Kolonialisierung der Welt, als die Idee von der Höherwertigkeit der Weißen aufkam. Man erinnere sich an die Zeit der Weltwirtschaftskrise ab 1929, als große Teile der deutschen Eliten die extreme Rechte, die jenen Rassismus des 19. Jahrhunderts ins 20. hinüberrettete und in Gestalt der NSDAP besonders rigoros vertrat, mit der Führung der Staatsgeschäfte beauftragte. Und als drittes Beispiel für die permanente Rückholbarkeit der Idee der gleichen Würde aller Menschen sei die heute salonfähige Version des Rassismus genannt, die in der ökonomischen Nützlichkeit der Menschen, Völker und Kontinente deren Wert begründet sieht. Auch wenn diese Differenzierung des Werts bzw. der Würde der Menschen nicht unbedingt immer explizit geschieht, so läuft doch der Umgang der Menschen miteinander in der herrschenden Politischen Ökonomie faktisch auf Diskriminierung nach diesem Kriterium der wirtschaftlichen Nützlichkeit hinaus.

Der Mannheimer Historiker Rolf Peter Sieferle hat in dem fiktiven Bericht ›Global 2050 – Auszüge aus dem Bericht des Club of Doom‹ sehr drastisch geschildert, wie eine Zukunft aussehen könnte, die sich einem solchen *modernen Rassismus* verschrieben hat (Sieferle 1992): Die Welt ist dreigeteilt. Die ärmsten Regionen vegetieren vor sich hin, ein zweiter Teil der Weltbevölkerung beschafft vor allem die Rohstoffe für die dritte Gruppe, die wenigen industriellen Eliten in ihren hermetisch abgezirkelten Wohlstandsinseln. Zu welcher Gruppe jemand gehört, bemißt sich allein nach seiner wirtschaftlichen Leistungsfähigkeit. Wer wirtschaftlich verwendbar ist, wird in die Belegschaft einer der wenigen straff organisierten multinationalen Konzerne aufgenommen, die über alles verfügen, was für ein Leben im materiellen Wohlstand erforderlich ist. Hauptaufgabe des Staates ist es, diejenigen, die aus dem Kreis der Leistungsfähigen herausfallen, die automatisch sofort zum Risikofaktor für die innere Sicherheit werden, möglichst schnell beiseite zu schaffen, in Gettos, am Rande der Wohlstandsmetropolen, wo die Dritte Welt in der Mitte der Ersten entsteht. Die Wohlstandsinseln zu verlassen ist mit Todesgefahr verbunden, denn rundherum, im Meer des Elends, toben Bürgerkriege und sind die ökologischen Bedingungen längst völlig umgekippt.

Sieferles Szenario könnte ergänzt werden: Der Staat sortiert mit Hilfe der Gentechnologie von Anfang an Spreu und Weizen, „lebensunwertes Leben" wird erst gar nicht geboren. Fernziel ist, daß die Wissenschaft für die Schöpfung eines Menschen sorgt, der alle bisherigen Geschöpfe in punkto Leistungsfähigkeit bei der Kapitalvermehrung in den Schatten stellt. In einer solchen Welt, in der die Logik des Marktes und des Kapitals radikal durchgesetzt ist, kann es mithin keine Menschenwürde geben.

Wer glaubt, als Bewohner der Insel der Seligen auch ohne die Grundidee der gleichen Würde aller Menschen glücklich werden zu können und den Wohlstandschauvinismus zum Lebensziel erhebt, der vergißt, daß auch er sich vor Zivilisationskrankheiten, Terror und Krieg sowie Umwelt- und Industriekatastrophen nicht wirklich sicher fühlen kann. Der Wohlstandschauvinist vergißt ferner, daß irgendwann auch die Sklaven der High-Tech-Gesellschaft aufwachen und sich erheben können, wobei die Mittel, die in einem solchen übernationalen „Sklavenaufstand" zum Einsatz kämen und heute schon für wenig Geld in aller Welt beschafft werden können, um ein Vielfaches schrecklicher sein werden als alle bisher eingesetzten Mordinstrumente. Und der Wohlstandschauvinist vergißt schließlich auch, daß er selbst irgendwann alt und leistungsschwach sein wird, mithin in den Augen der „Leistungsträger" eines Tages als purer Ballast gelten wird.

Wenn die Menschen der reichen und mächtigen Regionen der Welt es nicht so weit kommen lassen wollen, dürfen sie – schon aus *eigenem Überlebensinteresse* heraus – den anderen Bewohnern der Erde die Teilhabe an Wohlstand und Macht langfristig nicht verwehren. Der Grundwert der Menschenwürde bietet dafür eine gute Richtschnur, weil es bis heute weltweit keine andere Leitidee gibt, die nur annähernd so weit verbreitet und grundsätzlich akzeptiert wäre und zumindest im Prinzip auch nationalstaatlich und völkerrechtlich anerkannt ist. Der Streit zwischen Ost und West sowie zwischen Nord und Süd geht weniger um den Kern der gleichen Würde aller als vielmehr um die Frage, welche Rechte aus diesem Kern abzuleiten sind, welche davon primär, welche sekundär sind und welche konkreten ordnungspolitischen Konsequenzen sich aus diesen Wertsetzungen ergeben.

Erhaltung und Entfaltung

Was benötigt der Mensch, um ein menschenwürdiges Leben zu reproduzieren? Die Antwort ist zunächst trivial: Für jeden Menschen gilt gleichermaßen, daß er aufgrund seiner Eigenschaften als

144

biologisches Wesen eine Reihe von *Grundbedürfnissen* – saubere Luft, Essen und Trinken usw. – befriedigen muß, um am Leben bleiben zu können. Sind sie erfüllt, stellen sich andere ein. Der amerikanische Psychologe Abraham Maslow zählt das Bedürfnis nach Schutz und Sicherheit für Leben, Gesundheit und Eigentum, das Bedürfnis nach Anerkennung durch Mitmenschen und das Bedürfnis, sich selbst anerkennen zu können, dazu (Maslow 1954). All das macht die Reproduktion des Menschen aus. Je mehr ihm seine Umgebung verweigert, diese Bedürfnisse zu erfüllen, umso mehr ist seine körperliche und psychische Reproduktion gefährdet, um so massiver reagiert er mit den bekannten Störungssymptomen. Daß eine Lebensweise, die den biologischen und sozialen Dispositionen eines Lebewesens widerspricht, zu Deformationen führt, kann auch ein Blick auf unsere Haustiere lehren, die als Säugetiere biologisch mit uns verwandt sind und am menschlichen Lebensraum und -rhythmus teilhaben: Hunde und Katzen z. B. brauchen bekanntlich ihre regelmäßigen Streicheleinheiten, Geborgenheit und Sicherheit und die Möglichkeit des freien Auslaufs. Ohne dieses soziale Umfeld werden sie krank. Beim vernunft- und sprachbegabten Menschen kommt als Gattungskennzeichen die Kreativität hinzu.

Den Anspruch des Menschen auf die Befriedigung all dieser biologischen und psychologischen Grundbedürfnisse haben die Unterzeichnerstaaten der Menschenrechtserklärung der UNO bereits vor einem halben Jahrhundert anerkannt. Im Grunde beschreiben diese Normen all das, was man unter Gesundheit im umfassenden Sinn der Definition der WHO aus dem Jahr 1949 versteht (vgl. Kapitel I1).

■ *Alle Menschen sind frei und gleich an Würde und Rechten geboren. Jeder Mensch hat Anspruch auf Arbeit, auf freie Berufswahl, auf angemessene und befriedigende Arbeitsbedingungen. Jeder Mensch hat Anspruch auf eine Lebenshaltung, die seine und seiner Familie Gesundheit und Wohlbefinden gewährleistet. (Allgemeine Erklärung der Menschenrechte vom 10. Dezember 1948, Artikel 1, 23 und 25)*

Wer das Leben erhalten will, der muß auch jene Kräfte erhalten, die jeder Mensch in sich trägt. Wir können Kräfte nur erhalten, wenn wir sie fordern und entfalten. Maslow hat deshalb die *Selbst-*

entfaltung an die Spitze der Bedürfnispyramide gesetzt. Und im Artikel 26 der UNO-Menschenrechtserklärung ist das Recht auf „Bildung" und „Entfaltung der menschlichen Persönlichkeit" gleichrangig mit den primär auf den Körper bezogenen Reproduktionsrechten aufgeführt. Worin aber besteht die Selbstentfaltung im einzelnen? Aus einer Vielzahl von Interviews fand Mihaly Csikszentmihalyi (1992), der an Maslow anknüpft, regelmäßige Zusammenhänge zwischen Lebenssituationen, Glücksgefühlen und Kreativität heraus. Die glücklichsten Momente sind jene, so Csikszentmihalyi, in denen wir voll und ganz in einer Tätigkeit aufgehen, in denen wir unsere Energien bündeln, unsere Kräfte spüren, wie sie sich an den Hindernissen messen. Dieses Erlebnis wurde in den Interviews immer wieder als „Fließen" beschrieben. Sein Buch trägt deshalb den Titel ›Flow – Das Geheimnis des Glücks‹.

Solche *Flow-Situationen* sind dadurch charakterisiert, daß wir weder unter- noch überfordert sind, d.h. daß Anforderungen und Können sich die Waage halten. Flow-Situationen decken sich mit jenen Zuständen, in denen Systeme die größte Chance zur Kreativität haben (vgl. Kapitel IIA2). Sind die Anforderungen zu niedrig, langweilen wir uns, ist das Können zu niedrig, haben wir Angst. Entscheidend ist: Jeder ist selbst sein Experte, wenn es um die Abstimmung der Anforderungen auf die eigenen Kräfte geht. Am glücklichsten sind wir deshalb, wenn wir selbstbestimmt handeln und wenn der Antrieb zum Handeln aus uns selbst kommt.

Das Paradebeispiel Csikszentmihalyis ist der Bergsteiger. Er hat den Gipfel erreicht, ist froh darüber und wünscht sich gleichzeitig, es gehe immer so weiter. Er klettert nicht, um den Gipfel zu erreichen, sondern um des Kletterns willen. Das Ziel dient eigentlich nur als Vorwand, um das Flow-Erlebnis genießen zu können. Ähnliche Erfahrungen machen alle, die in Beruf oder Freizeit die Chance haben, selbst Herr ihrer Kräfte zu sein, als Bastler, Maler, Musiker, als Künstler oder Wissenschaftler. Extreme Formen jugendlichen Freizeitverhaltens wie S-Bahn-Surfen oder Randalieren sind nur verzweifelte Versuche, solche Flow-Erlebnisse, die uns unsere Gesellschaft im gewöhnlichen Alltag permanent verwehrt, nachzuholen.

Aber nicht nur das ungewöhnliche Glücksgefühl ist es, das den Psychologen fasziniert. Je besser es Menschen gelingt, durch richtige Dosierung der Anforderungen die eigenen Kräfte herauszufordern, desto mehr wachsen nicht nur diese Ressourcen an diesen Herausforderungen, sondern desto höher wird auch das *Niveau der Kräfte und des Glücks.* Menschen, die solche starken Glücks-erfahrungen oft machen, werden dadurch nicht nur gesünder und entwickeln Abwehrkräfte gegen alle möglichen Krankheiten (Nöld-ner 1990, S. 217), sondern sie werden auch geistig kreativer. Nicht die Not macht erfinderisch, wie es im Volksmund heißt, sondern die Freiheit von Not. Spielähnliche Situationen beflügeln unsere Phantasie am stärksten. Denn im Spiel müssen wir nicht vorgefertigte Probleme lösen, wie in der Not, sondern wir finden diese Probleme selbst. Gelingende Flow-Erlebnisse sind für Csikszentmihalyi auch ein Indiz für Mündigkeit. Denn wer sich daran gewöhnt hat, von innen motiviert zu werden, wird unabhängiger gegen Manipula-tionen von außen.

Fazit:

Gesellschaftliche Alternativmodelle müssen zu allererst daran ge-messen werden, ob sie dem Menschenbild von der gleichen Würde aller gerecht werden. Aus der Menschenwürde folgt die Forderung nach dem „guten Leben" für alle. Dies erfordert die Befriedigung re-lativ unstrittiger biologischer und psychologischer Grundbedürf-nisse und trägt damit zum Ressourcenwachstum des Individuums bei. Nur auf dieser Basis sind Selbstverwirklichung und Selbsterfül-lung, der Inbegriff von Glück, möglich.

2. Die Basisressourcen: Sonne und Kreativität

Die Mittel für das „gute Leben" scheinen knapp bemessen, zumal wenn man bedenkt, wie viele Menschen auf diesem Globus gerne gut leben würden und wie unvernünftig sich diese Menschen in ihrem Kampf um diese Mittel bisher erwiesen haben. Ehe ein Urteil darüber gefällt werden kann, wie groß die Chancen für ein Ent-schleunigungsprogramm nun eigentlich sind, ist es sinnvoll, diese Mittel genauer zu beleuchten. In den Kapiteln IIA1 und IIA2 über das zeitökologische Grundmodell habe ich die Energie der Sonne und die Kreativität der Selbstorganisation/Evolution als die funda-mentalen Antriebskräfte der drei Systeme bezeichnet. Die Sonnen-energie, quasi als Hardware, stellt das Rohmaterial für Natur, Gesellschaft und Mensch zur Verfügung. Die selbstorganisatorisch-evolutionäre Kreativität, also die Software, sorgt dafür, daß dieses Rohmaterial auch genutzt werden kann, daß die Photosynthese gestartet wird, daß Organismen und Organisationen entstehen. So wird trotz Entropie Fortschritt möglich. Den einzelnen Systemressourcen von Natur (Naturgesetze), Kultur/Gesellschaft (Technologien und Institutionen) und Individuum (genetische und soziale Dispositionen, freier Wille) liegen also letztlich Sonne und Kreativität als Basisressourcen zugrunde.

Energie der Sonne
Beginnen wir mit der Sonne. Mit ihr muß der Mensch seinen gesamten Energiebedarf decken. Er tut dies erstens durch Nutzung der direkt eingestrahlten Energie und zweitens durch Nutzung jener Sonnenenergie, die in Wasser, Wind und Biomasse kurzzeitig oder in fossilen Brennstoffen langzeitig gespeichert ist. Die Sonne hält für uns Erdbewohner *ein Vielfaches der Energie* bereit, die wir verbrauchen können. Alle vormenschlichen Lebensformen wie alle vorindustriellen Kulturformen beschränkten sich auf die Nutzung der Kurzzeitspeicher. Erst die Industriekultur des Menschen entdeckte die Langzeitspeicher und löste so eine explosionsartige Steigerung des Energieumsatzes aus.

■ *In einer Viertelstunde bietet die Sonne mehr Energie an, als die Menschheit im gesamten Jahr verbraucht. (Scheer 1993, S. 109)*

Die marktwirtschaftlich-kapitalistische Wirtschaftsweise sorgte dafür, daß alle anderen Energieträger schnell ein Schattendasein führten, ihre Nutzungsmöglichkeiten kaum mehr weiterentwickelt worden sind. Das gilt insbesondere für die Sonnenenergie im engeren Sinn. Denn einer auf die Produktion um der Produktion willen getrimmten Wirtschaft geht es auch beim Thema Energie nicht um die Versorgung der Menschen mit Kraftquellen, sondern um die Produktionssteigerung zum Zweck der Geldvermehrung. Das Kapital muß deshalb in jene Energieträger investiert werden, die sich gut abgrenzen, transportieren und wieder mit Gewinn verkaufen lassen: neben Holz v. a. Kohle, Gas, Öl und Kernkraft. Die Sonne hingegen kann quasi auf Mietbasis genutzt werden, wobei der Mietzins eigentlich der Natur bzw., aus der Sicht gläubiger Menschen, ihrem Schöpfer zustünde. Tatsächlich aber ist die Sonne gratis zu haben und scheint ganz und gar unkontrollierbar auf die Erdenbürger herab.

Natürlich müssen auch Solarkollektoren und Photozellen industriell gefertigt werden. Aber jene Konzerne, die von Anfang an die Energiewirtschaft dominierten, versprachen sich damals bessere Kapitalverwertungsbedingungen durch den Ausbau fossiler Energietechnologien und später durch die Kernkraft, v. a. im Zusammenhang mit der durch zentrale Technologien ermöglichten Verwandlung dieser Energieträger in Elektrizität. Auch heute haben diese kapitalintensiven und marktbeherrschenden Großunternehmen die bessere Lobby im Vergleich zu mittelständischen Handwerksbetrieben. Mit Hilfe dieser Lobby verhindern sie, daß dezentrale Energieversorgungstechniken und v. a. arbeitsintensive Wärmedämmungsmaßnahmen, von denen das Handwerk profitieren würde, flächendeckend durchgesetzt werden.[5] Am Wandel der Bautechnik kann übrigens hervorragend studiert werden, in welcher Weise die Industriekultur vorindustrielle Erfahrungen nutzen könnte, wenn dies gewünscht wäre. Wie stark z. B. der Wärmungseffekt im Winter und der Kühlungseffekt im Sommer allein durch die kluge Wahl von Materialien und Strukturen erzeugt werden kann, zeigt bereits ein Vergleich von Häusern aus unterschiedlichen Jahrzehnten. Daß diese und andere Erfahrungen heute kaum genutzt werden, hat keine technischen, sondern ökonomische und politische Gründe.

Weil sich die Sonne also zunächst relativ schlecht zur Geldvermehrung eignete und heute immer noch eignet, ist auch der Staat nur sehr mäßig an der Entwicklung der Solarenergie interessiert. Dementsprechend sind die Prioritäten in der Forschung verteilt.[6] Aber trotz dieser bescheidenen Anstrengungen zur Förderung der Sonnenenergie sind die hohen Erwartungen an die *Solartechnik* realistisch. Das zeigt schon allein ein Blick auf die Erfolge, die in den letzten Jahren erzielt worden sind: Wenn die bereits heute verfügbare Technik konsequent im Hausbau eingesetzt werden würde, könnten schon jetzt, wie ungezählte Nullenergiehäuser mittlerweile weltweit demonstrieren, z. B. unter mitteleuropäischen Klimabedingungen 90 bis 100 Prozent der Heizenergie durch regenerierbare Quellen, insbesondere aus der Sonnenwärme, bezogen werden. Was die Umwandlung von Sonne in Strom betrifft, so besteht ein doppelter Grund zum Optimismus, denn der Wirkungsgrad der Solarzellen konnte zwischen 1978 und 1990 von 4 auf 15 Prozent erhöht werden und gleichzeitig gelang es, ihren Verkaufspreis auf ein Drittel zu senken. Nach neuestem technischen Stand ist bereits jetzt ein Wirkungsgrad von über 30 Prozent erreichbar (Scheer 1993, S. 124 f.).[7] Energieexperten schätzen, daß beim konsequenten Einsatz der heute verfügbaren Technik bereits die Hälfte der insgesamt verbrauchten Energie eingespart werden könnte (Luther/Nitsch 1992, S. 72).

Der Energievorrat der Sonne hat gegenüber allen anderen Energieträgern den Vorteil, daß er praktisch unerschöpflich ist.[8] Während das Verbrennen fossiler Brennstoffe die *Entropie* auf Erden erhöht, partizipiert die direkte Sonnenenergienutzung nur an der Entropie auf der Sonne. Wenn wir die Sonnenenergie direkt nutzen, schalten wir uns also nur in sowieso schon stattfindende Prozesse als zusätzliche Verbraucher ein. Alle anderen Energieformen dagegen können aufgrund der ökologischen Folgen somit nur Übergangslösungen sein.

Kreativität von Selbstorganisation und Evolution
Der Erfahrungsschatz, den Pflanzen, Tiere und Menschen im Umgang mit ihren jeweiligen Umwelten, im Kern letztlich also im Umgang mit der Sonne, im Laufe von Jahrmillionen gemacht haben, steht uns als zweite Komponente des Vorrats zur Verfügung. Die Besonderheit dieser immateriellen Basisressource im Vergleich zur energetisch-materiellen Basisressource ist, daß sie sich auch auf Erden nicht verbraucht, wenn man sie nutzt. Wer eine Information weitergibt, besitzt diese bekanntlich danach immer noch (Vester 1989, S. 236).

Das Ausmaß der in diesem *Erfahrungspool* steckenden bisherigen Kreativität wird deutlich, wenn man sich den zeitlichen Ablauf der Evolution veranschaulicht. Um die Zeiträume zu begreifen, die für den Aufbau jeweils komplexerer Strukturen aus einfacheren nötig sind, überträgt man üblicherweise den unvorstellbar langen Zeitraum zwischen der Herausbildung des Sonnensystems und heute auf den vorstellbaren Raum eines Jahres.

– 1. Januar: Sonne und Erde sind gebildet.
– März/April: Die ersten Lebewesen entstehen im Meer.
– November: Die ersten Tiere betreten das Land.

- 31. Dezember früh morgens: Die meisten der heute existierenden Arten haben das Licht der Welt erblickt.
- Erst in der zweiten Tageshälfte erscheinen menschenähnliche Säugetiere.
- Eine Minute vor Silvester entstehen die ersten Kulturen,
- 20 Sekunden davor wird angeblich Jesus geboren,
- 10 Sekunden davor Karl der Große,
- eine Sekunde davor Bismarck (Grimmel 1993, S. 16 f.).

Wir sehen also: Je mehr Zeit vergangen ist, desto dichter folgen die Neuerungen, desto komplexer werden die Geschöpfe. Der entscheidende evolutionäre Sprung aber findet mit dem Auftreten des Menschen statt, mit dem Übergang von der ausschließlich genetischen zur im wesentlichen sprachlichen Weitergabe von Erfahrung. Dadurch wird die Evolution ungeheuer beschleunigt, bezogen auf unser Modelljahr geht es ab diesem Zeitpunkt um Minuten, zum Schluß um Sekunden.

Was die *Evolution des Menschen* betrifft, so ist die Basis seiner Kreativität bekanntlich seine im Verhältnis zu allen anderen Arten einzigartig ausgeprägte Fähigkeit zur Kommunikation. Das allgemeine Muster des sich ständig beschleunigenden Evolutionsprozesses findet sich dementsprechend auch bei der Entwicklung der menschlichen Kommunikation wieder. Rund 50 000 Jahre ist die Sprache alt, erst vor ca. 5000 Jahren entstand die Schrift, vor ca. 500 schließlich der Buchdruck. Seit ca. 100 Jahren jedoch jagt eine Erfindung die nächste. Es begann mit dem Film, es folgte das Fernsehen, der Computer, der Nachrichtensatellit, der Videorecorder, die Compact-Disk usw. Heute stürmt die elektronische Evolution in Jahressprüngen voran. Man denke an den Kampf um die 16-, 64- und 256-Megabit-Chips. Ziel ist, wie mittlerweile allgemein bekannt, die lückenlose Vollverkabelung jedes Haushalts und jedes Betriebs, so daß jeder mit jedem gleichzeitig Sprache, Daten, Texte und Bilder austauschen und bei Bedarf sogleich vom Computer verarbeiten lassen kann. Koordinationsprobleme und Entscheidungen, für die noch vor 100 Jahren viele Wochen und Monate notwendig waren, lösen moderne Technologien in Bruchteilen von Sekunden.

Auf der Grundlage derartiger Möglichkeiten sind wir in den letzten beiden Jahrhunderten Zeugen einer unvorstellbaren *Produktivitätssteigerung* geworden. Für die USA beispielsweise wird geschätzt, daß sich die Produktivität je Arbeitsstunde zwischen

1889 und 1960 um 750 Prozent erhöht hat, für Deutschland rechnet man zwischen 1910 und 1980 gar mit einer Steigerung um 1500 Prozent (Kreibich 1986, S. 111 f.).[9] Als Besonderheiten bei der Entwicklung der Produktivität fällt zweierlei auf: Ihre Wachstumsraten sind stabiler als die des Bruttosozialprodukts, denn sie lassen sich von Konjunkturschwankungen, Krisen und Kriegen wenig beeindrucken. Und das Produktivitätswachstum ist deutlich höher als das Wachstum des Sozialprodukts (Kreibich 1986, S. 112–115). Daraus folgt, daß auch in Zukunft mit einer soliden Produktivitätssteigerung zu rechnen ist.

Die spannende Frage lautet somit, wie mit dieser Kreativität der Industriekultur in *Zukunft* umgegangen wird. Zum einen ist erkennbar, daß im Bereich der technischen Kreativität noch unabsehbar viele Innovationen nötig sind. Diese sind in all jenen Fällen geboten, in denen elementare Bedürfnisse von Menschen unbefriedigt bleiben oder/und in denen natürliche Ressourcen nicht intelligent und sinnvoll eingesetzt werden. Warme Wohnungen z. B. sind nur sinnvoll, wenn man zu Hause ist, und starke Autos nur dann, wenn man schwere Lasten mit hohem Tempo über steile Berge transportieren will. In vielerlei Hinsicht gilt für die gegenwärtige Industriekultur, daß „weniger oft mehr wäre".[10]

Den dringendsten Nachholbedarf aber haben wir bei der sozialen Kreativität. Wenn die Arbeitsteilung Hauptfunktion des Systems Kultur/Gesellschaft und das Arbeiten Hauptfunktion des Systems Individuum sind, dann hängt unsere Zukunft ganz zentral davon ab, wie die Kultur/Gesellschaft in Zukunft mit Arbeit umgehen wird. Wenn Arbeit in derart dramatischem Umfang abnimmt bzw. die produzierten Werte gigantisch zunehmen, ergeben sich im Prinzip für eine Industriegesellschaft drei Möglichkeiten: Sie kann erstens ständig für Ersatzarbeit sorgen. Sie kann zweitens die jeweils freigewordenen Arbeitnehmer aus dem Arbeitsprozeß und damit aus dem Netz der Arbeitsteilung gewaltsam ausgrenzen. Oder sie kann drittens die von Jahr zu Jahr eingesparte Arbeit gleichmäßig auf alle verteilen, also die Arbeitszeit allgemein verkürzen. Welchen Weg eine Gesellschaft letztlich einschlägt, das ist abhängig von der sozialen Kreativität, die sie ausgebildet hat. In dieser Hinsicht sind die technisch höchstentwickelten Gesellschaften dieser Welt Entwicklungsländer: Die soziale Kreativität ist hinter der technischen bisher katastrophal weit zurückgeblieben.

Fazit:
Für das „gute Leben" stehen letztlich hinter allen Einzelressourcen zwei Basisressourcen zur Verfügung: eine praktisch unbegrenzte Menge von Sonnenenergie und die gewaltige Erfahrung aus der natürlichen, kulturellen und biographischen Evolution im Umgang mit dieser Energie. Diese Erfahrung hat besonders in den letzten beiden Jahrhunderten eine beispiellose Steigerung der Produktivität ermöglicht. Es hängt ausschließlich vom Menschen ab, wie er mit diesem Potential in Zukunft umgehen wird.

B. Visionen für einen Neuen Wohlstand

Angeblich leidet unsere Zeit daran, daß es keine Visionen mehr gibt. Seit jedoch durch Ernst-Ulrich von Weizsäcker der Begriff „Neuer Wohlstand" in die öffentliche Diskussion eingebracht worden ist (Weizsäcker 1989), muß diese Diagnose relativiert werden. Der Neue Wohlstand besteht nach Weizsäcker v. a. in einem sanfteren Konsumstil, der v. a. durch höhere Energieeffizienz erreicht werden soll. Aus der Perspektive einer Ökologie der Zeit ist jedoch ein anderer Aspekt des Neuen Wohlstands mindestens genauso wichtig: Damit sich Menschen im umfassenden Sinn wohlfühlen können, muß ihnen jene Zeit zurückgegeben werden, die ihnen das marktwirtschaftlich-kapitalistische Produktions- und Konsumsteigerungsprogramm im Laufe der Entwicklungsgeschichte der „modernen" Ökonomie immer mehr weggenommen hat. Um diese Idee zu konkretisieren, werde ich in einem ersten Schritt einige Anhaltspunkte für den klugen Umgang mit den Eigenzeiten der Natur und des Individuums angeben. Im zweiten Schritt geht es um die Frage, wie dies kulturell/gesellschaftlich umgesetzt werden könnte, wie also auch die Eigenzeit des Zusammenlebens wieder zu ihrem Recht kommen könnte. Ich möchte insgesamt zeigen, wie durch eine Verbindung der Ökologie der Zeit mit den seit über 100 Jahren theoretisch entwickelten Alternativen zur kapitalistischen Marktwirtschaft die Vision einer entschleunigten Gesellschaft gewonnen werden kann.

1. Zeitmaße für Natur und Individuum

Ausgangspunkt des II. Abschnitts war die Frage nach dem Haushalten der Organismen. Die einfachste Version der Antwort lautet: Wer klug haushalten will, darf nicht mehr ausgeben, als er einnimmt. Während beim Umgang mit Geld jedem klar ist, daß er ansonsten schnell pleite ist, macht sich die Einsicht, daß wir auch mit anderen Ressourcen vorausschauend wirtschaften müssen, erst ganz langsam breit. Die Ökologie der Zeit erlaubt nun eine Präzisierung dieses Prinzips des vorausschauenden Wirtschaftens: Wer klug haushalten will, der muß die Eigenzeiten, die in allen natürlichen, gesellschaftlichen und menschlichen Regungen enthalten sind, herausfinden und als Maßstab dem eigenen Handeln zugrundelegen. Mit anderen Worten: Er muß sich und seiner Umwelt Zeit lassen.

Das Motto „Zeit lassen" bedeutet keineswegs, die Hände in den Schoß zu legen und alles treiben zu lassen. Vielmehr ist es angesichts des mittlerweile erreichten hohen und weiter zunehmenden Tempos aller Prozesse notwendig, eine fundamentale Entschleunigungsoffensive auf allen Ebenen einzuleiten. Durch die aktive Entschleunigung werden jene Rhythmen in Natur, Individuum und Gesellschaft, die die kapitalistische Programmlogik verschüttet hat, wieder zur Geltung gebracht. Die Befreiung von dieser Programmlogik wird uns allerdings im Endeffekt tatsächlich die Chance bescheren, uns im Alltag sehr viel öfter als heute einfach treiben lassen zu können. Da die Erforschung der Eigenzeiten v. a. des Individuums und der Kultur/Gesellschaft noch ganz am Anfang steht, können die nachfolgenden Überlegungen nur eine erste Orientierung geben.

Das Zuständigkeitsproblem

Wer ist für diese Entschleunigungsoffensive zuständig? Wer soll das Tempo bestimmen? Ebenso falsch wie das Hände-in-den-Schoß-legen wäre es, einfach *die Wissenschaft* beauftragen zu wollen, die Eigenzeiten als quasi objektive Größen zu berechnen, um diese dann politisch rigoros durchsetzen zu können. Eine solche Strategie wäre aus zwei Gründen unhaltbar: Erstens ist wissenschaftliches Wissen beileibe nicht so eindeutig und unzweifelhaft, wie sich dies die Vertreter einer technokratischen Politik wünschen. Auch in jenen bisher seltenen Fällen, in denen Wissenschaftler keinem partikularen Interesse verpflichtet sind, kommen sie oft zu unterschiedlichsten Ergebnissen und können das Risiko des Irrtums niemals ausschließen. Zweitens kann die Wissenschaft in einer demokratischen Gesellschaftsordnung immer nur die Voraussetzungen, also den Rahmen für Entscheidungen bereitstellen, die Entscheidungen selbst müssen jedoch die Menschen oder die von ihnen Bevollmächtigten treffen. Denn jeder weiß, daß Menschen aus ein und derselben Information oft je nach individueller Bewertung ganz unterschiedliche Konsequenzen ziehen.

Wie also muß das Verhältnis von wissenschaftlicher Objektivität und individueller Subjektivität grundsätzlich gestaltet werden? Ausgangspunkt ist immer das jeweils verfügbare Wissen über die Eigenschaften der Systeme als Basis für die *demokratische Festlegung* der Zeitmaße der Austauschprozesse. Für die Bereitstellung dieses Wissens ist die Wissenschaft zuständig. Die Wissenschaftler ermitteln also etwa, wie das Ökosystem Wasser funktioniert, wie lange etwa ein Fluß braucht, um nach einer Störung wieder ins Gleichgewicht zu kommen. Neben der zeitlichen Dimension ist im Zusammenhang mit der Zuständigkeitsfrage die räumliche Dimension besonders wichtig. Es muß geklärt sein, wie weit der Kreis derer reicht, die von Störungen dieses Ökosystems betroffen sind. Auf diesen Punkt hat der Klimaforscher Hartmut Graßl (1993) besonders aufmerksam gemacht. Die Festlegung des Kreises der Betroffenen ist Voraussetzung dafür, daß diejenigen, die die Folgen von Fehlern zu tragen haben, auch Einfluß auf die Ursachen dieser Fehler bekommen. Aufgrund der hochgradig unterschiedlichen räumlichen Reichweite der Eigenzeiten ist ein politischer Rahmen mit vielfach gestufter demokratischer Zuständigkeit für die Festlegung der Zeitmaße erforderlich.

Das sei zunächst am Beispiel *Natur* erläutert: Je nachdem, welche Ressource wir herausgreifen, erhalten wir einen weiteren oder engeren Kreis der Betroffenen. Auf lokaler Ebene dürften sinnvollerweise jene Fragen geklärt werden, die z. B. mit bodennaher Luftverschmutzung, mit kleinen stehenden Gewässern oder mit vielen Arten von festem Müll zusammenhängen. Ein regionaler Rahmen wird dort angebracht sein, wo über den Umgang mit Luft, mit fließenden oder großen stehenden Gewässern und Böden befunden wird. Spätestens die in Gang gekommene weltweite Klimaveränderung zeigt aber, daß z. B. beim Umgang mit Energie die gesamte Weltbevölkerung betroffen ist. Hier haben wir eine globale Zuständigkeit, ein verbindlicher Rahmen müßte dementsprechend weltweit gültig sein.

Ähnliche Abstufungen sind für das System *Kultur/Gesellschaft* möglich. Wo Produktionsprozesse z. B. nur in kleinerem Umfang arbeitsteilig stattfinden oder wo kleinere und ungefährlichere Techniken eingesetzt werden, genügt ein lokaler Rahmen zur Regulierung. Regional muß der Rahmen dagegen gespannt werden, wenn es um weiträumigere Arbeitsteilung und den Einsatz riskanterer Techniken, etwa um chemische Anlagen geht. Sie entfalten ihre Wirkung zwar nicht unbedingt global, aber immerhin über Ländergrenzen hinweg. Für all jene Fragen schließlich, die mit hocharbeitsteiligen und weltweit vernetzten Produktionsprozessen zusammenhängen, ist mehr oder minder die gesamte Weltbevölkerung zuständig. Hier muß der Rahmen gewährleisten, daß alle Beteiligten, die Rohstoffproduzenten, die Forscher und Entwickler, die eigentlichen Hersteller, die Transporteure, die Verkäufer, die Konsumenten und die Entsorger auch als prinzipiell Zuständige anerkannt werden. Diese Allzuständigkeit gilt besonders auch bei jenen Rohstoffen, die nur an wenigen Orten vorhanden sind, an vielen jedoch benötigt werden, und erst recht für den Bau und Einsatz von Massenvernichtungswaffen mit weltweiter Vernichtungskraft.

Was schließlich die körperliche und psychische Gesundheit des *Individuums* betrifft, so ist zunächst jeder selbst zuständig, weil er prinzipiell der kompetenteste Experte für sich selbst ist. Viele Arbeitnehmer haben sehr klare Vorstellungen darüber, wie ein humaner Arbeitsplatz beschaffen sein müßte. Und Eltern spüren selbst am besten, wieviel Zeit und Zuwendung ihre Kinder brauchen. Bei jenen Gefahren, die von Industriegiften, wirtschaftlichen Ängsten und Überreizung der Sinne drohen, greifen regionale, lokale und individuelle Wirkungszusammenhänge ineinander. Gegen den Streß am Arbeitsplatz mit seinen gesundheitlichen Auswirkungen können wir zwar z. B. durch Entspannungstechniken anzukämpfen versuchen, aber solange es Massenarbeitslosigkeit gibt, werden solche individuellen Strategien die Last immer nur von einer Schulter auf die nächste abladen, von der des Stärkeren auf die des Schwächeren. Nötig ist also ein Rahmen, der so weit gespannt ist, daß all jene mit einbezogen sind, die durch die Existenz von Massenarbeitslosigkeit betroffen sind: alle, die tatsächlich arbeitslos sind, und alle, die es werden können. Für die gesundheitlichen Folgen des Treibhauseffekts oder des Ozonlochs schließlich ist von vornherein nicht der einzelne zuständig, sondern die Weltgesellschaft. Jede an den Wurzeln ansetzende Strategie muß hier durch einen weltweit gültigen Rahmen festgelegt werden.

Bei der Gestaltung des politischen Rahmens muß *grundsätzlich* bedacht werden, daß dieser Rahmen nicht zu weit gespannt ist. Denn je mehr Menschen von bestimmten Prozessen betroffen sind, desto schwieriger wird es, sie alle an den entsprechenden Entscheidungen zu beteiligen. Eine vorausschauende Politik wird also die künstliche Vernetzung der Welt nicht unendlich weitertreiben.[11] Nur überschaubare politische und wirtschaftliche Einheiten bieten die Chance dafür, daß Gemeinschaftsentscheidungen auch wirklich gemeinschaftlich, also demokratisch getroffen und Konflikte friedlich geregelt werden können.

Mit der Gestaltung lokaler und kleiner regionaler Rahmenordnungen gibt es vielfältige *geschichtliche Erfahrungen*. In der griechischen Polis, der mittelalterlichen Zunftordnung und im neuzeitlichen Nationalstaat ging es letztlich immer darum, für eine bestimmte Gruppe von Menschen politische und wirtschaftliche Rechte und Pflichten relativ dauerhaft vertraglich festzulegen. Mit großen regionalen und insbesondere mit globalen Ordnungen stehen wir demgegenüber erst am Anfang. Aber es gibt hoffnungsvolle Ansatzpunkte. Es war der Philosoph Immanuel Kant, der als einer der ersten die Idee eines Vertrags zwischen Menschen auf das Verhältnis zwischen Staaten übertragen hat (1795). Der nach dem Ersten Weltkrieg gegründete Völkerbund und die nach dem Zweiten Weltkrieg gegründete UNO waren erste praktische Versuche in diese Richtung. Wer erkannt hat, wie stark wir vor allem in Hinblick auf den Umgang mit Massenvernichtungsmitteln sowie in bezug auf die Energie- und Klimapolitik weltweit existentiell voneinander abhängen, der muß der möglichst raschen Herstellung eines politisch verbindlichen weltweiten Rahmens für globale Fragen zustimmen.[12]

Was aber soll geschehen, wenn die Reichweite von Systemen nicht zweifelsfrei geklärt werden kann? Aus zeitökologischer Sicht folgt in diesem Fall, daß *im Zweifel* von der weiteren Grenzziehung auszugehen ist, da durch die Berücksichtigung weiträumiger Eigenzeiten die engräumigen in der Regel automatisch mitberücksichtigt werden (Graßl 1993, S. 84). Daß die weiträumigen Systeme gleichzeitig in der Regel die älteren Systeme sind, bekräftigt dieses Argument noch. Insgesamt müssen Zuständigkeitsfragen also den vielfältigen räumlichen Vernetzungsverhältnissen gerecht werden. Dies erfordert eine weltweite Verfassungsordnung, die vielfach in Ebenen gegliedert ist, also einen stark föderalistischen Charakter hat (vgl. Narr/Schubert 1995, S. 225–266).

Generelle Regeln für das Finden der Zeitmaße

Die erste Voraussetzung dafür, daß in der menschlichen Praxis die rechten Zeitmaße gefunden werden können, ist ein *solides Wissen* über Eigen- bzw. Systemzeiten. Je größer und komplexer ein System ist, desto länger sind in der Regel seine Systemzeiten und desto geduldiger müssen wir mit unseren Urteilen und Eingriffen sein. Mit der Größe des Systems steigt zudem die Gefahr, irreversible Schäden anzurichten. Das große und nur einmal vorhandene System Erde z. B. läßt sich im Fall einer schweren Störung nicht ersetzen, ganz im Gegensatz zu kleinen und in zahlreichen Exemplaren vorhandenen Systemen, wie etwa Bakterien (Kümmerer 1993, S. 94). Aus der Tatsache, daß ein System für eine gewisse Zeit auf Belastungen aus der Umwelt nicht oder kaum reagiert, kann also noch keineswegs geschlossen werden, daß diese Belastung harmlos ist und fortgesetzt werden darf, denn die Reaktionslosigkeit kann ja lediglich Folge eines zu kurzen Beobachtungszeitraums sein. Insgesamt ist bei großen und langrhythmischen Systemen, wie etwa dem Klima, größte Vorsicht geboten. Solange kein hinreichendes Wissen existiert, sollte auf größere Eingriffe am besten ganz verzichtet werden.

Ist ein solcher Verzicht aus irgendeinem Grund nicht möglich, so dürfen die Mengen der Produktion und Anwendung z. B. von Stoffen zweitens nur in dem Maße gesteigert werden, wie auch das Wissen über deren Verhalten zunimmt. Je geringer umgekehrt das Wissen über das Verhalten dieser Stoffe ist, desto vorsichtiger muß die Produktions- und Anwendungsmenge gesteigert werden (Kümmerer 1993, S. 100). Bei allen Stoffen, die schon im Umlauf sind, gilt es, die Produktion um so schneller zu drosseln, je langsamer die betroffenen Nachbarsysteme reagieren und je weniger wir über Reaktionen wissen. Bisher, so scheint es, war es gerade umgekehrt: Je weniger über die Wirkungen bekannt war, desto ungezügelter wurde die Neuerung über den ganzen Globus verbreitet.

Alle Eingriffe in den Haushalt der Natur wie in den körperlichen und psychischen Haushalt des Individuums müssen drittens so dosiert sein, daß die *Ressourcen und damit die Elastizitäten der Systeme erhalten* bleiben und nach Möglichkeit im Interesse einer optimalen Pufferkapazität gefördert werden. Je mehr ein Eingriff an die Elastizitätsgrenze eines Systems stößt, desto gefährlicher wird der Eingriff und desto größer ist die Wahrscheinlichkeit, daß das System pathologisch, also entweder aggressiv oder regressiv reagiert. Grundsätzlich ist davon auszugehen, daß natürliche Systeme aufgrund ihres Alters besser getestet sind als kulturelle, und kulturelle wiederum besser als individuelle, weshalb jeder Eingriff wohlbegründet sein muß. Deshalb sollte vor jedem Eingriff geprüft werden, ob ihm tatsächlich ein echtes Bedürfnis zugrundeliegt (Kümmerer 1993, S. 101 f.). So könnte es sein, daß das Bedürfnis auch mit bestehenden und erprobten Mitteln zu befriedigen ist oder aber illusionären Charakter hat. Auch diese Forderung nach Bedürfniskritik widerspricht ganz offensichtlich der herrschenden Praxis.

Viertens sollten alle Eingriffe darauf abgestellt sein, daß die *evolutionäre Vielfalt* nicht zerstört wird, damit die Systeme auch weiterhin im Rahmen der Möglichkeiten nach ähnlichen Lösungen tasten können. Niemals dürfen Eingriffe, auch wenn sie sich über einen längeren Zeitraum bewährt haben, über die ganze Erde so ausgedehnt werden, daß Alternativen für die weitere Zukunft von vornherein ausgeschlossen sind. Wir sollten vielmehr dafür sorgen, daß die Evolution fortgesetzt werden kann und deshalb ständig auf „Vielfalt" und „Gemächlichkeit", die objektiven Voraussetzungen aller Evolution/Selbstorganisation, achten (vgl. Kapitel IIA2). Erst wenn diese doppelte Voraussetzung erfüllt ist, ist das System auch auf Fehler eingestellt und kann solche Fehler abpuffern. Nur fehlerfreundliche Systeme können Lernprozesse weiter fortsetzen, ihre Ressourcen, also ihre subjektiven Evolutionsvoraussetzungen, steigern und sich auf erweiterter Stufenleiter reproduzieren.

Diese allgemeinen Regeln für die Wahl von Zeitmaßen, die v. a. an Naturprozessen gewonnen worden sind, müßten nun auf alle anderen Arten von Austauschprozessen übertragen werden. Hier wartet noch eine riesige Aufgabe auf die zeitökologische Forschung. Im folgenden formuliere ich einige wenige konkrete Vorschläge dafür, wie eine Kultur/Gesellschaft mit ihren Nachbarsystemen Natur und Individuum umgehen könnte. Praktisches Ziel solcher Überlegungen müßte eine ökologisch-soziale Zeitpolitik sein, die alle drei Ebenen des Lebens in Hinblick auf die kurz-, mittel- und langfristigen energetischen/materiellen und informationellen Rhythmen erfaßt. Hier weisen die Tutzinger Thesen in die richtige Richtung, müssen aber erst politökonomisch fundiert und v. a. für die Eigenzeiten von Individuum und Kultur/Gesellschaft weiter ausdifferenziert werden.

Zeitmaße für die Natur

Bei der Festlegung der Zeitmaße für die Natur geht es im Grunde darum, jene Klugheitsregeln, denen „traditionelle" Gesellschaften ihre Stabilität verdanken und die durch die ökologische Blindheit der kapitalistischen Marktwirtschaft verschüttet worden sind, wieder zu entdecken und auf die industrielle Gegenwart anzuwenden. In bezug auf die Forstwirtschaft z. B. bedeutet kluges Wirtschaften, in einem bestimmten Zeitraum nicht mehr Holz zu schlagen, als im selben Zeitraum nachwächst (Geißler/Held 1995, S. 207). Für den Gartenbau heißt kluges Wirtschaften, daß der Gärtner den Garten weder völlig sich selbst überläßt noch ihn vollständig auf Monokultur trimmt. Kluger Gartenbau bedeutet vielmehr, daß optimale Produktivität und optimale Ästhetik gleichermaßen angestrebt werden, wozu auch eine entsprechende Vielfalt der Arten erforderlich ist. Dafür sind räumlich und zeitlich wohldosierte Eingriffe erforderlich, die die Eigenzyklen in der Natur nicht zerstören, sondern unterstützen. Ähnliches könnte man auch für Ackerbau und Viehzucht formulieren.

Wie lassen sich solche Klugheitsüberlegungen, die unter dem *Stichwort „Nachhaltigkeit"* in die Debatte um das ökologische Wirtschaften eingegangen sind, auf die Industriegesellschaften übertragen? Einer der meistdiskutierten Vorschläge hierzu stammt von Hermann Daly, früher leitender Wirtschaftswissenschaftler bei der Weltbank, heute Direktor eines von ihm gegründeten alternativen Wirtschaftsforschungsinstituts. Daly hat drei Regeln für den industriellen Umgang mit Naturressourcen aufgestellt (Meadows/Meadows/Randers 1992, S. 70).

Die erste Regel lautet: Wie für vorindustrielle so gilt auch für industrielle Gesellschaften, daß sie Ressourcen, die sich selbst regene-

160

rieren, nicht schneller verbrauchen darf, als sie sich gleichzeitig wieder selbst erneuern. Man denke z. B. an Wälder, Nutzböden, Wasservorkommen oder Fischbestände. Zwar sind im Prinzip alle Ressourcen erneuerbar, aber aufgrund der unvorstellbar langen Eigenzeiten z. B. fossiler Ablagerungen ist diese Regel in der Praxis durch eine weitere Regel für nichterneuerbare Vorräte, die erst durch die industrielle Produktion systematisch erschlossen wurden, zu ergänzen: Quellen, die sich nicht regenerieren, dürfen nicht rascher abgebaut werden, als gleichzeitig regenerierbare Quellen als Ersatz für diese Art von Nutzung geschaffen werden. Die dritte Regel zielt v. a. auf die ökologischen Probleme der jüngsten Vergangenheit und der Gegenwart: Es dürfen der Natur nur soviel Schadstoffe zugemutet werden, wie sie in harmlose Substanzen umwandeln kann.

Würde sich das System Kultur/Gesellschaft z. B. bei der *Energieversorgung* an den Eigenzeiten der Natur orientieren, dürfte es zunächst nur soviel Holz, Kohle, Öl und Gas abbauen, wie sich im selben Zeitraum wieder nachbilden kann. Durch die Orientierung an der Rate der einfachen Reproduktion bleiben die Elastizitäten der Natur bzw. der betroffenen Teilsysteme grundsätzlich erhalten. Allerdings: Wenn die Gesellschaft und die Natur miteinander durch ausreichende Lernprozesse neue Formen der Energiegewinnung und -nutzung erschließen können, also z. B. eine höhere Energieeffizienz bei der Nutzung erreichen oder neue Erkenntnisse und Techniken der Nutzung von Sonnenenergie entwickeln, dann kann die Gesellschaft grundsätzlich zur erweiterten Reproduktion übergehen, d. h. auch größere Mengen fossiler Brennstoffe verbrauchen. Die Gesellschaft kann dann von den Früchten des stattgefundenen Lernprozesses leben, aber wiederum nur bis zu jener Grenze, an der die Elastizität der betroffenen Teilsysteme gefährdet werden könnte. Konkret: Man sollte ein Erdöllager nicht schneller ausbeuten, als man Sonnenkollektoren mit derselben Kapazität installiert, wobei diese Kollektoren aus den Erdölerträgen zu finanzieren sind.[13]

Die Hauptschwierigkeit bei der Anwendung solcher Regeln besteht darin, daß die einzelnen Ressourcen nicht isoliert voneinander haushälterisch verwaltet werden können. Ein Wald etwa ist ein *komplexes Netz* von Ressourcen: von Bäumen, Sträuchern und Moosen, von Vögeln, Käfern, Wild und Würmern, von Wasser-,

Kohlen- und Sauerstoffkreisläufen. Eine kluge Forstwirtschaft wird deshalb darauf achten müssen, das Gesamtgefüge zu erhalten bzw. nach Eingriffen immer wieder neu herzustellen. Die Energie und Stoffströme hochindustrialisierter Gesellschaften sind bisher nur sehr ungenügend erforscht. Die wissenschaftliche Chemie konzentriert sich immer noch auf einzelne Stoffe und einfache Reaktionen dieser Stoffe. Will man Zeitmaße für den Umgang mit Stoffen ermitteln, so müssen im Prinzip alle beteiligten Stoffe, die chemischen Ausgangs-, Zwischen- und Endprodukte und alle dabei ablaufenden beabsichtigten und unbeabsichtigten chemischen Reaktionen erfaßt werden. In zeitlicher Hinsicht muß dabei zunächst die Lebensdauer der Stoffe ermittelt werden. Die Lebensdauer von Stickoxiden (NO_x) beträgt z. B. 1 bis 4 Tage, die von Fluorchlorkohlenwasserstoff (FCKW) 50 bis 150 Jahre (Gaber/Natsch 1989, S. 46). Ferner ist nach der Zeit zu fragen, die Stoffe zur Ausbreitung in ihre Umgebung brauchen, und dies führt wiederum zur Frage nach dem jeweiligen Transportmedium wie z. B. Boden, Wasser und Luft. Erst wenn Lebensdauer, Ausbreitungsräume und -zeiten ermittelt sind, können Handlungsalternativen formuliert und Handlungsempfehlungen gegeben werden. Erst dann kann der Kreis der Betroffenen bzw. die politische Ebene festgelegt werden, auf der letztlich aufgrund dieses Wissens die Entscheidung gefällt werden muß (Graßl 1993).

Martin Held faßt in dem ebenfalls aus einer Tutzinger Tagung hervorgegangenen Sammelband ›Leitbilder der Chemiepolitik‹ den Stand der chemiepolitischen Diskussion folgendermaßen zusammen: In Zukunft sollte bei Neuentwicklungen erstens das Ziel geschlossener Kreisläufe angestrebt werden, auch wenn es nie ganz erreichbar sein kann. Zweitens sollte kritisch nach den Nutzenvorstellungen und nach dem Bedarf der Menschen gefragt werden. Und drittens sollten all jene Grundsubstanzen der Chemie, die entweder aufgrund begrenzter Vorräte (z. B. Erdöl) oder aufgrund begrenzter Endlager (z. B. Chlor) ökologisch problematisch sind, mittelfristig durch andere Grundsubstanzen ersetzt werden (Held 1991, S. 8 f. u. 259–273). Bezieht man diese Leitbilder auf die zeitliche Dimension, also auf Material- und Produktzyklen, so muß gefordert werden, daß in Zukunft die meiste Zeit für die Entwicklung von Stoffen und Produkten zu veranschlagen sein sollte, damit später bei der Anwendung, bei der Fehlerbeseitigung, bei der Wiederverwendbarmachung der Rohstoffe oder einzelner Bauteile und schließlich bei der Endlagerung der nichtverwertbaren Reste möglichst wenig Zeit benötigt wird (Stahel 1994, S. 69).

Im Hinblick auf nachhaltiges Wirtschaften soll zum Schluß nochmals auf die existentielle Bedeutung der Sonne hingewiesen werden. Da die Wiederauffüllung aller natürlichen Ressourcen durch die Basisressource Sonne nicht nur gespeist, sondern auch durch ihren Rhythmus zeitlich strukturiert wird, sollte bei der Nutzung der natürlichen Ressourcen dieser *Rhythmus der Sonne* einen zentralen Stellenwert erhalten. Die Aktivitätsphasen der Menschen sollten sich an den Phasen erhöhter Energiebereitstellung durch die Sonne orientieren. Bezogen auf die Entwicklung von Techniken und sozialen Spielregeln bedeutet dies: „Je frühzeitiger wir die Kreativität in Richtung von Techniken und Organisationsformen lenken, in denen das Sonnen-Zeit-Maß Ausgangs- und Referenzpunkt bildet, desto geringer werden die ökologischen Belastungen sein." (Held 1993, S. 26)[14]

■ *Wären wir ruhiger, langsamer, so ginge es uns besser, ginge es schneller mit unseren Angelegenheiten voran.*
(Robert Walser 1978, S. 33)

Zeitmaße für das Individuum

Aus der Geschichte der Medizin wissen wir, daß die größten Fortschritte bei der Bekämpfung von Krankheiten bisher durch vorbeugende Hygienemaßnahmen erzielt worden sind. Wenn meine Analyse der Ursachen heutiger Zivilisationskrankheiten und psychischer Deformationen richtig ist, müssen wir diesen Bedrohungen durch so etwas wie *„Zeithygiene"* zu Leibe rücken. Entscheidende Hinweise zu einer solchen Strategie liefern uns Toxikologen, Biorhythmiker, Sozial- und Umweltmediziner sowie Umweltpsychologen. Nur der geringste Teil der nachfolgenden Vorschläge für eine Neurhythmisierung des Lebens kann von dem einzelnen selbst in die Wege geleitet werde. Es geht um nichts geringeres als eine fundamentale Gesundung der gesellschaftlichen Lebensumstände, in die wir hineingezwungen sind (vgl. Kapitel IV A).

Da wäre als erstes das Ziel der *Schadstoffentlastung*. Es müßte dafür gesorgt werden, daß Menschen in Arbeit und Freizeit nur mit solchen Stoffen konfrontiert werden, die hinreichend auf ihre gesundheitliche Unbedenklichkeit getestet sind. Zudem müßten Arbeitnehmer und Konsumenten Gelegenheit erhalten, die Materialien in ihrer Arbeits- und Konsumumwelt selbst entsprechend ihrer je individuellen Sensibilitäten zusammenstellen zu können. Dafür wären detaillierte chemische und medizinische Informationen, eine breite Palette alternativer Angebote und weitgehende Arbeitnehmer- und Konsumentenmitwirkungsrechte in all jenen Fragen nötig, in denen es um die Entwicklung neuer Stoffe und Technologien geht.

Als zweites müßte den Menschen Gelegenheit gegeben werden, ihre *„innere Uhr"*, deren müheloses Funktionieren die kapitalistische Industriegesellschaft außer Kraft setzt, wieder reaktivieren zu können. Diese Reaktivierung der Autorität der Eigenzeit betrifft grundsätzlich alle zeitlichen Aspekte des Lebens und Arbeitens, also nicht nur das Temperament, den Tages-, Wochen-, Monats-, Jahres- und Lebensrhythmus, sondern auch das Handeln und die zwischenmenschlichen Prozesse. Konkret heißt das in bezug auf die Zeitmaße der Arbeitswelt: Die Arbeitswelt muß auf der Basis eines optimalen arbeitsmedizinischen und -psychologischen Kenntnisstands (vgl. Oppolzer 1993) von den Arbeitnehmern selbst nach deren je eigener Bedürfnislage gestaltet werden können. Dies betrifft das gesamte Arbeitsplatz-Arrangement, also nicht nur die Länge der Arbeitszeit und die Anzahl und Länge der Pausen, und auch nicht nur die Verteilung der Arbeitszeit auf Tage, Wochen, Monate oder das Leben, sondern auch den Bereich der zeitlichen Feinstrukturierung. Dazu gehören z. B. das Arbeitstempo, die Bewegungsfreiräume am Arbeitsplatz, die Kommunikationsmöglichkeiten, die Komplexität der Aufgaben und v. a. auch die Abschließung von Handlungsepisoden. Für die Individuen erfordert die Selbstgestaltung der Arbeitswelt, daß sie einerseits sensibel für ihre jeweiligen Eigenzeiten werden und andererseits kommunikative Fähigkeiten entwickeln müssen, um die jeweiligen Eigenzeiten auch miteinander koordinieren zu können.

Über diesen grundsätzlichen Respekt vor der „inneren Uhr" hinaus müssen drittens Zeitmaße für den Umgang mit all jenen psychischen Belastungen gefunden werden, mit denen die Umwelt das Individuum konfrontiert, also mit *Ängsten und Reizen.* Mehr noch als bei der „inneren Uhr" kommt es hierbei darauf an, daß die Eigenzeiten der einzelnen Menschen nicht nur auf der Ebene der Gattung, sondern auch unterhalb dieser Ebene berücksichtigt werden. Wenn Geschlecht und Alter und wenn Familien- und Individualgeschichte gleichermaßen Einfluß auf die Ausprägung jener psychischen Eigenzeiten haben, dann folgt aus dieser Rücksichtnahme, daß die Menschen das Ausmaß an Ängsten und Reizen, das ihnen zugemutet wird, prinzipiell selbst dosieren können müssen. Die Individuen müssen die Chance erhalten, ihre Lebensbedingungen so zu gestalten, daß Ängste und Reize sie weder unter- noch überfordern. Sie müssen sich den Aufgaben genau gewachsen fühlen, so daß sie an ihnen wiederum selbst wachsen können.

Für Schule und Arbeitswelt ist längst konkretisiert worden, was dies im Kern bedeutet: Es geht um die optimale Passung von objektiven Anforderungen und subjektiven Ressourcen. Schüler und Arbeitnehmer müssen ihr Handeln so weit als möglich selbst kontrollieren können. Aus arbeits- und lernpsychologischen Gründen ist neben den bereits im Zusammenhang mit der „inneren Uhr" genannten Aspekten für das Individuum ferner v. a. die Sicherheit wichtig, daß es als Folge der erbrachten Leistungen eine entsprechende Gegenleistung erhält, die in der Regel in Erfolgserlebnissen, sozialer Anerkennung und gerechter Entlohnung besteht.

Kurzer Exkurs zum Haushalten mit Reizen

Das Haushalten mit Reizen soll im folgenden noch etwas genauer diskutiert werden. Die richtige Menge und Intensität bemißt sich zum einen danach, wieviel der Mensch verarbeiten kann, ohne selbst Schaden zu leiden, zum andern danach, wieviel der Mensch braucht, um sich selbst zu entfalten. Was aber ist für den einzelnen das richtige Maß an Reizen in Abhängigkeit von der Zeit?

Relativ gut erforscht sind wiederum die *kurzen Zyklen* der psychischen Folgen der Austauschprozesse zwischen dem Individuum und seiner natürlichen und kulturellen/gesellschaftlichen Umwelt (z. B. Pöppel 1993 u. Miller 1992). Es ist allgemein bekannt, wie relativ das Zeiterleben ist. Man weiß, daß das subjektive Zeitempfinden u. a. von der Menge der Informationen, mit denen das Subjekt innerhalb einer bestimmten Zeitspanne konfrontiert wird, abhängig ist. Wenn z. B. wenig Reize vorhanden sind, vergeht die Zeit langsamer. Ein nächster wesentlicher Faktor ist z. B. die Bedeutung, die Informationen für den einzelnen haben. Alles, was neu und wichtig erscheint, beschleunigt nach unserem Eindruck die Zeit. Ausschlaggebend für die individuelle Bedeutung der Informationen ist die Frage, ob sie unsere Gefühle anregen, ob sie Lust oder Unlust hervorrufen. Gefühlsarme Informationen lassen die Zeit lange erscheinen, großes Glück und Leid machen sie im Bewußtsein kurz und führen im Extremfall zur Erfahrung von Zeitlosigkeit. Vermutlich ist es für die individuelle Lebensgestaltung hilfreich, sich dieser Zusammenhänge zwischen Reizen und Gefühlen bewußt zu werden. So kann man sich am besten gegen Selbsttäuschungen wappnen, wie sie etwa für die unter der „Zeitkrankheit" leidenden und ständig gehetzten A-Typen charakteristisch sind (vgl. Kapitel IIB1c). Wer diese Erkenntnisse über das kluge Haushalten mit Reizen seiner Lebensgestaltung zugrundelegt, der wird sich davor hüten, von einem Reizmilieu ins nächste zu hetzen, eine stetige Steigerung materieller Genüsse zu erwarten und objektiven mit subjektivem Wohlstand gleichzusetzen. Er wird immuner gegen die Wohlstandsillusion und ist sich bewußt, daß sich das subjektive Wohlbefinden immer auf zwei Arten steigern läßt, nämlich auf objektive und subjektive Weise, durch Konsumausweitung oder Bedürfniseinschränkung in bezug auf materielle Güter.

Für Eltern, Pädagogen, Psychologen und alle, die sich um längerfristige psychische Prozesse kümmern, sind v. a. die weniger gut erforschten *langen Zyklen* wichtig. Hier geht es um die Frage, wie aus zeitökologischer Sicht die Genese persönlicher psychischer Ressourcen, die man gemeinhin als „Bildung" bezeichnet, beschrieben werden muß. Von besonderem Interesse ist dabei die Kinder- und Jugendbildung, denn Systeme sind generell in Wachstumsphasen gegenüber physischen und psychischen Störungen am sensibelsten. Für die Psyche ist im Zusammenhang mit der Suche nach den Zeitmaßen von Bildungsprozessen zunächst die vielfach bestätigte banale Erkenntnis wichtig, daß Menschen unterschiedlich lange zum Lernen brauchen, dann aber nahezu alle die gesteckten Lernziele erreichen können (vgl. z. B. Bloom 1970). Dies gilt vermutlich für alle drei Phasen von Lern- und Bildungsprozessen, nämlich die Wahrnehmungs-, die Motivbildungs- und die Realisierungsphase. Für die Gestaltung jeder dieser Phasen muß die Ökologie der Zeit eine „Pädagogik des Zeitlassens" fordern: Lernprozesse müssen so organisiert sein, daß Kinder und Jugendliche weitreichende Möglichkeiten erhalten, Lernzeiten, Pausen, Tempo und die den

Arbeitsepisoden der Arbeitswelt in Bildungsinstitutionen entsprechenden Lernepisoden selbst festzulegen.[15]

■ *Schule: Das Substantiv wurde im Bereich des Klosterwesens aus lateinisch schola „Muße, Ruhe; wissenschaftliche Beschäftigung während der Mußestunden..." entlehnt.*
(Duden, Bd. 7: Etymologie)

Seit langem richtet sich das Erkenntnisinteresse von Psychologie und Anthropologie auch auf den Zusammenhang zwischen der *Genese der Persönlichkeit* und dem Zeiterleben.[16] Nach den in Kapitel IIB1c erwähnten Erkenntnissen des amerikanischen Psychologen Kurt Lewin ist die personelle Entwicklung durch die Ausweitung der Zeitperspektive geradezu definiert. Ähnlich argumentiert aufgrund umfangreicher empirischer Untersuchungen der Schweizer Psychologe und Philosoph Jean Piaget (1946). Für die Zeitmaße, die für die Reifung der Persönlichkeit zugrundegelegt werden müssen, ist es aus dieser Perspektive von zentraler Bedeutung, daß das Subjekt lernt, die je aktuellen Erfahrungen der Gegenwart in ein Kontinuum zwischen Vergangenheit und Zukunft einzuordnen, sich selbst also als in der Zeit ausgedehnt zu betrachten. Solche Einordnungsprozesse sind notwendig, damit der einzelne weiß, wer er ist, daß er also heute im Kern noch derselbe ist, der er gestern war, und morgen im Kern noch derselbe sein wird, der er heute ist. Nur so kann er Distanz zum jeweiligen Augenblick gewinnen und sein Verhältnis zur Umwelt kritisch reflektieren. In diesem Sinn sind das „Erinnern" und „Projektieren" die zwei zentralen Elemente der unverzichtbaren „Einheitsarbeit" jedes Menschen (Struma 1992, S. 138).

Diese Einheitsarbeit, also die Fähigkeit des souveränen Wechsels der Blickrichtung, von der Gegenwart zurück in die Vergangenheit und voraus in die Zukunft, kann man *„Zeitelastizität"* nennen. Damit sie entwickelt wird, dürfen Menschen erstens in der Gegenwart nicht durch eine Flut von Reizen überrumpelt werden, und es muß ihnen zweitens genügend Zeit bleiben, den Blick systematisch immer wieder vom unmittelbaren Geschehen abzuwenden. Eine so verstandene Zeitelastizität fördert wahrscheinlich die für die Persönlichkeitsentwicklung zentrale Herausbildung von Wertmaßstäben, die ja über die zeitlichen Veränderungen hinweg relativ konstant sein müssen. Und sie befähigt das Individuum dazu, die Gegenwart wirklich genießen zu können. Überforderte Menschen tendieren sehr oft dazu, unrealistische Genußkriterien anzuwenden. Aufgrund ihrer Gegenwartsfixiertheit gewinnen Süchtige die Kriterien für das Genießen nicht aus einem Vergleich zwischen der Realität des in der Vergangenheit Erfahrenen und der Realisierbarkeit des für die Zukunft Gewünschten, sondern aus romantischen Idealisierungen von Vergangenheit und Zukunft. Der Blick nach hinten und nach vorne könnte deshalb dafür sorgen, daß realistische Erwartungshaltungen im Hinblick auf die Art und Intensität des Genießens heranreifen können. Das Innehalten hilft zu prüfen, was wir eigentlich wollen und was uns wirklich guttut. Damit könnte die Zeitelastizität vor Suchtverhalten schützen, sie böte eine geeignete Basis für die Entwicklung von Autonomie.

Im übrigen bestehen auch psychotherapeutische Maßnahmen oft darin, solche Erinnerungsprozesse zu initiieren. Dies wird immer dann nötig, wenn Menschen die Gegenwart nicht mehr selbst bewältigen können, weil sie Menge, Intensität und Qualität der Reize in ihre Psyche nicht mehr voll integrieren können. In diesem Fall hilft der Therapeut dem Patienten, sich nicht nur an die Situation zu erinnern, die dem Patienten momentan zu schaffen macht, sondern auch an die je individuellen Kräfte, die der Mensch im Laufe seiner Lebensgeschichte entwickelt hat und die ihm auch in der Vergangenheit bereits geholfen haben, mit ähnlichen Belastungen fertigzuwerden. Diese therapeutische Grundidee der Ressourcensteigerung ist ein Hinweis darauf, daß auch für eine konsumsüchtige und in „Sach"zwängen gefangene marktwirtschaftlich-kapitalistische Gesellschaft das Erinnern als Element der Einheitsarbeit eine heilsame Wirkung entfalten könnte. Und auch der Blick über die Gegenwart hinaus, die Frage danach, wie wir morgen und übermorgen leben werden und leben wollen, ist für das Individuum wie für die Gesellschaft heilsam. Auf neue Lebensumstände, z. B. eine Krankheit, den Auszug der Kinder aus dem Haus oder die Pensionierung, soll sich der Mensch, so die Empfehlung von Psychotherapeuten, frühzeitig psychisch vorbereiten, damit in der Gegenwart jene Ressourcen aufgebaut werden, die in der Zukunft zur Lebensbewältigung nötig sind. Einheitsarbeit durch Zeitelastizität – dieses Motto könnte als zugleich individualtherapeutische und gesellschaftspolitische Herausforderung begriffen werden.[17]

■ *Die typische Situation ist, daß das Motorrad nach einer Repa-*
ratur nicht mehr läuft. Die Tatsachen sind da, aber man sieht sie
nicht. Wenn dir dies wiederfährt, mußt du vor allem langsamer
treten. Langsamer treten mußt du so oder so, ob du willst oder nicht.
Der Unterschied liegt darin, daß du bewußt langsamer trittst, noch
einmal durchgehst, was du schon für erledigt hieltest, um festzu-
stellen, ob die Dinge, die du für wichtig hieltest, wirklich so wichtig
waren, und ... na ja ... (Aus dem Buch ›Zen und die Kunst ein Motor-
rad zu warten‹ von Robert M. Pirsig, S. 328)

Fazit:
Die Zeitmaße für den gesellschaftlichen Umgang mit der Natur
und mit den Individuen müssen aufgrund zuverlässiger wissenschaftlicher Erkenntnisse prinzipiell von all jenen festgelegt werden, die von den jeweiligen Prozessen betroffen sind. Entscheidend
ist, daß dabei die Elastizitätsgrenzen beachtet und alle Eingriffe
möglichst fehlerfreundlich gestaltet werden. In Hinblick auf das Individuum, auf dessen „gutes Leben" alles ausgerichtet werden soll,
kommt es v. a. darauf an, ihm genügend Zeit zu lassen, eine autonome Persönlichkeit auszubilden, wozu das Erlernen von Zeitelastizität erforderlich ist.

2. Modelle für eine entschleunigte Kultur/Gesellschaft

Zuständig für einen Großteil dieser Zeitmaße ist also die Kultur/
Gesellschaft. Deshalb möchte ich in einem zweiten Schritt Modelle
für die Kultur/Gesellschaft, genauer: für deren Wirtschaften, vorschlagen. Die Leitfrage lautet: Wie läßt sich die Bedürfnisbefriedigung organisieren, wenn man das Produktionsprogramm der kapitalistischen Marktwirtschaft wegen seiner zerstörerischen Beschleunigungslogik außer Kraft gesetzt hat?
Die folgenden Alternativmodelle müssen daran gemessen werden, inwiefern sie eine zweifache Leistung zustande bringen: Erstens müssen sie den *Bestand der Kultur/Gesellschaft* garantieren.
D. h. ihre Technologien und Institutionen müssen das Kriterium
der Gerechtigkeit im aufklärerischen Sinn, also als gleiche Chance
für alle zur sozialen Anerkennung qua Leistung, erfüllen. D. h. sie

müssen für den intra- und intergenerativen Ausgleich von Leistung und Gegenleistung und somit für die räumliche und zeitliche Vernetzung der Arbeitsteilung sorgen. Aus zeitökologischer Sicht besteht dabei das Problem darin, das Produktionstempo der Schnellen und das der Langsamen zu synchronisieren. Dazu müßten entweder die Produktionsbedingungen einander objektiv angeglichen werden, indem die Schnellen auf die Langsamen warten (z. B. durch gemächliches und spielerisches Arbeiten) oder indem die Schnellen den Langsamen helfen, selbst schneller zu werden (z. B. durch unentgeltliche Technologietransfers). Oder es müßte eine subjektive Angleichung stattfinden, d. h. die unterschiedlichen Geschwindigkeiten des Produzierens müßten von allen als gleichwertig anerkannt werden (v. a. durch eine radikale Pluralisierung des Leistungsbegriffs). Die Gerechtigkeits- bzw. Solidaritätsressourcen einer Gesellschaft werden insbesondere dann gesteigert, wenn beide Prozesse sich ergänzen, wenn also mit dem materiellen Ausgleich der Produktionsbedingungen auch ein bewußtseinsmäßiger Ausgleich einhergeht und umgekehrt.

Die zweite Leistung, die die Alternativmodelle erbringen müssen, besteht darin, daß sie die *Eigenzeiten der Natur und des Individuums* besser schützen können, als dies in der herrschenden Wirtschaftsordnung der Fall ist. Die Alternativmodelle müssen glaubhaft darlegen können, daß sie die im vorausgegangenen Kapitel dargelegten Regeln für das nachhaltige Wirtschaften einhalten können. Sie müssen ferner dazu in der Lage sein, auch die Eigenzeiten der Individuen gesellschaftlich zur Geltung zu bringen und v. a. die Herausbildung von Zeitelastizität als Voraussetzung für die Entwicklung des freien Willens der Individuen bestmöglich zu fördern. Letzteres ist unverzichtbar, wenn die Alternativmodelle dem Ziel gerecht werden wollen, mit der „Sach"-zwangstruktur des gesellschaftlichen Zusammenhangs letztlich auch die Suchtstruktur des individuellen Verhaltens aufzuheben. Nur dann können die Menschen wirklich zu Subjekten ihres Lebens und ihrer Geschichte werden.

Seit es die kapitalistische Marktwirtschaft gibt, sind im wesentlichen drei Typen von Alternativen zu ihr entwickelt worden. Diese drei Modelle sollen vor dem Hintergrund der Ökologie der Zeit dargestellt und geprüft werden. Ich werde im folgenden die Modelle der Dualwirtschaft, der gerechten Marktwirtschaft und der demokratischen Planwirtschaft zunächst skizzieren, ihren möglichen Beitrag zur Entschleunigung andeuten und auf einige Erfahrungen mit Problemen hinweisen. Die detaillierte Bewertung in Hinblick auf die beiden Leistungskriterien aber sei dem Leser selbst überlassen. Mein Ziel ist es, die soziale Phantasie für jene Möglichkeiten zu beflügeln, die sich jenseits der herrschenden Wirtschaftsweise, die ja z. B. in Deutschland verfassungsrechtlich nicht auf ewige Zeiten festgeschrieben ist (Stein 1976, S. 160 f.), eröffnen könnten. Diese Phantasie ist Voraussetzung für eine möglichst breite gesellschaftliche Diskussion über Modelle, die einen Ausweg aus dem fatalen Beschleunigungszwang bieten könnten.

a) Die Dualwirtschaft

Das Modell der Dualwirtschaft geht zurück auf den englischen Wirtschaftswissenschaftler E. F. Schumacher, dessen Buch ›Small is Beautiful‹ (1973) ein Bestseller geworden ist. In Deutschland hat besonders der Berliner Politikwissenschaftler Joseph Huber (1979 u. 1984) an diesem Konzept gearbeitet. Vor kurzem wurde das Dualmodell durch den amerikanischen Wissenschaftskritiker und Journalisten Jeremy Rifkin neu belebt (1995).

Fremdarbeit und Eigenarbeit

Das Dualmodell geht von der historischen Tatsache aus, daß im Laufe der Entstehung der „modernen" Gesellschaft immer mehr Bedürfnisse mit Hilfe von Geld befriedigt worden sind, das durch Lohnarbeit, also durch Arbeit für andere, verdient werden mußte. Durch den wachsenden Anteil an Lohnarbeit werden Menschen immer mehr gezwungen, sich Arbeitsbedingungen unterzuordnen, die sie nicht selbst gewählt haben und auch hinterher nicht nennenswert beeinflussen können. Lohnarbeit ist insofern im Kern *Fremdarbeit*. Früher dagegen wurden viele Tätigkeiten im Kreis der Familie, der Nachbarschaft, des Vereins, der Dorfgemeinschaft erledigt: die Kinderbetreuung und -erziehung, die Kranken- und Altenpflege, der Anbau von Obst und Gemüse, der Bau von Häusern, die Reparatur von Fahrzeugen, die Gestaltung von Festen und anderes mehr. Der Vorteil dieser Eigenarbeit gegenüber der Fremdarbeit lag darin, daß die Arbeitenden ihre eigenen Herren waren, daß sie im

Prinzip selbst bestimmen konnten, wie sie ihre Aufgaben erledigen wollten. Zwar konnte selten ein einzelner allein diese Bedingungen für sich festlegen, sondern diese Festlegung basierte auf Übereinkünften und Traditionen mit autoritären Elementen. Aber es gab keine autonome „Sach"zwangslogik, der alle blind folgen mußten.

Die Grundidee der Dualwirtschaft besteht nun darin, diejenigen Tätigkeiten in der „modernen" Industriegesellschaft, die man nicht unbedingt in Fabriken und Büros erledigen muß, aus dem Bereich der Lohnarbeit wieder herauszunehmen und *in Eigenarbeit zurückzuverwandeln*. Das betrifft v.a. den immer wichtiger werdenden Dienstleistungssektor und auch das Handwerk. Der Rest der Arbeit, v.a. also große Teile der Industrieproduktion, soll nach wie vor als Fremdarbeit abgeleistet werden. Entscheidend für dieses Konzept ist, daß jeder selbst festlegen soll, wieviel Eigen- und wieviel Fremdarbeit er leisten will. Wem die Unterordnung unter das Büro- und Fabrikregime nichts ausmacht, wer zudem einen hohen Bedarf an Gütern hat, die sich nur großtechnisch herstellen lassen, weil er großen Wert auf einen hohen Konsumstandard im hergebrachten Sinn legt, der wird einen relativ großen Teil seiner Arbeitszeit unter entfremdeten Bedingungen verbringen müssen. Wer sein Leben jedoch anders ausrichten will, der wird Büros und Fabriken so gut wie möglich meiden und sich in seiner Nachbarschaft, unter Freunden und Bekannten Gleichgesinnte suchen, mit denen er gemeinsam einen möglichst großen Teil seiner Bedürfnisse befriedigen kann.

Eine solche Dualwirtschaft hätte einschneidende *Konsequenzen für die Lebensqualität*. Selbstbestimmte Arbeit im Kreis von Menschen, die man sich selbst ausgesucht hat, ermöglicht die Erprobung neuartiger Formen des Miteinanderumgehens. In solchen überschaubaren Gruppen wird gleichberechtigter und demokratischer als in hierarchisch aufgebauten Großorganisationen geplant und gehandelt. Im Gegensatz zur Eigenarbeit früherer Zeiten bestünde für den aufgeklärten und gebildeten Menschen von heute die Möglichkeit, sich von jenen autoritären Elementen, die in Familien-, Dorf- und Vereinsstrukturen eingebaut waren, weitgehend zu befreien und tatsächlich „freie Assoziationen" für „freies Arbeiten" zu begründen. Diese Arbeit würde wahrscheinlich mit weniger technischem Aufwand getan, würde mehr Chancen zu Sinnlichkeit und Kreativität wie auch zu sozialer Anerkennung, Selbstanerkennung und Selbstverwirklichung im Arbeitsprozeß bieten.

Da der eigenwirtschaftliche Sektor nicht primär auf einem materiell ausgerichteten Egoismus als Motivationsbasis aufbaut, sondern primär auf immateriellen und kollektiven Motiven, kann er auch als „Gemeinwirtschaft" bezeichnet werden. Den in ihm tätigen Menschen geht es nicht um die Maximierung von Einkommen, den gemeinwirtschaftlichen Betrieben nicht um die Optimierung von Bilanzen, sondern es geht um Gebrauchswerte. Ziel der Arbeit ist es, sich selbst zu versorgen, dabei nicht nur materielle, sondern auch ideelle Bedürfnisse zu befriedigen. Ein solches ideelles Motiv kann z. B. sein, dafür sorgen zu wollen, daß „möglichst viele behinderte Menschen zu Hause statt im Krankenhaus gepflegt werden oder daß sich unter den verschiedenen Generationen eines Stadtviertels eine echte Solidarität entwickelt" (Jeantet 1986, zit. nach Rifkin 1995, S. 183). Und im Gegensatz zur herrschenden Ökonomie erwartet sich der Dualwirtschaftler, daß im eigen- und gemeinwirtschaftlichen Bereich nicht nur die Resultate, sondern auch die Arbeit selbst zur Erfüllung des Lebens beitragen. Die Eigen- und Gemeinwirtschaft ist in bezug auf die Motivation der Individuen vermutlich am ehesten mit dem vormarktwirtschaftlichen und vorkapitalistischen Reziprozitätsprinzip vergleichbar (vgl. Kapitel IIA3).

Der Alternativsektor soll vielen Menschen eine neue Perspektive geben und v. a. reproduktive Bedürfnisse, die Markt und Sozialstaat aufgrund ihrer Produktionsorientierung unerfüllt lassen, befriedigen helfen. Gedacht ist v. a. an Erziehungs- und Bildungsarbeit, an Krankenversorgung und Pflege, an Wohnungsbau und -modernisierung, an Freizeitgestaltung, Kulturpflege und Umweltschutz. Der im eigenwirtschaftlichen Sektor praktizierte Lebensstil würde schließlich, so hoffen seine Anhänger, auf die übrige Gesellschaft ausstrahlen und befruchtend wirken. Er könnte zu einem Experimentierfeld und Modell für eine menschlichere und naturgemäßere Arbeits- und Lebensweise werden. Je mehr Menschen die Chance haben, mit beiden Arten der Bedürfnisbefriedigung, mit Fremd- wie mit Eigenarbeit, Erfahrungen zu sammeln, desto größer würde die wirkliche Wahlfreiheit und damit die Chance, daß sich immer mehr Menschen für einen nichtmaterialistischen Konsum- und Lebensstil entscheiden. Besonders von Regionen, in denen das marktwirtschaftlich-kapitalistische Programm offensichtlich nicht mehr weiterhilft, wo alte Arbeitsplätze massenweise wegrationalisiert werden und Deindustrialisierungsprozesse eingesetzt haben, könnten solche dualwirtschaftlichen Impulse ausgehen.

Praktische Erfahrungen

Im weiteren Sinn kann der gesamte *nichtprofitorientierte Wirtschaftssektor*, in Deutschland also v. a. die freien Wohlfahrtsverbände, als Vorstufe zur Etablierung einer Dualwirtschaft begriffen werden. Befragt man die Statistik, so zeigt sich, daß der Non-Profit-Sektor in vielen Ländern bereits jetzt einen beachtlichen Anteil der Gesamtwirtschaft ausmacht. In Deutschland z. B. waren 1987 4,3 Prozent in diesem Bereich beschäftigt, zumeist in Wohlfahrtsorganisationen, die den Kirchen angegliedert sind. Das waren mehr Menschen als in der Landwirtschaft und fast halb soviel wie im Banken- und Versicherungssektor, und dieser Sektor wuchs schneller als der privatwirtschaftliche und der öffentliche (Rifkin 1995, S. 200). In den USA spielt dieser Sektor eine noch weit wichtigere ökonomische Rolle. Dort widmeten sich z. B. 1991 über die Hälfte aller Bürger durchschnittlich 4,2 Stunden pro Woche gemeinnützigen Anliegen oder Organisationen (Rifkin 1995, S. 182). Zwar sind diese Arbeiten v. a. aufgrund des finanziellen Drucks oft auch nicht viel humaner und ökologischer als der dominierende Wirtschaftssektor, aber dies könnte sich bei einer besseren finanziellen Ausstattung rasch ändern.

Die in den 70er Jahren in Deutschland gestartete *Netzwerkbewegung* hat bewiesen, daß solches Wirtschaften auch im gewerblichen Bereich im Prinzip möglich ist. Damals waren die Ideen der 68er-Generation die Haupttriebkraft zum Aufbau eines alternativen Wirtschaftssektors. Heute kommt ein zweites Motiv hinzu, das zu einer sehr viel weiterreichenden Bewegung in Richtung auf eine Zweiteilung des Wirtschaftens führen könnte, nämlich die Ausgrenzung immer größerer Teile der Erwerbsbevölkerung aus dem herrschenden Wirtschaftssektor in allen Industriegesellschaften der Welt.

Der neue Schub der Dualwirtschaft zeigt sich z. B. bei den in vielen europäischen Großstädten in den letzten Jahren entstandenen *Tauschbörsen* (DER SPIEGEL 24/95, S. 114), die den Tausch von Leistungen ohne das Dazwischentreten von Geld ermöglichen. Ein anderes Beispiel ist die von dem amerikanischen Philosophieprofessor Frithjof Bergmann ins Leben gerufene *New-Work-Bewegung*, die mittlerweile nach Kanada und auch schon nach Ostdeutschland übergegriffen hat. Nach Massenentlassungen bei General-Motors, die zur Verödung ganzer Städte geführt hatten, half er den Betroffenen, neue Perspektiven zu finden. „New-Work", so Bergmann, „soll Menschen erlauben, wenigstens zeitweise etwas zu tun, was sie leidenschaftlich gern wollen und an das sie wirklich glauben" (Martens 1994). Ein Fließbandarbeiter gründete ein Yoga-Studio, eine Kollegin entdeckte ihre Neigung zum Umgang mit Holz und wurde Tischlerin, Obdachlose bauten Häuser und legten Obst- und Gemüsegärten an. Selbstversorgung auf höchstem technischen Niveau – diese Erfahrung bescherte vielen neuen Lebensmut.[18]

Das Problem der Starthilfen
Allerdings brauchen solche Experimente v. a. am Anfang *Unterstützung* von außen. Da der eigenwirtschaftliche Sektor auf absehbare Zeit kaum in der Lage sein wird, geschlossene Wirtschaftskreisläufe, von der Rohstoffgewinnung bis zum Verkauf des Endprodukts, unter seine Kontrolle zu bringen, wird er langfristig auf die Kooperationsbereitschaft des industriellen Sektors angewiesen bleiben. Das macht ihn verletztlich, also erpreßbar. Die kommerzielle Wirtschaft weiß das und wird mit wachsender Bedeutung der Eigenwirtschaft diese Nischen verständlicherweise so gut wie möglich behindern. Die Autoindustrie sorgt z. B. heute schon durch technische Vorkehrungen dafür, daß ihre Modelle nur mehr in den jeweils lizenzierten Vertragswerkstätten gewartet und repariert werden können. So entstehen faktisch Monopole, mit denen sich alternative Werkstätten nicht abfinden können. Die herrschende Wirtschaft wird die Eigenwirtschaft v. a. aus der berechtigten Befürchtung heraus, Menschen als Käufer ihrer Waren zu verlieren, so gut wie möglich ausschalten. Denn je mehr Bedürfnisse eigenwirtschaftlich befriedigt werden, desto weniger Kaufkraft entsteht und desto mehr werden die Spielräume des herrschenden Wirtschaftssektors eingeschränkt. Zusätzlich könnte der eigenwirtschaftliche Sektor längerfristig die Arbeitsmoral im Fremdarbeitssektor untergraben. Wegen dieser zu erwartenden Gegnerschaft zwischen den beiden Sektoren einer Dualwirtschaft müßte also der Staat beim Start von Alternativprojekten durch einen entsprechenden rechtlichen Rahmen unterstützend eingreifen, um den Alternativsektor vor Erpressung zu schützen.

Für die meisten eigenwirtschaftlichen Projekte dürften darüber hinaus finanzielle Starthilfen notwendig sein. Auch Alternativbetriebe benötigen Geld, v. a. wenn es um die Beschaffung von Grund und Boden oder die technische Grundausstattung geht. Das gilt ganz besonders, wenn der Betrieb vorher als kapitalistischer Betrieb Konkurs anmelden mußte und die Belegschaft versucht, die Firma in eigener Regie mitsamt den Schulden weiterzuführen. Die staatliche Förderung der Eigen- und Gemeinwirtschaft könnte nicht nur die Form eines öffentlichen Zuschusses zu Alternativbetrieben annehmen, sondern auch eine Steuererleichterung als Gegenleistung für die in Non-Profit-Unternehmen geleistete Arbeit oder ein entsprechendes Sozialeinkommen sein. Insofern funktioniert der eigenwirtschaftliche Sektor von der Finanzierung her nach dem vormarktwirtschaftlichen und vorkapitalistischen Redistributionsprinzip (vgl. Kapitel IIA3).

Warum aber sollte der Staat ein *Interesse* daran haben, sich für die Dualwirtschaft zu engagieren? Zum einen, weil Bürger die politisch Verantwortlichen zunehmend unter Druck setzen könnten, ihre Parteilichkeit zugunsten des herrschenden kapitalistischen Wirtschaftssektors aufzugeben. Denkbar wäre jedoch noch ein weiteres mögliches Motiv des Staates: Mit der durch das herrschende Produktionsprogramm unausweichlich festgelegten weiteren Technisierung der Arbeitswelt und mit der dementsprechend eskalierenden volks- und weltwirtschaftlichen Massenarbeitslosigkeit wird die Reproduktion der gesellschaftlichen Ordnung dramatisch gefährdet. In dieser Situation werden sich die führenden Staaten vermutlich immer deutlicher vor die Wahl gestellt sehen, entweder einen wachsenden Anteil des Sozialprodukts für Polizei, Gefängnisse und Militär auszugeben oder sie zur Förderung jenes allein der Reproduktion dienenden Sektors zu verwenden, der den Ausgegrenzten wieder eine neue Lebensperspektive bieten könnte. Eine kluge Politik wird sich, unterstützt durch politischen Druck von unten, für letzteres entscheiden.

Was die *Ökologie der Zeit* betrifft, so fällt in einem voll entwickelten eigenwirtschaftlichen Sektor einer Dualwirtschaft jeglicher Beschleunigungszwang weg. Das Tempo des Produzierens kann ausschließlich an den Eigenzeiten der Individuen, der jeweiligen Gemeinschaften bzw. Genossenschaften und der Natur ausgerichtet werden. Denn die Produkte müssen auf keinem Markt mit anderen in Hinblick auf den Zeitaufwand bei der Produktion verglichen werden. Sie dienen ausschließlich der unmittelbaren Bedürfnisbefriedigung, wobei auch die Bedürfnisbefriedigung während des Arbeitsprozesses ins Kalkül der Beteiligten mit einbezogen werden wird. In alternativwirtschaftlichen Lebenszusammenhängen können auch die unterschiedlichen Generationen ihren Eigenzeiten entsprechend integriert sein, die Alten müssen nicht als Ballast empfunden und aufs Abstellgleis geschoben werden, Kindern kann Zeit für die Kindheit gelassen werden.

Die Chance zu sinnlich-kreativen Wegen der Bedürfnisbefriedigung würde darüber hinaus aller Wahrscheinlichkeit nach zur Verminderung des kompensatorischen Konsums beitragen. Je mehr Menschen Erfahrungen mit solchen gemächlicheren und lustvolleren Formen der Bedürfnisbefriedigung machen, desto mehr könnte von diesen Erfahrungen schließlich auch der Fremdarbeitssektor der Dualwirtschaft profitieren. Dieser könnte durch wachsende Ansprüche an die Qualität des Fabrik- oder Büroarbeitsplatzes ebenfalls entschleunigt werden. Gegen den Utopievorwurf gibt Rifkin zu bedenken, daß auch die „technischen Utopien von einer Welt, in der Maschinen alle Arbeiten übernehmen, in der eine Flut von materiellen Gütern sich über die Menschen ergießt und in der die Freizeit immer länger wird, noch vor 100 Jahren völlig unwahrscheinlich und unerreichbar schienen" (Rifkin 1995, S. 187).

Fazit:

Das Dualwirtschaftsmodell ist insgesamt ein Versuch, die herrschende Produktions- und Beschleunigungslogik zu bremsen, ohne sie grundlegend und in einem Zug aufzuheben. Sie lagert aus dem schnellen Lohnarbeitssektor einen langsameren Eigenarbeitssektor aus. Und sie überläßt v. a. dem einzelnen Menschen die Entscheidung, welche Bedürfnisse er fremd- und welche er eigenwirtschaftlich befriedigen will. Das Dualwirtschaftsmodell ist im Kern ein sozialpädagogisches Reformprogramm zum Umbau der Industriegesellschaft, denn es setzt auf Lernen durch Sozialerfahrung. Die wachsenden Ansprüche an ein „gutes Leben" könnten, wenn sie lange genug reifen, vermutlich eine enorme subversive Kraft entfalten.

b) Die Marktwirtschaft, aber gerecht

Das folgende Modell einer modifizierten Marktwirtschaft erhebt den Anspruch, konsequent an jenem Gerechtigkeitsbegriff festzuhalten, der der Marktidee von Anfang an zugrunde liegt: an der Tauschgerechtigkeit. Das Prinzip der Tauschgerechtigkeit beinhaltet die Vorstellung, daß Leistung und Gegenleistung in einem gleichwertigen Verhältnis zueinander stehen müssen.[19] Die Varianten des Modells einer gerechten Marktwirtschaft unterscheiden sich in der Reichweite der vorzuschlagenden Veränderungen: Die erste Variante setzt bei der Höhe der Geldeinkommen an, die zweite Variante verändert auf grundlegende Art und Weise die Funktion des Geldes, und die dritte Variante trifft ins Herz der herrschenden Wirtschaftsordnung, denn sie greift die alte Frage wieder auf, wem eigentlich die Produktionsmittel gehören sollen.

Variante 1: Einkommen ohne Ausbeutung
Wer die *Tauschgerechtigkeit* konsequent verwirklichen will, der muß in die bestehende Wirtschaftsordnung massiv eingreifen. Die längste Tradition hat die Steuerpolitik, die bekanntlich v. a. durch sozialistische und sozialdemokratische Parteien vorangetrieben wurde.[20]
Definiert man „Leistung" konsequent im Geist des Liberalismus, so kann dabei immer nur die Leistung des Individuums, niemals die einer Familiendynastie gemeint sein. Wendet man die Idee der Tausch- bzw. Leistungsgerechtigkeit auf Fragen der Wirtschaftsverfassung konsequent an, so muß folglich zunächst eine Art von wirtschaftlicher „Leistung" hinterfragt werden, der keine wirkliche Gegenleistung entspricht, nämlich das Erben. Jahr für Jahr werden in der Bundesrepublik Werte in Höhe von rund 100 Milliarden Mark von einer Generation an die nächste weitergegeben, ohne daß die Empfänger irgendeine Art von Aufwand dafür betreiben müssen. Schaut man sich die Aufteilung des Gesamterbes genauer an, so stellt man folgendes fest: Es sind nur wenige Kinder, die von ihren Eltern größere Werte erben, die überwiegende Mehrzahl geht, weil ihre Eltern kaum Vermögen erwirtschaften konnten, nahezu leer aus. Eine im Vergleich zu heute deutlich höhere *Erbschaftssteuer*, die für die Bedürfnisse der nachwachsenden Generation verwendet werden müßte und dabei allen jungen Menschen gleichmäßig zu

gute käme, wäre also für die überwiegende Mehrheit ein Gewinn.[21] Viele Menschen bräuchten so in finanzieller Hinsicht nicht mehr nahezu bei Null anzufangen, sondern könnten auf einem von Generation zu Generation allgemein wachsenden Grundstock an Werten aufbauen. Jeder hätte damit dieselben Chancen – zumindest wenn man die marktwirtschaftliche Definition von Chancengleichheit zugrunde legt und von natürlichen Ungleichheiten zwischen den Menschen absieht. Ob dieser aufgrund einer hohen Erbschaftssteuer bei den nachwachsenden Generationen gleichmäßig anwachsende finanzielle Grundstock für konsumtive oder investive Zwecke verwendet würde, das müßte die Generation der Erben natürlich jeweils selbst entscheiden.

Eine zweite Art leistungsloser Leistung kassieren jene, die als Großunternehmer gegen Kleinunternehmer konkurrieren und dabei beständig Extragewinne abschöpfen. Selbst bei anfangs gleichen Startbedingungen zweier Konkurrenten entwickeln sich die Erfolgschancen auf dem Markt von dem Augenblick an systematisch auseinander, wo einer der Konkurrenten durch eine wie auch immer zustandegekommene Verzögerung (z. B. Faulheit, Kalkulationsfehler, Krankheit, soziale oder ökologische Skrupel, nichtvorhersehbare Veränderung der Marktlage) in seinen Wachstumsbemühungen zunächst nur marginal zurückgefallen ist. Von diesem Moment an behandelt der Markt die beiden Konkurrenten systematisch ungleich. Je größer nämlich ein Betrieb ist, desto günstiger kann er sich in der Regel Kapital beschaffen, desto mehr kann er in Forschung, Entwicklung und Absatzförderung investieren, desto rationeller kann er produzieren und desto leichter kann er konjunkturelle Schwächephasen durchstehen. Folgt man also dem Prinzip der individuellen Tauschgerechtigkeit, so sind solche Vorteile nicht gerechtfertigt, weil sie auch innerhalb einer Generation im Laufe der Zeit zu immer ungleicheren Startchancen führen. Um den Großen diesen Vorteil zu nehmen, wäre eine *Steuer für die Großen und Schnellen* nötig, ähnlich den vielfach diskutierten Kapitalertrags- und Maschinensteuern, nur mit wesentlich höherem Steuersatz. Erweitert man den Zeithorizont auf der anderen Seite über den Generationszyklus hinaus auf die Zeiträume der Evolution, so gewinnt man eine weitere Begründung für die Notwendigkeit einer solchen Größen- bzw. Schnelligkeitssteuer. Denn alles Große und Schnelle, das räumlich und zeitlich das Kleine verdrängt, gefährdet die Vielfalt und somit die Fortsetzung der Evolution. Peter Kafka schlägt deshalb für die Größensteuer z. B. einen Steuersatz vor, der proportional zum Quadrat oder zu einer höheren Potenz des Umsatzes, Gewinns oder Kapitalertrags ist (Kafka 1994, S. 169).

Eine dritte Kategorie von Steuern wären die *Natur- oder Ökosteuern*. Während Erbschafts- und Größen-/Schnelligkeitssteuer der Beseitigung der intragenerativen Ungerechtigkeiten der kapitalistischen Marktwirtschaft dienen, zielen Natur-/Ökosteuern auf die Beseitigung jener Ungerechtigkeiten, die sich aus dem ungleichen Zugang der Generationen zu den Naturressourcen ergeben. Da der Markt für einen „gerechten" Preis für Wasser-, Luft-, Boden-, Artenschutz u. a. m. nicht sorgen kann, weil die um die knappen Mittel konkurrierenden Konsumenten zum allergrößten Teil als Nachfrager noch nicht auftreten können, muß deren Schutz der Staat übernehmen. Daß der Staat für die intergenerative Gerechtigkeit zuständig ist, wird mittlerweile bis in neoliberale Kreise hinein vom Ansatz her akzeptiert. So wie der Staat im 19. Jahrhundert für die Erhaltung der Arbeitskraft tätig geworden ist, so muß er heute für die Erhaltung der Naturkraft in den Markt intervenieren.

Alle bisherigen *Erfahrungen* mit Versuchen, die kapitalistische Akkumulation durch Staatseingriffe zu bremsen, zeigen jedoch einen ganz empfindlichen Schwachpunkt: Je entschiedener den großen Geld- und Kapitaleigentümern die Möglichkeit genommen wird, ihre Vorteile weiterzuvererben, ihre Kapitalgröße gegen kleinere Konkurrenten auszuspielen und die Natur zu Lasten der nachfolgenden Generationen zu plündern, desto mehr greifen sie ganz legal und ganz „sach"zwanghaft zu dem bekannten Gegenmittel: Sie verlegen Kapital dorthin, wo solche Beschränkungen nicht existieren. Nationalstaaten sind grundsätzlich nicht in der Lage, den Markt wirksam zu steuern. Wo immer sie es versuchen, werden sie das Opfer wirtschaftlicher Erpressungen. Daraus folgt, daß eine wirkliche Marktsteuerung unter den Bedingungen einer weltweiten Wirtschaftsverflechtung letztlich nur als ebenso weltweite Steuerungspolitik denkbar ist. Einkommen ohne Ausbeutung ist nur möglich über eine konsequente Weltinnenpolitik.

In Hinblick auf die *Ökologie der Zeit* würde eine massive Erbschafts-, Betriebsgrößen-/Geschwindigkeits- und Naturverbrauchssteuer aller Wahrscheinlichkeit nach zu einer Verlangsamung des Wirtschaftswachstums führen, weil sie die automatische und dauerhafte Rückkoppelung von Gewinn und Investition durchbrechen und Gewinne durch staatliche Umverteilung verstärkt reproduktiven Zwecken zuführen würde. Eine hohe Erbschaftssteuer könnte den ökologisch besonders belastenden Luxuskonsum drosseln und somit vermutlich die natürlichen Ressourcen entlasten. Und sie könnte Mittel für die Grundversorgung jener Menschen freimachen, die bisher von der Vorleistung vergangener Generationen wenig profitieren konnten, etwa in Gestalt der Finanzierung ausgedehnter Kindererziehungszeiten oder vielfältiger Bildungs- und Kulturangebote. Eine Größen-/Geschwindigkeitssteuer würde den kleineren Betrieben verbesserte Chancen bereitstellen und insgesamt die Motivation zum permanenten Wachstum und damit zur zunehmenden Spaltung der Gesellschaft in Schnelle und Langsame drosseln. Eine Natursteuer schließlich könnte auf direkte Art und Weise helfen, die Eigenzeiten der Ökosysteme wieder herzustellen und v. a. die Fortführung der Evolution sichern. Insgesamt wäre durch eine solche Steuerpolitik also die einseitige Produktivitätsorientierung erheblich gebrochen, das Kapitalwachstum wäre nur mehr eines unter mehreren Zielen des Produzierens, die Reproduktion der Menschen, der Gesellschaft und der Natur hätte wieder bessere Chancen.

Variante 2: Geld ohne Zinsen

Bereits zu Beginn unseres Jahrhunderts hat der Deutsch-Argentinier Silvio Gesell, von Beruf Kaufmann und 1919 kurzzeitig Finanzminister der bayerischen Räterepublik, in seinem Buch ›Die natürliche Wirtschaftsordnung‹ (1916) den Vorschlag einer grundlegenden Geldreform gemacht. Ihr Ziel ist eine Marktwirtschaft ohne Kapitalismus. Seitdem wird diese Idee u. a. in anthroposophischen Kreisen weiterverfolgt.

Dieses Konzept geht davon aus, daß Geld an und für sich eine nützliche Erfindung ist. Geld ist mit einem universellen Transportmittel für Waren und Dienstleistungen vergleichbar und deshalb auch eine öffentliche Einrichtung, genauso wie z. B. eine Straße oder ein Telefonnetz. Wer eine Straße oder ein Telefonnetz blockiert, der behindert den Transport und macht sich strafbar.[22] Damit nun Geld wirklich nur zum Transport, also zum Erwerb von Waren dient, darf es keine Zinsen abwerfen, weil sonst jeder bemüht ist, den Geldfluß zu blockieren. Da ein Zinsverbot kaum zu überwachen wäre, muß eine andere Vorkehrung getroffen werden, die den Geldumlauf sichert: Wer für eine Ware oder Arbeitsleistung Geld erhält, der muß dazu motiviert werden, daß er es nicht festhält, sondern möglichst schnell wieder ausgibt. Gesell schlägt vor, daß jeder, der Geld zurückhält, eine *„Standgebühr"* zahlen muß, so wie jemand, der ein Transportmittel nur als Lagerhalle benützt. Mit anderen Worten: Das Geld darf sich nicht verjüngen, indem es Erträge abwirft, sondern es muß altern, indem es Kosten verursacht. Bildlich gesprochen: Das Geld muß „rosten" – wie Eisenbahnwaggons, Autos, Flugzeuge und andere Transportmittel auch. Um Geld „rosten" zu lassen, wäre es denkbar, daß die Notenbank in regelmäßigen Abständen Scheine mit bestimmten Nummern zum Umtausch aufruft und beim Umtausch, der z. B. in jedem Geschäft beim Einkauf automatisch stattfinden könnte, die entsprechende Wertminderung als Umtauschgebühr abzieht.

Was wäre mit der Einführung eines alternden Geldes gewonnen? Eine solche Geldreform würde für die überwiegende Mehrzahl der Menschen das *Leben wesentlich billiger* machen, da die in den Preisen bisher enthaltenen Zinsen zwangsläufig entfielen. Je mehr Kapitalkosten in den Gesamtkosten einer Ware enthalten sind, desto billiger würde die Ware. Trinkwasser würde etwa auf zwei Drittel, die Miete im Sozialen Wohnungsbau etwa auf ein Viertel des gegenwärtigen Betrags gesenkt werden können (Kennedy 1989, S. 27). Wenn diejenigen, die bisher die Zinsen erhalten, von den Wasserbenutzern und Mietern nicht mehr mitfinanziert werden müßten, würde die Ungleichverteilung der Einkommen und Vermögen stark zurückgehen, da niemand mehr von Geld leben bzw. aus Geld mehr Geld machen könnte.

Der Geldtheoretiker Helmut Creutz hat in seinem Buch ›Das Geldsyndrom‹ vorgerechnet, daß nur diejenigen Haushalte von Zinsen profitieren, deren Zinseinkommen höher als ein Drittel ihrer Ausgaben zum Lebensunterhalt sind. Das sind in Deutschland lediglich 10 bis 15 Prozent. 85 bis 90 Prozent der Deutschen arbeiten mehr, als sie für ihren eigenen Bedarf bräuchten, nur weil eine Minderheit von 10 bis 15 Prozent der Deutschen Zinsen für verliehenes Geld beanspruchen darf (Creutz 1993, S. 273–286 u. 1994, S. 78).

Wie gut zinsloses Geld zumal in Krisenzeiten funktionieren kann, das zeigten Anfang der 30er Jahre einige Versuche in Europa und Amerika. Das *erfolgreichste Experiment* fand im österreichischen Wörgl statt. Nach einer Befragung der Einwohner beschloß der Stadtrat, ein eigenes Geld auszugeben. Die Nutzungsgebühr betrug ein Prozent pro Monat. Jeder Einwohner mußte sich jeden Monat für jeden seiner Geldscheine eine Gebührenmarke bei der Gemeinde kaufen und sie auf die Rückseite des Geldscheins kleben. Ohne diese Monatsmarke war der Schein wertlos. Diese Vorkehrung wirkte Wunder: Jeder versuchte, das verdiente Geld so schnell wie möglich wieder loszuwerden. Steuern wurden im voraus bezahlt, die Stadtverwaltung konnte großzügige Aufträge vergeben, Konsum und Produktion wurden angekurbelt, und die Arbeitslosenquote sank innerhalb eines Jahres um 25 Prozent. 170 Gemeinden in Österreich wollten das Experiment übernehmen, sogar amerikanische Geldexperten studierten das „Wunder von Wörgl". Als die österreichische Nationalbank ihr Monopol als Geldausgabestelle gefährdet sah, untersagte der Staat das weitere Experimentieren mit dem zinslosen Geld (Kennedy 1989, S. 42 ff.).

Ist Geld ohne Zinsen also im Grunde genommen der Stein der Weisen und wird genau deshalb von den Mächtigen nicht geduldet? Keineswegs, denn grundsätzlich muß bei einer solchen Geldreform immer damit gerechnet werden, daß die Geldbesitzer versuchen, ihr Geld möglichst schnell in Luxusgüter und dauerhafte Sachwerte, v. a. in Immobilien, zu investieren (Kessler 1993, S. 22 f.). Damit aber wäre das Konzept des zinslosen Geldes noch nicht hinfällig. Denn erstens erhalten immerhin 85 bis 90 Prozent der Bevölkerung durch den Wegfall von Zinsen zusätzliche Kaufkraft. Ob sie darauf mit mehr Konsum oder mit weniger Arbeit reagieren werden, ist offen und obliegt ihrer eigenen Entscheidung. Dadurch wird zumindest die Chance eröffnet, daß sich mehr Menschen als bisher für einen materiell weniger aufwendigen Lebensstil entscheiden. Zum zweiten ist die Flucht der Reichen in Luxuswaren wie Schmuck oder Antiquitäten für die Mehrheit der Bevölkerung ohne Belang, und auch die Flucht in Immobilien könnte gesetzlich verhindert werden. Denkbar wäre eine *Bodenreform*, die dafür sorgt, daß Grund und Boden als nicht vermehrbare Güter prinzipiell Eigentum der ganzen Gesellschaft, in der Regel durch die Kommunen vertreten, sind und zur Nutzung nach gesetzlichen Vorgaben immer nur für eine bestimmte Zeit verpachtet werden.

Dennoch überzeugt die kombinierte Geld-Boden-Reform nicht

völlig. Fallen wirklich alle Wachstumszwänge weg, wenn keine Zinsen mehr bedient werden müssen und zudem die „Fluchtwege" der Geldbesitzer abgeschnitten sind? Oder ergeben sich Wachstumszwänge nicht allein schon aus der Konkurrenz der Betriebe, weil die großen Betriebe in vielerlei Hinsicht immer im Vorteil sind? Ist der Zins vielleicht nur ein „Verstärker" für die kapitalistische Wachstumslogik, nicht seine Ursache? Wenn die Warenwerte tatsächlich, wie das Wertgesetz behauptet (vgl. Kapitel IIA3), durch die im Durchschnitt notwendige Arbeitszeit bestimmt werden, dann mildert eine Abschaffung der Zinsen zwar u.U. den Zwang, möglichst schnell und möglichst viel zu produzieren, beseitigen kann sie ihn aber nicht. Die Produktion für die Zinsen wäre zwar abgeschafft, nicht jedoch die Produktion für die Produktion.

Sieht man von diesen Einschränkungen ab, so bleibt in Hinblick auf die *Ökologie der Zeit* festzuhalten: Eine Geldreform, deren Ziel die Abschaffung der Zinsen ist, würde die Arbeitszeit um jenen Anteil verkürzen, den wir für die Zinsdienste leisten (vgl. Kapitel IIIC). Durch weniger Arbeit erhielten wir die Chance, andere Lebensgenüsse zu entdecken, also gesünder im umfassenden Sinn zu leben. Zum zweiten würde die Ungleichverteilung von Einkommen und Vermögen gemildert und somit die Gleichheit der Chancen auf soziale Anerkennung gestärkt. Und ökologisch wäre die Abschaffung des Zinses nach Auffassung der Geldreformer insofern heilsam, als dies zu einer enormen Drosselung der wirtschaftlichen Aktivitäten führen würde, da die Unternehmer von dem Druck ihrer Geldgeber entlastet würden und sie nicht mehr allein zur Bedienung der Zinsen ihre Produktion beständig auszuweiten bräuchten.

Variante 3: Markt ohne Kapital
Eine dritte Möglichkeit, die Wachstums- und Zerstörungsdynamik der kapitalistischen Marktwirtschaft zu beschränken und das Tempo des Wirtschaftens den Nachbarsystemen Natur und Individuum, v. a. den Bedürfnissen der arbeitenden Menschen, anzupassen, wurde von Reformern in der Sowjetunion in den 20er und 30er Jahren und in Osteuropa nach dem Zweiten Weltkrieg entwickelt. In den 70er Jahren zeigten auch fortschrittliche Wirtschaftstheoretiker im Westen, daß eine an den Ideen des Liberalismus festhaltende konsequente Marktwirtschaft keine kapitalistische sein dürfe. Ökonomen wie Wlodimir Brus (z. B. 1971), Ota Šik (z. B.

1985 u. 1989) oder Winfried Vogt (v. a. 1986) plädieren für einen dritten Weg zwischen kapitalistischer Marktwirtschaft und sozialistischer Planwirtschaft.[23]

Das Konzept setzt an jener Frage an, die für die Arbeiterbewegung traditionellerweise zentral war: die *Frage des Eigentums an den Produktionsmitteln*. Die Erkenntnis, daß die Eigentumsverhältnisse nach wie vor entscheidend für die Qualität einer Wirtschaftsordnung sind, verband die ost- und westeuropäischen Ökonomen miteinander, obwohl ihre Analysen auf recht unterschiedlichen Interessen und Methoden basierten. Den osteuropäischen Reformökonomen ging es vornehmlich um die Steigerung der Effektivität gegen den planwirtschaftlichen Schlendrian, den westeuropäischen um die Durchsetzung der liberalen Selbstbestimmungsidee gegen die kapitalistische Fremdbestimmung. Die gemeinsame Überzeugung war: Nur wenn die Arbeitnehmer Eigentümer ihrer Produktionsmittel sind, werden sie sich an ihrem Arbeitsplatz ganz einbringen und sich zudem dabei als Menschen entfalten können. Weil eine solche Wirtschaftsordnung statt der Kapitalverwertungsinteressen die Arbeitnehmerinteressen ins Zentrum stellt, wird dieses Konzept in Anlehnung an das lateinische Wort „labora" für Arbeit „Laborismus" genannt.

In *laboristischen Unternehmen* legen die Arbeitnehmer die Bedingungen ihrer Arbeit, also v. a. den Grad der innerbetrieblichen Arbeitsteilung, den Einsatz von Maschinen, das Arbeitstempo und die Arbeitspausen, selbst fest. Die Belegschaft muß sich deshalb ihrer Arbeitsbedürfnisse erst einmal bewußt werden und für diese dann in all jenen Fällen, in denen Bedürfnisse miteinander koordiniert werden müssen, einen Konsens finden. Da solche Ansprüche und die nötigen wirtschaftsdemokratischen Abstimmungsprozeduren wahrscheinlich die Produktionskosten erhöhen und die Gewinne entsprechend mindern werden, müssen die Arbeitnehmer ihre arbeitsplatzbezogenen Interessen gegen ihre Einkommensinteressen sorgfältig abwägen. So werden sie sehr bald lernen, im umfassenden Sinn Verantwortung für sich selbst und ihren Betrieb, für das individuelle und das gesellschaftliche Leben zu übernehmen. Je stärker Bedürfnisse nach gesunden, angenehmen und anregenden Arbeitsbedingungen die Arbeitswelt mitbestimmen, je mehr die Arbeitnehmer im Betrieb ihre Kraft nur teilweise verausgaben und noch genügend Zeit z. B. für Familie, Hobbies, öffentliches Engagement übrig zu haben, um so mehr wird vermutlich die Produktivität und das Tempo der Produktion zurückgehen und die gewollte Entschleunigung greifen.

Mit genossenschaftlichen Betrieben, die über den Markt miteinander und mit kapitalistischen Betrieben konkurrieren, gibt es seit mehr als 100 Jahren *Erfahrungen*. Aus vielen Betrieben wird berichtet, daß die Selbstverwaltung v. a. in der Aufbauphase viele Arbeitnehmer überfordert. Es wird also wichtig sein, solche Delegationssysteme einzurichten, die all denjenigen, die lieber ihre konkrete Arbeit an der Werkbank und am Computer verrichten, ohne sich um allgemeine Probleme des Betriebs kümmern zu müssen, diese Möglichkeit auch lassen. Wichtig ist nur, daß, wo immer Herrschaftsbefugnisse delegiert werden, alle Betroffenen, also nicht nur die Eigentümer, an der Entscheidung beteilgt sind. Nur so wird die Macht des Kapitals neutralisiert. Wer dagegen Unternehmerfunktionen übernehmen will, für den sind entsprechende Qualifizierungsmöglichkeiten bereitzustellen.

Daß sich solche Betriebe bis jetzt *nicht durchgesetzt* haben, ist noch kein Beleg dafür, daß das Modell untauglich ist. Allerdings ist tatsächlich unklar, wie sich solche Betriebe auf dem Markt bewähren sollten. Denn das laboristische Modell zielt letztlich darauf ab, daß längerfristig alle Betriebe den Arbeitnehmern gehören. Winfried Vogt ist optimistisch, was die langfristige Überlegenheit solcher Betriebe im Rahmen der Marktkonkurrenz gegenüber kapitalistischen Betrieben betrifft. Er glaubt, daß sich die angenehmeren Arbeitsbedingungen in solchen selbstverwalteten Firmen über kurz oder lang bezahlt machen werden. Je mehr es sich herumspricht, wie sehr ein solcher Arbeitsalltag die Lebensqualität erhöhen kann, umso höhere Löhne werden jene Betriebe zahlen müssen, die ihren Arbeitnehmern solche Bedingungen verweigern, um überhaupt Arbeitskräfte zu bekommen. Solche höheren Löhne aber erhöhen die Stückkosten, so daß die mit niedrigeren Löhnen arbeitenden Alternativbetriebe aus dem Konkurrenzkampf letztlich gestärkt hervorgehen (Vogt 1986, S. 204).

Sollte diese Rechnung Vogts jedoch nicht aufgehen, was aufgrund des volks- und erst recht weltwirtschaftlichen Überangebots an Arbeitskräften der Fall sein dürfte, müßte der Staat korrigierend eingreifen, um solche laboristischen Betriebe zu stärken. Denkbar wäre z. B. eine Steuerermäßigung aufgrund der Tatsache, daß arbeitnehmerfreundliche Betriebe weniger Gesundheitsschäden produzieren und damit dem Sozialbeitragszahler und ggf. auch dem Steuerzahler weniger Kosten aufbürden. Auch wären solche Betriebe allein schon deshalb förderungswürdig, weil sie eine demokratische Struktur vorzuweisen haben und insofern besonders gut als Lern- und Aufenthaltsort für eine demokratische Gesellschaft geeignet sind. Natürlich könnte man auch Strafsteuern für nichtlaboristische Firmen einführen, weil sie sich dem Demokratiegebot der Verfassung entziehen.[24]

Ähnlich wie beim Geld ohne Zinsen muß auch beim Laborismus gefragt werden, ob der Leistungs- und Wachstumszwang entfallen oder nur gemildert würde. Denn selbst wenn alle Betriebe den darin Beschäftigten gehören würden, bestünde zwischen diesen Betrieben ein Konkurrenzkampf, der die Belegschaften womöglich zur Selbstausbeutung zwingen könnte. Damit wäre ein Teil ihrer Selbstbestimmungsrechte aber wieder hinfällig, und sie müßten den „Sach"zwängen der Marktlogik geopfert werden. Nötig wäre also auf Dauer wahrscheinlich ein *Ordnungsrahmen*, der festlegt, wie viele Betriebe sich auf einem Markt betätigen dürfen, damit einerseits die Versorgung der Konsumenten gesichert ist, andererseits die Produzenten sich keinen Verdrängungswettbewerb liefern. Ähnliches gibt es in vielen Bereichen heute bereits, wenn man z. B. an die Niederlassungsregeln für Ärzte, Apotheker, Taxifahrer oder Kaminkehrer denkt. Ein solcher Rahmen würde eine Art demokratisierte Zunftordnung festlegen.

Sieht man von solchen organisatorischen Fragen ab und fragt nach den *zeitökologischen Konsequenzen* des Laborismus, so darf vermutet werden, daß durch eine flächendeckende Einführung solcher Arbeitnehmerunternehmungen die Bedürfnisse, die arbeitende Menschen im Zusammenhang mit dem Arbeitsprozeß haben, wesentlich stärker zum Tragen kommen könnten als heute. Dadurch wären sie vermutlich weniger als in der kapitalistischen Marktwirtschaft auf kompensatorisches Konsumverhalten angewiesen und würden auf längere Sicht einen weniger materialistischen Lebensstil entwickeln. Die laboristische Variante des Modells einer gerechten Marktwirtschaft schafft damit die Möglichkeit, die Eigenzeiten der Individuen als Arbeitnehmer auf direktem Weg und die Eigenzeiten der Natur auf indirektem Weg zu berücksichtigen.

Fazit:

Die drei Varianten einer gerechten Marktwirtschaft (Steuerreform, Geldreform und Eigentumssreform) orientieren sich konsequent am Prinzip der individuellen Tauschgerechtigkeit, vermeiden also die gravierenden feudalen Elemente, die in der kapitalistischen Marktwirtschaft enthalten sind. In Hinblick auf ihre zeitökologischen Konsequenzen kann insgesamt festgehalten werden: Sie alle lockern die positive Rückkoppelung zwischen Gewinn und Investition, führen über die Umverteilungsmacht des Staates oder über den Marktmechanismus gesellschaftliche Energien vermehrt der Reproduktion des Menschen, der Kultur/Gesellschaft und der Natur zu und tragen dadurch vermutlich beträchtlich zum Erhalt der Ressourcen und zur Wiedergewinnung von Eigenzeiten bei.

c) Die Planwirtschaft, aber demokratisch

Die Planwirtschaft, so heißt es, sei nach dem Scheitern des sogenannten realen Sozialismus ein absolutes Auslaufmodell, und auch im Westen werde überall privatisiert. Im folgenden möchte ich zeigen, daß dieses Urteil so nicht haltbar ist. Meine Gegenthese lautet: An den bisher praktizierten Formen von Planwirtschaft ist nicht die Idee der Wirtschaftsplanung, sondern der undemokratische Charakter dieser Planung zurückzuweisen. Ein Blick auf das Grundkonzept einer demokratischen Planwirtschaft und auf ihre spezifische Leistungsfähigkeit soll diese These belegen. Wie die anderen beiden Modelle so muß auch das Planmodell vor dem Hintergrund der doppelten Aufgabe beurteilt werden, sowohl den Eigenzeiten von Natur und Individuum Geltung zu verschaffen, als auch an der Basis der Kultur/Gesellschaft für die Aufrechterhaltung der kurzen Austauschzyklen innerhalb einer Generation und der langen Zyklen zwischen den Generationen zu sorgen.

Das Rätemodell

Das Modell der Planwirtschaft im neuzeitlichen Sinn hängt eng mit der *Geschichte der Arbeiterbewegung* und der von ihr Mitte des 19. Jahrhunderts entwickelten Räteidee zusammen. Die Planwirtschaft war jene Wirtschaftsordnung, die Marx vorschwebte: Wenn die Menschen sich zu einer „freien Assoziation" gleichberechtigter

Bürger, zu einem „Verein freier Menschen" (Marx 1867, S. 92) zusammenfänden, dann würden nicht nur alle prinzipiell denselben Zugang zu den Reichtümern der Erde erhalten, sondern das Wirtschaftsgeschehen würde durchsichtig, der „Warenfetisch" wäre besiegt. In der Zeit nach dem Zweiten Weltkrieg wurde die Idee einer konsequente Planwirtschaft z. B. von dem belgischen Wirtschaftstheoretiker und Trotzkisten Ernest Mandel propagiert (Mandel 1962 u. 1986).

Was heißt eigentlich Planwirtschaft? Entscheidend für eine Planwirtschaft ist nicht in erster Linie, daß in ihr geplant wird. Planung ist in vielen Bereichen nötig, z. B. im individuellen Leben, im Haushalt, im Betrieb oder in der Gemeinde. Entscheidend ist vielmehr, *wer plant und zu welchem Zweck* geplant wird. In einer Planwirtschaft ist der Planer kein privater Unternehmer, der im Rahmen der gesetzlichen und tariflichen Vorgaben insgesamt doch relativ souverän über sein Unternehmen verfügt und in der Regel hauptsächlich gegenüber seinen Geldgebern Rechenschaft schuldig ist. In einer Planwirtschaft ist der Planer im Gegensatz dazu eine öffentliche Behörde, die sich voll und ganz vor einem politischen Gremium, einem „Rat", verantworten muß. Der Zweck der Planung ist die unmittelbare Versorgung von Menschen mit Gebrauchswerten. Der Ausgangspunkt aller Planungs-, Produktions- und Verteilungsprozesse besteht deshalb darin, die Bedürfnisse der Menschen zu erfassen. Deshalb kann man die Planwirtschaft als öffentliche und gebrauchswertschaffende Wirtschaftsordnung definieren.

Die Weimarer Verfassung z. B. enthielt weitgehende Bestimmungen für die Einführung planwirtschaftlicher Elemente, die allerdings in den darauffolgenden Jahren nicht weiter beachtet wurden. Auch in vielen Bereichen der Wirtschaft der Bundesrepublik wird die Versorgung bekanntlich trotz aller Privatisierungstendenzen zum großen Teil noch durch öffentliche Planungsprozesse gesteuert. Zu nennen sind z. B. die kommunale Wasser-, Strom- und Gasversorgung, die Post und die Bahn, Schulen, Krankenhäuser und die Wissenschaft. Es darf daran erinnert werden, daß sogar westliche Experten in manchen Fällen die Überlegenheit zentraler Planung gegenüber dem dezentralen Markt einräumen. So hat z. B. der „Rat von Sachverständigen für Umweltfragen", der dem Bundesumweltminister zur Seite steht, nach der deutschen Wiedervereinigung gefordert, das Sekundärrohstoff-Erfassungs-System der ehemaligen DDR (SERO) für Deutschland insgesamt zu übernehmen. Wenn nämlich ein Plan vorschreibt, daß Verpackungen von vornherein nach einheitlichen Normen hergestellt werden müssen, die zudem die optimale Wiederverwertbarkeit sichern, und diese Verpackungen dann mit Hilfe eines Pfandsystems auch tatsächlich wieder eingesammelt werden, so wird ein doppeltes Bedürfnis der Gesellschaft befriedigt: der sparsame Umgang mit Rohstoffen und die Vermeidung von Müll. Auch für andere Gemeinschaftsbedürfnisse (z. B. Bildung, Gesundheit, Verkehr) kann festgestellt werden, daß sie unter den planwirtschaftlichen Bedingungen der DDR auch im Vergleich zu Westdeutschland beachtlich gut befriedigt werden konnten. Diese planwirtschaftliche Leistung gilt es v. a. auch deshalb zu würdigen, weil bekanntlich die materiellen Startchancen Ostdeutschlands nach dem Krieg deutlich schlechter als die Westdeutschlands waren.

In demokratischen Planwirtschaften kann es weder eine automatische Selbstausbeutung des Individuums noch eine immanente Tendenz zur Spaltung der Gesellschaft in Gewinner und Verlierer und erst recht keinen Wachstumsautomatismus geben. Die Fragen nämlich, wie schnell Arbeitnehmer arbeiten, wem die Erträge zukommen und wieviel Natur verbraucht wird, werden *politisch festgelegt*, ohne daß die Festlegenden dabei durch Konkurrenzzwänge bedroht wären. Ob sie dabei alle gesundheitlichen, sozialen, ökologischen und sonstigen Erwägungen mit einbeziehen, ist allein von ihrer persönlichen Reife und der Qualität des Informations-, Kommunikations- und Abstimmungsprozesses abhängig.

Bei *Fragen des Naturverbrauchs* zeigt sich die Eigenart einer gebrauchswertorientierten und geplanten Produktion am deutlichsten. Über Wachstum, Schrumpfung oder Stagnation wirtschaftlicher Aktivitäten, die sich in Marktwirtschaften immer erst im nachhinein ergeben, muß in Planwirtschaften bereits im voraus ein Konsens hergestellt werden. In demokratischen Planwirtschaften kann es also auch keinen systematischen Gegensatz von Ökonomie und Ökologie geben. Das gestehen sogar konservative Umweltökonomen ein (z. B. Wicke 1989, S. 53). Zwar erfordert auch z. B. die Festlegung von Ökosteuern einen solchen Konsens. Der Vorteil der planwirtschaftlichen Begrenzung des Ressourcenverbrauchs besteht jedoch darin, daß durch Produktions- und Verbrauchsplanung die Ressourcenmengen direkt beeinflußt werden, durch Steuern nur indirekt. Direkte Beeinflussung ist gerechter, denn die indirekte Beeinflussung über Steuern bewirkt in der Regel, daß Naturverbrauch zum Privileg der Reichen wird, so daß Ökosteuern zwar vielleicht die Naturressourcen schützen können, dafür aber die sozialen Ressourcen zusätzlich strapazieren.

Die Planung der Produktion hat weitere, gerade in Hinsicht auf die ökologisch brisantesten Probleme positive Konsequenzen, da sie auf systematischer Kooperation beruht und das für nichtkooperative Formen der Arbeitsteilung typische sogenannte *Gefangenendilemma überwindet*:

Erstens wird es durch die Abwesenheit von Konkurrenz möglich, das Arbeitstempo zu verlangsamen und den Konsum zu verbilligen. In beiden Hinsichten sind lediglich bindende Absprachen der kooperierenden Arbeitnehmer über das Arbeitstempo bzw. der kooperierenden Betriebe über den Wegfall von Werbung nötig. Dieser Wegfall der Werbung und ihre Ersetzung durch medizinische, soziale und ökologische Produktinformationen hätte übrigens bei vielen Gütern einen sehr heilsamen Nebeneffekt: die Förderung eines verantwortungsbewußteren Konsumverhaltens.

In Planwirtschaften gibt es zweitens keine zwangsläufigen räumlichen Konzentrationsprozesse, denn jeder kluge Planer wird angesichts des drohenden Verkehrsinfarkts im Interesse der Arbeitnehmer, der Konsumenten und der Natur die Produktions- und die Wohnstätten der Menschen wieder näher zusammenrücken und damit den Verkehr vermindern. Kein Planer würde es z. B. zulassen, daß Bierkästen leer durch Deutschland gekarrt werden, nur damit die Brauerei ihre Bierflaschen in ihre eigenen Kästen packen kann, um die Kästen als Werbeträger zu verwenden.

Anders als in der Marktwirtschaft dürften in der Planwirtschaft drittens alle Beteiligten daran interessiert sein, Produkte möglichst so herzustellen, daß sie ihren Gebrauchswert lange behalten. Denn weder wollen Arbeitnehmer mehr als unbedingt nötig arbeiten, noch wollen Konsumenten sich ständig um den Ersatz für schnellverschlissene Produkte kümmern.[25]

Durch gesamtgesellschaftliche Planung wird es den Arbeitnehmern und den Konsumenten viertens möglich, die Dauerhaftigkeit der Produkte zu sichern. Das kann z. B. über „Nutzungsschleifen", Baukastensysteme und durch Standardisierung erreicht werden. Bei elektrischen Haushaltsgeräten würde eine geplante Produktion ohne Probleme ermöglichen, daß im Falle des Ermüdens eines Teils nicht gleich das ganze Produkt wertlos würde, sondern das Produkt vielleicht für einen anderen, nicht ganz so hochwertigen Zweck eingesetzt werden könnte. Wirklich defekte Bausteine könnte man einfach auswechseln, ohne das gesamte Gerät wegzuwerfen. Durch Standardisierung würde erreicht, daß Ersatzteile unterschiedlicher Hersteller untereinander austauschbar sind und daß die Geräte im Falle technischer Neuerungen nicht weggeworfen, sondern nachgerüstet werden können (Stahel 1993 u. 1994).

Und je mehr sich fünftens unter den Menschen die Erkenntnis durchsetzt, daß nicht der Besitz, sondern der Nutzen eines Gegenstands für das Wohlbefinden entscheidend ist, desto eher werden diese Menschen jene Form der Bedürfnisbefriedigung wählen, die am wenigsten Arbeit und Naturressourcen benötigt. Dies dürfte den Individualkonsum zugunsten des Kollektivkonsums zurückdrängen, an die Stelle des Privat-PKWs träte z.B. das Gemeinschafts- oder Leihauto oder der Ausbau des öffentlichen Verkehrs. Planwirtschaften bieten also neue Chancen der Konzentration der Kräfte zur Bereitstellung intelligenter Formen der Bedürfnisbefriedigung.

Diskursive Erweiterung

Dennoch bleibt ein wichtiges Problem offen: Wirklich demokratisch kann eine Wirtschaftsordnung nur sein, wenn diejenigen, die von wirtschaftlichen Entscheidungen betroffen sind, auch wirklich an diesen Entscheidungen beteiligt werden. Dies betrifft erstens die Arbeitnehmer, die, wie im Laborismus, an erster Stelle über die Modalitäten des Arbeitens befinden müssen, zweitens die Konsumenten und drittens auch die Anwohner der Betriebe. Wer Entscheidungen treffen will, der braucht als erstes Informationen. Um Konsumenten und Anwohner in die Entscheidungsprozesse über Produktions- und Entwicklungsvorhaben und all ihre Nebeneffekte einzubeziehen, muß v.a. dafür gesorgt werden, daß die Produktionsstätten keine Informationsmonopole aufbauen können. Diane Elson, Wirtschaftswissenschaftlerin an der Universität Manchester, hat zu diesem Zweck vorgeschlagen, *Informationen zu „sozialisieren"* (Elson 1990, bes. S. 100 ff.). Im Zeitalter der hochentwikkelten Datenverarbeitung und -kommunikation können, so argumentiert Elson, Informationen z.B. über Produktionspotentiale,

Verbraucherwünsche, angebotene Produkte oder Umweltbelastungen durch Produktion und Verkehr ohne Schwierigkeiten zentral erfaßt, öffentlich kontrolliert und allgemein zugänglich gemacht werden.

Da die Wirtschaft in erster Linie dem *Konsumenten* dienen soll, muß gesichert werden, daß v.a. die Haushalte solche Informationen nutzen können. Elson schlägt vor, zur Stärkung der Haushalte einen Verbraucherverband zu gründen, der aus öffentlichen Mitteln zu finanzieren ist und überall Niederlassungen unterhält. Bei ihm würden alle Informationen aus Betrieben und Haushalten zusammenfließen. Von ihm könnten die Haushalte jederzeit erfahren, welche Güter es zu kaufen gibt, wie ihre Qualität beschaffen ist, unter welchen ökologischen und sozialen Bedingungen sie hergestellt worden sind. An ihn würden die Haushalte auch ihre Kritik weiterleiten und Änderungswünsche sowie neue Produktideen melden. So hätten die Konsumenten eine sehr viel bessere Marktübersicht, könnten bei Kaufentscheidungen auch ethische Gesichtspunkte einbringen und hätten die Chance, die Richtung aktiv mitzusteuern, in der nach neuen Produkten geforscht werden soll. Der Aufwand für eine solche Vergesellschaftung der Informationen hielte sich zudem in Grenzen: Zum einen, weil die meisten dieser Daten heute sowieso schon in der betrieblichen und staatlichen Buchhaltung elektronisch erfaßt werden, zum andern, weil im Gegenzug der Aufwand für die Abschottung von Betriebsgeheimnissen und vor allem für die Absatzförderung entfallen könnte.

Ähnliches wie für die Konsumenten gilt für die Partizipation der *Anwohner* eines Betriebs. Der Sozialphilosoph und Wirtschaftsethiker Peter Ulrich aus St. Gallen, der die von Habermas entwikkelte Theorie des kommunikativen Handelns (vgl. Kapitel IIB2) sozial konkretisiert hat, schlägt vor, das Unternehmen auch für jene zu öffnen, die z.B. durch dessen Lärm, Verkehr und Abgase mitbetroffen von dem sind, was in einem Betrieb geschieht. Solche „offenen Unternehmen" müßten, dies wäre verfassungsrechtlich vorzuschreiben, in einem Diskurs zwischen Herstellern, Verbrauchern und Anwohnern die besten Wege zur Bedürfnisbefriedigung festlegen (Ulrich 1987, S. 420–431).

Optimale Informiertheit ist zwar eine notwendige, aber keine hinreichende Voraussetzung für eine derart weitsichtige Wirtschaftsplanung. Eine demokratische Wirtschaft steht und fällt mit der Frage, wie der Konsens der Betroffenen zustande kommen kann. *Diskursregeln* müssen festlegen, wer am Diskurs teilnimmt und wie der Diskurs geführt werden soll, damit tatsächlich der „eigentümlich zwanglose Zwang des besseren Arguments" (Habermas) den Ausschlag gibt. So würden viele Schäden, die hinterher kaum mehr oder nur mit größtem Aufwand zu beseitigen sind, erst gar nicht entstehen.

Die diskursiv erweiterte Planwirtschaft ist vermutlich das einzige Wirtschaftsmodell, das nicht nur dem Ziel der Gleichberechtigung der heute Lebenden als Arbeitnehmer, Konsumenten und Anwohner gerecht werden könnte, sondern auch dem Ziel der Gleichberechtigung der Generationen.[26] Nur in ihr kann demokratisch im umfassendsten Sinn des Wortes, und das heißt unter Einschluß von Zukunftverantwortung, darüber befunden werden, wie die Menschen *in Zukunft leben* werden. In der kapitalistischen Marktwirtschaft sind die Güter und Technologien der Zukunft im Kern das Resultat der Investitionskalküle der Gegenwart, die auf jene privilegierten Eigentümer zurückgehen, die das Mehrprodukt abschöpfen und über dessen Neuverwendung befinden können. Im Kapitalismus ergibt sich die Zukunft für die überwiegende Mehrzahl der Menschen einfach. Im Gegensatz dazu haben in einer diskursiv erweiterten Planwirtschaft die Menschen die Möglichkeit, Zukunft – zumindest in groben Zügen – selbst zu machen. In vielen großen und kleinen Initiativen auf allen Ebenen des Zusammenlebens, im Haus, in der Straße, im Betrieb, in der Schule, im Stadtteil, in der Stadt, im Landkreis, im Bezirk usw. könnten sich „Zukunftswerkstätten" (Robert Jungk) bilden, in denen die Zukünfte so entworfen werden, wie die Menschen sie sich wünschen. Von dort würden dann auch die konkreten Entwicklungs- und Planungsaufträge an Betriebe und Behörden erteilt werden.

Fehlstart

Die *Erfahrungen des Stalinismus* zeigen, wie entscheidend die umfassende Mitwirkung aller Betroffenen ist, wenn eine Planwirtschaft dem Gebot der Selbstbestimmung der Menschen gerecht werden soll. Der kritische Marxist Karl Korsch hat bereits 1919 mit Blick auf die in der Sowjetunion sich anbahnende Diktatur darauf hingewiesen, daß das Funktionieren des Rätesystems nicht von der Umgestaltung der Eigentumsordnung allein abhängt. Das System steht und fällt Korsch zufolge mit der Frage, inwieweit die staatliche Planung von oben durch eine Arbeitnehmerkontrolle von unten ergänzt wird.[27] Heute wird immer klarer, daß die leninistische und noch mehr die stalinistische Diktatur die Ideen der Rätedemokratie von Anfang an pervertierte. Schon Marx und Engels hatten davor gewarnt, eine sozialistische Revolution in einem Land durchzuführen, in dem der Kapitalismus noch nicht an seine Grenzen gestoßen ist (1845/46, S. 34 ff.). Unter den Bedingungen der Frühindustrialisierung in Rußland gab es von Anfang an größte Hindernisse für eine demokratische Planung der Wirtschaft. Bekanntlich waren aufklärerische und gewerkschaftliche Traditionen in Rußland völlig unterentwickelt, und selbst in der ehemaligen DDR, dem seinerzeit am weitesten technisierten Land des Ostblocks, galten Kommunikationstechnologien wie Telefone, Fernschreiber und Computer noch als Mangelware.[28]

Mit dem Ende des 20. Jahrhundert in allen Industrieländern erreichten *technischen Standard* stellen sich viele Planungsprobleme ganz anders dar als zu Beginn des Jahrhunderts. Man denke nur daran, wie heute mittels Vollverkabelung innerhalb von Sekunden rund um die Welt Eisenbahn- und Flugzeugplätze reserviert werden können. Ein anderes Beispiel für die völlig neuartigen Planungsmöglichkeiten in einer technologisch hochentwickelten Gesellschaft ist die Tatsache, daß immer mehr Hersteller mit Hilfe intelligenter Vernetzung und zentraler Computer auf Bestellung produzieren können und so den individuellen Wünschen der Kunden nach bestimmten Produkteigenschaften genauso gerecht werden wie dem betrieblichen Erfordernis sparsamster Lagerhaltung.

■ *„Eines Tages bestimmt der Konsument den Produktionsprozeß in den Unternehmen,"* schwärmt der japanische Vordenker des Medienzeitalters, Izumi Aizu. Gefertigt wird nach individuellen Wünschen, die in den eigenen vier Wänden an einem Computer gestaltet wurden. Folgt man den Visionen von Science-fiction-Autoren, könnte am Ende eine Maschinenregierung stehen: die Administration − ein Rechner mit dem Grundgesetz als Software. (DER SPIEGEL 14/93, S. 155)

Daß Planungsprobleme für uns heute einfacher zu managen sind als für die sowjetischen Manager, darauf weisen zwei weitere Gründe hin, die mit dem Nachhaltigkeitsprinzip zusammenhängen: Wenn die Wirtschaft wirklich die Aufgabe erhielte, die Bedürfnisse der Menschen zu befriedigen und nicht mehr auf Gedeih und Verderb ständig neue Bedürfnisse zu schaffen, dann würden sich die Bedürfnisse nicht mehr unablässig und in immer schnelleren Rhythmen verändern. Und wenn die Maschinen, mit denen produziert wird, nicht schon dann ausrangiert werden würden, wenn sie nicht mehr dem allerneuesten Standard entsprechen, sondern erst dann, wenn sie wirklich vom Material her nicht mehr einsatzfähig oder z. B. von den Umweltstandards her nicht mehr verantwortbar sind, dann könnte auch die Technikentwicklung in ruhigere Bahnen geraten. Beide Größen aber, der schnelle und sich beschleunigende Wandel der Bedürfnisse und der Technik, erschweren die Voraussicht und damit die Planung der Wirtschaft unnötigerweise.

Was die *Ökologie der Zeit* betrifft, so böte eine gebrauchswertorientierte, demokratisch geplante Produktion, die in alle Entscheidungsprozesse neben den Arbeitnehmern, die bereits im Laborismus einbezogen sind, nun auch die Konsumenten und Anwohner einbezieht, die Chance, den Eigenzeiten und Ressourcen von Natur, Gesellschaft und Individuum auf direktem Weg Autorität zu verschaffen. Denn in einer demokratischen Planwirtschaft gibt es keinen „Sach"zwang der Beschleunigung des Produzierens und damit auch keinen Zwang zur Beschleunigung des Verbrauchens natürlicher und individueller Ressourcen. Und in einer demokratischen Planwirtschaft kann auch beschlossen werden, daß jede Art von Leistung, die des Langsamen und die des Schnellen, gleichermaßen Anerkennung verdient. Alles, was in einer solchen Wirtschaftsordnung geschieht, hängt ausschließlich von den Menschen ab, die es tun. Zwar gibt es auch in Diskursen ungleiche Chancen aufgrund ungleicher kommunikativer Kompetenzen, aber vermutlich keine automatische Rückkoppelung und Anhäufung von Vor- und Nachteilen, wie dies in der kapitalistischen Marktlogik der Fall ist. Bei jedem Diskurs können die Karten prinzipiell neu gemischt werden.[29]

Fazit:

Die demokratische Planwirtschaft verzichtet ganz auf das Mittel der Marktkoordination. Damit geht zwar die Leistung der „unsichtbaren Hand" des Adam Smith verloren, gleichzeitig verschwinden aber auch all jene Unsicherheitsmomente, die dem Markt – selbst in der nichtkapitalistischen Version – noch anhaften. Wichtig für das planwirtschaftliche Modell ist, daß die umfassende Autonomie der Individuen durch neue institutionelle Vorkehrungen im Rahmen einer diskursiven Erweiterung der Planungsprozesse gesichert wird. Gelingt diese diskursive Erweiterung, dann dürften im planwirtschaftlichen Modell die Chancen zur sozialen Anerkennung aufgrund erbrachter Leistungen intra- und intergenerativ gleichmäßiger als bei allen Marktvarianten verteilt werden können. Daß mit der Verwandlung der „Sach"zwänge der Ökonomie in menschliche Diskurse und demokratische Entscheidungen nicht alle Probleme schlagartig gelöst werden können, dürfte freilich klar sein.

3. Zwischenbilanz II

Blicken wir nochmals auf die drei Alternativmodelle zurück: Alle drei Modelle zielen darauf, das zerstörerische Gesetz des Produzierens um des Produzierens willen zu durchbrechen. Sie verwenden je unterschiedliche Hebel, um den anderen Zweck der Produktion zu erreichen: die Befriedigung menschlicher Bedürfnisse und damit die Reproduktion von Mensch, Kultur/Gesellschaft und Natur und deren Eigenzeiten. Was können wir von all diesen Modellen heute lernen?

Erstens wird deutlich, daß es zur herrschenden „Sach"zwanglogik durchaus Alternativen gibt. Wer die kapitalistische Marktwirtschaft aufgrund ihres zerstörerischen Potentials ablehnt, steht also nicht „mit leeren Händen" da.

Zweitens basieren all diese Alternativen auf vertrauten und bewährten Prinzipien und Institutionen: Zum einen zählen dazu die Menschenwürde als regulative Idee und die Menschenrechte, einschließlich der sozialen, als Maßstab für die Grundordnung der Kultur/Gesellschaft. Zum anderen bedienen sich die Alternativmodelle des Markts bzw. der Demokratie als Einrichtungen, die dafür sorgen, daß Privilegien systematisch verhindert werden und daß das geschieht, was die Menschen mehrheitlich wollen. Von daher geht es beim zeitökologisch gebotenen Umbau nicht um Revolution, sondern um Evolution, um die Fortsetzung des Lernprozesses der „Moderne".

Drittens dürfte die Kunst einer überlebensfähigen Wirtschaftsverfassung darin bestehen, Elemente aus diesen drei Alternativmodellen so zu kombinieren, daß die Gesamtkonstruktion dem Ziel des „guten Lebens" für alle gerecht wird. Jedes der drei Modelle hat seine spezifischen Stärken: Das dualwirtschaftliche sorgt dafür, daß jeder selbst festlegen kann, wieviel entfremdete Arbeit er sich zumuten will. Die modifizierte Marktwirtschaft läßt die Koordinationsleistungen des Marktes unangetastet, befreit die Menschen jedoch teilweise von Ausbeutung, Mehrarbeit und Fremdbestimmung. Die Planwirtschaft schließlich kann als einzige gewährleisten – zumindest von ihrem Konzept her –, daß bereits im vorhinein mit den individuellen und natürlichen Ressourcen schonend umgegangen wird und daß die Chancen, Leistungen für die Gesellschaft zu erbringen und dafür Anerkennung zu erlangen, gleich verteilt sind.[30]

Für die gegenwärtige wirtschaftsethische Diskussion erscheint mir ein *vierter* Aspekt wichtig: Nur wenn Marktprozesse konsequent ausgeschaltet sind, also im eigenwirtschaftlichen Teil der Dualwirtschaft und in der demokratischen Planwirtschaft, hat die Ethik des Schenkens und Helfens eine Chance. Denn die Spielregeln des Marktes sorgen v. a. in Zeiten verschärfter Konkurrenz dafür, daß z. B. Arbeitgeber, die überschüssiges Geld an Bedürftige verschenken, von den Konkurrenten am Güter- und Kapitalmarkt sehr schnell für solche Nächstenliebe bestraft werden. Denn dieses Geld fehlt im Prinzip beim Investieren. Und diese Spielregeln sorgen auch dafür, daß z. B. Arbeitnehmer, die überschüssige Zeit an Bedürftige verschenken, von den Konkurrenten am Arbeitsmarkt über kurz oder lang in die zweite und dritte Reihe abgedrängt werden. Denn auch Zeit ist dazu da, investiert zu werden – in die Qualifikation der Arbeitskraft. Genau das ist gemeint, wenn Bildungsökonomen von „Humankapital" sprechen. Und auch Staaten werden unter den gegebenen Bedingungen von konkurrierenden Staaten bestraft, wenn sie das Geld und die Zeit der Gesellschaft an bedürftige Staaten bzw. Gesellschaften ohne Gegenleistung abgeben. Nur wo das Tauschprinzip aufgehoben ist, bleibt derjenige, der Geld oder Zeit verschenkt, um statt für sich für andere zu sorgen, straffrei im ökonomischen Sinn. Auch wenn in der Praxis Spielräume für altruistisches Handeln existieren, so gehorchen vom Grundsatz her das Tauschen und die Fürsorge konträren moralischen Prinzipien.

Und schließlich *fünftens*: Je mehr eine Kultur/Gesellschaft jener Kombination von Modellen, die auf sie am besten zugeschnitten ist, auf die Spur gekommen ist, desto eindeutiger kann sie die Produktion des Lebens aus dem Korsett der ökonomischen „Sach"logik befreien und desto vollständiger kann sie allen Eigenzeiten zu ihrem Recht verhelfen: den Eigenzeiten und Rhythmen des Individuums z. B. in bezug auf die Entstehung und die Verarbeitung von Reizen, den Eigenzeiten und Rhythmen der Natur v. a. in bezug auf die Entstehung und den Verbrauch von Energieträgern und den Eigenzeiten und Rhythmen der Kultur/Gesellschaft v. a. in bezug auf die Entstehung und die Abschaffung von Arbeitsplätzen bzw. Erwerbsmöglichkeiten.

Bei dieser Suche nach der optimalen Kombination der Modelle muß sich die Kultur/Gesellschaft allerdings wiederum ausreichend Zeit lassen. Denn die Langsamkeit bei der Bildung der Institutionen und die Langsamkeit dieser Institutionen selbst bzw. der durch sie festgeschriebenen Spielregeln ist die beste Gewähr dafür, daß dann die Individuen bei der Entscheidung für bestimmte Handlungen bzw. Spielzüge jene Geschwindigkeiten wählen können, die sie wünschen.[31] Besonders wichtig für die Zeitökologie sind dabei die langen Rhythmen der Austauschprozesse zwischen den Generationen: Je größer die Risiken sind, die eine Generation der anderen aufbürdet, desto mehr Zeit muß sich die Gesellschaft für die betreffenden Entscheidungen nehmen, desto langsamer muß die Politik werden (Beck 1991, S. 28).

C. Eigenzeit – Entschleunigung – Leben und Lust

In diesem letzten Kapitel möchte ich der beschleunigten Gesellschaft der Gegenwart skizzenhaft das Gegenbild einer entschleunigten Gesellschaft der Zukunft gegenüberstellen. Aus der zeitökologischen Perspektive kann die Vision eines Neuen Wohlstands, wie sie Ernst-Ulrich von Weizsäcker in ›Erdpolitik‹ (1989) angedeutet hat, in einem wesentlichen Punkt weiterentwickelt werden: Während die fortwährende Beschleunigung unserem Leben einen fremden Zeitrhythmus aufzwingt und so die Rhythmik der lebendigen Welt letztlich immer schneller von der Rhythmuslosigkeit der toten Welt überwältigt wird, führt die Entschleunigung und die

Orientierung an der Eigenzeit zu mehr Leben und mehr Lust. Nicht zum Verzichten, sondern zur Beendigung des Verzichtens muß also ermutigt werden.

Sanfter Genuß

Weizsäckers Anliegen ist der sanfte Genuß. Durch eine globale Umweltpolitik könnte unser Leben, so seine Argumentation, in doppelter Hinsicht bereichert werden: Erstens, weil die zu erwartenden *Katastrophenprozesse gestoppt* werden könnten. Uns selbst, vor allem aber unseren Kindern und Enkeln, könnten viele Formen des zukünftigen Zwangsverzichts erspart bleiben. Dazu zählt z. B. der Verzicht auf Sonnenschein, weil das Hautkrebsrisiko zu groß ist, z. B. der Verzicht auf eine Wanderung durch den Schwarzwald, weil es dort nur noch Büsche und Jungfichten gibt, oder z. B. der Verzicht auf Sicherheit, weil die sich verschärfenden Verteilungskonflikte die Gewalt innerhalb und zwischen Gesellschaften eskalieren lassen.

Zum zweiten, und hier liegt Weizsäckers Schwerpunkt, würden wir durch eine ökologische Erdpolitik insofern bereichert, als sich durch die Verteuerung des Naturverbrauchs, v. a. des Verbrauchs von Energie, die *Wohlstandsmöglichkeiten erweitern* ließen. Weizsäcker weist besonders darauf hin, daß andere Güter und Dienste dann dementsprechend billiger werden könnten, etwa Informationen, kulturelle Angebote u. ä., und daß durch die Schonung der Natur ganz neue Möglichkeiten etwa der Naherholung entstehen könnten.

Auch der Luxus würde ein anderes Gesicht bekommen: „Exquisite Kunstgenüsse, exquisite Bildung und eine exquisite (aber ohne Raubbau an der Natur auskommende) Küche scheinen ökologisch unbedenklich zu sein. Selbst Reiten, Segeln, gute Hotels und parkähnliche Grundstücke (mit hoher Artenvielfalt)" sind weniger umweltschädlich als das Herumrasen in Luxussportwagen oder der Ferntourismus. Und schließlich: „Das Feiern von Festen mit Freunden, die Erfüllung in geistigen, religiösen und künstlerischen Erfahrungen sowie die ästhetische Freude an einer sich regenerierenden Natur sind Formen der Befriedigung, die uns schon heute vertraut oder zumindest vorstellbar sind. Nichts spricht dagegen, daß sich die kulturelle Bedeutung solcher Erfahrungen verstärkt und daß neue hinzukommen ..." (Weizsäcker 1989, S. 261 f.).

200

Weizsäckers Vorschlag läuft darauf hinaus, daß die Menschen der Industriegesellschaften, veranlaßt durch neue Preisstrukturen, eine Vielfalt neuer Fähigkeiten und Genußmöglichkeiten an sich entdecken könnten: Handwerker könnten Gefallen am Philosophieren und Meditieren finden, Intellektuelle an der handwerklichen Arbeit, künstlerische Talente und wissenschaftliche Neugierde könnten in einem nie für möglich gehaltenen Ausmaß millionenfach erwachen.

Dieses Bild von einem Neuen Wohlstand scheint plausibel und klingt sehr attraktiv, reicht aber meiner Meinung nach nicht aus. Aus einer zeitökologischen Perspektive zeigt sich der Neue Wohlstand nicht nur in der Art und Weise des Konsumierens, sondern auch, und vielleicht sogar primär, in einer neuen Vision für das Arbeiten, in quantitativer wie in qualitativer Hinsicht.

Neuverteilung der Lebenszeit

Was die Quantität der Arbeit betrifft, so muß ich nochmals *kurz zurückblenden*. Die kapitalistische Produktionslogik mit ihrer Rückkoppelung zwischen Überschuß und Investition wirkt sich auf Arbeitsmenge und Arbeitszeit widersprüchlich aus. Einerseits läßt sie ständig neuen Bedarf an Arbeitskräften entstehen, und zwar in der Regel dann, wenn in einer Wirtschaft der Überschuß in neue Produkte investiert wird, die dann die Ausdehung der Arbeitszeit bzw. die Schaffung neuer Arbeitsplätze notwendig werden lassen kann. Andererseits reduziert die kapitalistische Produktionslogik ständig den Bedarf an Arbeitskräften, und zwar dann, wenn der Überschuß in neue Produktionstechniken fließt, die dann zur Einsparung von Arbeit führen können.

Diese zwiespältige quantitative Veränderung der Arbeit zeigt auch ein Blick auf die Geschichte der Entwicklung der Arbeitszeiten. Mit der Entfaltung der kapitalistischen Marktwirtschaft wurde bekanntlich zunächst die Arbeitszeit enorm ausgedehnt. Erst ab der Mitte des 19. Jahrhunderts, nachdem bis zu 16 Stunden pro Tag gearbeitet worden waren, kam es in Europa zu einer Wende in bezug auf die Arbeitszeit (Maurer 1992, S. 98–115)[32]. Diese Entwicklung setzte sich nach dem Zweiten Weltkrieg fort. Während sich 1946 ein 20jähriger Arbeiter noch darauf einstellen mußte, etwa ein Drittel seines wachen Lebens mit Arbeit zu verbringen, waren es 1975 nur mehr ein Viertel und 1990 sogar weniger als ein

Fünftel (Gorz 1991, S. 147). Und diese enorme Verkürzung der Lebensarbeitszeit ging bekanntlich sogar mit einem steigenden Lebensstandard einher, denn die Produktivität nahm, wie oben belegt (vgl. Kapitel IIIA2), überproportional zu.

Wie geht die Entwicklung *in Zukunft* weiter? Was bedeutet die Entschleunigung der Produktion für die Arbeitszeit? Zunächst könnte man vermuten, daß die Arbeitsmenge zunehmen wird, wenn auf die Eigenzeiten von Natur, Individuum und Gesellschaft Rücksicht genommen werden soll. Auf der anderen Seite müssen drei Gegentendenzen in Rechnung gestellt werden: Erstens fällt beim Umstieg auf eine an den Eigenzeiten orientierte Produktionsweise ein Großteil jener Arbeiten weg, die bisher zur Reparatur der Beschleunigungsschäden an Mensch, Gesellschaft und Natur geleistet werden mußten. Der Anteil dieser Reparaturleistungen am Bruttosozialprodukt steigt bisher beträchtlich schneller als die wirklichen Wohlstandsgewinne (vgl. Kapitel I3).

Zweitens wird die technische Kreativität aller Wahrscheinlichkeit nach auch in Zukunft ähnliche Produktivitätsfortschritte ermöglichen, wie dies in der Vergangenheit der Fall war. Und drittens könnten durch eine entsprechende Beflügelung auch der sozialen Kreativität ganz neue Potentiale für das Einsparen von Arbeit erschlossen werden.

■ *„Ich nehme mir Zeit, bevor ich einen Fehler mache", entgegnete Franklin freundlich. (Aus dem Roman ›Die Entdeckung der Langsamkeit‹ von Sten Nadolny, S. 199)*

Zum Umfang der möglichen Arbeitszeitverkürzung gibt es seit langem interessante *Berechnungen*. Der englische Wirtschaftswissenschaftler John Maynard Keynes z. B. hielt schon vor rund 50 Jahren eine 15 Stunden-Woche für machbar (Schaaff 1994, S. 44). Der Begründer der modernen katholischen Soziallehre, Oswald von Nell-Breuning, schätzte Anfang der 80er Jahre, daß wir sogar mit nur einem Tag Arbeit in der Woche ohne weiteres auskommen könnten (Negt 1987, S. 213). Und der französische Soziologe André Gorz hat Mitte der 80er Jahre für Frankreich eine interessante Rechnung über den Zusammenhang von Produktivitätszuwachs und Arbeitslosigkeit aufgestellt: Wenn das Wachstum der Produktivität auch in Zukunft das Wachstum des Bruttosozialprodukts deutlich übersteigt, wird die Arbeitsmenge beständig abnehmen. Bis zum Jahr 2000 rechnet er mit 30 Prozent Arbeitslosigkeit, die nur durch eine 30prozentige Arbeitszeitverkürzung ohne Reallohnverzicht aufzufangen wäre (Gorz 1985, zit. nach Otto 1989, S. 310). Bis zum Jahr 2000 könnten alle hochindustrialisierten Länder bei einer Lebensarbeitszeit von 20 000 Stunden angelangt sein, wenn sie wollten, im Gegensatz zu den Anfang der 80er Jahre üblichen 70 000 Stunden. 20 000 Stunden hießen 10 Jahre Vollzeitarbeit oder 20 Jahre Teilzeitarbeit oder 40 Jahre unregelmäßige Beschäftigung, mit Zwischenphasen z. B. für Urlaub oder Eigenarbeit. All das könnten wir im übrigen heute schon haben, wenn wir die Möglichkeit hätten, uns mit dem Konsumstandard unserer Eltern vor 20 Jahren zu begnügen (Gorz 1983, S. 68). Solchen Rechnungen liegt im Kern die Idee zugrunde, das Produktivitätswachstum nicht primär zur Ausdehnung der Produktion, sondern zur Ausdehnung der freien Zeit zu verwenden, an die Stelle des Wohlstands an materiellen Gütern den Wohlstand an Zeit treten zu lassen.

Es gibt noch weit mehr Möglichkeiten, durch tiefgreifende wirtschaftliche *Umstrukturierungen* Arbeit einzusparen (vgl. z. B. Kapp 1979). Am naheliegendsten ist die gleichmäßigere Verteilung der Arbeit. Wenn drei Millionen Arbeitslose in den Produktionsprozeß eingegliedert werden würden, könnten nach einer Berechnung des Deutschen Instituts für Wirtschaftsforschung (DIW) rechnerisch alle Deutschen drei Wochen mehr Urlaub machen (Gürtler 1993).[33] Ferner drängt sich als Einsparpotential von Arbeit die Werbung auf: Viele Konsumgüter könnten um 30 bis 50 Prozent billiger sein, müßte der Konsument nicht für die aufwendigen Werbekampagnen permanent Zwangsabgaben entrichten. Wir könnten ferner damit aufzuhören, Produkte so zu produzieren, daß sie innerhalb einer bestimmten Frist wieder kaputtgehen oder durch schnellen Wechsel der Moden immer schneller veralten. Eine andere Möglichkeit wäre, die Vielfalt von Sorten ein und derselben Art von Konsumgut zu reduzieren, wodurch Produktion, Reparatur, Ersatzteilversorgung u. ä. bedeutend erleichtert werden könnten. Ferner könnten durch eine rationellere Organisation des wirtschaftlichen Gesamtprozesses, etwa durch die Vermeidung von Mehrfachforschung oder durch die Zentralisierung und Kommunalisierung des Banken- und Maklerwesens, Hunderttausende von Arbeitsplätzen eingespart werden. Durch die planmäßige Eindämmung von Risiken würde schließlich das Versicherungswesen weitgehend überflüssig. Wer nicht arbeitslos werden kann, der braucht auch keine Arbeitslosenversicherung. Ähnlich könnten durch die Ausschaltung von Konjunkturrisiken Kosten bzw. Arbeit erübrigt werden. Die Weltwirtschaftskrise z. B. hat in den USA zwischen 1929 und 1937 einen Volkseinkommensverlust von 200 Milliarden Dollar erzeugt, etwa ein Viertel des potentiellen Gesamtprodukts (Kapp 1979, S. 147), erwirtschaftet von vielen Millionen Arbeitnehmern in vielen Millionen Stunden Arbeit.[34]

Durchforstet man die Erwerbstätigen-Statistik der Bundesrepublik, so lassen sich unschwer ganze Berufe entdecken, bei denen die Frage naheliegt, ob sie unter veränderten Rahmenbedingungen nicht teilweise oder ganz verzichtbar sind: die Bankangestellten, die Wirtschafts- und Steuerprüfer, die vielen Rechtsanwälte und Kaufleute, allesamt beschäftigt in Wirtschaftsbereichen, die unter marktwirtschaftlich-kapitalistischen Bedingungen eine gigantische Aufblähung in den letzten Jahrzehnten erfahren haben. Natürlich bräuchte die Gesellschaft für solch weitgehende Umstrukturierungen genügend Zeit zu Fortbildungs- und Umschulungsmaßnahmen. Am Ende aber würden alle profitieren.

Die kühnsten Phantasien sind gleichzeitig *politisch am brisantesten*. Würde die überwiegende Mehrheit der Bevölkerung, die vom Verkauf ihrer Arbeitskraft lebt, erkennen, daß alle überdimensionierten Einkommen und insbesondere leistungslose Zinsen und Dividenden aus ihrer Tasche bezahlt werden, und würde sich diese Mehrheit darauf einigen, daß diese Praxis abgestellt werden soll, dann würde dies in einem demokratischen Staat auch geschehen können. Helmut Creutz hat vorgerechnet, daß der deutsche Erwerbstätige 1950 im Durchschnitt 3 Wochen, 1970 7 Wochen und 1990 bereits 11 Wochen allein für die Bedienung der Zinsen, die in allen Preisen enthalten sind, arbeiten mußte (Creutz 1993, S. 179).

■ *In der Bundesrepublik gibt es 82 Milliardäre mit einem Gesamtvermögen von 195 Milliarden Mark. Bei 6 Prozent Verzinsung bezieht jeder von ihnen täglich ein leistungsloses Einkommen von 390 000 Mark. 1,3 Millionen Arbeitnehmer könnten täglich 3 Stunden früher von der Arbeit nach Hause gehen, wenn sie diese 82 Milliardäre nicht mehr zu versorgen bräuchten. (Daten aus FORBES 7/89, angelehnt an Kennedy 1989, S. 120)*

Schließlich könnten wir uns eine enorme Menge Arbeit dadurch sparen, daß wir – auf der Basis einer gerechten Vermögens- und Einkommensverteilung und einer Entschärfung des Konkurrenzkampfes zwischen Individuen, Gruppen, Völkern und Kulturen – Polizei und Militär drastisch reduzieren. Weltweit werden pro Jahr weit über eine Billion Dollar für Rüstungsgüter ausgegeben. In der Bundesrepublik wurde in den 80er Jahren jeder fünfte Wissenschaftler und Ingenieur in der militärischen Forschung und Entwicklung beschäftigt. Und eine deutsche Vier-Personen-Familie zahlte 1993 durchschnittlich 2300 DM allein für den Militärhaushalt, wofür bekanntlich ein Familienmitglied fast einen Monat lang arbeiten muß.[35]

Es gilt also festzuhalten: Wenn wir unsere Kreativität in bezug auf die Organisation der gesellschaftlichen Arbeit voll entfalten würden, ließe sich die Arbeit auf einen Bruchteil reduzieren. Je nach *individuellem Lebenszuschnitt* könnten wir vielleicht in naher Zukunft mit weniger als einer Stunde am Tag, einem Tag in der Woche oder einem Jahrzehnt im Leben auskommen. Unser Wohlstand an Zeit würde gewaltig zunehmen, Zeit, die uns selbst gehören würde, in der wir selbst bestimmen könnten, was für uns das „gute Leben" ist – Eigenzeit im wahrsten Sinn des Wortes.

Ob die Rückgewinnung von „enteigneter Zeit" (Negt 1987) als Verkürzung der Tages-, Wochen-, Monats-, Jahres- oder Lebensarbeit erfolgt, ob wir mehr im 2., 3., 4., 5. oder gar 6. Lebensjahrzehnt arbeiten wollen oder ob wir lieber nach jedem Arbeitsjahr einige Sabbatjahre einschieben wollen, das müssen wir in einer entschleunigten Gesellschaft selbst entscheiden können. Bezeichnend für den Zustand unserer gegenwärtigen Beschleunigungs-Gesellschaft ist, daß die aktuelle politische Debatte gerade nicht um diese Möglichkeit zur Einsparung von gesellschaftlicher Arbeit, sondern ganz im Gegenteil um deren quantitative Ausdehnung, um die permanente Suche nach neuer Arbeit, kreist.

Verwandlung von Arbeit in Leben und Lust

Was die Qualität der Arbeit anlangt, ist einiges mit der Vorstellung der drei alternativen Modelltypen bereits gesagt worden. Der eigenwirtschaftliche, aber auch der laboristische und der planwirtschaftliche Arbeitsprozeß dient nicht mehr primär der Bereitstellung von Waren und Diensten, sondern der Befriedigung von Bedürfnissen, und zwar nicht nur der Konsumenten, sondern auch der Produzenten.

Irene Schöne geht in ihrer Dissertation über ›Ökologisches Arbeiten‹ auf weitere *Merkmale einer alternativen Arbeitswelt* ein. So z. B., daß nicht mehr die Verfügung über Sachen, sondern die Beziehung zu Menschen den Mittelpunkt der Arbeitswelt ausmachen wird. Bekanntlich nimmt ja in allen Industriegesellschaften der Anteil der Dienstleistungen immer mehr zu. Schöne weist nun auf weitreichende Konsequenzen dieses Trends hin: Wo Dienste geleistet werden, kann Arbeit als offene Begegnung gleichberechtigter und über sich selbst verfügender Partner gestaltet werden, wie z. B. im Arzt-Patient-Verhältnis. Die Dienstleistung könnte sogar zum Modell des Arbeitens schlechthin werden. Generelles Ziel von ideellen und materiellen Dienstleistungen wäre dann die wechselseitige Befriedigung der Bedürfnisse. Schöne betont, daß in einer solchen Gesellschaft das Verhältnis zwischen Wirtschaft und Mensch eine völlig neue Qualität erlangen könnte: „Es ginge nicht länger um die Ausschaltung des Menschen aus der Wirtschaft und der wirtschaftswissenschaftlichen Theorie, sondern im Gegenteil darum, ihn und seine Tätigkeit in den Mittelpunkt ... zu rücken. Nicht das Fertige, das Endprodukt, sondern der prozeßhafte, sich entwickelnde und bewegende, lebendige, dynamische, offene Prozeß und seine Bedingungen wären wesentlich." (Schöne 1988, S. 332)

An die Stelle der lückenlosen Planung von Arbeit und Freizeit könnte dann das Ziel treten, Inseln der Spontaneität zu erobern. Nicht mehr der Ingenieur, sondern der „Bastler" (Geißler 1985, S. 154) könnte zum Leitbild werden, der seine Ziele je nach vorhandenem Material setzt und modifiziert. Arbeiten kann so immer mehr den *Charakter eines Spiels* annehmen, in dem es um die Entdeckung der äußeren und inneren Welt, um das Ausprobieren von Möglichkeiten und Grenzen geht. So entstehen Räume, in denen wir den Augenblick genießen können, in dem Zeit nicht gezählt und gemessen werden muß, sondern einfach vergeht. An die Stelle des rastlosen Arbeitens, das aufgrund des ständigen Wachstumszwangs ohne echten Anfang und ohne echtes Ende ist, wird ein zyklisches Lebensgefühl treten, mit lustvollen Pausen und Wiederholungen, mit Anfang und Ende. Vielleicht wird das Feiern von Festen als krönender Abschluß solcher Zyklen neue Bedeutung erlangen.

Natürlich setzt eine solche Neudefinition von Arbeitstugenden und Lebenslust auch andere Erziehungs- und Lernprozesse voraus. Das Wohlstandsmodell der Zukunft kann nur Erfolg haben, wenn die beteiligten Menschen gelernt haben, selbstbestimmt, kreativ und kooperativ zu arbeiten und zu leben.

Fazit:

Eine entschleunigte Gesellschaft ist eine Gesellschaft, in der nicht das Haben von Sachen, sondern das Sein der Menschen im Mittelpunkt stehen wird. Alles wird sich um ihr Wohlbefinden, um die Entfaltung und Erfüllung ihrer Möglichkeiten drehen. Und das ist der Kern menschlichen Glücks. Die entschleunigte Gesellschaft wird eine Gesellschaft der Muße und der Faulheit sein, verstanden als „kluge Lust".

IV. Was tun?

Zum Abschluß möchte ich einen konkreten Weg vorschlagen, den wir heute schon gehen können. Denn viele Leser, die sich durch die dargestellten Symptome alarmiert fühlen, die Analyse nachvollziehen können und zudem auch die Alternativmodelle als Visionen ernst nehmen, werden sich fragen: Was folgt aus all dem nun eigentlich für die konkrete Praxis hier und heute? Zunächst werde ich einige Ideen skizzieren, die jeder selbst für sich und sofort umsetzen kann. Ich nenne diese individuellen Konsequenzen aus meiner Analyse „Zeithygiene". Da wir auf diesem individuellen Weg schnell an jene Grenzen stoßen, die die gesellschaftlichen Zeitprogramme uns setzen, muß als zweites die gemeinsame Veränderung dieser Zeitprogramme selbst zum Thema gemacht werden. Zeithygiene kann ohne eine sie begleitende „Zeitpolitik" nur wenig ausrichten. Für den individuellen wie den kollektiven Weg in ein entschleunigtes Leben gilt gleichermaßen, was für alle Wege gilt, auch wenn sie noch so weit sind: sie beginnen mit dem ersten Schritt.

A. Zeithygiene

Die großen Infektionskrankheiten, die Menschen viele Jahrhunderte lang in Angst und Schrecken versetzten, dies in vielen Ländern auch heute noch tun und z.T. wieder zunehmen, sind in den entwickelten Weltregionen gegenwärtig weitgehend besiegt. Zu verdanken haben wir dies nicht so sehr dem Fortschritt in der Kunst des Heilens als vielmehr dem Fortschritt in der Kunst des *Vorbeugens*. Es waren v.a. die Frauen, die für die Nahrungsmittelzubereitung, die Kleidung, die Körperpflege sowie für die Erziehung der Kinder zuständig waren und somit zu den Pionieren der modernen Hygiene wurden. Durch einen klugen – und das heißt nicht zuletzt vorausschauenden – Umgang mit dem menschlichen Körper konnten so Infektionsquellen frühzeitig erkannt und beseitigt werden. Wenn nun die gegenwärtigen Krankheiten, also die sogenannten Zivilisationskrankheiten, die psychischen Deformationen und die sozialen Defizite, die ich im ersten Teil des Buches als Alarmsignale bezeichnet habe, als Folge eines falschen Umgangs mit Zeit begriffen werden können, dann ist der richtige Umgang mit Zeit, also die individuelle Zeithygiene, ein Schlüssel zur Vorbeugung, den jeder zumindest teilweise selbst in der Hand hat. Vielleicht gehen auch diesmal wieder die Frauen voran.

Zunächst liegt es nahe, professionelle *Zeitmanager* zu befragen, welche Empfehlungen sie bereithalten. In der einschlägigen Ratgeberliteratur finden sich viele Tips, die in der Regel auch hilfreich sind: Zeitdiebe erfassen, Prioritäten setzen, nein sagen lernen, nie zwei Dinge auf einmal tun, komplexe Aufgaben in bewältigbare Einzelschritte zerlegen, ähnliche Tätigkeiten bündeln, richtig delegieren, durch Fixpunkte den Tag strukturieren, Pufferzonen einbauen und v.a. genügend Pausen machen (z.B. Seiwert 1995, Gaedemann 1997). Zeitökologisch fundierte Zeithygiene geht über solche Strategien hinaus. Denn sie bezieht erstens auch physische Aspekte des Umgangs mit Zeit, v.a. die Schadstoffbelastung des Körpers, in ihre Überlegungen mit ein. Sie interessiert sich zweitens systematisch für die psychische Tiefendimension des Menschen, also für Fragen der Bedürfnisbefriedigung, der Persönlichkeitsentwicklung, der Identitätsfindung. Und sie stellt drittens den Umgang des Individuums mit seiner Zeit in einen größeren ökologischen Zusammenhang.

Dauer
Da aus der Sicht der Ökologie der Zeit Eigenzeiten grundsätzlich durch die Dauer und den Zyklus von Prozessen charakterisiert sind, hat der hygienische Umgang des Individuums mit seiner eigenen Zeit ebenfalls diese zwei Aspekte. Über den größten zeitlichen Gestaltungsspielraum verfügen wir immer noch in der sogenannten *Freizeit*, trotz aller Angriffe auf unsere Autonomie, denen wir auch dort ausgesetzt sind. Zeithygiene ist zunächst dadurch definiert, daß wir uns v.a. als Konsumenten nicht mehr zumuten, als wir wirklich verdauen können. Solche Zumutungen können bekanntlich physischer und psychischer Natur sein. Was die physischen Belastungen betrifft, so haben wir zumindest teilweise die Möglichkeit, sie durch die sorg-

fältige Auswahl der Nahrung, der Kleidung, der Wohnungseinrichtung usw. zu reduzieren. Wer Zeithygiene betreibt, der wird sich also als Konsument sehr gründlich über die möglichen Gesundheitsrisiken der Produkte v. a. in Hinblick auf Allergien, Krebs und Unfruchtbarkeit informieren, wann immer dies möglich ist (z. B. Speichert/Brettschneider/Pensel 1996). Und auch die Art des Konsumierens selbst hat etwas mit Zeithygiene zu tun. Wer z. B. ein Fast-food-Esser ist, der könnte einmal testen, um wieviel gesünder und genußvoller Slow-food-Mahlzeiten sind. In Hinblick auf psychische Belastungen dürfte die richtige Setzung von Prioritäten, die uns Zeitmanager so sehr ans Herz legen, wegweisend für eine erfolgreiche Zeithygiene sein. Wir sollten v. a. nicht von einer Aktion zur nächsten stürzen. Es ist eine allgemeine menschliche Erfahrung, daß mit der Menge der Erlebnisse, die in einen bestimmten Zeitraum hineingestopft werden, der subjektive Wert jedes einzelnen Erlebnisses unweigerlich sinkt. Die Verwechslung von Quantität und Qualität im Freizeitverhalten ist eine klassische Quelle der Selbsttäuschung. Psychische Überforderung im Freizeit- und Konsumbereich kann vielfältig entstehen und muß dementsprechend vielfältig begrenzt werden. Wer z. B. glaubt, sich nur erholen zu können, wenn er vorher mit Auto oder Flugzeug große Strecken zurückgelegt hat, der könnte einmal den Versuch machen, zu Fuß oder mit dem Fahrrad von zu Hause aufzubrechen. Sehr wahrscheinlich würde er vieles viel intensiver erleben und die verblüffende Erfahrung machen, daß die subjektive Zeit sehr viel langsamer vergeht als die objektive, daß er also bereits nach einer dreiwöchigen Fahrradtour das Gefühl hat, einen ganzen Sommer lang unterwegs gewesen zu sein. Der sogenannte sanfte Tourismus könnte sich so vielleicht als vorzügliches Mittel zur „Urlaubsverlängerung" erweisen. In ähnlicher Weise empfiehlt es sich, z. B. das Fernsehverhalten, den Umgang mit dem Auto oder der Mode einer kritischen Revision zu unterziehen.

Deutlich geringer als im sogenannten Freizeitbereich ist bekanntlich der Gestaltungsspielraum, der uns in jenen Institutionen verbleibt, in denen wir immer noch einen großen Teil unserer Zeit verbringen, nämlich in *Betrieben* und *Schulen*. Gegen die Selbstüberforderung in Betrieben z. B. gibt es eine hervorragende Vorbeugungsmaßnahme. Sie ist allerdings nur für diejenigen praktizierbar, die deutlich mehr als das Existenzminimum verdienen und zudem die Möglichkeit haben, als gutverdienende Selbständige, Beamte,

Angestellte im öffentlichen Dienst oder in Großbetrieben die Menge der Erwerbsarbeit selbst festlegen zu können. Diese Privilegierten sollten vielleicht Arbeitsaufwand und Konsumertrag einmal gründlich bilanzieren. Sie könnten prüfen, ob das Niveau ihres erhöhten materiellen Konsums tatsächlich mit einem entsprechend erhöhten Wohlbefinden einhergeht oder ob sie nicht in vielen Fällen der „Wohlstandsillusion" (vgl. Kapitel IIB1b) aufsitzen. Weniger zu arbeiten könnte vermutlich für viele den Einstieg in ein geruhsameres und zugleich intensiveres Leben bedeuten. Beim Arbeiten und Lernen selbst erfordert die Zeithygiene, sich nie mehr zu verausgaben, als dauerhaft verkraftet werden kann. Ein wichtiges Kriterium der angemessenen Verausgabung ist die Vielseitigkeit bzw. die Abwechslung der Tätigkeiten. Zeithygiene könnte z. B. bedeuten, zwischen sitzenden und stehenden, zwischen manuellen und geistigen, zwischen kommunikativen und nichtkommunikativen, zwischen rezeptiven und produktiven usw. Tätigkeiten regelmäßig abzuwechseln. Dies beugt der Gefahr einseitiger Belastung, frühzeitiger Erschöpfung und der Verkümmerung von Fähigkeiten vor. Was die psychische Belastung betrifft, so erfordert ein zeithygienischer Umgang mit Reizen, daß wir uns der Komplexität psychischer Prozesse bewußt werden, wie ich sie im „Exkurs zum Umgang mit Reizen" angedeutet habe (vgl. Kapitel IIIB1). Informationen können z. B. nicht einfach „gespeichert" werden, wie viele Lehrer immer noch glauben. Sie müssen vielmehr mehrfach verarbeitet werden, und zwar geistig, emotional und praktisch, wenn Menschen nicht nur für bestimmte Funktionen konditioniert werden, sondern sich an den Informationen auch „bilden" können sollen. Solche Verarbeitungsprozesse erfordern eine „Pädagogik des Zeitlassens".[1] Für das Freizeit- und Konsumverhalten wie für die Lern- und Arbeitswelt gilt im Grunde ein und dieselbe Devise: Prüfe dich, was dir wirklich guttut, und hüte dich davor, sowohl zuviel Genüsse wie zuviel Beschwernisse in ein und denselben Zeitraum hineinzustopfen. Weniger ist meistens mehr.

Zyklus
Für eine solche Bilanzprüfung ist allerdings Zeit erforderlich. Diese Zeit muß eine Zeit sein, in der die Alltagsgeschäfte ruhen. Nur in solchen Ruhezeiten können autonom Prioritäten gesetzt, können Quantität und Qualität auseinandergehalten werden, nur in

solchen *Phasen der Besinnung* können wir nach innen horchen und fühlen, was uns guttut und was nicht. Erst wenn wir uns aus dem Zwang des ständigen Präsentseins, des permanenten Reagierenkönnens befreien und unsere stille Stunde, unseren Meditationstag, unser Sabbatjahr eingerichtet und verteidigt haben, werden wir den äußeren Anforderungen standhalten und dabei unsere Orientierungsfähigkeit und Identität bewahren können (vgl. Kapitel IIIB1).

Der zyklische Aspekt der Zeithygiene erfordert darüber hinaus, die vielfältigen *„inneren Uhren"* energisch vor den zerstörerischen Attacken der Außenwelt zu schützen (vgl. Kapitel IIB1b). Alle Versuche, diese Uhren z. B. durch Drogen auszutricksen, um nonstop zu funktionieren, widersprechen diesem Ziel, weil sie die Funktionsfähigkeit dieser Uhren beeinträchtigen. Diese Versuche müssen früher oder später auf irgendeine Art und Weise bezahlt werden. In dieser Hinsicht unterscheidet sich der Mensch wenig von der Pflanze oder vom Tier, bei denen die vom Menschen initiierten Beschleunigungsversuche ebenfalls in vielen Fällen bekanntlich auf längere Sicht sehr teuer kommen. Wenn der Körper also Ruhe braucht, soll er sie bekommen. In China z. B. ist der Mittagsschlaf sogar als Grundrecht in der Verfassung verankert.

Der Mensch, der von der Evolution gegenüber den Tieren mit der zusätzlichen Fähigkeit ausgestattet ist, bewußt zu handeln und zu reflektieren, hat, wie im zweiten Abschnitt des Buches dargestellt (vgl. Kapitel IIA2), noch in einem weiteren, einem spezifisch psychologischen Sinn eine zyklische Eigenzeit: Er trachtet nach *geschlossenen Handlungsepisoden*. Wir sollten deshalb, wo immer es geht, unser Leben so organisieren, daß wir einmal Begonnenes auch zu Ende führen können. Unter dem Druck der Beschleunigungslogik ist freilich immer häufiger das Gegenteil der Fall. Wenn Lehrer z. B. in Prüfungen ihren Schülern weniger Zeit geben, als die schwächeren Schüler zur Bewältigung der Aufgaben benötigen, dann kommen sie zwar ihrer Auslesefunktion nach, nicht jedoch ihrer Funktion als Förderer kindlicher Entwicklungspotentiale. Am Büroarbeitsplatz z. B. ist es das Telefon, das immer kurz, bevor man mit einer Aufgabe fertig wird, zu klingeln beliebt. Und z. B. die Berge von Akten mit nicht abgeschlossenen Vorgängen, die sich nicht selten von Tag zu Tag höher auftürmen, weil diese Vorgänge ständig durch noch Wichtigeres und noch Dringlicheres unterbrochen werden, sind ebenfalls ein Anzeichen für einen Mangel an Zeit für das Abschließen von Handlungsepisoden. Aus einer zeitökologischen Perspektive sollte alles, was den Fluß der Handlung stört, so gut wie möglich abgewehrt werden. Das Gefühl des Fertigwerdens gibt Motivation und Durchhaltekraft, die wir nutzen sollten. Und das Gefühl des Fertiggewordenseins verschafft die Basis für jene verdiente Entspannung, die auf die Anspannung der Handlung folgen muß.

Damit wir das, was wir begonnen haben, auch abschließen können, ist es nicht nur wichtig, daß das Ende auch tatsächlich erreicht werden kann, sondern auch, daß Anfang und Ende von Aufgaben klar genug definiert sind. Zeithygiene hat also sehr viel mit umsichtiger *Aufgabenplanung* zu tun. Dazu sollten wir uns Zeit lassen und es nicht dulden, daß eine Aufgabe in die andere nahtlos übergeht, so daß wir nie fertig werden und nie dazu kommen, unser Werk auch kritisch zu prüfen. Solche Nähte sind Anlässe für Pausen, und diese dienen dazu, nach hinten und nach vorn blicken zu können und vor dem so systematisch erweiterten Zeithorizont zu prüfen, ob eine Handlung gelungen, eine Aufgabe gelöst, ein Bedürfnis wirklich befriedigt ist oder nicht.

Die Techniken des Zeitmanagements sollten nicht zuletzt auch genutzt werden, solche Pausen zu schaffen und zu schützen, die nicht weiter verplant werden. Pausen sind nämlich außer für die persönliche Standort- und Zielbestimmung noch für einen anderen Zweck unentbehrlich: für unser existenzielles Bedürfnis nach der Erfahrung von *Zeitlosigkeit*. In solchen Zeitbiotopen oder Zeitinseln wird Zeit nicht mehr gemessen und geplant, nicht einmal mehr wahrgenommen. Sie vergeht einfach, ohne daß wir es merken – beim Träumen, beim Forschen, beim Spielen, im Liebesakt. Daß Arbeit und materieller Konsum immer nur Mittel sein können, daß das gute Leben das Ziel aller Bemühungen sein muß, dies ist die Leitidee einer zeitökologisch fundierten Zeithygiene.

Fazit:
Zeithygiene will der individuellen Vorbeugung gegen solche Störungen dienen, die aus einem falschen Umgang mit Zeit resultieren. Ein hygienischer Umgang mit Zeit erfordert zuallererst, sensibel für das zu sein, was uns guttut. Wer hygienisch mit seiner Zeit umgeht,

der hütet sich davor, Quantität mit Qualität zu verwechseln, und er reserviert sich Ruhephasen und Zeitinseln, um in seinem Leben den Überblick nicht zu verlieren und den zeitvergessenen Genuß nicht zu versäumen.

B. Zeitpolitik

Individuelle Zeithygiene stößt schnell an Grenzen, v. a. im Bereich der Lern- und Arbeitswelt und v. a. für jene, die aufgrund ihrer sozialen Stellung über wenig Zeitsouveränität verfügen. Wer Eigenzeiten auch in diesen Lebensbereichen und auch für weniger Privilegierte schützen will, wer die Reproduktion von Individuum, Natur und Kultur/Gesellschaft ins Zentrum aller Bemühungen stellt, der muß also die Spielregeln, nach denen sich unser Leben richtet, grundlegend zur Disposition stellen. Diese Spielregeln sind im politischen Prozeß entstanden und können auch auf diesem Wege verändert werden. Politik ist die verbindliche Festlegung und Durchsetzung des Gemeinwohls. Zeitpolitik ist demnach der Versuch, dabei v. a. auf die zeitliche Dimension zu achten.[2] Die gegenwärtige Politik, angetrieben durch die Ökonomie, begreift ihre Aufgabe inhaltlich weitgehend als Auftrag zur Beschleunigung von Produktion und Konsum, verfahrenstechnisch als Auftrag, dies möglichst ohne Umwege und schnell zu tun (vgl. Kapitel IIB2). Zeitpolitik hingegen sieht sich den Eigenzeiten verpflichtet, und zwar in inhaltlicher wie in verfahrensmäßiger Hinsicht.

Die Inhaltsdimension der Zeitpolitik
Grundsätzlich hat der Gesetzgeber[3] unter den gegebenen kapitalistischen Rahmenbedingungen fünf *Arten von Maßnahmen* zur Verfügung, um die Bürger zu jenem Verhalten zu veranlassen, das in seinen Augen für das Gemeinwohl förderlich ist. Erstens kann er bestimmte Verhaltensweisen, von denen er überzeugt ist, daß sie für das Gemeinwohl absolut schädlich sind, verbieten. So ist es z. B. verboten, mit Autos ohne Bremsen zu fahren. Zweitens kann er unerwünschte Verhaltensweisen durch Auferlegung finanzieller Lasten erschweren. So muß z. B. das Fahren großer, energiefressender Autos mit höheren Steuern bezahlt werden. Drittens kann er erwünschte Verhaltensweisen durch Zahlung von Zuschüssen erleichtern. So wird z. B. der Einbau eines Kataly-

sators finanziell unterstützt. Viertens kann er bestimmte Verhaltensweisen durch die kostenlose Bereitstellung der notwendigen Voraussetzungen so attraktiv machen, daß kaum jemand mehr dieses Angebot ausschlagen wird. So werden dem Autofahrer z.B. Straßen oder Brücken in der Regel gratis zur Verfügung gestellt, und kaum jemand kommt auf die Idee, sich nur auf Feldwegen fortzubewegen. Und fünftens kann der Gesetzgeber durch Gebote bestimmte Verhaltensweisen zur Pflicht machen. So z.B. das Anhalten an roten Ampeln.

Die *Grundidee* der Zeitpolitik besteht nun darin, diese fünf Arten von Maßnahmen konsequent und umfassend in den Dienst des Schutzes von Eigenzeiten zu stellen. Zeitpolitik muß die künstliche Beschleunigung evolutionär entstandener Prozesse durch abgestufte Eingriffe stoppen bzw. die Entschleunigung einleiten. Bezogen auf die drei Ebenen Mensch, Natur und Kultur/Gesellschaft heißt das: Die Eigenzeiten des Menschen werden geschützt, indem das Handeln auf das Ziel der Gesundheit hin orientiert wird. Die Eigenzeiten der Natur werden ernst genommen, indem das Handeln auf das Ziel der Nachhaltigkeit hin orientiert wird. Und die Eigenzeiten der Kultur/Gesellschaft verlangen die Orientierung des Handelns auf das Ziel der Gerechtigkeit.

Beginnen wir mit den Eigenzeiten des Individuums bzw. dem Ziel der *Gesundheitsförderung*: Hier muß Zeitpolitik für die Gestaltung der Lebenswelt nach Maßgabe medizinischer und psychologischer Erkenntnisse sorgen und größtmögliches körperliches, psychisches und soziales Wohlbefinden des Menschen als ihre Aufgabe begreifen. Daß z.B. aus zeitökologischer Perspektive unsere als Lernfabriken konstruierten Erziehungs- und Bildungseinrichtungen einer fundamentalen reformpädagogischen Revision im Sinn einer Pädagogik des Zeitlassens unterzogen werden müßten, versteht sich fast von selbst. In bezug auf die Arbeitswelt wäre vorstellbar, daß z.B. der Verzicht auf Schicht-/Wochenendarbeit, die gezielte Einrichtung von Büroarbeitsplätzen mit viel Bewegungs- und Ruhemöglichkeiten und die Schaffung kreativer Arbeitsaufgaben durch Subventionen gefördert werden bzw. ungesunde Arbeitsplätze mit Extrasteuern oder Extraversicherungen dem Verursacherprinzip gemäß besonders belastet werden. Und Betriebe ohne Betriebsräte oder ohne Mitbestimmung könnten heute schon ordentlich zur Kasse gebeten werden, so daß es sich für den Unternehmer nicht mehr lohnt, seiner Belegschaft demokratische Rechte vorzuenthalten. In bezug auf das Konsumieren könnten z. B. Anreize geschaffen werden, damit an die Stelle der gezielten Überrumpelung der Eigenzeiten bei der Herausbildung von Konsumentenwünschen mit Hilfe von Werbung die Information über Produkte tritt. Diese Informationen müßten neben ausführlichen Angaben zu eventuellen Gesundheitsrisiken auch Angaben über die sozialen und ökologischen Bedingungen von Entwicklung, Produktion, Vermarktung und Transport für den ethisch anspruchsvollen Konsumenten enthalten. In Hinblick auf die allgemeine Lebenswelt könnte durch zeitpolitische Maßnahmen das Veränderungstempo etwa bei der Einführung neuer chemischer Stoffe, bei baulichen Veränderungen in einer Stadt oder beim Hinaussperren der Natur aus dem menschlichen Wohnumfeld beeinflußt werden. Ziel all dieser Maßnahmen wäre die optimale Gesundheitsförderung, gemessen an jener konkreten Utopie, die im Gesundheitsbegriff der Weltgesundheitsorganisation festgehalten ist.

Im Hinblick auf die Eigenzeiten der Natur bzw. die *Nachhaltigkeit* muß Zeitpolitik v. a. auf den mittel- und langfristigen Ersatz nichtregenerativer durch regenerative Energien zielen. Umweltpolitische Strategien sind dabei um so sinnvoller, je mehr sie an der Menge und am Rhythmus der durch die Sonne unmittelbar bereitgestellten Energie orientiert sind (vgl. Kapitel IIIB1). Alle umweltpolitischen Instrumentarien sind daraufhin zu prüfen, ob sie diesem Ziel dienen. Die Erkenntnis, daß die Eigenzeiten der Natur nicht beliebig erhöht werden können, hat bereits Eingang gefunden in den 1994 veröffentlichten Bericht der Enquete-Kommission „Schutz des Menschen und der Umwelt" des Deutschen Bundestages. Das Zeitmaß menschlicher Eingriffe in die Umwelt, so das hochrangige wissenschaftliche Beratergremium, muß im ausgewogenen Verhältnis zum Zeitmaß der für das Reaktionsvermögen der Umwelt relevanten natürlichen Prozesse stehen (Held 1995, S. 188). Ein anschauliches Beispiel für den Zusammenhang von Umweltpolitik, Zeitpolitik und Eigenzeiten ist z. B. die Renaturierung von Flüssen durch Wiederausweitung des Flußbettes zur Reduktion der Fließgeschwindigkeit, die man noch vor wenigen Jahren durch Einbettung künstlich erhöht hatte.

Was schließlich die Eigenzeiten der Kultur/Gesellschaft bzw. die

216

Gerechtigkeit betrifft, muß Zeitpolitik die Bestandserhaltung des zwischenmenschlichen Austausches zum Ziel haben, und zwar zwischen und innerhalb von Generationen. Es muß gewährleistet werden, daß die Schnelleren immer wieder auf die Langsameren warten. Bezüglich des intergenerativen Austausches müßten z. B. die langsameren Lebensabschnitte, also die ökonomisch unproduktive Kindheit und das Alter, in ihrer jeweiligen Besonderheit vor dem Verwertungsdruck besonders geschützt werden, damit die Ideen der Kinder und die Erfahrungen der Alten in den gesellschaftlichen Gesamtprozeß integriert werden können. Und bezüglich des intragenerativen Verhältnisses könnte z. B. überlegt werden, wie beim Umbau des Steuersystems die Geschwindigkeit der Produktion in die Festlegung des Steuersatzes einbezogen werden kann, damit die Leistungsstärkeren sich von den Leistungsschwächeren nicht immer mehr abkoppeln. Da diese Geschwindigkeit ganz zentral vom technischen Entwicklungsstand der Produktionsmittel abhängt, könnte für die gesellschaftliche Synchronisierung z. B. eine Art Maschinensteuer als Sondersteuer für die Schnellen eingeführt werden (vgl. Kapitel IIIB2b).

Der erste inhaltliche Schritt einer Zeitpolitik sollte darin bestehen, umfassende ökologische, soziale und gesundheitliche *Bilanzen* zu erstellen, aus denen die tatsächlichen Schäden und Nutzen unserer Hochgeschwindigkeits- und Nonstop-Gesellschaft ersichtlich werden. Erste Versuche mit Sozialbilanzen haben z. B. ergeben, daß die Angst am Arbeitsplatz in Deutschland durch Mobbing, Fehlzeiten, Fluktuation, Drogen und psychosomatische Krankheiten jährlich einen Schaden von rund 100 Milliarden Mark verursacht (Panse/Stegmann 1996). Solche Bilanzen könnten zur Grundlage für nationale Verordnungen bzw. Gesetze und internationale Vereinbarungen von Standards zur Gesundheits-, Wirtschafts-, Sozial- und Umweltpolitik werden und den Weg in eine gerechtere Marktwirtschaft weisen (vgl. zur Zuständigkeitsfrage Kapitel IIIB1).

Die Verfahrensdimension der Zeitpolitik

Ich beginne mit einer grundlegenden Vorbemerkung zum *Politik- und Demokratiebegriff*. Politik als die verbindliche Festlegung des Gemeinwohls ist aus zeitökologischer Perspektive eine besondere Art des Handelns. Wenn Handeln eine besondere Art energetischer/materieller und informationeller Verarbeitungsprozesse ist, nämlich jene, die dem Menschen vorbehalten ist, und Verarbeitungsprozesse immer ihre Zeit benötigen, dann hat auch das politische Handeln seine Eigenzeit. Die demokratische Form des politischen Handelns ist nach Auffassung des Sozialphilosophen Jürgen Habermas in ihrem aufklärerischen Sinn durch die Synthese von Wille (voluntas) und Vernunft (ratio) gekennzeichnet (Habermas 1962, S. 159 f. u. 216). Nur wo ein hohes Maß an Willensfreiheit und ein hohes Maß an Reflexion zusammentreffen, kann sinnvollerweise von gelungener demokratischer Politik gesprochen werden.[4]

In diesem letzten Abschnitt soll, ausgehend von dem bereits in der Einleitung angesprochenen zunehmenden Druck auf die Eigenzeiten demokratischer Verfahren, angedeutet werden, welche Änderungen in den Willensbildungsverfahren, wie sie in Verfassungen festgeschrieben sind, aus der Perspektive der Ökologie der Zeit nötig sind. Wenn man demokratische Gemeinwohlfindung als kollektive Handlung interpretiert, die durch ihre Eigenzeit charakterisiert ist, dann muß man, wie bei anderen Eigenzeiten auch, wiederum sowohl die Dauer dieser Handlung als auch ihren zyklischen Charakter untersuchen. Gegenwärtig erzwingt der *Zeitdruck der Ökonomie* in aller Regel die rücksichtslose Verkürzung der Dauer politischer Gemeinwohlfindungsprozesse durch Zentralisierung: vom Wähler zum Parlament, vom Parlament zur Regierung, von der Kommune zum Land, vom Land zum Bund etc. Auch wenn es dazu z. Z. auch Gegentrends gibt, wird der ökonomische Druck langfristig dafür sorgen, daß der Prozeß der Gemeinwohlfindung systematisch über die Wünsche eines wachsenden Teils der Betroffenen hinweggeht. Am schnellsten sind zunächst immer die großflächige Routine und die zentralistische Diktatur. Diese Entwicklung hat Folgen für die sie begleitenden Reflexionsprozesse. Sie verkürzen ihre Dauer, und damit geht fast zwangsläufig auch eine Verkürzung der Zeithorizonte einher, die jeweils in Betracht kommen. So werden Problemaspekte, die in mittlerer oder fernerer Zukunft liegen, einfach ausgeklammert. Bezugsgröße ist die „gedehnte Gegenwart", wobei die Politiker einen Großteil der Zeit für Machterhaltungszwecke vergeuden (Böhret 1989, S. 16 u. 25). In parlamentarischen Demokratien ist der Horizont typischerweise auf die Dauer der Legislaturperiode begrenzt.

Um den Prozeß der Gemeinwohlfindung sowohl auf höchstmöglicher Autonomie des Willens als auch auf bestmöglichem Wissen des Intellekts zu fundieren, sind *Strategien der Entschleunigung* unabdingbar. Je mehr sich durch die Bilanzierung von Eigenzeiten herausstellt, daß die Folgen heutiger Entscheidungen weit in die Zukunft reichen und schwer kalkulierbar sind, desto häufiger muß von sehr hohen Hürden bei der Mehrheitsbildung, von Referenden, von Einstimmigkeitsprinzipien oder gar von Ewigkeitsklauseln Gebrauch gemacht werden. Diese Verzögerungsmittel, so der Berliner Politikwissenschaftler Matthias Eberling, zielen im Kern darauf, den Kreis der am Suchprozeß und seinem Ergebnis konstruktiv Beteiligten zu erweitern und dafür zu sorgen, daß die politischen Akteure durch konkurrierende wissenschaftliche Beratungseinrichtungen möglichst gleichermaßen kompetent an der anstehenden Entscheidung mitwirken können. Durch diese Entschleunigungsmaßnahmen wird die Wahrscheinlichkeit erhöht, daß die für die Gemeinwohlfindung relevanten Sachgesichtspunkte in die Entscheidung einbezogen werden, somit also ein Maximum an Rationalität erreicht wird. Solche Entscheidungen können dann auch mit einem Maximum an Akzeptanz und Durchsetzung rechnen. Dazu muß die Eigenzeit, die Bürger und Politiker auf allen Ebenen zur Verarbeitung von Informationen benötigen, genauso zum Maßstab gemacht werden wie die Eigenzeit des Kommunikationsprozesses zwischen ihnen. Aus zeitpolitischer Sicht muß die Gemeinwohlfindung also zeitlich so organisiert werden, daß genügend Freiräume zur Verfügung stehen, „um eine dem jeweiligen Diskussionsgegenstand angemessene Souveränität im Umgang mit Zeit zu verwirklichen" (Eberling 1996, S. 111 f.).[5] Angesichts des dramatisch zunehmenden internationalen und globalen Charakters der Austauschprozesse wird auch die interkulturelle Kommunikation mit nichtwestlichen Kulturen (z. B. dem Islam) und die internationale Kooperation die Dauer politischer Prozesse noch einmal wesentlich erhöhen. Nichtregierungsorganisationen, wie z. B. Greenpeace oder Amnesty International, können dabei als Protest- und Konfliktparteien zu heilsamen Faktoren der Entschleunigung der Politik werden (Mahnkopf 1997, S. 20).

Wenn Zielsetzung, Aktion und Reflexion grundsätzlich eine organische Einheit bilden, dann vergewaltigt der herrschende Zeitdruck auch diesen Zyklus. Denn die politische Beschleunigung zeichnet sich dadurch aus, daß die Reflexion lediglich zwischen Gegenwart und verlängerter Gegenwart hin und her pendelt und ständig Sachzwänge abgearbeitet werden, ohne daß Anfang und Ende sichtbar würden. Damit sind auch die Resultate nicht kontrollierbar und rückholbar. Statt dessen sollte sich die Politik Zeit nehmen fürs *Innehalten*. Der frühere Ministerpräsident von Schleswig-Holstein, Björn Engholm, wollte aus diesem Grund in seinem Kabinett einen Wochentag von Dienstgeschäften freihalten und ganz der Reflexion widmen. Ohne solche Reflexionsphasen finden Menschen nur schwer jene Distanz, die nötig ist, um über den Tellerrand der Augenblickszwänge hinauszuschauen. Zeiten des regelmäßigen Innehaltens müßten auf allen Ebenen politischer Prozesse fest institutionalisiert werden, damit das Gemeinwesen über einen Rahmen für kollektive Reflexions- und Kommunikationsprozesse verfügt. Solche Zeiten des Innehaltens sind v. a. in einer Gesellschaft mit voll flexibilisierten Arbeitsverhältnissen existenziell notwendig. Denn woher soll in einem Sozialstaat die Bereitschaft kommen, sich mit jenen solidarisch zu fühlen, die als Kinder oder Alte noch nicht oder nicht mehr hinreichend flexibel sind (Klenner 1997, S. 265), wenn nicht in ruhigen Diskursen, die sich vom reißenden Strom der Lebenswelt abgekoppelt haben?

Sinnvoll sind solche reflexiven Elemente v. a. im Zusammenhang mit Problemlagen, zu denen durch das vorausgegangene Handeln noch keine irreversiblen Tatsachen geschaffen worden sind. Kollektives Handeln sollte deshalb so viele Optionen wie möglich offenlassen. Erst durch die Möglichkeit der Revision entsteht *Fehlerfreundlichkeit*. Erst die Beschränkung der zeitlichen Reichweite macht eine Entscheidung auch für die jeweilige Minderheit akzeptabel, weil diese dann hoffen kann, die Entscheidung eines Tages auch wieder kippen zu können (Eberling 1996, S. 139). Der Gemeinwohlfindungsprozeß soll also erstens prinzipiell revidierbar sein und zweitens immer wieder tatsächlich einem Revisionsversuch ausgesetzt werden. Zum methodischen Innehalten gehört ferner die Fähigkeit, den Blick aus der Gegenwart in die Vergangenheit und in die Zukunft und wieder zurück gleiten zu lassen, die sogenannte „Zeitelastizität" (vgl. Kapitel IIIB1). Zeitpolitik müßte also Verfahren entwickeln, mit deren Hilfe Akte der Volkssouveränität bewußt im zeitlichen Kontinuum zwischen Gegenwart, Vergangenheit und Zukunft verortet werden. Kommunale Bürgerentscheide könnten z. B. organisatorisch verknüpft werden mit Geschichts- und Zukunftswerkstätten. In personeller Hinsicht könnte dieser Sachaspekt dadurch unterstützt werden, daß in solchen Werkstätten systematisch alle Generationen mit ihren naturgemäß divergierenden Zeitperspektiven zusammengeführt werden, daß also auch Alte und Kinder systematisch in die demokratischen Willensbildungsprozesse integriert sind. Die vorsorgliche Begrenzung der zeitlichen Reichweite von politischen Entscheidungen, die Zeitelastizität der politischen Reflexion und die Integration von Alt und Jung in den politischen Prozeß nehmen zwar viel Zeit in Anspruch, mindern dafür aber die Gefahr irreversibler Fehler.

An dieser Stelle muß die Frage nach den gesellschaftlichen Interessen aufgeworfen werden, die zu Trägern einer Entschleunigungspolitik werden können. Grundsätzlich sind dies zunächst all jene Interessengruppen, die Gesundheit, Gerechtigkeit und Naturschutz zu ihrem Anliegen gemacht haben, also z. B. der Kinderschutzbund, Patientenverbände, Arbeits- und Obdachloseninitiativen, Dritte-Welt-Gruppen, Kirchen, Gewerkschaften, Naturschutzverbände. Aufgrund ihrer überragenden Bedeutung scheint mir an dieser Stelle ein kleiner Exkurs zu den *Gewerkschaften* angebracht. Sie sind heute ganz besonderen Herausforderungen ausgesetzt. Während vor wenigen Jahren noch offensiv für Arbeitszeitverkürzung gekämpft wurde, geht es den Gewerkschaften heute primär um die reaktive Bearbeitung der Folgen des technologischen und weltwirtschaftlichen Wandels. Das Schlagwort heißt „Flexibilisierung". Der Rhythmus der Arbeit soll, dies scheint das Gebot der Stunde, möglichst reibungslos dem Rhythmus des Betriebs angepaßt werden, der seinerseits von den diversen Märkten, allen voran den Kapitalmärkten, zeitlich gesteuert wird. Karl Hinrichs vom Zentrum für Sozialpolitik an der Universität Bremen bringt das Interesse der Unternehmer auf den Punkt: „Bei allen Zielsetzungen der Arbeitszeitflexibilisierung geht es den Betrieben darum, eine nach Dauer und Zeitpunkt beliebig abrufbare sowie dem Rhythmus des Betriebsgeschehens angepaßte Nutzung der Arbeitskraft 'wie aus dem Wasserhahn' zu verwirklichen." (Hinrichs 1992, S. 322) Während früher unter den Bedingungen einer relativ starren Normalarbeitszeit der Unternehmer das Risiko trug, wenn einmal die Arbeit ausging oder der Arbeitnehmer krank wurde, werden diese Risiken heute auf den Arbeitnehmer abgewälzt. In einigen Tarifverträgen ist bereits festgelegt, daß Arbeitnehmer Krankheitstage von ihren eigenen Zeitkonten bezahlen müssen (Klenner 1997, S. 264). Um dieser Risikoverlagerung Einhalt zu gebieten, müssen Gewerkschaften stark genug sein, damit sie auch bei der Vereinbarung flexibler Arbeitszeitmodelle die Interessen der Beschäftigten gebührend zur Geltung bringen können. Die Gewerkschaften bemühen sich deshalb meist auch redlich, die Flexibilisierung der Arbeit offensiv zu nutzen, um z.B. die Zahl der Beschäftigten zu erhöhen, um Arbeitnehmer in großem Umfang zur Weiterqualifikation freizustellen (Seifert 1994) oder auch um Frauen die Vereinbarung von Beruf und Familie zu ermöglichen (Klenner 1997, S. 265). Arbeitszeitfragen sind Lebenszeitfragen und müssen aus gewerkschaftlicher Sicht wieder zu einer zentralen gesellschaftlichen Streitfrage gemacht werden, resümiert Reinhard Bispinck vom Wirtschafts- und Sozialwissenschaftlichen Institut des Deutschen Gewerkschaftsbunds (Bispinck 1996, S. 422). Dabei haben, so muß angemerkt werden, die Gewerkschaften jedoch ein dreifaches Handikap. Erstens: Während das Kapital schon längst international und global organisiert ist, sind die Gewerkschaften fast nur auf nationaler Ebene handlungsfähig. Zweitens: Je mehr die Rationalisierung fortschreitet, desto weniger Arbeitskräfte werden gebraucht und desto schwächer wird ihre Macht. Und drittens: Je deutlicher die nationale und globale Wirtschaft in schnelle und langsame Bereiche auseinanderdriftet, desto mehr wird das Ideal des Flächentarifvertrags aufgegeben werden, wodurch die Gewerkschaftsmacht immer mehr „zerfasert".

Eine Grundsicherung für alle
Verbindliche staatliche Zeitpolitik hat gegenüber freiwilligen Tarifvereinbarungen den großen Vorteil, von diesem immer ungleicher werdenden Verhältnis zwischen Kapital und Arbeit viel weniger abhängig zu sein. Denn Politik beruht im demokratischen Rechtsstaat auf der Gleichheit der Wählerstimmen. Statt also vom gewerkschaftlichen Kampf um Arbeitszeitverkürzung eine reformpolitische Initialzündung zu erwarten, sollten wir ein anderes politisches Projekt als Auftakt zur Entschleunigung angehen: eine *staatliche Grundsicherung* für alle. Sie könnte ein bescheidenes Leben deutlich über dem Existenzminimum garantieren und jedem Bürger zustehen, ohne daß er irgendwelche Bedürftigkeits- oder Leistungskriterien erfüllen

müßte, ohne daß er also dem Staat gegenüber als Bittsteller auf-
träte. Während in den entwickelten Weltregionen mit ausgeprägter
Geldwirtschaft die Grundsicherung als garantiertes Geldeinkommen ausgezahlt werden müßte, sollte die Grundsicherung in
weniger entwickelten Regionen mit ausgeprägter landwirtschaftli-
cher Struktur durch Zuteilung von Land zur Selbstversorgung er-
folgen. Zu finanzieren wäre die Grundsicherung durch die bisherigen privilegierten „Leistungsträger", mit dem Ziel, allen Menschen die Chance zu geben, „Leistungsträger" zu werden – „Leistung" freilich in einem sehr viel weiter gefaßten Sinn. Eine solche
Grundsicherung, wie sie ja bereits in einigen skandinavischen Ländern eingeführt und in einigen deutschen Parteien diskutiert wird,
wäre vermutlich in Hinblick auf das Ziel der Entschleunigung unseres Lebens von außerordentlicher strategischer Bedeutung. Sie
könnte sich hervorragend zur Bündelung zeitpolitischer Ziele
eignen. Dies betrifft, wie ich abschließend zeigen will, sowohl die
Inhaltsdimension des Schutzes von Eigenzeiten auf den drei
Ebenen als auch die Verfahrensdimension.

Eine Grundsicherung würde zunächst manchen Bürger dazu mo-
tivieren, auf einen Erwerbsarbeitsplatz teilweise oder ganz zu verzichten.[6] Wer durch eine Grundsicherung zu einem solchen Verzicht auf Vollerwerbsarbeit bereit ist, der wird dadurch erstens
seinen individuellen Eigenzeiten mehr Respekt verschaffen. Er wird
nämlich sein *eigenes Wohlbefinden* erhöhen und erhält die Möglichkeit, sein Leben frei von existenziellen Zwängen zu gestalten. Er
kann sich entweder ganz oder teilweise Beschäftigungen ohne Er-
werbsabsicht widmen, wie z. B. der Kunst, der Forschung, dem sozialen Engagement. Oder er kann für eine bestimmte Zeit aus dem Erwerbsleben ausscheiden, um z. B. seine Kinder, seine Eltern oder
Nachbarn persönlich zu betreuen, einen neuen Beruf zu erlernen, zu
studieren, ein Musikinstrument zu lernen oder eine Weltreise zu machen. Auch der Einstieg in die Dualwirtschaft kann so finanziell abge-
polstert werden. All dies sind Gelegenheiten, Leistungen in einem
neu zu definierenden Sinn jenseits der herrschenden erwerbs- bzw.
marktwirtschaftlichen Beschränkung zu erbringen und sich so soziale
Anerkennung und Selbstanerkennung zu verschaffen.

Wer eine solche Grundsicherung beanspruchen würde und sich
damit ganz oder teilweise dem Arbeitsmarkt entzöge, der trüge
zweitens zum Schutz der Eigenzeiten der Kultur/Gesellschaft bei.

Denn jeder Verzicht auf einen Erwerbsarbeitsplatz entschärft den Wettbewerb um Arbeitsplätze und fördert damit die Humanisierung der Arbeitswelt, somit also die *Schonung anderer*. Je mehr Menschen freiwillig auf Erwerbsarbeit verzichten, desto mehr kann das Heer der unfreiwillig Arbeitslosen abgebaut werden. Erst wenn es ab einem bestimmten Punkt zum Ausgleich von Angebot und Nachfrage auf dem Arbeitsmarkt kommt, können Arbeitnehmer wirklich Einfluß auf die Gestaltung der Arbeitsplätze nehmen, weil Arbeitgeber dann erst dazu gezwungen sind, auf deren Forderungen einzugehen. Erst wenn Märkte im Gleichgewicht sind, ist die notwendige Voraussetzung dafür gegeben, daß sie jene Leistung erbringen, die die Liberalen an ihnen so sehr loben: die Leistung, die Wünsche der Menschen bestmöglich zu koordinieren.

Und wer sich dafür entscheiden würde, mit dem Grundsicherungsbetrag auszukommen, der würde drittens durch die damit zwangsläufig einhergehende Selbstbeschränkung seiner Konsummöglichkeiten einen Beitrag zum Schutz der Eigenzeiten der Natur leisten. Dann wird sein Verbrauch von Naturressourcen zurückgehen, und damit werden sich die Lebenschancen zukünftiger Generationen erhöhen. Nicht die Armen, sondern die Reichen sind ja die Last der Erde, die z. B. mit ihrem aufwendigen Freizeitverhalten, das der Kompensation entfremdeter Formen der erwerbswirtschaftlichen Leistungserbringung dient, die Natur am meisten strapazieren. Die Bezieher der Grundsicherung werden so zu Pionieren des Neuen Wohlstands. Dies gäbe der *Natur* wieder mehr Zeit, sich von den Schäden des zerstörerischen Luxuskonsums zu *erholen*.

Auch in Hinblick auf die Verfahrensdimension von Zeitpolitik wäre eine Grundsicherung heilsam. Sie schafft Zeit, die mit selbstbestimmten Tätigkeiten gefüllt werden kann. Nur wer sich immer wieder aus dem Zwang des Funktionierenmüssens ausklinken kann, der kann jene Muße finden, die das Innehalten, die Standortbestimmung, die Reflexion von Vergangenheit und Zukunft erst ermöglicht. Und die Grundsicherung schafft jene Sicherheit, die davor bewahren kann, sich erpressen lassen zu müssen. Sie kann den Bürgern nämlich jene Existenzangst nehmen, die bisher ihre Kreativität bei der Entdeckung der vielfältigen Wege der Problemlösung und der vielfältigen Quellen der Lebenslust so sehr blockiert hat. Somit bietet die Grundsicherung auch die finanzielle Voraussetzung für ganz neue Ausmaße und Formen der *politischen Partizipa-*

tion. Denn erst durch die finanzielle Absicherung jenseits der Erwerbsarbeit können sich viele Menschen soziales und politisches Engagement leisten. Eine Grundsicherung kann zur Etablierung jenes Zyklus von Aktivität und Muße sowie von Reflexion und Entscheidung beitragen, der für die Suche nach dem Gemeinwohl aus zeitökologischer Sicht fundamental ist (vgl. auch Zilleßen 1997).

Die Forderung nach einer Grundsicherung für alle könnte vermutlich ein ausgezeichneter *Kristallisationspunkt für eine breite politische Bewegung* an der Jahrtausendschwelle werden, weil sie in hervorragender Weise die Interessen vieler politischer Einzelkräfte bündelt. Ich denke dabei v. a. an die um Sinnstiftung und Gerechtigkeit bemühten Kirchen, an die um den Schutz der Arbeitskraft und die Mit- oder Selbstbestimmung der Arbeitnehmer bemühte Arbeiterbewegung und an die um die Erhaltung der natürlichen Umwelt bemühte Naturschutzbewegung. Da von der Beschleunigungslogik mehr oder minder alle Menschen betroffen sind und nur die Form dieser Betroffenheit variiert, wäre es klug, den Kampf gegen die Beschleunigung auf dieser Ebene der Gleichheit der Menschen zu organisieren, und d. h., sie primär als Menschen mit umfassenden Bedürfnissen und staatsbürgerlichen Rechten anzusprechen. Der Versuch der traditionellen Arbeiterbewegung hingegen, die Gemeinsamkeit der Menschen als Arbeitnehmer zur organisatorischen Basis einer Reformpolitik zu machen, greift am Ende des 20. Jahrhunderts genauso zu kurz wie der Versuch der Kirchen in früheren Jahrhunderten, das Zusammenleben der Menschen nach den moralischen Vorstellungen der sich jeweils rechtgläubig dünkenden Christen zu gestalten.

Fazit:
Zeitpolitik will einen verbindlichen Rahmen zum Schutz der Eigenzeiten schaffen. Sie kann bereits unter den gegebenen ökonomischen Bedingungen angegangen werden und dient als Bindeglied zwischen der herrschenden kapitalistischen und einer zukünftigen nichtkapitalistischen Form des Wirtschaftens. Zeitpolitik zielt also auf den Einstieg in den Ausstieg aus dem Kapitalismus, sie ist ein wichtiger erster Schritt von der Produktions- zur Reproduktionsorientierung. In bezug auf ihre Inhalte besteht Zeitpolitik in der systematischen Wiederrespektierung evolutionär entstandener Eigenzeiten immer dort, wo diese durch kapitalistische Programmzeiten

gestört werden. In bezug auf ihre Verfahren sorgt Zeitpolitik für die fundierte Einbeziehung aller relevanten Personen und Sachaspekte in den politischen Prozeß und für den regelmäßigen Wechsel zwischen Aktivität und Reflexion. Eine Grundsicherung für alle Bürger könnte sowohl den Eigenzeiten von Mensch, Kultur/Gesellschaft und Natur zugute kommen als auch die materielle Basis für die Neudefinition des Leistungsbegriffs, für öffentliches Engagement und damit für eine erneuerte demokratische Kultur bereitstellen.

Ausblick

Was können wir tun gegen die Beschleunigung des Lebens, gegen die tägliche Hetzjagd? *Gute Ratschläge* haben Konjunktur: Noch schneller arbeiten, noch besser planen, optimales Zeitmanagement! Die Zeit ignorieren, die Uhr ablegen, den Biorhythmus pflegen! Keine Zeitungen mehr lesen und keine Nachrichten anschauen, aufs Land ziehen, aussteigen! Weltweit alle Texte klein schreiben, um die Menschen zu zwingen, wenigstens beim Lesen langsamer zu werden![1] All dies sind Sackgassen. Sie verlagern die Überforderung nur von einem Ort zum andern, beseitigen sie aber nicht. Wir kommen nicht darum herum, einige gesellschaftliche, insbesondere ökonomische, Spielregeln durch zeitgemäßere zu ersetzen. Diese Spielregeln sind im Laufe von Jahrhunderten entstanden und waren lange Zeit sehr sinnvoll, erweisen sich heute aber als hochgradig zerstörerisch.

Was heißt das konkret? Wenn meine Erklärung für die Beschleunigung zutreffend ist, dann sollte eine Entschleunigungsstrategie drei Ebenen berücksichtigen: Erstens müßte *jeder für sich* versuchen, den Antreibern in Arbeit und Freizeit so gut wie irgend möglich aus dem Weg zu gehen, sich zu verweigern. Er müßte lernen, seine Eigenzeiten wahrzunehmen und diesen Eigenzeiten gegenüber den fremden Programmzeiten Autorität zu verschaffen.

■ *Mißachten Sie den Takt – werden Sie takt-los!*
(Geißler 1992, S. 26)

Wir sollten nicht von einem Erlebnis zum nächsten hetzen, sondern die Kreativität der Langsamkeit, den Genuß der Wiederholung, das Abenteuer des Wartens entdecken lernen. Wir würden unmittelbar belohnt werden, verspricht Heiko Ernst in seinem Buch ›Gesund ist, was Spaß macht‹: „Gesundheit ist Lebenskunst – und diese Kunst läßt sich erlernen. Dabei müssen wir als erstes begrei-

227

fen, wie wichtig die Dinge im Leben sind, die wir oft gering schätzen oder für die wir keine Zeit haben: spielen, genießen, herumtollen, faulenzen, schmökern, süffeln, schmusen ... Diese Alltagsfreuden gibt's nicht auf Rezept. Sie sind kostenlos – und ungeheuer gesundheitsförderlich!" (Ernst 1992, S. 155).

So befreit von Arbeits- und Konsumsucht, bestünde das zweite Ziel darin, den Menschen um uns herum näherzukommen. Nur wenn wir die *Vereinzelung überwinden*, haben wir Chancen, den „Sach"zwängen ein Ende zu bereiten. Auch für diese Hinwendung zum anderen ist zuallererst Zeit nötig: Zeit zum Zuhören, zum Mitdenken, zum Mitteilen. Wir könnten entdecken, daß die Ängste und Hoffnungen der anderen den unseren erstaunlich ähnlich sind. Das wäre eine Erfahrung, die manchen Selbstzweifel überflüssig werden ließe, vielleicht sogar Geborgenheitsgefühle stiften könnte. Wichtig erscheint mir darüber hinaus, daß alte und neue soziale Bewegungen zusammenfinden, damit nicht die Gewerkschaften gegen die Umweltschützer, die Bürgerinitiativen gegen die Parteien Front machen.[2] Vielleicht bietet der 1990 in Klagenfurt gegründete „Verein zur Verzögerung der Zeit", der mittlerweile fast 1000 Mitglieder in ganz Europa hat, einen geeigneten organisatorischen Rahmen für einen solchen Erfahrungsaustausch und zur Überwindung überkommener Formen der Abgrenzung.[3]

Und drittens müßten wir den so gewonnenen *Energien eine politische Richtung geben*. Dabei ginge es zunächst darum, all jene Kräfte zu stärken, die den sozialen und ökologischen Selbstmord stoppen können. Wenn nämlich Massenelend, Massenwanderung, Terror und Krieg weiter so rasant um sich greifen, wenn die ökologische Nische des Menschen weiter mit wachsendem Tempo verengt werden sollte, dann sind alle Bemühungen um ein besseres Leben von vornherein zum Scheitern verurteilt. Ein alternatives Wohlstands- und Glücksmodell kann nur auf dem Boden solider materieller Versorgung gedeihen. Nur auf einer solchen Grundlage kann kritisch über Sorgen und Ängste nachgedacht, können neue Lebensstile und Gesellschaftsmodelle konzipiert und erprobt werden. Die Kritik an den bestehenden Verhältnissen müßte sich v. a. gegen die herrschende Leistungsideologie wenden und den Nachweis führen, daß das „Immer höher, immer weiter, immer schneller" kein taugliches Ziel und der damit einhergehende bornierte Fleiß, zu dem man uns erzogen hat, keine brauchbare Tugend mehr ist.

■ *Müßiggang ist aller Liebe Anfang.*
(Christa Wolf, zit. nach Geißler 1993, S. 358)

Die Chancen für ein Entschleunigungsprojekt, für den Sieg der
„klugen" über die „dumme Lust", sind vermutlich heute gar nicht
mehr so schlecht: Erstens, weil die Frage nach einer Ordnung, die
allen gerecht wird und niemanden in Verzweiflungstaten hinein-
treibt, zu einer Gattungsfrage geworden ist. Krankheit, Terror und
Krieg nehmen aufgrund ihrer Dimensionen immer weniger Rücksicht auf die Herkunft der Opfer. Niemand kann hoffen, dauerhaft
auf einer abgeschirmten Insel der Seligen leben zu können. Diese
Erkenntnis könnte eine schichten- und länderübergreifende Solidarität begründen. Zweitens erscheint ein gewisser Optimismus auch
deshalb berechtigt, weil mit dem Kollaps von 1989, durch den die
falsche Alternative ein jähes Ende gefunden hat, die Kräfte voll auf
die Auseinandersetzung mit jener Ordnung konzentriert werden
können, die nunmehr übriggeblieben ist. Dabei ist allerdings zu
hoffen, daß die neuerlichen Versuche, das alte Feindbild „Kommunismus" durch das neue Feindbild „Islam" zu ersetzen, als das
durchschaut werden, was sie sind: als Manöver zur Ablenkung von
der Erkenntnis, daß der ernste Zustand der Welt ein „hausge-
machter" ist. Und drittens sind die Chancen für eine konsequente
Entschleunigungs- und eine neue Wohlfahrtspolitik auch deshalb
günstiger als früher, weil heute die Mittel für eine solche Umpro-
grammierung von der Produktion auf die Reproduktion im Prinzip
vorhanden sind. Was allein fehlt, ist der politische Wille, diese
Mittel auch einzusetzen. Dieser Wille aber dürfte um so stärker
werden, je mehr Menschen erkennen, daß eine solche Neuorientierung nicht mit mehr, sondern mit weniger Verzicht an Lebenslust
einhergehen wird.

■   *Du liebe Zeit*

      Da habe ich einen gehört
      wie er seufzte: „Du liebe Zeit!"
      Wir müssen sie ja nicht genau so
      lassen, wie sie uns traf.

(Aus dem Gedichtband ›Unverwundenes‹ von Erich Fried, entn. aus
Wagenbach 1995, S. 66)

Anmerkungen

Anmerkungen zum Vorwort

[1] Wenn hier und im folgenden von „natürlich", „kulturell" und „individuell" die Rede ist, so sind diese Termini rein beschreibend und erklärend, keinesfalls wertend zu verstehen.

[2] Bei Texten, die mehrfach erschienen sind, bezieht sich die Jahreszahl hinter der Quellenangabe in der Regel auf das erstmalige Erscheinen des betreffenden Textes, bei nach dem Tod erschienenen Texten in der Regel auf das Entstehungsjahr.

[3] Bei den Zwischentexten handelt es sich um wörtliche Zitate, die jedoch ggf. gekürzt sind.

Anmerkungen zu I. Alarmsignale

[1] Diesen Zusammenhang zwischen Erkenntnissen und Interessen hat Hans Schepank, ein renommierter Verfasser psychiatrischer Lehrbücher, auf entlarvende Weise formuliert. Er werde oft gefragt, ob die Häufigkeit psychischer Störungen in unserer Gesellschaft zunehme. Dann müsse er immer wieder betonen, daß diese Frage so nicht zu beantworten sei. Dies liege nicht nur an der komplizierten Materie, „vielmehr tangiert jede Beantwortung der Frage nach Häufigkeiten die Interessenkonflikte vieler betroffener Gruppen: Therapeutischen Versorgungsgesichtspunkten steht die lawinenartige Kostenentwicklung im Gesundheitswesen gegenüber" (Schepank 1986, S. 24). Im Klartext: Der Wissenschaftler darf nur so viele Menschen als krank bezeichnen, wie sich die Krankenkassen und der Sozialstaat leisten können.

[2] Vgl. auch Wemmer/Korczak 1993 u. Oppolzer 1993.

[3] Ein 70jähriger z. B. hat heute statistisch nur 3 Jahre mehr vor sich als ein 70jähriger zu Beginn des Jahrhunderts (Der Bundesminister für Gesundheit 1991, S. 23).

[4] 50 Prozent der 12- bis 17jährigen trinken gelegentlich oder regelmäßig Alkohol, 8 Prozent exzessiv Bier und Wein, 2 Prozent exzessiv Schnaps (Nordlohne 1992, S. 160 f.). Unter den 16- und 17jährigen haben innerhalb der vergangenen fünf Jahre 21 Prozent mehr oder weniger regel-

mäßig Beruhigungs- und Schlafmittel und 16 Prozent Anregungsmittel genommen (Nordlohne 1992, S. 213).

[5] Die zwanghafte Ausblendung von Vergangenheit und Zukunft darf nicht verwechselt werden mit der freiwilligen, die den verantwortungsbewußten Genießer kennzeichnet. Auch lebt der Süchtige nur oberflächlich in der Gegenwart, genauso oberflächlich, wie er beständig in Vergangenheit und Zukunft springt. Dem Hier und Jetzt kann er sich jedenfalls nicht wirklich hingeben.

[6] Da das Instrumentarium 1975 umgestellt wurde, lassen sich die Werte von 1968 nur bedingt mit den späteren vergleichen.

[7] Das methodische Problem solcher Befragungen besteht darin, daß von der bekundeten Unehrlichkeit keineswegs auf eine tatsächliche Unehrlichkeit geschlossen werden kann. Womöglich erklären sich die Veränderungen gerade dadurch, daß die Menschen ehrlicher geworden sind.

[8] Ein weiterer Aspekt der sozialen Ausgrenzung ist die unablässig fortschreitende Konzentration jenes Eigentums, das am unmittelbarsten Macht über Menschen verleiht: des Eigentums an Produktionsmitteln. Franz Garnreiter faßt die gegenwärtige Verteilung des Aktienkapitals und damit der Hauptmasse des Produktivvermögens folgendermaßen zusammen: 85 Prozent, das sind 850 Milliarden DM, befinden sich in der Verfügungsgewalt der bundesdeutschen „Monopolspitze". Wenige Dutzende Konzerne aus Industrie, Handel und Banken bestimmen weitgehend die Geschicke der deutschen Wirtschaft. Sie verfügen über den Rest, bestehend aus etwa zwei Millionen Unternehmen, 80 Millionen Deutschen und aus einer vielfach größeren Zahl von Menschen in der Zweiten und Dritten Welt (Garnreiter 1991, S. 42).

[9] Die Frage nach der Konvergenz der wirschaftlichen Entwicklung in der EU ist allerdings empirisch strittig. Und theoretisch ist unklar, inwieweit strukturpolitische Maßnahmen die von einigen Wirtschaftsstatistikern errechneten Angleichungsprozesse bewirkt haben. Vgl. dazu z. B. die Tagung des Vereins für Socialpolitik 1995 in Linz (SZ 26. 9. 95).

[10] Während am Ende des Zweiten Weltkriegs in den USA noch 50 Prozent des Welt-Sozialprodukts erzeugt worden waren, schrumpfte der Anteil bis Mitte der 90er Jahre auf 25 Prozent, wohingegen die Anteile Japans und Deutschlands deutlich stiegen (Matis/Stiefel 1991, S. 53 f. u. Messner 1997, S. 152 f.)

[11] Reimer Bois von der Universitätsklinik Tübingen hat dazu die erste größere Untersuchung durchgeführt (FOCUS 20/93, S. 109). Vgl. dazu auch die Studie des Kriminologischen Forschungsinstituts Niedersachsen (KFN) zu „Opfer-Erfahrungen in engen Beziehungen" (SZ 31. 3. 95).

[12] Für die Bundesrepublik schätzt man, daß jährlich Umweltschäden in Höhe von 200 Milliarden (Lutz Wicke) bis eine Billion Mark (Frauenhofer Institut Karlsruhe) entstehen (DER SPIEGEL 16/93, S. 291 f.).

[13] Bei den Ozonwerten gibt es jedoch auch gegenteilige Messungen auf

Helgoland, die allerdings auch mit Veränderungen in den Meßmethoden zusammenhängen können.

[14] Dieses Wechselspiel zwischen Bedürfnisweckung und Bedürfnisbefriedigung führt in vielen zentralen Wirtschaftsbereichen zur permanenten Ausweitung der Produktion. Ausführlich hierzu vgl. Kapitel IIA3.

[15] Freilich muß berücksichtigt werden, daß — auch nach Abzug von Preissteigerungen — nicht nur die Summe der Werte der Schadensfälle, sondern auch die versicherten Werte insgesamt in diesem Zeitraum zugenommen hat.

Anmerkungen zu II. Beschleunigung

[1] Vgl. dazu das sogenannte evolutionäre Paradigma in der Entwicklungssoziologie (z. B. Goetze 1983, S. 65 f.).

[2] Zwar kann bei einzelnen menschlichen Eigenschaften wie z. B. Übergewicht gefragt werden, ob eher eine körperlich-materielle oder eine psychisch-geistige Ursache dafür verantwortlich ist. Aber daß der Mensch überhaupt essen muß und dazu quantitativ und qualitativ definierbare Substanzen braucht, ist unstrittig. Am Essen läßt sich im übrigen die Differenz zwischen dem historisch relativ konstanten körperlich-natürlichen Inhalt und seinen relativ variablen geistig-kulturellen Ausformungen besonders anschaulich demonstrieren (Eder 1988).

[3] Eine solche Ablösung erscheint besonders dann als nötig, wenn die engeren Theorien einander widersprechen, also eine Art Erkenntniszwickmühle oder Aporie entstanden ist (z. B. Kotátko 1990). Daß die Erkenntnissituation an der Schwelle zum dritten Jahrtausend aporetische Züge angenommen hat, zeigt sich z. B. daran, daß aus naturwissenschaftlicher Sicht die industriegesellschaftliche Entwicklung eher als Abstieg zu werten ist (Artenverlust, Entropie), aus geistes- und wirtschaftswissenschaftlicher Sicht dagegen als Aufstieg (Wissenszuwachs, Sozialproduktsteigerung).

[4] Erst mit der Aufklärung und ihrer rigorosen Trennung zwischen den „körperlichen Dingen" und den „geistigen Dingen" ging diese ganzheitliche Sicht verloren. Im Deutschen taucht das Wort „oikos" dementsprechend in der Neuzeit in ganz unterschiedlichen Kontexten auf: in der frühen Neuzeit in „Ökonomie", zunächst für Landwirtschaft, später für Wirtschaft bzw. Wirtschaftstheorie allgemein, seit dem 19. Jahrhundert in „Ökologie" für Naturhaushalt bzw. Theorie des Naturhaushalts.

[5] Die Anregung für das im folgenden entwickelte Weltmodell stammt aus Meadows/Meadows/Randers 1992, S. 69. Dort wird jedoch nicht zwischen individuellem und kulturellem System differenziert, es werden keine immateriellen Austauschprozesse berücksichtigt, und es fehlt die Dimension der Zeit.

[6] Das Bild des Baumes scheint mir die adäquate Antwort der „Moderne" auf das Bild des Rhizoms, also des unregelmäßig sich unterirdisch verzwei-

genden Wurzelstocks, mit dem die „Postmoderne" ihre Weltsicht zu veranschaulichen pflegt.

[7] Aus rein physikalisch-chemischer Perspektive mag diese Abgrenzung fragwürdig sein, weil z. B. auch im Weltall Spuren von Leben angenommen werden.

[8] Neben Kultur-/Gesellschaftsbereichen könnten auch kulturelle/gesellschaftliche Gruppen wie Familien, Interessengruppen, Völker etc. als Subsysteme angesehen werden.

[9] Im Bereich der Lebewesen ticken die Atome und Moleküle des Körpers am schnellsten, so etwa die der Haut, wenn sie von der Sonne gebräunt wird. Man hat ausgerechnet, daß ein Zyklus der Hautatome und -moleküle 0,000 000 000 000 0001 Sekunden dauert. Etwas länger brauchen die Zellen der Netzhaut, dann kommen die Zellen, die an der Photosynthese beteiligt sind etc. Noch längere Zyklen werden bei bestimmten Bambusarten beobachtet, die nur alle sieben Jahre blühen, und bei Grillen, die alle 13 bis 17 Jahre schlüpfen (Fraser 1991, S. 159). Zu den langsamen zyklischen Bewegungen im Bereich der Lebewesen gehört die Generationenfolge bei langlebigen Pflanzen. Um Dimensionen länger sind schließlich jene Zyklen, die sich im Verschwinden und Entstehen neuer Arten zeigen.

[10] Auch bei künstlich geschaffenen Systemen wird im übrigen bekanntlich auf Schwankungsbreiten und Elastizitäten geachtet, z. B. bei der Fahrplangestaltung der Eisenbahn: Durch hinreichende Umsteigezeiten wird das System flexibel gegenüber etwaigen Verspätungen, die durch äußere Umstände entstehen können. Hier zeigt sich ein interessanter Zusammenhang zwischen Elastiziät und Zeit. Sind diese Umsteigezeiten nämlich zu kurz, ist das System also zu wenig elastisch, kann bei einer einzelnen geringen Verspätung die mühsam zusammengestellte Reiseplanung, also das System, über einen Domino-Effekt völlig zerstört werden. Sind die im Fahrplan vorgesehenen Umsteigezeiten hingegen sehr lang, ist das System also hochelastisch, wird zwar ein Totalzusammenbruch unwahrscheinlich, aber die Reise dauert von vornherein viel länger. In diesem Fall ist also ein elastisches System sicherer, ein unelastisches aber, wenn keine Störungen auftauchen, schneller. Es wäre zu prüfen, inwiefern sich diese Beobachtung generalisieren läßt. – Bei vielen künstlichen Systemen wie z. B. Motoren, Fließbändern und v. a. Uhren kommt es jedoch weitestgehend auf Regelmäßigkeit an, so daß die Schwankungsbreite minimiert werden muß. Das Ideal der Technik ist der Einheitstakt (Geißler/Held 1995, S. 199 f.).

[11] Allerdings hält Eder nur kognitive Systeme für reflexions- und lernfähig, spricht ihnen also die Fähigkeit zur inneren Evolution zu. Nichtkognitive Systeme entwickeln sich demgegenüber nach seiner Auffassung lediglich nach dem Darwinschen Muster der äußeren Evolution (Zufallsvariation und Selektion). Vgl. dazu auch Willke 1993, S. 90.

[12] Zur Vertiefung des Zusammenhangs zwischen objektiven und subjektiven Kreativitätsbedingungen in der unbelebten und belebten Natur im

234

Zusammenhang mit der Zeitdimension vgl. aus naturwissenschaftlicher Sicht z. B. Prigogine 1979 und Coveney/Highfield 1992 (physikalisch-chemische Perspektive), Eigen 1989 u. Cramer 1996 (biologische Perspektive), aus philosophischer Sicht Zimmerli/Sandbothe 1993 sowie besonders die sozial-ökologischen Überlegungen zur Synthese natur- und sozialwissenschaftlicher Paradigmen von Avis 1989, Wehling 1989, Weizsäcker 1990, Hassenpflug 1993 und Metzner 1993 u. 1994.

[13] Die Antwort auf die Frage, ob nach der Störung und ihrer Abpufferung ein ähnlicher Systemzustand wie vorher oder aber ein anderer, höherer erreicht wird, hängt vor dem Hintergrund dieser Theorie letztlich zentral von dem gewählten Beobachtungszeitraum ab. Je länger dieser Zeitraum ist, desto eher wird man auf Wiederkehrendes stoßen und deshalb auf die Kontinuität von Systemen schließen.

[14] Interessant ist, daß die Naturgesetze zunehmend nicht als etwas Konstantes, sondern als etwas Gewordenes und Werdendes erkannt werden. Es gibt z. B. Hinweise darauf, daß die sogenannte Hubble-Konstante, die die Ausdehnungsgeschwindigkeit des Weltalls seit dem Urknall angibt, gar keine Konstante ist, sondern im Laufe der Zeit abnimmt (Bührke 1995). Prigogine sagt deshalb, daß die Natur eine „Geschichte" besitzt, oder genauer: viele Geschichten, die Geschichte des Kosmos wie die der Moleküle. Man kann die Naturgesetze also nicht einfach messen, sondern man muß sie „erzählen" (Prigogine 1995). Vgl. auch Anmerkung 47 in diesem Abschnitt.

[15] Zum systematischen Vergleich zwischen der historisch-materialistischen und der historisch-genetischen Methodologie vgl. Holz 1993.

[16] Wendet man die Ökologie der Zeit konsequent auf das Problem der individuellen Willensfreiheit an, so muß gefolgert werden: Auch hier hängt der Befund über die Wiederkehr des Ähnlichen von der Genauigkeit, also v. a. von der Dauer der Beobachtung ab. Der Wille des Menschen erscheint demnach dem Beobachter umso unfreier, je länger er ihn beobachtet. Oder von der anderen Seite her formuliert: Nur aus dem flüchtigen Blick auf den Menschen resultiert die Vorstellung, der Mensch habe einen weitgehend freien Willen.

[17] Die Diskrepanz zwischen Ressourcen und Anforderungen könnte rein theoretisch zudem jeweils subjektiv und objektiv erklärt werden. Die subjektive Erklärung würde besagen, daß das oder die betreffenden Systeme sich nicht genügend um den Aufbau der Ressourcen „kümmern", also schlecht haushalten. Die objektive Erklärung würde auf die unangemessen hohen Anforderungen der Umwelt, also auf ausbeuterische Umstände, verweisen.

[18] Meine Skizze orientiert sich an Polanyi 1944, Mandel 1962, Wallerstein 1979, 1983 u. 1986 sowie Kurz 1991.

[19] Vgl. z. B. Gronemeyer 1993. Auch Nowotny (1993) analysiert die durchgängigen Beschleunigungsfaktoren der „Moderne" nicht konsequent, sondern konzentriert sich auf die technologischen und sozialpsychologi-

schen Implikationen der Beschleunigung. Sie glaubt, einen Bruch zwischen der Beschleunigung in der Phase der Industrialisierung und der Beschleunigung in der Gegenwart zu erkennen, weil sie die den beiden Phasen gemeinsame politökonomische Basis weitgehend ausklammert.

[20] Zu dem für das Verständnis des Liberalismus und der aktuellen wirtschaftsethischen Diskussion zentralen Verhältnis zwischen dem ökonomischen und dem moralischen Aspekt im Werk von Adam Smith vgl. Nutzinger 1991.

[21] Der Zwang zur Produktions- und Absatzsteigerung zeigt sich dabei nicht nur an Produkten des individuellen, sondern auch des öffentlichen Konsums. Ein typisches Beispiel dafür ist die Kurzlebigkeit der Betonbrücken unseres Jahrhunderts im Vergleich zu jenen Brücken, die vor 2000 Jahren die Römer in ganz Europa gebaut hatten.

[22] Marx spricht vom Bemühen, den sogenannten relativen Mehrwert zu steigern: Indem die Arbeit verdichtet, die „Poren des Arbeitstages" geschlossen werden, produziert der Arbeiter in immer kürzerer Zeit den Gegenwert seiner Arbeitskraft, so daß die Mehrarbeit einen immer größeren Teil der Gesamtarbeit ausmacht (Marx 1867, S. 531–541).

[23] So Herrmann Lübbe in seinem Vortrag ›Zivilisatorische Dynamik‹ am 30.6.93 an der Universität Bamberg.

[24] Daran ändern auch traditionelle Mitbestimmungs- und moderne Flexibilisierungsstrategien nichts Wesentliches. In ihnen werden die Bedürfnisse der Arbeitnehmer immer nur soweit berücksichtigt, wie sie ins betriebswirtschaftliche Kalkül passen.

[25] Ähnlich wie den Fall des physischen Verschleißes könnte man auch jenen Fall behandeln, in dem eine neue Maschine mit nachweislich überlegenen Eigenschaften (in bezug auf menschliche Bedürfnisse und Naturverbrauch) auf den Markt gekommen ist.

[26] Natürlich waren die Zünfte „geschlossene Veranstaltungen", deren Ziel v. a. der Ausschluß fremder Konkurrenz war. Und sie waren nicht demokratisch strukturiert, weil innerhalb der Zünfte der Einfluß von der wirtschaftlichen Macht abhing und weil auch die Konsumenten keine Stimmrechte besaßen.

[27] Man hat in den Zeiten des Kalten Krieges den „Kommunisten" gerne vorgeworfen, sie würden die Menschen alle „gleichmachen" wollen. Tatsächlich erweist sich bei näherer Betrachtung gerade die Marktwirtschaft als Instrument der Gleichmacherei. Nicht das Individuelle ist entscheidend, sondern der Durchschnitt. Der Marktmechanismus, insbesondere in der Phase seiner weltweiten Ausdehnung, ignoriert die körperlichen und psychischen Eigenarten der Arbeitnehmer genauso wie die natürlichen und historischen Eigenarten der einzelnen Regionen.

[28] So Jürgen Zulley in seinem Referat ›Mißachtung der biologischen Zeitprogramme des Menschen im Verkehr‹ am 28.10.95 in der Evangelischen Akademie Tutzing.

[29] Dazu kommt die Konkurrenz- und Vereinzelungserfahrung, vielleicht das zentrale Kennzeichen marktwirtschaftlich organisierter Gesellschaften. Soziale Beziehungen, sozialer Rückhalt und Solidarität, am Arbeitsplatz wie außerhalb, sind außerordentlich wichtig für die schnelle und anhaltende Genesung bei Herz- und Krebserkrankungen. Patienten, denen diese soziale Unterstützung abgeht, haben z. B. drei Jahre nach dem ersten Herzinfarkt viereinhalbmal so häufig tödliche Komplikationen wie Patienten, die sich dieses Rückhalts sicher sein können (Projektgruppe 1990, S. 344).

[30] Eine weitere Angstquelle sind die Gefahren, die von der Großtechnik ausgehen: von Chemieanlagen, Atomkraftwerken und Massenvernichtungswaffen. Psychoanalytisch orientierte Kulturtheoretiker machen darauf aufmerksam, daß man mit diesen Gefahren nur leben kann, wenn man ein enormes Verdrängungspotential entwickelt hat und aufrechterhält (z. B. Dreitzel/Stenger 1990).

[31] Auf die beschleunigende Wirkung des Geldes hat bereits Georg Simmel in seiner ›Philosophie des Geldes‹ aufmerksam gemacht (z. B. Rammstedt 1994).

[32] Zur Vertiefung der Frage nach der Überforderung des Individuums aus der Perspektive einer materialistisch fundierten Ökologie der Zeit bietet sich der ökopsychologische Diskurs und die sogenannte systemische Gesundheits-/Therapietheorie an. Vgl. dazu z. B. Kruse/Graumann/Lantermann 1990, Krausz/Degwitz 1993 u. Simon 1995.

[33] Stellt man die Altersstrukturen der nördlichen und der südlichen Gesellschaften als Baum dar, so erhält man zwei Gebilde, die spiegelbildlich gleichermaßen als krank erscheinen.

[34] Bezeichnenderweise gehören Depressionen zu jenen Krankheiten, deren Entstehung und Therapie schon seit langem im Zusammenhang mit Störungen der „inneren Uhr" diskutiert werden (Zulley 1993, S. 60 f.). Zur Anwendung der Ökologie der Zeit auf psychiatrische Fragestellungen vgl. ferner Ciompi 1988, S. 321–340 u. 1993 sowie Schurz 1994.

[35] Der ernsthafteste Konkurrent dazu ist die Systemtheorie von Niklas Luhmann, die jedoch trotz ihrer Einbeziehung ökologischer und zeitlicher Fragestellungen (1968, 1980 u. 1986) wegen ihrer idealistischen Grundstruktur, v. a. was die Ökonomie angeht, nicht wirklich anschlußfähig ist. Vgl. zur materialistisch-ökologischen Kritik an Luhmann v. a. Metzner 1993.

[36] Honneth vermeidet den Begriff der Gerechtigkeit. Für ihn ist der Grundsatz der Gleichbehandlung die moralische Basis der Gesellschaft, die aber der Ergänzung bedarf: zum einen durch die Solidarität (wechselseitige, affektive Anteilnahme), zum andern durch die Fürsorge (einseitige, affektlose Hilfe) (Honneth 1995, S. 240).

[37] Daß solche sich selbst verstärkenden Prozesse kennzeichnend für kapitalistische Marktwirtschaften sind, wird zwar von der herrschenden Wirtschaftstheorie in ihrem Vertrauen auf die Allgegenwart der „unsichtbaren

Hand" des Marktes und seiner gleichgewichtsstiftenden Wirkung strikt geleugnet. Kritische Ökonomen allerdings, wie z. B. der Schwede Gunnar Myrdal (1974) oder der Amerikaner Immanuel Wallerstein (1979, 1983 u. 1986) haben eine Fülle solcher Prozesse beschrieben und sehen in ihnen nicht die Ausnahme, sondern die Regel. Das ist vor allem auch deshalb bemerkenswert, weil sie von konträren methodischen Positionen aus zu ihrem im Kern übereinstimmenden Ergebnis kommen. Auch stimmen beide darin überein, daß der Nationalstaat an diesem Marktergebnis nichts Wesentliches ändern kann, daß er vielmehr die positive Rückkoppelung von Erfolg oder Mißerfolg aufgrund dessen, daß auch seine Macht von diesen Marktergebnissen abhängt, sogar noch verstärkt.

[38] Aus ökologischer Sicht gehört ein Lebensraum zunächst jenen, die ihn bewohnen, denn die Natur kennt kein Privateigentum. Um Privateigentum zu schaffen, muß erst ein kultureller/gesellschaftlicher Aneignungsakt stattfinden. Das Wort „privat", das aus dem Lateinischen kommt, entlarvt den Charakter dieser Aneignung im übrigen, denn das zugrundeliegende Verbum „privare" bedeutet „rauben".

[39] Das zeigt z. B. ein Vergleich der langfristigen wirtschaftlichen Wachstumsraten mit den Kriminalitätsraten: Wenn es wirtschaftlich bergab geht, geht die Kriminalität in die Höhe. Offenbar erscheint es dann immer mehr Verlierern als zweckdienlich, ihre Bedürfnisse und Interessen auf illegalen Wegen zu befriedigen (Blinkert 1988, S. 407 ff.). In der „modernen" Gesellschaft werden die Individuen auf rationales Handeln konditioniert, und so unterliegt auch die Frage der Regelverletzung dem Kosten-Nutzen-Kalkül. In wirtschaftlichen Krisenzeiten setzt ein positiver Rückkoppelungsprozeß ein, der aus sich selbst heraus Straftaten produziert: Je mehr Straftaten, desto weniger gelten die Rechtsnormen, desto normaler werden Sanktionen, desto mehr Vorbestrafte und damit schwachintegrierte Personen gibt es und desto mehr nehmen die Lernmöglichkeiten für illegales und illegitimes Verhalten zu (Blinkert 1988, S. 409).

[40] Der Faschismus kann durch das radikale Bekenntnis zur Verbindung von Schnelligkeit und Gewalt gekennzeichnet werden, wie bei dem italienischen Faschisten Filippo Tommaso Marinetti in seinen „Futuristischen Manifesten" nachzulesen ist (Bastian 1992, S. 24).

[41] Der präfaschistische Staatsrechtstheoretiker Carl Schmitt begründete 1934 in dem Aufsatz ›Der Führer schützt das Recht‹ die Notwendigkeit der nationalsozialistischen Umgestaltung zur Rettung Deutschlands. Er argumentierte, daß in einer kritischen Situation, im „Ausnahmezustand", die Demokratie fehl am Platz sei. Denn letztlich gebühre demjenigen die Macht im Staat, der sich durchsetze, der die Konflikte in seinem Sinne „entscheiden" könne (Schmitt 1934, zit. nach Münkler 1987, S. 293).

[42] Natürlich könnte man die autoritäre Umformung von Staat und Gesellschaft zunächst als Ordnungs- und Zivilisationsgewinn interpretieren. Aber die Geschichte der Neuzeit zeigt, daß solche Krisenlösungsversuche

allzu oft nur von beschränkter Dauer sind und dann in umso chaotischere und barbarischere Zustände münden. Der Widerspruch zwischen der formalen Gleichbehandlung der Menschen durch den Markt und ihrer materialen Unterdrückung durch Kapital in diesem Fall auch durch Politik, läßt sich offenbar nicht dauerhaft aufrechterhalten.

[43] Interessant ist die Frage, ob die Beschleunigung der Innovationszyklen an eine natürliche Grenze stößt, ob sich Innovationen irgendwann einmal nicht mehr lohnen, weil sie buchstäblich im nächsten Augenblick schon wieder entwertet sind. Sicher dürfte sein, daß in Zukunft immer häufiger mit sogenannten Zeitfallen zu rechnen ist. Dies gilt im Prinzip für Produzenten und Konsumenten. So hat sich in den USA z. B. gezeigt, daß Verbraucher bei der Präsentation mehrerer Modellgenerationen japanischer PKWs nicht mehr in der Lage waren, die Autos nach ihrer Generationszugehörigkeit zu unterscheiden. Wenn die Nachfrager aber eine Innovation nicht mehr als solche erkennen, wird sie zwecklos (Backhaus/Gruner 1994, S. 40).

[44] Im übrigen überlagern und verstärken sich die räumlichen und zeitlichen Zerfallsprozesse nicht selten, wenn z. B. die Schnellen und Jungen aus einer Region auswandern und die Langsamen und Alten zurücklassen.

[45] Die besondere Brutalität derer, die „zu später Stunde" eine Industriegesellschaft aufbauen wollen, kann auch gar nicht verwundern, wenn man sich daran erinnert, mit welcher Grausamkeit deren Erfinder seinerzeit vorgegangen sind: im Herzen Europas, wenn man an die kriegerischen Zeiten des Absolutismus denkt, oder in Übersee, wo z. B. für die Eroberung Amerikas als Lebensraum der neuen Zivilisation viele Millionen Indianer ihr Leben lassen mußten.

[46] Eder bezeichnet die in Nationalismen sich ausdrückende Tendenz zur Naturalisierung von Gesellschaft als „Lernpathologie", die Gesellschaften daran hindert, sich selbst zu reflektieren und zu korrigieren (Eder 1991, S. 32 u. 57 ff.).

[47] Dieser Punkt ist allerdings umstritten. Kümmerer glaubt z. B., daß dieser vermeintliche Unterschied nur aus unterschiedlichen bzw. unangemessenen Zeithorizonten resultiert. Auch die Lithosphäre hat bei ausreichender Beobachtungsdauer Zyklen, ja sogar die Ausdehnung des Weltalls könnte zyklisch sein. Vgl. Anmerkung 14 in diesem Abschnitt.

Anmerkungen zu III. Entschleunigung

[1] Auch wer statt von einem anthropozentrischen von einem biozentrischen oder holistischen Standpunkt ausgeht, der muß eine Antwort auf die Frage geben können, wieviel ein Mensch gegenüber einem anderen beanspruchen darf, genauso wie auf die Frage nach den legitimen Ansprüchen

der Menschen gegenüber anderen Lebewesen und der nichtbelebten Natur. Er muß also, ob er will oder nicht, eine Idee vom „guten Leben" entwickeln.

² Die Bedeutung der Faulheit ist ein altes Thema. Vgl. Lafargue 1891 u. Benz 1983.

³ „Würde" kommt wortgeschichtlich von „Wert", der Wert des Menschen steckt also in ihm selbst.

⁴ Letztlich leiten sich aus der Idee der gleichen Würde für alle Menschen auch elementare ethische Grundsätze ab, die in der Neuzeit zentrale Autorität erlangt haben: „Was Du nicht willst, das man Dir tu, das füg auch keinem andern zu!" Oder – im Resultat ähnlich, wenn auch anders begründet – das Universalisierbarkeitsprinzip Kants: „Handle so, als ob die Maxime deiner Handlung durch deinen Willen zum allgemeinen Naturgesetz werden sollte." (zit. nach Birnbacher/Hoerster 1976, S. 249).

⁵ Zum Problem der systematischen Vernachlässigung der Sonnenenergie in der Geschichte der Industrialisierung vgl. z. B. Kapitel I u. VI in Scheer 1993 und Müller/Hennicke 1995.

⁶ Hermann Scheer, der Präsident der European Solar Energy Association EUROSOLAR, schätzt, daß in Europa Jahr für Jahr z. B. 16mal soviel Geld für die Weltraumforschung ausgegeben wird wie für die Solarforschung (Scheer 1993, S. 61). Und die USA ließen sich zwischen 1983 und 1991 ihr SDI-Programm 20mal mehr kosten als die Weiterentwicklung der Solartechnologie (ebd., S. 64).

⁷ Auch im Bereich der Verkehrstechnologie ist mittlerweile bewiesen, daß trotz minimaler Aufwendungen in Sachen Energieeinsparung Autos mit drei Litern auf 100 Kilometer auskommen können und selbst 0,5-Liter-Autos technisch möglich sind (SZ 3. 8. 95).

⁸ Erst in etwa einer Milliarde Jahren wird die Sonne ihren Dienst versagen, und zwar deshalb, weil sie dann so heiß geworden ist, daß ein Leben im Treibhaus Erde unmöglich sein wird. Erst nach weiteren acht Milliarden Jahren soll sie ausgeglüht sein (SZ 10. 2. 94).

⁹ Natürlich ist die Inflation bei solchen Vergleichszahlen schon herausgerechnet. Fraglich ist freilich, inwieweit diese Wertsteigerungen tatsächlich auch Wohlstandssteigerungen sind, wenn man soziale und ökologische Indikatoren mit einbezieht (vgl. Kap. I3).

¹⁰ Zur Vertiefung vgl. z. B. Fornallaz 1989, Schmidbauer 1972/1982 u. Müller/Hennicke 1995.

¹¹ Für Europa hat z. B. der österreichische Philosoph Leopold Kohr eine Gliederung in 40 bis 50 etwa gleichgroße Staaten vorgeschlagen, ein Europa der Kantone (1941).

¹² Gegenwärtig freilich ist die UNO eine aristokratische Institution: Es herrschen die Besten, definiert durch ihre wirtschaftliche und militärische Macht. Im Gegensatz dazu könnte die Menschenrechtscharta der UNO die weitere Marschroute einer weltweiten politischen Rahmenordnung an-

geben. Wer an dem aufklärerischen Grundsatz festhält, daß alle Menschen dieselben Ansprüche auf ein glückliches Leben haben, und einräumt, daß auch die sozialen Menschenrechte zu den Grundrechten jedes Erdenbürgers gehören, der muß wollen, daß mit Hilfe einer weiterentwickelten UNO mittelfristig eine dritte Aufgabe neben Sicherheits- und Energie-/Rohstoffpolitik angegangen wird: die Schaffung weltweiter Sozialstandards, die die Grundversorgung aller Menschen sichert, im Süden etwa durch eine entsprechende Bodenreform, im Norden durch ein Recht auf Arbeit mit ausreichender Bezahlung oder ein allgemeines Grundeinkommen. Mit der Befriedigung der Grundbedürfnisse durch eine Art von Weltsozialpolitik könnte ein zentrales Motiv für die Bevölkerungsexplosion in den Elendsregionen und die Sachenexplosion in den Wohlstandsregionen der Welt beseitigt werden.

[13] Für die Energiewirtschaft hat z. B. Bruno Fritsch von der Technischen Universität Zürich diese Regeln mathematisch präzisiert. Sein Resultat lautet: Wir verbrauchen nicht Energie, sondern Ordnungszustände. Es geht also nicht um Energiesparen, sondern um die Nutzung von Zeitkorridoren. Dazu müssen möglichst alle systemstörenden ökologischen Effekte in die Ökonomie internalisiert werden. Dabei sollten die „ökonomischen Amortisationsraten möglichst nahe an die energetischen Erntefaktoren von Einzelprozessen herangeführt werden". Erst aus der „Zeitkongruenz zwischen ökologischen und ökonomischen Prozessen" ergeben sich die gesuchten „richtigen" Preise für Energie (Fritsch 1990, S. 18). Zur aktuellen Diskussion über nachhaltiges Wirtschaften und Energieversorgung vgl. Nutzinger 1994.

[14] Zur Konkretisierung der Solarenergienutzung am Beispiel Architektur vgl. Steiger 1995.

[15] „Versager" werden dieser Erkenntnis entsprechend dadurch „produziert", daß Lernprozesse durch äußere Gewalt vorzeitig abgebrochen werden.

[16] Vgl. dagegen postmoderne Ansätze, die gerade in der Nichtkohärenz das Wesen des Menschen sehen.

[17] Diese Zusammenhänge müßten anhand einschlägiger psychologischer Theorieansätze (Entwicklungspsychologie, ökologische Psychologie, Humanistische Psychologie) genauer untersucht werden.

[18] Zur weiteren Vertiefung der Frage nach den praktischen Erfahrungen mit gemein- und genossenschaftlichen Organisationsformen des Arbeitens vgl. z. B. Fornallaz 1989, Jungk 1990 u. Notz u. a. 1991.

[19] Tauschgerechtigkeit bzw. Leistungsgerechtigkeit im liberalen Sinn beschränkt sich dabei nur auf jene Leistungen, die voneinander isoliert und auf Märkten getauscht werden können. Damit sind z. B. Gruppenleistungen (z. B. Gemeinschaftsprodukte) und nichtveräußerte bzw. nichtveräußerbare Leistungen (z. B. subjektive Anstrengung, Erkenntnis, emotionale Zuwendung zu anderen) in diesem Leistungsbegriff nicht enthalten.

Nur was einen Marktpreis hat, taugt in diesem Sinn als Leistung, der Maßstab stammt also ausschließlich aus dem Marktgeschehen, nicht etwa aus psychologischen oder moralischen Überlegungen.

[20] Vgl. zu diesen marktorientierten Reformvorschlägen z. B. Bischoff/ Menard 1990, Altvater 1992 und Institut für sozial-ökologische Wirtschaftsforschung (ISW) 1994.

[21] Natürlich wären auch gesetzliche Vorkehrungen nötig, um zu verhindern, daß die Erbschaftssteuer durch Schenkungen übergangen werden kann.

[22] Bekanntlich findet sich in vielen Religionen und auch in der griechischen Philosophie bereits das Verbot, für das Geldverleihen Zinsen zu nehmen. Aristoteles z. b. sah im zinstragenden Geld eine große Gefahr für den Zusammenhalt jeder Gemeinschaft. Denn Geldgeschäfte führen dazu, daß immer mehr Menschen nach dem Geld um des Geldes willen streben und nicht mehr danach, sich ein konkretes Bedürfnis zu erfüllen und letztlich ein „gutes Leben" zu ermöglichen. Das aber macht die Menschen abhängig, egozentrisch und zerstört auf lange Sicht ihren Gemeinschaftsgeist (Koslowski 1993, S. 63–66).

[23] Vogt versucht mit streng neoklassischen Methoden die Überlegenheit des Laborismus gegenüber dem Kapitalismus nachzuweisen.

[24] Fehr 1989, S. 65. Zu den historischen Erfahrungen mit dem Genossenschaftswesen vgl. z. B. Notz u. a. 1991.

[25] Das Problem des Symbolgehalts von Konsumgütern, der immer dann wichtig wird, wenn Menschen durch ihre Lebens- und insbesondere Arbeitsbedingungen frustriert sind, bleibt von dieser Möglichkeit zunächst unberührt.

[26] Zum Vergleich zwischen „Laborismus" und „offener Unternehmung" vgl. Reheis 1991 a.

[27] Korsch 1919, zit. nach Fetscher 1962, S. 848. Vgl. auch Bergmann/ Keßler 1993.

[28] Dennoch waren die Aufbauleistungen der Sowjetunion in den 20er und 30er Jahren beachtlich, ihre Wachstumsraten sollen die der USA sogar überstiegen haben (Beyme 1985, S. 91). Das galt besonders in jener Phase, in der es um die Grundlagen der Industrialisierung und um die Befriedigung des Grundbedarfs ging. An der zweiten Industrialisierungswelle, deren Ziel die Erneuerung der Produktionsanlagen und die Ausstattung der Haushalte mit höherwertigen Gütern hätte sein müssen, scheiterte das sowjetische Modell jedoch. Für den Zusammenbruch war nicht zuletzt auch die Konkurrenz mit einem übermächtigen und durchaus gewaltbereiten Gegner entscheidend (Reheis 1991 b).

[29] Es wäre eine wichtige Aufgabe, reale Kommunikationsprozesse auf die Möglichkeiten solcher Akkumulationseffekte hin zu untersuchen. Ich vermute jedoch, daß es bei Diskursen keine zwangsläufig systemsprengenden Rückkoppelungen gibt. Wer in der ersten Diskursrunde zu langsam

war, der kann bis zur zweiten ggf. dazulernen, Diskursrückstände akkumulieren sich nämlich nicht automatisch wie z. B. die Zinsen.

[30] Peter Ulrich z. B. plädiert für eine mehrstufige Kombination, in der drei Arten von „sozialökonomischer Rationalität" verkörpert sind: Die höchste Autorität gebührt der Ebene der Verfassungsordnung, quasi dem Gesellschaftsvertrag, der die Grundwerte, -normen und den allgemeinen institutionellen Rahmen festlegt. Auf mittlerer Ebene wird bestimmt, wie die einzelnen ökonomischen Modelle miteinander zu kombinieren sind, für welche Räume und Lebensbereiche sich also welche Modelle am besten eignen. Auf unterster Ebene werden dann die konkreten Alltagsentscheidungen getroffen, legen die Individuen also z. B. fest, wie sie ihre Lebenszeit zwischen Eigen- und Fremdarbeit aufteilen wollen. Peter Ulrich charakterisiert die Ratio der höchsten Ebene als kommunikative (Ziel: Verständigung), die der mittleren als strategische (Ziel: Systemsteuerung) und die der untersten als kalkulatorische (Ziel: instrumenteller Erfolg) (Ulrich 1989, S. 28 ff.).

[31] In der bürgerlichen Institutionenökonomik wird die mögliche Beschleunigungswirkung hervorgehoben, die langsame Institutionen auf das wirtschaftliche Handeln haben können (z. B. Backhaus/Gruner 1994, S. 46). Vgl. dazu ferner Dietl 1993 und Bonus 1994.

[32] Über die Arbeitszeiten in traditionellen Gesellschaften lassen sich strenggenommen kaum Aussagen machen, da in ihnen zwischen Arbeit und Freizeit nicht systematisch unterschieden wurde. Die Arbeit war durch Aufgaben, nicht durch Zeiträume definiert. „Die Zeiten des Arbeitens waren zugleich immer Zeiten des Feierns, des Redens und des Lebens, kurz sie waren ein ‚Zusammen-die-Zeit-Verbringen'." (Maurer 1992, S. 106)

[33] Eine andere Untersuchung: Würden 2,6 Millionen Arbeitslose Arbeit bekommen, so könnten alle Deutschen genau soviel arbeiten, wie sie nach Befragungen arbeiten wollen, könnten sich also ihre Teilzeitwünsche erfüllen und bräuchten keine Überstunden abzuleisten (Ministerium für Arbeit, Gesundheit und Soziales des Landes Nordrhein-Westfalen 1994, S. III).

[34] Wie sehr gerade die Versicherungsbranche in den letzten Jahrzehnten explodiert ist, wird deutlich, wenn man liest, daß mittlerweile 450000 haupt- und nebenberufliche Versicherungsvermittler in Deutschland damit beschäftigt sind, den Versicherungskunden die richtige Versicherung zu vermitteln. Ihre Aufgabe ist es, die Risiken zweiter Ordnung zu mindern: diejenigen, die von den Versicherungen selbst geschaffen worden sind (NP 17. 11. 93).

[35] Winfried Schwarz kam Mitte der 80er Jahre in seiner recht konservativen Schätzung zum Ausmaß der Verschwendung auf die Möglichkeit einer 27-Stunden-Woche (Schwarz 1987, S. 259–266).

Anmerkungen zu IV. Was tun?

[1] Zur Vertiefung des Zusammenhangs von Zeit und Psychologie/Pädagogik vgl. Ciompi 1988 u. 1997; de Haan 1996; Reheis 1997.

[2] Bisher gibt es zwar eine explizite Raumpolitik, die der Raumordnungs- und der Flächennutzungsplanung dient, aber keine explizite und systematische Zeitpolitik (Held 1995, S. 183 f.). Gleichwohl existieren erste Ansätze, die faktisch ein primär zeitpolitisches Anliegen haben. Sie zielen auf die bessere Koordinierung elementarer gesellschaftlicher Zeiten. Dabei geht es v. a. um die Zeiten des Arbeitens, des Einkaufens, des Verkehrs, der Erholung. Diese Zeiten, die über Jahrtausende qua Tradition weitgehend vorgegeben waren, müssen heute immer mehr aufgrund vielfältiger beschleunigungsbedingter Entkoppelungsprozesse extra ausgehandelt und festgelegt werden. Implizit spielt die politische Gestaltung von Zeit allerdings in vielen Politikbereichen eine große Rolle, so etwa, wenn der Staat Regeln für Arbeits- und Ladenöffnungszeiten vorschreibt, wenn die Verkehrspolitik den Verkehr und die Technologiepolitik die Innovation beschleunigen will oder, wie im Fall der deutschen Einheit, wenn eine ganze Gesellschaft auf Trab gebracht werden soll (vgl. Kap. IIB2).

[3] Ich beschränke mich auf die legislative Staatsfunktion. Zur zeitlichen Dimension des Verhältnisses zwischen Legislative und Exekutive vgl. Riescher 1994. Verfassungen können grundsätzlich als schriftliche Zeitpläne interpretiert werden, die angeben, für welche gesellschaftlichen Fragen genügend Zeit für Diskussionen und Abstimmungen unter den Bürgern oder im Parlament erübrigt werden soll und welche Fragen durch exekutive Akte, womöglich sogar ohne richterliche Überprüfungsmöglichkeit, entschieden werden (Häberle 1989).

[4] Wo hingegen zwar der Bürgerwillen den Ausschlag gibt, aber dieser Wille auf unreflektierte Art und Weise zustande gekommen ist, handelt es sich um eine Art von Populismus. Und wo andererseits auf hohem Niveau reflektiert, aber über die Bürger hinweg entschieden wird, handelt es sich um den Herrschaftstyp des Aufgeklärten Absolutismus. Vgl. Reheis 1996, S. 180 f.

[5] Weitere Vorschläge, die auch auf die Ausdehnung des Zeithorizonts politischer Willensbildungsprozesse zielen, sind die Erhöhung der Kontinuität und Kompetenz von Gremien durch zeitversetzte Wahl jeweils der Hälfte der Mitglieder sowie die Gewinnung von Zeit für Parlamentarier durch Beschränkung ihrer Arbeit auf echte Gemeinwohlaufgaben (Böhret 1989, S. 30–35). Vgl. in diesem Zusammenhang auch die Diskussion über die Grenzen der Mehrheitsdemokratie (Guggenberger/Offe 1984).

[6] Eine Untersuchung zur Teilzeitarbeit von Frauen hat z. B. ergeben, daß bisher nur wenige Frauen Arbeitsstunden abzugeben bereit wären, wohingegen sehr viel mehr Frauen mehr Stunden arbeiten wollen (Beckmann

1997, S. 639). Einer der entscheidenden Gründe ist ihren Aussagen zufolge der teilzeitbedingte Einkommensausfall.

Anmerkungen zum Ausblick

[1] Die Empfehlung zur Verlangsamung des Lesens stammt von dem Salzburger Dichter H. C. Artmann (DER SPIEGEL 43/92, S. 286).

[2] Wir sollten uns dabei bemühen, aus den Fehlern vergangenen Engagements für eine bessere Welt zu lernen, vor allem aus dem missionarisch-oberlehrerhaften Gehabe vieler Aktivisten, das jeden halbwegs kritischen Menschen eher abschreckt als mitreißt. Die Kunst politischer Aufklärungsarbeit besteht darin, den anderen genauso ernst zu nehmen wie sich selbst – und dennoch davon überzeugt zu sein, über das bessere Argument zu verfügen. Als Anregung z. B. Schulz von Thun (1981 u. 1989).

[3] „Tempus – Verein zur Verzögerung der Zeit", Sterneckstr. 15, A–9020 Klagenfurt.

Abkürzungen

AKTUELL = Harenberg Lexikon der Gegenwart
CT = Coburger Tageblatt
DDS = Die Demokratische Schule, hrsg. vom Landesverband Bayern der Gewerkschaft Erziehung und Wissenschaft
FAZ = Frankfurter Allgemeine Zeitung
FR = Frankfurter Rundschau
NP = Neue Presse Coburg
SZ = Süddeutsche Zeitung

Literatur

Adam, Barbara: Von Urzeiten und Uhrzeiten. Eine Symphonie der Rhythmen des täglichen Lebens. In: Karlheinz A. Geißler u. Martin Held (Hrsg.), Von Rhythmen und Eigenzeiten. Perspektiven einer Ökologie der Zeit, Stuttgart 1995, S. 19–29.

Adam, Barbara/Karlheinz A. Geißler/Martin Held: Die Nonstop-Gesellschaft. Vom Zeitmißbrauch zur Zeitkultur. Stuttgart 1998.

Adami, Hans-Olov u. a.: Increasing cancer risk in younger birth cohorts in Sweden. In: LANCET 341 (1993), p. 773–777.

Adorno, Theodor W.: Zur Logik der Sozialwissenschaften. In: ders. (Hrsg.), Der Positivismusstreit in der deutschen Soziologie, Darmstadt–Neuwied 1972 (Original 1961), S. 125–144.

Afheldt, Horst: Ausstieg aus dem Sozialstaat? Gefährdungen der Gesellschaft durch weltweite Umbrüche. In: AUS POLITIK UND ZEITGESCHICHTE. BEILAGE ZUR WOCHENZEITUNG DAS PARLAMENT 25–26/95, S. 3–12.

Albrecht, Ulrich: Die atomare Bedrohung. In: Henning Schierholz (Hrsg.), Frieden – Abrüstung – Sicherheit. Didaktisches Sachbuch für Schule, Jugendarbeit und Erwachsenenbildung, Reinbek 1981, S. 54–77.

Altvater, Elmar: Die Zukunft des Marktes. Ein Essay über die Regulation von Geld und Natur nach dem Scheitern des „real existierenden Sozialismus". Münster 1992.

Altvater, Elmar: Wettlauf ohne Sieger. Politische Gestaltung im Zeitalter der Geo-Ökonomie. In: BLÄTTER FÜR DEUTSCHE UND INTERNATIONALE POLITIK 2/95, S. 192–202.

Augustinus, Aurelius: Bekenntnisse. Vollständige Ausgabe. Eingeleitet und übertragen von Wilhelm Thimme. München 1982.

Avis, Winfried D': Einheit der Wissenschaften. Frankfurt a. M. 1989.

Backhaus, Klaus u. Kai Gruner: Epidemie des Zeitwettbewerbs. In: Klaus Backhaus u. Holger Bonus (Hrsg.), Die Beschleunigungsfalle oder der Triumph der Schildkröte, Stuttgart 1994, S. 19–46.

Bargel, Tino/Johann-Ulrich Sandberger/Michael Ramm: Studiensituation und studentische Orientierungen. Vierte Erhebung zur Studiensituation an Universitäten und Fachhochschulen. Kurzfassung (= Bildung-Wissenschaft-Aktuell 9/92, hrsg. vom Bundesminister für Bildung und Wissenschaft), Bonn 1992.

Bastian, Till: Freie Fahrt – zur Hölle. Über den Mobilitäts- und Geschwindigkeitskult unserer Zeit. In: PSYCHOLOGIE HEUTE 11/92, S. 24 f.

Bastian, Till: Naturzerstörung. Die Quelle der künftigen Kriege. Eine Studie der Internationalen Ärzte für die Verhütung des Atomkrieges. Heidesheim 1990.

Beck, Ulrich: Einleitung. In: ders. (Hrsg.), Politik in der Risikogesellschaft. Mit Beiträgen von Oskar Lafontaine, Joschka Fischer, Erhard Eppler u. a., Frankfurt a. M. 1991, S. 9–29.

Beckmann, Petra: Beschäftigungspotentiale der Ausweitung von Teilzeit. Ergebnisse einer empirischen Untersuchung. In: WSI MITTEILUNGEN 9/97, S. 634–640.

Benz, Ernst: Das Recht auf Faulheit oder Die friedliche Beendigung des Klassenkampfes. Frankfurt a. M./Berlin/Wien 1983.

Berg, Rudolf u. Rolf Selbmann: Grundkurs deutsche Geschichte. Ein Lehr- und Arbeitsbuch für die Kollegstufe in Bayern. 2 Bände. Frankfurt a. M. 1988.

Bergmann, Theodor u. Mario Keßler (Hrsg.): Ketzer im Kommunismus. Alternativen zum Stalinismus. Mainz 1993.

Beyme, Klaus: Sowjetunion in der Weltpolitik. Überarbeitete Neuausgabe. München/Zürich 1985.

Bieri, Peter: Zeit und Zeiterfahrung. Exposition eines Problembereichs. Frankfurt a. M. 1972.

Binswanger, Hans Chr.: Natur und Wirtschaft. Die Blindheit der ökonomischen Theorie gegenüber der Natur und ihre Bedeutung im Wirtschaftsprozeß. In: Klaus M. Meyer-Abich (Hrsg.), Frieden mit der Natur, Freiburg/Basel/Wien 1979, S. 149–173.

Birnbacher, Dieter u. Norbert Hoerster (Hrsg.): Texte zur Ethik. München 1976.

Bischoff, Joachim u. Michael Menard: Marktwirtschaft und Sozialismus. Der dritte Weg. Hamburg 1990.

Bispinck, Reinhard: Zeitfragen – Streitfragen. Zur Entwicklung der kollektiven Regulierung von Arbeitszeit. In: WSI MITTEILUNGEN 7/96, S. 414–422.

Blinkert, Baldo: Kriminalität als Modernisierungsrisiko. In: SOZIALE WELT 39 (1988), S. 397–412.

Bloom, Benjamin S.: Alle Schüler schaffen es. In: BETRIFFT ERZIEHUNG 11/70, S. 15 ff.

Böhme, Helmut (Hrsg.): Die Reichsgründung. Dokumente. München 1967.

Böhret, Carl: Die Zeit des Politikers – Zeitverständnis, Zeitnutzung und Zeitmandat. Rektoratsrede anläßlich der Eröffnung des Wintersemesters 1989/90, Speyer, 6. November 1989 (– Speyerer Vorträge, Heft 14, der Hochschule für Verwaltungswissenschaften Speyer). Speyer 1989.

250

Bonus, Holger: Die Langsamkeit von Spielregeln. In: Klaus Backhaus u. Holger Bonus (Hrsg.), Die Beschleunigungsfalle oder der Triumph der Schildkröte, Stuttgart 1994, S. 1–18.

Borchers, Andreas: Jugend und gesellschaftliche Mitwirkung. In: Institut für Entwicklungsplanung und Strukturforschung an der Universität Hannover (Hrsg.), Jugendkompaß '94, Hannover 1995, S. 3–21.

Böttcher, Winfried: Regionalpolitik als Integrationsfaktor. In: EG-MAGAZIN 5/89, S. 5.

Brähler, Elmar u. Horst Eberhard Richter: Wie haben sich die Deutschen seit 1975 psychologisch verändert? Mehr Individualismus, mehr Ellenbogen, stärkere Frauen. In: Horst Eberhard Richter (Hrsg.), Russen und Deutsche, Hamburg 1990, S. 115–135.

Braun, Gerald: Entwicklung jenseits des Wachstums. In: Deutsches Überseeinstitut (Hrsg.), Jahrbuch 3. Welt 1992, München 1992, S. 71–85.

Brauner, Christian: Die Schäden explodieren. In: WOCHENPOST 29. 7. 93, S. 18 f.

Bräutigam, Walter: Psychosomatik, Psychoanalyse, Psychotherapie. In: UNIVERSITAS 44 (1989), S. 762–772.

Breuer, Stefan: Die Gesellschaft des Verschwindens. Von der Selbstzerstörung der technischen Zivilisation. Hamburg 1992.

Brose, Hanns-Georg/Monika Wohlrab-Sahr/Michael Carsten: Soziale Zeit und Biographie. Über die Gestaltung von Alltagszeit und Lebenszeit. Opladen 1993.

Brus, Wlodzimierz: Funktionsprobleme der sozialistischen Wirtschaft. Frankfurt a. M. 1971.

Bührke, Thomas: Das Weltall – jünger als die Sterne? Kosmologen bemühen sich, widersprüchliche Betrachtungen zu erklären. In: SZ 21. 9. 95, S. 47.

Bundesminister des Inneren (Hrsg.): Verfassungsschutzbericht 1992. Bonn 1993.

Bundesminister für Umwelt, Naturschutz und Reaktorsicherheit (Hrsg.): Schutz vor Gefahrenstoffen. Umwelt '90. Bonn 1990.

Bundesministerium für Familie und Senioren (Hrsg.): Datensammlung zu Formen und Strukturen des familiären Zusammenlebens und zur Geburtenentwicklung. Bonn 1994.

Bundesministerium für Familie, Senioren, Frauen und Jugend (Hrsg.): Die Familie im Spiegel der amtlichen Statistik. Bonn 1997.

Bundeszentrale für politische Bildung (Hrsg.): Bevölkerungsentwicklung (= Informationen zur politischen Bildung, Nr. 220). Bonn 1988.

Bundeszentrale für politische Bildung (Hrsg.): Japan (= Informationen zur politischen Bildung, Nr. 147). Bonn 1971.

Burish, Matthias: Das Burnout-Syndrom. Theorie der inneren Erschöpfung. Berlin 1989.

Ciompi, Luc: Außenwelt-Innenwelt. Die Entstehung von Zeit, Raum und psychischen Strukturen. Göttingen 1988.

Ciompi, Luc: Die emotionalen Grundlagen des Denkens. Entwurf einer fraktalen Affektlogik. Göttingen 1997.

Ciompi, Luc: Epilog: Vom praktischen Umgang mit Zeit und Raum. In: Burghard Andresen/Michael Stark/Jan Gross (Hrsg.), Psychiatrie und Zivilisation. Ein Handbuch zu psychoökologischen Aspekten des technischen, kulturellen und medizinischen Fortschritts, Köln 1993, S. 411–422.

Coveney, Peter u. Roger Highfield: Anti-Chaos. Der Pfeil der Zeit in der Selbstorganisation des Lebens. Reinbek 1992.

Cramer, Friedrich: Symphonie des Lebendigen. Versuch einer allgemeinen Resonanztheorie. Frankfurt a. M. 1996.

Creutz, Helmut: … außer Kontrolle geraten. In: MANAGER SEMINARE 15 (1994), S. 76–81.

Creutz, Helmut: Das Geldsyndrom. Wege zu einer krisenfreien Marktwirtschaft. München 1993.

Csikszentmihalyi, Mihaly: Flow – Das Geheimnis des Glücks. Aus dem Amerikanischen von Annette Charpentier. Stuttgart 1992.

Damm, Sybille u. Dieter Frey: Psychosoziale Faktoren in der Genese und Rehabilitation des Herzinfarkts. In: Ralf Schwarzer (Hrsg.), Gesundheitspsychologie. Ein Lehrbuch, Göttingen/Toronto/Zürich 1990, S. 383–394.

Deppe, Frank u. Gert Meyer: Vorwort. In: Werner Hofmann (Hrsg.), Was ist Stalinismus? Heilbronn 1984, S. 7–22.

Deppert, Wolfgang: Wer schlägt den Takt? Öffentlichkeit und Leben zwischen Gleichschritt und individueller Rhythmik. In: First Bamberg Philosophical Mastercourse, June 28 – 30, 1993. Abstracts of the public lectures, Bamberg, p. 75 f.

Der Bundesminister für Gesundheit (Hrsg.): Daten des Gesundheitswesens. Baden-Baden 1991.

Deutsche Gesellschaft für die Vereinten Nationen (Hrsg.): Weltbevölkerungsbericht 1992. Bonn 1992.

Die Bibel. Nach der Übersetzung Martin Luthers. Stuttgart 1985.

Diefenbacher, Hans u. Ulrich Ratsch: Verelendung durch Naturzerstörung. Von den politischen Grenzen der Wissenschaft. Frankfurt a. M. 1992.

Dietl, Helmut: Institutionen und Zeit. Tübingen 1993.

Döring, Hans-Walter: Unfruchtbar durch Umweltgifte. Zum Massenphänomen ungewollter Kinderlosigkeit. Reinbek 1992.

Dreitzel, Hans Peter u. Horst Stenger (Hrsg.): Ungewollte Selbstzerstörung. Reflexionen über den Umgang mit katastrophalen Entwicklungen. Frankfurt a. M. 1990.

Duden. Bedeutungswörterbuch. 2., völlig neu bearbeitete und erweiterte Auflage (= Duden, Bd. 10). Mannheim/Wien/Zürich 1985.

Duden. Etymologie. Herkunftswörterbuch der deutschen Sprache (= Duden, Bd. 7). Mannheim/Wien/Zürich 1963.

Dürr, Hans-Peter: Wie offen ist die Zeit? Die Verantwortung für unsere Zukunft. In: Kurt Weis (Hrsg.), Was ist Zeit? Zeit und Verantwortung in Wissenschaft, Technik und Religion, München 1995, S. 181–206.

Dux, Günter: Die Zeit in der Geschichte. Ihre Entwicklungslogik vom Mythos zur Weltzeit. Frankfurt a. M. 1989.

Eberling, Matthias: Beschleunigung und Politik. Zur Wirkung steigender Geschwindigkeiten des ökonomischen, technischen und gesellschaftlichen Wandels auf den demokratischen Staat. Frankfurt a. M. u. a. 1996.

Eder, Klaus: Die Vergesellschaftung der Natur. Studien zur sozialen Evolution der praktischen Vernunft. Frankfurt a. M. 1988.

Eder, Klaus: Geschichte als Lernprozeß? Zur Pathogenese politischer Modernität in Deutschland. Frankfurt a. M. 1991.

Eicke, Ulrich: Die Werbelawine. Angriff auf unser Bewußtsein. München 1991.

Eigen, Manfred: Evolution und Zeitlichkeit. In: Jürgen Aschoff u. a., Die Zeit. Dauer und Augenblick (= Veröffentlichung der Carl Friedrich Siemens Stiftung, hrsg. von Heinz Gumin und Heinrich Meier, Bd. 2), 2. Auflage, München/Zürich 1989, S. 35–57.

Eigen, Manfred: Prinzip Evolution. In: SZ 16. 2. 95, S. 25.

Elson, Diane: Markt-Sozialismus oder Sozialisierung des Marktes? In: PROKLA 78 (= 1/90: Auf der Suche nach dem verlorenen Sozialismus), S. 60–107.

Ende, Michael: Momo oder Die seltsame Geschichte von den Zeit-Dieben und von dem Kind, das den Menschen die gestohlene Zeit zurückbrachte. Ein Märchen-Roman. Stuttgart 1973.

Enquete-Kommission „Schutz der Erdatmosphäre" des Deutschen Bundestages (Hrsg.): Mobilität und Klima. Wege zu einer klimaverträglichen Verkehrspolitik. Zweiter Bericht der Enquete-Kommission „Schutz der Erdatmosphäre" des 12. Deutschen Bundestages. Bonn 1994.

Enquete-Kommission „Vorsorge zum Schutz der Erdatmosphäre" des Deutschen Bundestages (Hrsg.): Schutz der Erde. Eine Bestandsaufnahme mit Vorschlägen zu einer neuen Energiepolitik. 2 Bände. Bonn 1991.

Ernst, Heiko: Gesund ist, was Spaß macht. Stuttgart 1992.

European Centre for Social Welfare Policy and Research (ed.): Welfare in an Civil Society. Report for the Conference of European Ministers Responsible for Social Affairs – United Nations European Region – Bratislava, June 28 – July 2, 1993. Vienna 1993.

Ewers, Michael: Zeitordnung des Lebendigen. In: Rainer Zoll (Hrsg.), Zerstörung und Wiederaneignung von Zeit, Frankfurt a. M. 1988, S. 59–71.

Fassel, Diane: Wir arbeiten uns noch zu Tode. Die vielen Gesichter der Arbeitssucht. München 1990.

Fehr, Ernst: Selbstverwaltung – Wünschenswert und effizient? In: Arne

Heise (Hrsg.), Arbeiterselbstverwaltung (= Reihe Selbstverwaltung AG SPAK, M 95), Berlin/Wien/Bern 1989, S. 51–69.

Feist, Ursula: Niedrige Wahlbeteiligung – Normalisierung oder Krisensymptom der Demokratie in Deutschland? In: Karl Starzacher u. a., (Hrsg.), Protestwähler und Wahlverweigerer. Krise der Demokratie? Köln 1992, S. 40–57.

Fetscher, Iring: Der Marxismus. Seine Geschichte in Dokumenten. Philosophie – Ideologie – Ökonomie – Soziologie – Politik. München/Zürich 1983 (Original 1962).

Findeisen, Diether G. R. u. Lothar Pickenhain: Immunantwort und Psyche. Allergie und Streß: Risiko oder Chance? Stuttgart 1990.

Fornallaz, Pierre: Die ökologische Wirtschaft. Auf dem Weg zu einer verantworteten Wirtschaftsweise. Karlsruhe 1989.

Franck, Georg: Aufmerksamkeit, Zeit, Raum. Ein knapper Ausdruck für das Veränderungspotential der neuen Informationstechniken und Kommunikationsmedien. In: Martin Bergelt u. Hortensia Völckers (Hrsg.), Zeit-Räume. Mit Beiträgen u. a. von Bernd Guggenberger, Paul Virilio, Erhard Oeser, Helmut Tributsch, München 1991, S. 74–88.

Franklin, Benjamin: Autobiographie. Mit zwölf Abbildungen nach zeitgenössischen Vorlagen. München 1983.

Fraser, Julius T.: Die Zeit. Auf den Spuren eines vertrauten und doch fremden Phänomens. München 1991.

Friczewski, Franz: Sozialökologie des Herzinfarkts. Untersuchungen zur Pathologie industrieller Arbeit. Berlin 1988.

Fritsch, Bruno: Evolutionsökonomische Aspekte des Energie- und Umweltproblems (= Arbeitspapier des Instituts für Wirtschaftsforschung der Eidgenössischen Technischen Hochschule Zürich). Zürich 1990.

Fritsch, Michael/Thomas Wein/Hans-Jürgen Ewers: Marktversagen und Wirtschaftspolitik. Mikroökonomische Grundlagen staatlichen Handelns. München 1993.

Fromm, Erich: Haben oder Sein. Die seelischen Grundlagen einer neuen Gesellschaft. München 1976.

Gaber, Harald u. Bruno Natsch: Gute Argumente: Klima. München 1989.

Gaedemann, Claus: Ich habe immer Zeit. Zeitökologie: Zeit nutzen, Zeit haben, Zeit sparen. 4. Auflage. Kreuzlingen/München 1997.

Garbe, Claus: Epidemiologie des malignen Melanoms. In: Hans W. Waclawiczek (Hrsg.), Das maligne Melanom, Berlin u. a. 1991, S. 1–14.

Garhammer, Manfred: Balanceakt Zeit. Auswirkungen flexibler Arbeitszeiten auf Alltag. Freizeit und Familie. Berlin 1994.

Garnreiter, Franz: Kapitalmacht in Deutschland. Vermögensverteilung und wirtschaftliche Machtkonzentration (= Institut für sozial-ökologische Wirtschaftsforschung (ISW) – SPEZIAL, Nr. 1). München 1991.

Geißler, Karlheinz A. u. Martin Held: Grundbegriffe zur Ökologie der Zeit. Vom Finden der rechten Zeitmaße. In: Martin Held u. Karlheinz A.

Geißler (Hrsg.), Von Rhythmen und Eigenzeiten. Perspektiven einer Ökologie der Zeit, Stuttgart 1995, S. 193–208.

Geißler, Karlheinz A.: Haben Sie Zeit! In: PSYCHOLOGIE HEUTE 11/ 92, S. 20–26.

Geißler, Karlheinz A.: Lob der Langsamkeit. In: UNIVERSITAS 4/93, S. 350–361.

Geißler, Karlheinz A.: Zeit leben. Vom Hasten und Rasten – Arbeiten und Lernen – Leben und Sterben. Neuauflage. Weinheim 1992 (Original 1985).

Geißler, Karlheinz A.: Zeit. „Verweile doch, du bist so schön!". Weinheim/ Berlin 1996.

Geißler, Rainer: Die Sozialstruktur Deutschlands. Ein Studienbuch zur Entwicklung im geteilten und vereinten Deutschland. Opladen 1992.

Gesell, Silvio: Die natürliche Wirtschaftsordnung durch Freiland und Frei-geld. Lütjenburg 1991 (Original 1916).

Giesen, Bernard u. Michael Schmid: Basale Soziologie: Wissenschafts-theorie. München 1977.

Gleichmann, Peter Reinhart: Sind Menschen in der Lage, vom gegensei-tigen Töten abzulassen? Zum Verflechten von Militarisierungs- und Zivilisationsprozessen. In: Jürgen Seifert u. a. (Hrsg.), Logik der De-struktion. Der zweite Golfkrieg als erster elektronischer Krieg und die Möglichkeiten seiner Verarbeitung im Bewußtsein, Frankfurt a. M./Han-nover/Heidelberg 1992, S. 89–120.

Goetze, Dieter: Entwicklungspolitik 1: Soziokulturelle Grundfragen. Paderborn u. a. 1983.

Gore, Al: Wege zum Gleichgewicht. Ein Marshallplan für die Erde. Frank-furt a. M. 1992.

Gorz, André: Jenseits der Arbeitsgesellschaft. In: ders., Und jetzt wohin? Zur Zukunft der Linken. Mit Fragen von Otto Kallscheuer, Berlin 1991, S. 130–151.

Gorz, André: Wege ins Paradies. Thesen zur Krise, Automation und Zu-kunft der Arbeit. Aus dem Französischen von Eva Moldenhauer. Berlin 1983.

Graßl, Hartmut: Umwelt- und Klimaforschung. Von ungewohnten Zeit-und Raumskalen für Politik und Öffentlichkeit. In: Martin Held u. Karl-heinz A. Geißler (Hrsg.), Ökologie der Zeit. Vom Finden der rechten Zeit-maße, Stuttgart 1993, S. 75–85.

Grefe, Christiane u. Ilona Jerger-Bachman: „Das blöde Ozonloch". Kinder und Umweltängste. München 1992.

Grill, Bartholomäus: Haßt du was, dann bist du was. In: DIE ZEIT 23/92, S. 5.

Grimmel, Eckhard: Kreislauf und Kreislaufstörungen der Erde. Reinbek 1993.

Gronemeyer, Marianne: Das Leben als letzte Gelegenheit. Sicherheitsbe-
dürfnisse und Zeitknappheit. Darmstadt 1993.

Gronemeyer, Reimer: Die Entfernung vom Wolfsrudel. Über den drohenden Krieg der Jungen gegen die Alten. Frankfurt a.M. 1991.

Guggenberger, Bernd: Unterwegs im Nirgendwo. Von der Raum- zur Zeit-
ordnung. In: Martin Bergelt u. Hortensia Völckers (Hrsg.), Zeit-Räume.
Mit Beiträgen u.a. von Bernd Guggenberger, Paul Virilio, Erhard Oeser,
Helmut Tributsch, München 1991, S.45–73.

Guggenberger, Bernd u. Claus Offe: An den Grenzen der Mehrheitsdemokratie. Politik und Soziologie der Mehrheitsregel. Opladen 1984.

Gürtler, Detlef: Geld oder Leben. Nur eine radikale Arbeitszeitverkürzung
ohne Lohnausgleich kann den Zerfall der Gesellschaft verhindern. In:
WOCHENPOST 14/93, S.4f.

Haan, Gerhard de: Die Zeit in der Pädagogik. Vermittlungen zwischen der
Fülle der Welt und der Kürze des Lebens. Weinheim/Basel 1996.

Häberle, Peter: Zeit und Verfassungskultur. In: Jürgen Aschoff u.a., Die
Zeit. Dauer und Augenblick (= Veröffentlichung der Carl Friedrich Siemens Stiftung, hrsg. von Heinz Gumin und Heinrich Meier, Bd.2),
2.Auflage, München/Zürich 1989, S.289–343.

Habermas, Jürgen: Erkenntnis und Interesse. Frankfurt a.M. 1973 (Original 1968).

Habermas, Jürgen: Strukturwandel der Öffentlichkeit. Untersuchungen zu
einer Kategorie der bürgerlichen Gesellschaft. Neuwied 1962.

Habermas, Jürgen: Theorie des kommunikativen Handelns. 2 Bände.
Frankfurt a.M. 1981.

Hartfiel, Günter: Wörterbuch der Soziologie. Stuttgart 1972.

Hassenpflug, Dieter: Sozialökologie. Ein Paradigma. Opladen 1993.

Hausmann, Hartmut: Das Wohlstandsgefälle in Europa noch nicht verringert. Vierter Bericht über die soziale und wirtschaftliche Lage der Regionen in der EG. In: DAS PARLAMENT 17–18/92, S.23.

Heid, Helmut: Ökologie als Bildungsfrage? In: ZEITSCHRIFT FÜR PÄD-
AGOGIK 38 (1992), H.1, S.113–138.

Heimann, Hans: Zeitstrukturen in der Psychopathologie. In: Jürgen
Aschoff u.a., Die Zeit. Dauer und Augenblick. (= Veröffentlichung der
Carl Friedrich Siemens Stiftung, hrsg. von Heinz Gumin und Heinrich
Meier, Bd.2), 2.Auflage, München/Zürich 1989, S.59–78.

Held, Martin (Hrsg.): Leitbilder der Chemiepolitik. Stoffökologische Perspektiven der Industriegesellschaft. Frankfurt a.M. 1991.

Held, Martin u. Karlheinz A. Geißler (Hrsg.): Ökologie der Zeit. Vom
Finden der rechten Zeitmaße, Stuttgart 1993.

Held, Martin u. Karlheinz A. Geißler (Hrsg.): Von Rhythmen und Eigenzeiten. Perspektiven einer Ökologie der Zeit. Stuttgart 1995.

Held, Martin: Zeitmaße für die Umwelt. Auf dem Weg zu einer Ökologie der Zeit. In: ders. u. Karlheinz A. Geißler (Hrsg.), Ökologie der Zeit. Vom Finden der rechten Zeitmaße. Stuttgart 1993, S. 11–31.

Held, Martin: Rhythmen und Eigenzeiten als angemessene Zeitmaße. Perspektiven einer öko-sozialen Zeitpolitik. In: ders. u. Karlheinz A. Geißler (Hrsg.), Von Rhythmen und Eigenzeiten. Perspektiven einer Ökologie der Zeit. Stuttgart 1995, S. 169–191.

Hesse, Günter: Die Entstehung industrialisierter Volkswirtschaften. Tübingen 1982.

Hinrichs, Karl: Die Zukunft der Arbeitszeitflexibilisierung. Arbeitnehmerpräferenzen, betriebliche Interessen und Beschäftigungswirkungen. In: SOZIALE WELT 43 (1992), S. 313–330.

Hofmann, Michael: Der Faktor „Zeit" als zentrales Element des politisch-administrativen Managements. Frankfurt a. M. 1995.

Holz, Klaus: Historisierung der Gesellschaftstheorie. Zur Erkenntniskritik marxistischer und kritischer Theorie. Pfaffenweiler 1993.

Honneth, Axel: Das Andere der Gerechtigkeit. In: Peter Fischer (Hrsg.), Freiheit oder Gerechtigkeit. Perspektiven Politischer Philosophie. Leipzig 1995, S. 194–240.

Honneth, Axel: Kampf um Anerkennung. Zur moralischen Grammatik sozialer Konflikte. Frankfurt a. M. 1992.

Honneth, Axel (Hrsg.): Kommunitarismus. Eine Debatte über die moralischen Grundlagen moderner Gesellschaften. Frankfurt a. M./New York 1993.

Huber, Joseph (Hrsg.): Anders arbeiten – anders wirtschaften. Dualwirtschaft: Nicht jede Arbeit muß ein Job sein. Frankfurt a. M. 1979.

Huber, Joseph: Die zwei Gesichter der Arbeit. Ungenutzte Möglichkeiten der Dualwirtschaft. Frankfurt a. M. 1984.

Hurrelmann, Klaus u. Uwe Engel: Gesundheitsrisiken im Jugendalter. Eine Studie über soziale, psychische und körperliche Belastungen von 12- bis 17jährigen. In: SOZIALPÄDIATRIE 14 (1992), Nr. 2, S. 138–144.

Hurrelmann, Klaus: Familienstreß, Schulstreß, Freizeitstreß. Gesundheitsförderung für Kinder und Jugendliche. Weinheim/Basel 1990.

IG-Metall (Hrsg.): Das Suchtbuch für die Arbeitswelt. Alkohol, Medikamente, Drogen, Nikotin, Eßstörungen, Spiel- und Arbeitssucht. Frankfurt a. M. 1992.

Imhof, Arthur: Lebensrhythmen und Lebensplan. Organisation der unsicheren und der sicheren Lebenszeit. In: Karlheinz A. Geißler u. Martin Held (Hrsg.), Von Rhythmen und Eigenzeiten. Perspektiven einer Ökologie der Zeit, Stuttgart 1995, S. 119–128.

Institut für Demoskopie Allensbach (Hrsg.): Gegen eine juristische Verharmlosung des Ladendiebstahls (= Allensbacher Berichte, Nr. 21). Allensbach 1995.

Institut für Empirische Psychologie (Hrsg.): Die selbstbewußte Jugend.

Orientierung und Perspektiven zwei Jahre nach der Wiedervereinigung. Die IBM-Jugendstudie '92. Köln 1992.

Institut für sozial-ökologische Wirtschaftsforschung (ISW: REPORT Nr. 19): Alternativen zum Neoliberalismus. München 1994.

Jonas, Hans: Das Prinzip Verantwortung. Frankfurt a. M. 1986.

Jung, Ernst G.: Sonne, Pigment und Melanome. Sonderdruck. Aus: DEUTSCHES ÄRZTEBLATT 89 (1992), H. 12.

Jungk, Robert u. Internationale Bibliothek für Zukunftsfragen in Salzburg (Hrsg.): Katalog der Hoffnung. 51 Modelle für die Zukunft. Frankfurt a. M. 1990.

Kafka, Peter: Gegen den Untergang. Schöpfungsprinzip und globale Beschleunigungskrise. München 1994.

Kant, Immanuel: Zum ewigen Frieden. Ein philosophischer Entwurf. Hrsg. von Rudolf Malter. Stuttgart 1984 (Original 1795).

Kapp, William K.: Soziale Kosten der Marktwirtschaft. Das klassische Werk der Umwelt-Ökonomie. Frankfurt a. M. 1979.

Kennedy, Margit: Geld ohne Zinsen und Inflation. Ein Tauschmittel das jedem dient. Überarbeitete und erweiterte Auflage. München 1991 (Original 1989).

Kessler, Wolfgang: Freies Geld für freie Bürger – Kein Königsweg zu einer sozialen und umweltgerechten Wirtschaft. In: Wolfgang Kessler (Hrsg.), Geld, Zins und Gewissen (= PUBLIK-FORUM Materialmappe), Oberursel 1993, S. 22 f.

Klenner, Christina: Läßt sich mit Zeitkontenmodellen mehr Zeitsouveränität verwirklichen? In: WSI MITTEILUNGEN 4/97, S. 254–265.

Kohr, Leopold: Einigung durch Teilung. Gegen nationalen Wahn, für ein Europa der Kantone – ein Vorschlag aus dem Jahr 1941. In: DIE ZEIT 43/91, S. 60.

Koslowski, Peter: Politik und Ökonomie bei Aristoteles. Tübingen 1993.

Kotátko, Petr: Aporie. In: Hans J. Sandkühler (Hrsg.), Europäische Enzyklopädie zu Philosophie und Wissenschaften, Hamburg 1990, S. 156 f.

Krätz, Otto: Faszination Chemie. 7000 Jahre Lehre von Stoffen und Prozessen. München 1990.

Krausz, Michael u. Peter Degwitz: Zwischen Individualisierung und Massenvereinsamung: Gesellschaftlicher Umbruch und Psychiatrie. In: Burghard Andresen/F. Michael Stark/Jan Gross (Hrsg.), Psychiatrie und Zivilisation. Ein Handbuch zu psychoökologischen Aspekten des technischen, kulturellen und medizinischen Fortschritts, Köln 1993, S. 113–127.

Kreibich, Rolf: Die Wissenschaftsgesellschaft – Von Galilei zur High-Tech-Revolution. Frankfurt a. M. 1986.

Kreibich, Rolf: Zukunft als gestaltbare Zeitdimension. In: Klaus Burmeister/Weert Canzler/Rolf Kreibich (Hrsg.), Netzwerke. Vernetzung und Zukunftsgestaltung, Weinheim 1991, S. 23–42.

Kruse, Lenelis/Carl-Friedrich Graumann/Ernst-Dieter Lantermann (Hrsg.): Ökologische Psychologie. Ein Handbuch in Schlüsselbegriffen. München 1990.

Kükelhaus, Hugo: Organismus und Technik. Gegen die Zerstörung der menschlichen Wahrnehmung. Frankfurt a.M. 1993.

Kümmerer, Klaus: Rhythmen der Natur. Die Bedeutung von Eigenzeiten und Systemzeiten. In: Martin Held u. Karlheinz A. Geißler (Hrsg.), Von Rhythmen und Eigenzeiten. Perspektiven einer Ökologie der Zeit, Stuttgart 1995, S. 97–118.

Kümmerer, Klaus: Zeiten der Natur – Zeiten des Menschen. Ein Beitrag zur Ökologie der Zeit. In: Martin Held u. Karlheinz A. Geißler (Hrsg.), Ökologie der Zeit. Vom Finden der rechten Zeitmaße, Stuttgart 1993, S. 85–104.

Kurz, Robert: Der Kollaps der Modernisierung. Vom Zusammenbruch des Kasernensozialismus zur Krise der Weltökonomie. Frankfurt a.M. 1991.

Lange-Ernst, Maria-E.: Unser Immunsystem. Was es für uns leistet und wie wir es stärken können. München 1993.

Lafargue, Paul: Das Recht auf Faulheit. Deutsch von Eduard Bernstein. Berlin 1891.

Lewin, Kurt: Feldtheorie in den Sozialwissenschaften. Aus dem Englischen von A. Lang und W. Lohr. Bern/Stuttgart 1963 (Original 1951).

Luhmann, Niklas: Die Knappheit der Zeit und die Vordringlichkeit des Befristeten. In: VERWALTUNG 1 (1968), S. 3–30.

Luhmann, Niklas: Ökologische Kommunikation. Kann die moderne Gesellschaft sich auf ökologische Gefährdungen einstellen? Opladen 1986.

Luhmann, Niklas: Temporalisierung und Komplexität: Zur Semantik neuzeitlicher Zeitbegriffe. In: ders.: Gesellschaftsstruktur und Semantik, Bd. 1, Frankfurt a.M. 1980, S. 235–300.

Luther, Joachim u. Joachim Nitsch: Potentiale des rationellen Umgangs mit Energie und der Solarenergienutzung in Städten. In: Michael Knoll u. Rolf Kreibich (Hrsg.), Solar-City. Sonnenenergie für die lebenswerte Stadt, Weinheim 1992, S. 57–78.

Mahnkopf, Birgit: Probleme der Demokratie unter den Bedingungen ökonomischer Globalisierung und ökologischer Restriktionen. Vortrag auf dem 20. Wissenschaftlichen Kongreß der Deutschen Vereinigung für Politische Wissenschaft an der Universität Bamberg vom 13.–17. 10. 1997. Unveröffentlichtes Manuskript.

Mandel, Ernst: In Defense of Socialist Planning. In: NEW LEFT REVIEW 159 (1986), S. 5–37.

Mandel, Ernst: Marxistische Wirtschaftstheorie. Frankfurt a.M. 1968 (Original frz. 1962).

Martens, Erika: Zeit für die dritte Revolution. In: DIE ZEIT 12/94, S. 37.

Marx, Karl u. Friedrich Engels: Die deutsche Ideologie. Kritik der neuesten deutschen Philosophie in ihren Repräsentanten Feuerbach, B. Bauer und Stirner, und des deutschen Sozialismus in seinen verschiedenen Propheten (geschrieben 1845/46). In: Marx-Engels-Werke, Bd.3, Berlin 1973, S.9–530.

Marx, Karl: Das Elend der Philosophie. Antwort auf Proudhons „Philosophie des Elends". Deutsch von E. Bernstein und K. Kautsky. Mit Vorwort und Noten von Friedrich Engels. In: Marx-Engels-Werke, Bd.4, S.63–182, Berlin 1980 (Original frz. 1847).

Marx, Karl: Das Kapital. Kritik der politischen Ökonomie, Bd.1: Der Produktionsprozeß des Kapitals (= Marx-Engels-Werke, Band 23), Berlin 1972 (Original 1867).

Marx, Karl: Ökonomisch-philosophische Manuskripte aus dem Jahr 1844. In: Marx-Engels-Werke, Ergänzungsband, Berlin 1973, S.465–588.

Marx, Karl: Zur Kritik der Politischen Ökonomie. In: Marx-Engels-Werke, Bd.13, S.3–160, Berlin 1974 (Original 1859).

Maslow, Abraham A.: Motivation und Persönlichkeit. Aus dem Amerikanischen von Paul Kruntorad. Reinbek 1981 (Original 1954).

Matis, Herbert u. Dieter Stiefel: Die Weltwirtschaft. Struktur und Entwicklung im 20. Jahrhundert. Wien 1991.

Maurer, Andrea: Alles eine Frage der Zeit? Die Zweckrationalisierung von Arbeitszeit und Lebenszeit. Berlin 1992.

Mayer, Lothar: Ein System siegt sich zu Tode. Der Kapitalismus frißt seine Kinder. München 1992.

Meadows, Dennis L./Donella H. Meadows/Jorgen Randers: Die neuen Grenzen des Wachstums. Die Lage der Menschheit: Bedrohung und Zukunftschancen. Aus dem Amerikanischen übertragen von Hans-Dieter Heck. Stuttgart 1992.

Messner, Dirk: Ökonomie und Globalisierung. In: Stiftung Entwicklung und Frieden (Hrsg.), Globale Trends 1998. Fakten, Analysen, Prognosen, Frankfurt a.M. 1997, S.135–167.

Metzner, Andreas: Offenheit und Geschlossenheit in der Ökologie der Gesellschaft. In: Frank Beckenbach u. Hans Diefenbacher (Hrsg.), Zwischen Entropie und Selbstorganisation. Perspektiven einer ökologischen Ökonomie, Marburg 1994, S.349–391.

Metzner, Andreas: Probleme sozio-ökologischer Systemtheorie. Natur und Gesellschaft in der Soziologie Luhmanns. Opladen 1993.

Meyer, Hans-Jürgen: Temperament. In: Roland Asanger u. Gerd Wenninger (Hrsg.), Handwörterbuch Psychologie, 4., völlig neubearbeitete und erweiterte Auflage, München/Weinheim 1992, S.777–782.

Meyer, Thomas: Eine neue Kultur für eine Gesellschaft, die älter wird. In: Hans-Ulrich Klose (Hrsg.), Altern der Gesellschaft. Antwort auf den demographischen Wandel, Köln 1993, S.228–242.

Meyer-Abich, Klaus: Aufstand für die Natur. Von der Umwelt zur Mitwelt. München/Wien 1990.

Miller, Rudolf: Zeiterleben. In: Roland Asanger u. Gerd Wenninger (Hrsg.), Handwörterbuch Psychologie, 4., völlig neubearbeitete und erweiterte Auflage, München/Weinheim 1992, S. 869–872.

Ministerium für Arbeit, Gesundheit und Soziales des Landes Nordrhein-Westfalen (Hrsg.): Arbeitszeit '93. Arbeitszeit und Arbeitszeitwünsche. Köln 1994.

Mletzko, Horst G. u. Ingrid Mletzko: Die Zeit und der Mensch. Leipzig/Jena/Berlin 1991.

Möller, Alex u. Robert Schwebler: Schuld durch Schulden? Nutzen und Grenzen der Staatsverschuldung. München/Zürich o. J.

Moore-Ede, Martin: Die Nonstop-Gesellschaft. Risikofaktoren und Grenzen der menschlichen Leistungsfähigkeit in der 24-Stunden-Welt. München 1993.

Müller, Michael u. Peter Hennicke: Mehr Wohlstand mit weniger Energie. Einsparkonzepte, Effizienzrevolution und Solarwirtschaft. Darmstadt 1995.

Müller, Richard: Gesellschaft und Selbstzerstörung. Soziokulturelle Rahmenbedingungen selbstschädigenden Verhaltens. München/Zürich 1985.

Münkler, Herfried: Die politischen Ideen der Weimarer Republik. In: Iring Fetscher u. Herfried Münkler (Hrsg.), Pipers Handbuch der politischen Ideen, Bd. 5: Neuzeit: Vom Zeitalter des Imperialismus bis zu den neuen sozialen Bewegungen, München/Zürich 1987, S. 283–318.

Myrdal, Gunnar: Ökonomische Theorie und unterentwickelte Regionen – Weltproblem Armut. Frankfurt a. M. 1974.

Nadolny, Sten: Die Entdeckung der Langsamkeit. Roman. Neuausgabe. München/Zürich 1987 (Original 1983).

Narr, Wolf-Dieter u. Alexander Schubert: Weltökonomie. Die Misere der Politik. Frankfurt a. M. 1995.

Negt, Oskar: Lebendige Arbeit, enteignete Zeit. Politische und kulturelle Dimensionen des Kampfes um Arbeitszeit. Frankfurt a. M. 1987.

Neverla, Irene: Fernseh-Zeit. Zuschauer zwischen Zeitkalkül und Zeitvertreib. Eine Untersuchung zur Fernsehnutzung. München 1992.

Nöldner, Wolfgang: Gesundheitsverhalten in Freizeit und Urlaub. In: Ralf Schwarzer (Hrsg.), Gesundheitspsychologie. Ein Lehrbuch, Göttingen/Toronto/Zürich 1990, S. 215–228.

Nordlohne, Elisabeth: Die Kosten jugendlicher Problembewältigung. Alkohol-, Zigaretten- und Arzneimittelkonsum im Jugendalter. Weinheim 1992.

Notz, Gisela u. a. (Hrsg.): Selbstverwaltung in der Wirtschaft. Alte Illusionen oder neue Hoffnung? Köln 1991.

Nowotny, Helga: Eigenzeit. Entstehung und Strukturierung eines Zeitgefühls. Frankfurt a. M. 1993.

Nutzinger, Hans G.: Das System der natürlichen Freiheit bei Adam Smith und seine ethischen Grundlagen. In: Thomas Schmid-Schönbein u. a. (Hrsg.), Ökonomie und Gesellschaft. Jahrbuch 9, Frankfurt a. M. 1991, S. 79–100.

Nutzinger, Hans G. (Hrsg.): Nachhaltige Wirtschaftsweise und Energieversorgung. Konzepte, Bedingungen, Ansatzpunkte. Marburg 1994.

Opaschowski, Horst: Freizeit 2001. Ein Blick in die Zukunft unserer Freizeitwelt. Hamburg 1992.

Oppolzer, Alfred: Ökologie der Arbeit. Mensch und Arbeitswelt: Belastungen und Gestaltungserfordernisse. Hamburg 1993.

Osterlind, A. u. Jensen M. Moller: Trends in incidence of malignant melanoma of the skin in Denmark. In: RECENT RESULTS IN CANCER RESEARCH 102 (1986), S. 8–17.

Otto, Karl A.: Die Arbeitszeit! Von der vorindustriellen Gesellschaft bis zur „Krise der Arbeitsgesellschaft". Pfaffenweiler 1989.

Panse, Winfried u. Wolfgang Stegmann: Kostenfaktor Angst. 3. Auflage, Landsberg a. L. 1996.

Piaget, Jean: Die Bildung des Zeitbegriffs beim Kinde. Frankfurt a. M. 1974 (Original 1946).

Piel, Edgar: Die Deutschen fürchten Streß und Langeweile. In: NATUR 11/93, S. 38.

Pirsig, Robert M.: Zen und die Kunst ein Motorrad zu warten. Frankfurt a. M. 1978.

Polanyi, Karl: The great transformation. Politische und ökonomische Ursprünge von Gesellschaften und Wirtschaftssystemen. Übersetzt von Heinrich Jelinek. Frankfurt a. M. 1990 (Original 1944).

Pöppel, Ernst: Lust und Schmerz. Vom Ursprung der Welt im Gehirn. Berlin 1993.

Postman, Neil: Die Verweigerung der Hörigkeit. Lauter Einsprüche. Frankfurt a. M. 1988.

Postman, Neil: Wir informieren uns zu Tode. In: DIE ZEIT 41/92, S. 61 f.

Pribram, Karl: Wirklichkeit zwischen Wiedererkennen und Wiedererinnern. Sehen, Hören, Lesen und die Vorgänge im Gehirn. In: Werner D. Fröhlich u. a. (Hrsg.), Die verstellte Welt. Beiträge zur Medienökologie, Frankfurt a. M. 1988, S. 34–59.

Prigogine, Ilya: Am Ende des Gleichgewichts (= Was ich nicht weiß: Nobelpreisträger an der Grenze ihres Wissens, Teil IV). In: SZ 25. 9. 95, S. 44.

Prigogine, Ilya: Vom Sein zum Werden. Zeit und Komplexität in den Naturwissenschaften. München 1979.

Projektgruppe „Prioritäre Gesundheitsziele" beim Zentralinstitut für die kassenärztliche Versorgung im Auftrag des Bundesministers für Jugend, Familie, Frauen und Gesundheit (Hrsg.): Dringliche Gesundheitsprobleme der Bevölkerung in der Bundesrepublik Deutschland. Zahlen – Fakten – Perspektiven. Baden-Baden 1990.

Rammstedt, Ottheim: Geld und Gesellschaft in der „Philosophie des Geldes". In: Hans Chr. Binswanger u. Paschen von Flotow (Hrsg.), Geld und Wachstum. Zur Philosophie und Praxis des Geldes, Stuttgart 1994, S. 15–31.

Reheis, Fritz: Konkurrenz und Gleichgewicht als Fundamente von Gesellschaft. Interdisziplinäre Untersuchung zu einem sozialwissenschaftlichen Paradigma. Berlin 1986.

Reheis, Fritz: Ökologie als Frage der Zeit. Eine Antwort auf Helmut Heid und Gerd-Jan Krol. In: ZEITSCHRIFT FÜR PÄDAGOGIK 43 (1997), H. 4, S. 611–629.

Reheis, Fritz: Ökologische Blindheit. Die Aporie der herrschenden Wirtschaftswissenschaft. In: DAS ARGUMENT 208 (= 1/95: Popularkultur & Feminismus), S. 79–90.

Reheis, Fritz: Radikalisierung oder Überwindung der ökonomischen Vernunft? Zu Winfried Vogts „Theorie einer laboristischen Ökonomie" und Peter Ulrichs „Transformation der ökonomischen Vernunft". In: STUDIA PHILOSOPHICA 50 (1991), S. 221–234. (1991 a)

Reheis, Fritz: Return to the Grace of God. Werner Sombart's Compromise with National Socialism. In: Jürgen G. Backhaus (Hrsg.), Werner Sombart (1863–1941) – social scientist (= Volume 1: His life and work). Marburg 1996, S. 173–191.

Reheis, Fritz: Zu einigen historischen Bedingungen des Projekts von 1917. In: Jürgen Backhaus (Hrsg.), Systemwandel und Reform in östlichen Wirtschaften, Marburg 1991, S. 330–350. (1991b)

Riescher, Gisela: Zeit und Politik. Zur institutionellen Bedeutung von Zeitstrukturen in parlamentarischen und präsidentiellen Regierungssystemen. Baden-Baden 1994.

Rifkin, Jeremy: Das Ende der Arbeit und ihre Zukunft. Mit einem Nachwort von Martin Kempe. Aus dem Englischen von Thomas Steiner. Frankfurt a. M./New York 1995.

Roeck, Bruno-Paul u. Joos van den Abeele: Leben lernen, statt gelebt zu werden. Ein praktischer Lebensunterricht. Offenbach 1988.

Ryan, John C.: Schutz der biologischen Vielfalt. In: Lester R. Brown (Hrsg.), Worldwatch Institute Report. Zur Lage der Welt – 1992. Daten für das Überleben unseres Planeten, Frankfurt a. M. 1992, S. 18–47.

Sabet, Hafez: Die Schuld des Nordens. Der 50-Billionen-Dollar-Coup. Darmstadt 1991.

Schaaff, Herbert: Vollbeschäftigung und Arbeitszeit. Anmerkungen zur Arbeitszeitdebatte. In: ZEITSCHRIFT FÜR SOZIALISTISCHE POLITIK UND WIRTSCHAFT 75 (1994), S. 40–45.

Schata, Michael/Wolfgang Jorde/W. Hartenstein: Ergebnisse epidemiologischer Untersuchungen allergischer Erkrankungen. In: SCHWEIZERISCHE RUNDSCHAU FÜR MEDIZIN (PRAXIS) 34 (1988), S. 3–7.

Scheer, Hermann: Sonnenstrategie. Politik ohne Alternative. München/Zürich 1993.

Scheidt, Jürgen von: Innenweltverschmutzung. Die verborgenen Aggressionen. Symptome, Ursachen, Therapie. Frankfurt a.M. 1988.

Schepank, Heinz: Epidemiologie psychogener Störungen. In: Karl P. Kisker u.a. (Hrsg.), Neurosen, psychosomatische Erkrankungen, Psychotherapie, 3. Auflage, Berlin 1986, S. 1–27.

Scherhorn, Gerhard/Lucia Reisch/Gerhard Raab: Kaufsucht. Bericht über eine empirische Untersuchung (= Arbeitspapier des Lehrstuhls für Konsumtheorie und Verbraucherpolitik an der Universität Hohenheim, Nr. 50), Stuttgart 1991.

Scherhorn, Gerhard: Die Wachstumsillusion im Konsumverhalten. In: Hans Chr. Binswanger u. Paschen von Flotow (Hrsg.), Geld und Wachstum. Zur Philosophie und Praxis des Geldes, Stuttgart/Wien 1994, S. 213–230.

Scherhorn, Gerhard: Kritik des Zusatznutzens. In: THEXIS 2/92, S. 24–28.

Schmid, Josef: Das verlorene Gleichgewicht. Eine Kulturökologie der Gegenwart. Stuttgart 1992.

Schmidbauer, Wolfgang: Weniger ist manchmal mehr. Zur Psychologie des Konsumverzichts. Vollständig überarbeitete und erweiterte Neuausgabe. Reinbek 1992 (Original 1972 u. 1982)

Schöne, Irene: Ökologisches Arbeiten. Zur Theorie und Praxis ökologischen Arbeitens als Weiterentwicklung der marktwirtschaftlich organisierten Arbeit. Wiesbaden 1988.

Schulz von Thun, Friedemann: Miteinander reden. Bd. 1: Psychologie der zwischenmenschlichen Kommunikation. Reinbek 1981 u. Bd. 2: Stile, Werte und Persönlichkeitsentwicklung. Reinbek 1989.

Schulze, Gerhard: Die Erlebnisgesellschaft. Kultursoziologie der Gegenwart. Frankfurt a.M./New York 1992.

Schumacher, Ernst F.: Die Rückkehr zum menschlichen Maß. Alternativen für Wirtschaft und Technik. „Small is Beautiful". Mit einem Beitrag, Small is Possible – Mittlere Technologie in der Praxis von George McRobie. Deutsch von Karl A. Klewer. Reinbek 1977 (Original engl. 1973).

Schurz, Robert: Die Zukunft der Psyche. In: UNIVERSITAS 4/94, S. 556–568.

Schwarz, Winfried: Die große Vergeudung. Ist die Marktwirtschaft noch zu retten? Köln 1987.

Schwind, Hans-Dieter: Kriminologie. Eine praxisorientierte Einführung mit Beispielen. Heidelberg 1993.

Scitovsky, Tibor: Psychologie des Wohlstands. Die Bedürfnisse des Menschen und der Bedarf des Verbrauchers. Frankfurt a.M./New York 1989.

Seifert, Eberhard K.: Ursprünge und Folgen der Ökonomisierung von Zeit. In: Johannes Fromme/Walburga Hatzfeld/Walter Tolkarski (Hrsg.),

Zeiterleben – Zeitverläufe – Zeitsysteme. Forschungsergebnisse zur Zeittheorie und Zeitökonomie mit ihren Konsequenzen für Politik, Planung und Pädagogik, Bielefeld 1990, S. 51–68.

Seifert, Hartmut: Möglichkeiten beschleunigter Arbeitszeitverkürzungen. In: WSI MITTEILUNGEN 9/94, S. 370–377.

Seiwert, Lothar J.: Mehr Zeit für das Wesentliche. Besseres Zeitmanagement mit der Seiwert-Methode. München/Landsberg a. L. 1995.

Senghaas, Dieter: Vom Nutzen und Elend der Nationalismen im Leben der Völker. In: AUS POLITIK UND ZEITGESCHICHTE. BEILAGE ZUR WOCHENZEITUNG DAS PARLAMENT 31–32/92, S. 23–32.

Sieferle, Rolf-Peter: Global 2050. Auszüge aus dem Bericht des Club of Doom. In: Günter Altner u. a. (Hrsg.), Jahrbuch Ökologie 1992, München 1992, S. 63–73.

Siegrist, Johannes: Risiken für Herz-Kreislauf-Erkrankungen am Arbeitsplatz. In: Bundesvereinigung für Gesundheitserziehung (Hrsg.), Risiken für unsere Gesundheit – einschätzen und handhaben. Zum Weltgesundheitstag 1991, Bonn 1991, S. 50–57.

Šik, Ota: Begründung eines Mitarbeitergesellschaftssystems. In: Arne Heise (Hrsg.), Arbeiterselbstverwaltung (= Reihe Selbstverwaltung der AG SPAK, Nr. 95), München 1989, S. 39–49.

Šik, Ota: Ein Wirtschaftssystem der Zukunft. Berlin/Heidelberg/New York/Tokyo 1985.

Simon, Fritz B.: Die andere Seite der Gesundheit. Ansätze einer systemischen Krankheits- und Therapietheorie. Heidelberg 1995.

Speichert, Horst/Frank Brettschneider/Thomas Pensel: Umweltfreundlich und gesund. Verbraucherrat von A bis Z. Reinbek 1996.

Speidel, Hubert: Kulturelle Einflüsse auf somatische, psychosomatische und neurotische Krankheitsbilder. In: Burghard Andresen/Michael F. Stark/Jan Gross (Hrsg.), Psychiatrie und Zivilisation. Ein Handbuch zu psychoökologischen Aspekten des technischen, kulturellen und medizinischen Fortschritts, Köln 1993, S. 129–144.

Stahel, Walter R.: Die Strategie der Dauerhaftigkeit. In: Martin Held/Karlheinz A. Geißler (Hrsg.), Ökologie der Zeit. Vom Finden der rechten Zeitmaße, Stuttgart 1993, S. 105–110.

Stahel, Walter R.: Innovation braucht Nachhaltigkeit. In: Klaus Backhaus u. Holger Bonus (Hrsg.), Die Beschleunigungsfalle oder der Triumph der Schildkröte, Stuttgart 1994, S. 67–92.

Statistisches Bundesamt (Hrsg.): Statistisches Jahrbuch 1995 für die Bundesrepublik Deutschland. Stuttgart 1995.

Steiger, Peter: Sonnen-Zeit-Maß. Zur Ökologie der Zeit am Beispiel des Bauens. In: Karlheinz A. Geißler u. Martin Held (Hrsg.), Von Rhythmen und Eigenzeiten. Perspektiven einer Ökologie der Zeit, Stuttgart 1995, S. 139–155.

Stein, Ekkehart: Staatsrecht. 5., neubearbeitete Auflage. Tübingen 1976.

Stiftung Entwicklung und Frieden (Hrsg.): Globale Trends. Daten zur Weltentwicklung 1991. Bonn–Düsseldorf 1991.

Stiftung Entwicklung und Frieden (Hrsg.): Globale Trends 93/94. Daten zur Weltentwicklung. Frankfurt a. M. 1993.

Struma, Dieter: Person und Zeit. In: Forum für Philosophie Bad Homburg (Hrsg.), Zeiterfahrung und Personalität, Frankfurt a.M. 1992, S. 123–157.

Swerdlow, A. J.: International Trends in Cutaneous Melanoma. In: Devra Lee Davis and David Hoel (ed), Trends in Cancer Mortality in Industrial Countries (= Annals of the New York Academy of Sciences, vol. 609), New York 1990, p. 235–251.

Uesseler, Rolf: Mafia und Politik in Italien. In: PROKLA 85 (= 4/91: Zivilisationsverlust), S. 544–560.

Ulrich, Peter: Diskursethik und Politische Ökonomie (= Beiträge und Berichte der Forschungsstelle für Wirtschaftsethik an der Hochschule St. Gallen für Wirtschafts- und Sozialwissenschaften, Nr. 28). St. Gallen 1989.

Ulrich, Peter: Transformation der ökonomischen Vernunft. Fortschrittsperspektiven der modernen Industriegesellschaft. 2., durchgesehene Auflage. Bern/Stuttgart 1987.

Umweltbundesamt (Hrsg.): Daten zur Umwelt 1990/91, Berlin 1992.

Umweltbundesamt (Hrsg.): Daten zur Umwelt 1992/93. Berlin 1994.

United Nations Development Programme (ed.): Human Development Report 1992. New York/Oxford 1992.

United Nations Development Programme (ed.): Bericht über die menschliche Entwicklung 1996.

Vester, Frederic: Leitmotiv vernetztes Denken. Für einen besseren Umgang mit der Welt. 2., überarbeitete Auflage. München 1989.

Vester, Frederic: Phänomen Streß. Wo liegt sein Ursprung, warum ist er lebenswichtig, wodurch ist er entartet? München 1978.

Virilio, Paul: Der Augenblick der beschleunigten Zeit. In: Dietmar Kamper u. Christoph Wulf (Hrsg.), Die sterbende Zeit, Darmstadt–Neuwied 1987, S. 249–258.

Virilio, Paul: Geschwindigkeit und Politik. Berlin 1980.

Virilio, Paul: Im Würgegriff der Zeit. In: DIE ZEIT 46/94, S. 63.

Virilio, Paul: Krieg und Fernsehen. Aus dem Französischen von Bernd Wilczek. München 1993.

Vogel, Günter u. Hartmut Angermann: dtv-Atlas zur Biologie. Tafeln und Texte. 3 Bände. München 1984.

Vogel, Wolf: „Dein Mitschüler ist dein natürlicher Feind!" In: DDS 9/92, S. 11 f.

Vogt, Winfried: Theorie der kapitalistischen und einer laboristischen Ökonomie. Frankfurt a. M. 1986.

Wagenbach, Klaus (Hrsg.): Zwiebel. Almanach 1995/96. Mit Gesamtverzeichnis. Berlin 1995.

Wallerstein, Immanuel: Aufstieg und künftiger Niedergang des kapitalistischen Weltsystems. Zur Grundlegung vergleichender Analyse. In: Dieter Senghaas (Hrsg.), Kapitalistische Weltökonomie. Kontroversen über ihren Ursprung und ihre Entwicklungsdynamik, Frankfurt a. M 1979, S. 31–67.

Wallerstein, Immanuel: Das moderne Weltsystem. Kapitalistische Landwirtschaft und die Entstehung der europäischen Weltwirtschaft im 16. Jahrhundert. Frankfurt a. M. 1986.

Wallerstein, Immanuel: Der historische Kapitalismus. Nachwort und Hrsg. von Hans H. Nolte. Aus dem Englischen von Uta Lehman-Grube. Berlin 1989 (Original 1983).

Walser, Robert: Gesammelte Werke. Band 10. Frankfurt a. M. 1978.

Weber, Jürgen: Geschichte der Bundesrepublik Deutschland. 3 Bände. München 1982.

Wehling, Peter: Ökologische Orientierungen in der Soziologie. Frankfurt a. M. 1989.

Weizsäcker, Ernst-Ulrich von: Erdpolitik. Ökologische Realpolitik an der Schwelle zum Jahrhundert der Umwelt. Darmstadt 1992 (Original 1989).

Weizsäcker, Ernst-Ulrich von: Sozial-ökologische Brückenkonzepte. Frankfurt a. M. 1990.

Weltgesundheitsorganisation (WHO) (Hrsg.): Our Planet, Our Health. Report of the WHO-Commission on Health and Development. Geneva 1992.

Wemmer, Ulrich u. Dieter Korczak: Gesundheit in Gefahr. Daten-Report 1993/94. Frankfurt a. M. 1993.

Wicke, Lutz: Umweltökonomie. Eine praxisorientierte Einführung. 2., vollständig überarbeitete, erweiterte und aktualisierte Auflage. München 1989.

Willke, Helmut: Systemtheorie. Eine Einführung in die Grundprobleme der Theorie sozialer Systeme. Stuttgart–Jena 1993.

Wüthrich, Brunello u. Margret Schlumpf: Epidemiologie der Atopien. Umweltkrankheiten Nr. 1. In: Sonderdruck aus SOZIALPÄDIATRIE IN PRAXIS UND KLINIK 14 (1992), Nr. 8, S. 606–612.

Ziegler, Jean u. Uriel da Costa: Marx, wir brauchen Dich. Warum man die Welt verändern muß. Mit einem Vorwort zur deutschen Ausgabe. Aus dem Französischen von Inge Leipold. München/Zürich 1992 (Original frz. 1991).

Zilleßen, Horst: Das Konzept der nachhaltigen Entwicklung als Modernisierungsansatz. Vortrag auf dem 20. Wissenschaftlichen Kongreß der Deutschen Vereinigung für Politische Wissenschaft an der Universität Bamberg vom 13.–17. 10. 1997. Unveröffentlichtes Manuskript.

Zimmerli, Walter Ch. u. Mike Sandbothe (Hrsg.): Klassiker der modernen Zeitphilosophie. Darmstadt 1993.

Zoll, Rainer: Zeiterfahrung und Gesellschaftsform. In: ders. (Hrsg.), Zerstörung und Wiederaneignung von Zeit, Frankfurt a.M. 1988, S. 72–88.
Zulley, Jürgen: Schlafen und Wachen. Ein Grundrhythmus des Lebens. In: Martin Held u. Karlheinz A. Geißler (Hrsg.), Ökologie der Zeit. Vom Finden der rechten Zeitmaße, Stuttgart 1993, S. 53–61.

Register

Um die Handhabung des Registers zu erleichtern, wurde auf Vollständigkeit bewußt verzichtet. Es enthält deshalb nur die im Text explizit genannten Personen. Bei den Sachbegriffen wird zudem nur auf jeweils zentrale Textstellen verwiesen. Begriffe, die aus Eigenschafts- und Hauptwort bestehen, sind nach dem jeweiligen Hauptwort eingeordnet (z. B. Uhr, innere).

269